교육[바코드]학

교사를 위한 뇌기반 교수 학습 원리

Kathleen Scalise, Marie Felde 지음

김정희 옮김

Σ 시그마프레스

교육과 뇌과학 : 교사를 위한 뇌기반 교수 설계 원리

발행일 | 2018년 9월 5일 1쇄 발행

저 자 | Kathleen Scalise, Marie Felde
역 자 | 김정희
발행인 | 강학경
발행처 | ㈜시그마프레스
디자인 | 고유진
편 집 | 문수진

등록번호 | 제10-2642호
주소 | 서울특별시 영등포구 양평로 22길 21 선유도코오롱디지털타워 A401~403호
전자우편 | sigma@spress.co.kr
홈페이지 | http://www.sigmapress.co.kr
전화 | (02)323-4845, (02)2062-5184~8
팩스 | (02)323-4197

ISBN | 979-11-6226-123-1

Why Neuroscience Matters in The Classroom
Principles of Brain-based Instructional Design for Teachers

* 책값은 뒤표지에 있습니다.
* 이 도서의 국립중앙도서관 출판예정도서목록(CIP)은 서지정보유통지원시스템 홈페이지(http://seoji.nl.go.kr)와 국가자료공동목록시스템(http://www.nl.go.kr/kolisnet)에서 이용하실 수 있습니다.(CIP제어번호 : CIP2018026164)

역자 서문

나는 대학교에서 교육학과 심리학 과목들을 가르치고 있는 교수다. 그리고 그동안 여러 책을 번역했다. 번역한 책들의 주제는 창의성, 지능, 영재, 천재, 리더십, 학습, 동기 등 사람의 인지에 관한 것들이다. 이런 책들을 번역한 후에는 한 작업의 마무리를 했다는 성취감과 함께 안개 속에 혼자 남겨진 것 같은 느낌에 잠긴다. 어디로 가야 할지 확신이 없다. 더 정확하게 말하자면 어디로 내 마음이 향하는지 알 것 같기도 한데 자신이 없다.

이 책은 내가 먼저 번역을 추진한 것이 아니라 출판사에서 번역을 해보면 어떻겠느냐는 연락이 왔다. 원서명은 *Why neuroscience matters in the classroom: Principles of brain-based instructional design for teachers*(신경과학이 왜 교실수업에서 중요한가 : 교사들을 위한 뇌기반 교수설계의 원리)다. 그동안 막연하게 내 마음이 향하던 곳이 뇌과학과 교육이었구나. 그것은 내가 찾아가지 않아도 찾아오는구나 하는 느낌이었다.

그러나 내가 뇌과학과 교육에 대한 공부에 자신이 없었다는 것을 이 책을 번역하면서 확신하게 되었고 동시에 자신감도 갖게 되었다.

이 책을 읽는 교육자들을 포함한 독자들도 뇌과학이나 신경과학에 대해 두려움을 갖지 말기를 바란다. 이 책을 읽으면 자연스럽게 뇌과학과 신경과학에 대한 이해가 교육에 얼마나 중요한지 알게 되고 친근하게 느낄 수 있을 것으로 믿는다. 저자들이 주장하듯이 뇌과학자, 신경과학자들이 교수학습에 대해 교사들에게 이야기해줄 수는 없다. 오늘날 뇌과학, 신경과학, 인공지능, 4차 산업에 대한 정보가 쏟아지고 있지만 이것을 단편적으로 이해하거나(예 : 우리는 뇌의 10%만 사용한다는 것과 같은 신화) 상업적으로 이용하는 사례들도 많다(예 : 머리가 좋아진다고 하는 과학적 근거가 없는 책). 이것을 교육과 연결하는 방법을 이해하고, 개발하고, 실천하는 일은 오직 교육자들만이 할 수 있다.

여러분도 역자와 마찬가지로 이 책을 통해서 뇌기반 학습에 대한 더 많은 관심을 가지고 형식적 그리고 비형식적 교육에 적용할 수 있기를 기대해본다.

이 책의 번역을 추천해준 (주)시그마프레스에 감사드린다.

2018년 8월

김정희

저자 서문

이 책의 공동 저자로서 내가 집중적으로 받는 질문은 이 책을 쓴 목적과 필요성이 무엇인가, 그리고 교육자들이 왜 뇌에 대해서 알아야 하는가에 대한 것이다.

이 책은 내가 2005년 오리건대학교에서 교육자들을 대상으로 가르친 '교수·학습의 분석' 수업에서 시작되었다. 그 수업은 높은 수준의 학습이론에 초점이 맞추어져 있었다. '학생들'은 대부분 20년 이상의 교육 경력을 가지고 있는 교장선생님과 고참 교사들이었으며 학습이론에 대한 새롭고 신선하며 실제로 교육현장에서 활용할 수 있는 내용에 대해서 공부하기를 원했다.

그 결과 교사들과 교육 분야에 종사하는 사람들을 위한 과학적인 문헌 연구를 중심으로 수업하기로 했다. 충실하게 교과목 이름에 따라서 우리는 교수와 학습에 대한 연구 문헌을 분석했다. 우리는 인지심리학, 신경과학, 교육연구를 통합한 연구를 한다면 교사들이 활용할 수 있을 것이라고 생각하고 기억, 정서, 태도, 동기에 대한 과학적 연구 결과들을 탐색했다. 놀랍고 또한 기쁘게도 교육자들은 그 자료들을 바로 연결시켰다. 그들은 통합할 수 있는 그 연구들에 대해 더 알고 싶어 했다.

교육자들은 점점 더 깊이 알고 싶어 했으며 특히 뇌에 대해서 그리고 특히 뇌의 기능에 대해서 알고 싶어 했다. 처음에 작은 규모의 박사과정 세미나로 시작한 그 수업이 곧 2~3배로 수강생이 늘어났다. 강의실을 점점 더 큰 장소로 옮기게 되고 여러 위성 사이트에 방송이 되었다. 고참 교사, 교장선생님들과 함께 교육계에 방금 들어선 신참 교사들이 수강하기 시작했다. 그 신참 교사들은 학교의 선배 교사들과 동료 교사들이 무엇을 배우고 있는가 하는 호기심에서 시작해서 수강까지 하게 되었다.

이것이 우리 두 공동저자가 이 책을 쓴 이유에 대한 부분적인 답변이다. 교육자들이 뇌에 대한 지식을 필요로 하는 데는 충분한 이유가 있다. 만일 뇌에 대한 지식이 왜 중요한

가를 알게 된다면 교육자들은 자신뿐만 아니라 친구와 동료들에게도 뇌에 대해 함께 공부하자고 할 것이다. 행정가들과 신참 및 고참 교사들은 끝없이 더 원하고 그것의 반향을 불러일으켰다. 교육자들은 학생들의 마음속에 무슨 일이 일어나고 있는지 알기를 원했다. 교사들은 학습의 최선두에 있기 때문에 이것은 그들에게 신나는 일이었다.

또한 교육자들은 처음에는 과학적 지식을 배우기가 어렵다고 생각하지만 조금 이해하기 시작하면 곧 익숙해지고 새로운 것을 계속 추구한다. 우리가 이 책을 집필하고 있는 중에도 새로운 지식이 발표되고 있기 때문에 한 장을 제대로 끝낼 수가 없을 정도였다. 그렇게 넘쳐나는 새로운 지식을 공부하고 그 흐름의 일부가 되는 것은 교사들에게 고도의 에너지가 넘치는 경험이다.

이 책을 쓴 또 다른 이유는 그 분야의 최근 상태다. 뇌에 대한 과학적 발견이 매일 신문에 보고되고 있다. 매우 빠른 속도로 새로운 발견이 학술잡지에 발표되고 학술대회에서 소개되고 있다. 뇌 연구도 활발해지면서 지식의 새로운 시대가 도래했다. 지금 교육에 입문하는 교사들은 학생들이 어떻게 배우는가에 대한 새로운 정보의 물결에 둘러싸여 교사로서 30년 이상을 보내게 될 것이다. 이것은 모든 교사들에게 미래의 지식을 이해하기 위한 기초가 필요하다는 것을 의미하며, 교사들에게 참조할 수 있는 틀을 제공하는 것은 매우 중요하다.

미국국립아카데미(U. S. National Academies)부터 국제경제협력개발기구(OECD)까지, 교사들을 위한 과학과 정책 보고서에서 마음과 뇌에 대한 학습을 권고한다. 그 보고서들은 뇌에 대한 지식은 교사의 영역에서 벗어난다는 아이디어를 잠재웠다. 뇌에 대하여 과학이 밝혀내야 할 것이 더 많지만, 모든 교사가 알고 있어야 하는 중요한 발견들은 이미 나와 있다. 교사들은 뇌 정보에 대해 의심도 하고 주장들에 대해 평가할 수도 있어야 한다.

우리는 교사들과 함께한 여정 속에서 몇 가지 중요한 메시지에 귀를 기울였다. 첫째, 교사들과 의사소통을 할 때 우리는 교사의 목소리를 표현하는 것이 중요하다고 생각한다. 독자들은 이 책에서 뇌과학자와 인지심리학자의 프로파일과 인터뷰도 중요하지만 교사의 이야기에 기본적인 초점을 맞추고 있는 것을 발견할 것이다. 스토리와 내러티브는 뇌가 학습하는 중요한 방식이다. 뇌는 스토리와 내러티브를 다른 사람들에게 가치가 있거나 매력적인 일종의 증거, 즉 '사회적 증거(social proof)'로 본다.

둘째, 우리가 생각하기에 교사들에게 필요한 것은 신경과학, 인지심리학, 교육연구를 개별적인 마음의 과학이 아니라 서로 연결된 마음의 과학으로 보는 것이 중요하다는 점이다. 그 조각들을 함께 붙이는 것이 중요하다. 교사들은 바쁘다. 교사들에게는 모든 새로운 정보를 종합할 시간이 없다. 뇌과학 학회에 참석했던 한 교육자는 이틀 동안 강의와 워크숍에 열심히 참여하고 그 내용을 동료들에게 전달해주고 싶었지만, 쉽게 수집하고 종합해서 공유할 수 있는 정보를 획득할 수 없었다고 말했다. 이 책은 깊이 생각할 수 있는 시나리오를 포함하여 교사들이 공유할 수 있는 풍부한 정보를 제공하고 있다.

마지막으로, 교사들은 이 주제는 배우고 끝나버릴 수 있는 것이 아니라는 것을 알게 될 것이다. 그것은 당신과 함께한다. 그것은 놀랍다. 만일 당신이 점심시간에 뇌에 대한 지식을 교사들과 나눈다면 그들은 큰 관심을 보일 것이다. 당신이 배운 것을 다른 교사들과 공유한 후에 수업 시작을 알리는 종이 울리면, 놀라운 일이 실제로 일어나기 시작할 것이다. 교사들은 이 의미 있는 지식을 학생들을 가르치는 일뿐만 아니라 자신들이 학습하는 데도 적용할 수 있다는 것을 알게 될 것이며, 그것은 대단히 가치 있는 일이다.

Kathleen Scalise
오리건대학교 교육방법 · 정책 · 리더십 교수

차례

교육과 뇌과학

CORE의 기초

이 장에서는 일곱 가지 지도원리의 핵심을 소개할 것이다. 그것은 모든 교사, 교육자, 교육 지도자가 교실에서 뇌과학을 적용하고, 이 새로운 영역에 대하여 앞으로 지속적으로 학습하기 위해 기본적으로 알아야 하는 것이다. 이 장에는 기초를 다지기 위한 연구들이 포함되어 있다. 이 장을 마치면 바로 'CORE의 틀 : 일곱 가지 지도원리와 그와 관련된 빅 아이디어'가 소개된다. 지도원리들을 간단하게 소개하고 각 원리와 관련된 빅 아이디어를 탐색하기 위해 독립적으로 지면을 할애했다. 일곱 가지 지도원리는 교육자들이 뇌과학에 관심을 가져야 하는 이유를 설명하고, 빅 아이디어는 교육자들이 뇌과학에 대해 알고 있어야 하는 것이 무엇인지를 보여준다.

들어가기

한 유치원 교사가 조바심으로 발을 동동거리면서 "이 논문에 대해 저는 발표 못하겠어요"라고 말했다. "뇌에 대한 내용인데, 제가 뇌에 대해 아는 것이 있어야 말이지요."

그녀가 수강하고 있는 강좌는 교육자들을 위한 학습이론이었으며, 그 수업에서는 수업 자료를 읽고 발표하도록 되어 있었다. 그녀는 "저 대신 발표할 사람 없을까요? 혹시 과학 교사는 할 수 있지 않을까요?"라고 기대를 걸고 교실을 둘러보았지만, 곧 "좋습니다"라고 한숨을 쉬면서 말했다. "제가 노력해서 해보겠습니다."

마침내 발표할 차례가 되었다. 그 유치원 교사는 마치 어린아이들에게 그림책을 보여주듯이 준비한 자료를 높이 들어올렸다. "이것은 매우 중요한 내용입니다!"라고 그녀는 말했다. "발표를 준비하기 전에는 그렇게 생각하지 않았지만, 이것은 저는 물론 여러분도 반드시 알아야 할 내용이라고 생각합니다. 그 이유를 이제 설명하겠습니다!"

그녀는 "여러 종류의 의사들 중에 치과 의사가 있습니다"라고 말했다. 그 후에 자신의 이를 가리키며 "치과 의사는 무엇을 알아야 합니까?"라고 물었다. 모두가 그녀를 주시하고만 있었다. "뭘까요? 대답해보세요!"라고 큰 목소리로 학생들에게 다시 물었다.

"이?" 몇몇 학생들이 작은 소리로 대답했다.

"맞아요!" 그 교사는 말했다. "치과 의사는 이에 대해서 알아야만 합니다!"

"발 전문의는 발을 치료하는 의사입니다." 그녀는 계속했다. "발 전문의가 알아야 하는 것은요?"

"발!" 학생들이 큰 소리로 대답했다.

"그래요!" 그 유치원 교사는 말했다. "매우 좋습니다!"

"그렇다면, 교사가 알아야 하는 것은요?" 그녀는 손가락으로 머리를 가리켰다.

학생들은 주저했다. 한 사람이 머뭇거리며 "머리?"라고 했다. 또 다른 학생이 "머리카락!"이라고 큰 소리로 대답하고서는 당혹해했다. 많은 학생들은 뭐라고 답해야 할지 모르겠다는 반응이었다.

그 유치원 교사는 "아니요! 머리도 아니고, 머리카락도 아니고, 뇌입니다, 뇌! 우리는 교사고 교사는 뇌에 대해서 반드시 알아야 합니다"라고 크게 말했다. 예를 들어 교사들이 뇌에서 어떻게 기억이 만들어지는지를 알게 된다면, 학생들에게 단순한 사실을 반복적으로 학습시키는 것보다 학생들이 이미 알고 있는 지식과 연결하는 것이 왜 중요한지 이해할 수 있다고 그녀는 말했다. 새로운 정보를 이미 알고 있는 것과 연결하면 더 견고하게 기억할 수 있고 당장 내일 시험뿐만 아니라 그 이후에도 장기적으로 사용하는 것이 가능하다.

물론 그 말은 옳다. 어떻게 생각하고 배우고 행동하는가에 대해 알고 싶어 하는 모든 사람들에게 **뇌**(brain)와 마음은 매력적인 주제다. 교사들을 위한 여러 나라의 보고서들은 교사들을 위한 중요한 발견들에 대하여 비판적으로 생각할 수 있는 수준까지 신경과학이 발전했다고 확인하고 있다(National

---

속성 강의 : 뇌 관련 용어

주의
환경 속의 어떤 특별한 유형의 정보나 자극에 초점을 맞추는 것

뇌
정보와 아이디어를 받아들이고, 조직하고, 처리하고, 안내하고, 저장하고, 사용하고, 분배하는 등의 주요 기능을 수행하는 생물학적 기관

교육자를 위한 뇌기반 개념
뇌와 마음이 어떻게 작용하는가에 대하여 연구에서 밝혀진 교육자들에게 중요한 정보

교수 설계
효과적인 교수 시스템을 개발하기 위하여 분석하고, 종합하고, 평가하는 과정

학습
경험에 의한 비교적 영속적인 사고, 태도, 행동의 변화

상위인지
우리 자신의 사고를 감시, 검토, 조절, 통제하는 과정

신경신화
뇌과학이나 인지심리학 연구의 어떤 측면이 잘못 이해되거나 지나치게 단순화되어 잘못 사용되는 것

가소성
뇌의 물리적 구조의 변화 능력

Research Council, 2000). 예를 들면 34개의 회원국을 가지고 있는 한 국제 협력체는 교수법에 뇌과학을 반드시 적용할 것을 권고하는 데까지 이르렀다[CORE 1a; Organisation for Economic Co-operation and Development(OECD), 2007 참조].

오늘날의 교육자들은 독특한 위치에 처해 있다. 그들은 긴 교직의 역사 속에서 인지신경과학 지식을 교실수업과 교육정책 설계에 적용하는 첫 세대다. 뇌가 어떻게 학습하는지를 알고 수업에 적용하면 학생과 교사 모두에게 도움이 된다.

뇌과학 분야는 급속도로 성장하고 있다. 매년 뇌와 뇌기능에 대한 정보의 양이 너무나 빠르게 확장되고 있기 때문에 한 개인이 그 방대한 양을 따라잡기는 거의 불가능하다. 하지만 교사들이 이 신생 정보와 새로운 통찰의 많은 부분을 이해하는 것은 매우 중요하다.

예를 들어 MIT의 신경과학자들은 실시간 뇌영상 기법을 사용하여 시각적 장면의 기억을 학습할 준비가 되어 있는 뇌와 그렇지 않은 뇌를 구분하고 있다(Yoo et al., 2012). 그 연구는 뇌가 정보를 처리하고 기억하는 조건을 밝히기 시작했다. 캘리포니아대학교 버클리 캠퍼스(UCB)와 그 외 연구소들에서는 학습능력을 방해하는 것이 무엇인지 밝히는 연구가 시작되었다. 그 분야는 수면과 영양섭취가 단순히 잘 쉬고, 잘 먹고, 등교하는 것 이상으로 학습에 큰 영향을 미친다는 새로운 통찰을 이끌어내고 있다. 뇌과학은 또한 다른 사람들과의 짧은 상호작용이 인지적 이해도를 크게 향상시킬 수 있다는 것을 밝혀냈다. 이런 연구들을 포함한 많은 연구들은 교사들에게 도움이 되고 학생들에게 유익한 정보를 제공해줄 수 있다.

따라서, 문제는 교육자들이 뇌과학을 공부할 것인가 안 할 것인가 하는 것이 아니라 '무엇'을 공부할 것인가이다. 내용이 방대하고 계속 성장하고 있는 뇌과학을 지속적으로 학습하기 위해서 교사들이 기본적으로 갖추어야 할 가장 중요한 내용이 무엇일까?

이 책에서 우리는 교사와 모든 교육 전문가들을 위한 뇌과학의 핵심적인 기본 지식을 전달하려고 한다. 이 장에서 소개하는 'CORE'라고 부르는 기본적인 내용이 이 책의 모든 장에서 참조되고 확장된다. CORE는 교육자를 위한 뇌과학의 일곱 가지 지도원리로 조직되어 있다. 이 원리들은 미국과 그 외 많은 나라에서 교육공동체 및 신경과학자들이 교육적 실천을 위하여 제안한 연구들에 기초한다.

3개의 힘: 세 가지 학습과학은 한 가지 학습과학보다 낫다

신경과학, 인지심리학, 교육연구. 이 세 가지 학문은 각각 독특하고 유의미한 방식으로 우리가 어떻게 학습하는지를 설명해준다(그림 1.1 참조). 신경과학은 뇌의 물리적인 기능을 연구하고, 인지심리학은 행동에 대한 실험실 실험과 관찰을 통해 특히 **주의**

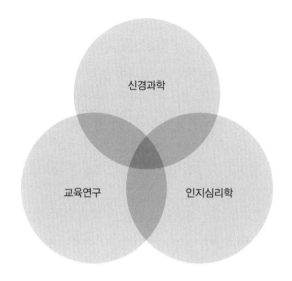

그림 1.1
세 가지 학습과학

(attention), 언어, 기억, 사고와 같은 과정을 연구한다. 교육연구는 실제적인 교수활동을 평가하기 위하여 종종 교실에서의 연구나 학생과 교사 경험에 초점을 맞춘다.

세 분야 모두 당연히 각각 학습과학이라고 부를 수 있다. 각 분야는 효과적인 학습과 인지에 대한 중요한 통찰을 제공한다. 최근까지 각 학문은 독립적으로 큰 성과를 나타내고 주목을 받았지만 서로 연구 결과를 공유하면서 함께 발전하지는 못했다. 그러나 이 상황은 현재 급속하게 변하고 있으며 교사들과 교육정책가들에게 많은 도움을 주고 있다. 그래도 아직 세 분야를 아우르는 자료를 한 곳에서 얻기는 쉽지 않다. 인간의 학습과 인지를 가르치는 한 강사는 "한 곳에 모아놓은 자료가 없기 때문에 수업에 필요한 자료를 찾기 위해 여러 분야를 뒤져서 정리해야만 하는데, 이 책의 콘셉트는 그런 면에서 아주 훌륭하다고 생각한다"고 말했다.

이 책에서 우리는 **교육자를 위한 뇌기반 개념**(brain-based concepts for educators)이라는 말을 강조하고 있다. 어떤 교육자들은 그 말이 애매하게 혹은 잘못 사용될 수 있다고 생각하고 그 말을 사용하지 않으려고 한다(7쪽의 '신경신화에 대한 한 마디' 참조). 한 강사가 표현했듯이, 신경과학과 교육 간의 연결에 관심이 있는 어떤 사람들은 과거에 뇌기반이라는 용어를 속임수나 꾀라고 생각했다. 이 책에서 우리는 뇌기반이라는 용어를 적극적으로 받아들여 그것에 새로운 의미를 부여하는 것이 중요하다고 생각한다. 이것은 교사들에게 과학적 소양의 중요성을 강조하는 의미이기도 하다. 우리는 뇌기반이라는 용어를, 뇌를 탐구하는 연구 분야가 뇌를 이해하는 방식에 따라, 뇌와 마음이 기본적으로 어떻게 작용하는지에 대한 이해로 정의를 내린다.

어떤 전문가들은 학습과 관련된 것은 모두 뇌와 관련되어 있으며 따라서 접근에 관계없이 학습과 관련된 것은 모두 뇌기반이라고 주장한다. 어떤 전문가들은 뇌과학 기초에 대한 이해조차도 교사가 교수법에 접근하는 어떤 기본적인 방식과도 관련이 없다고 생각한다. 우리는 뇌, 마음, 행동이 모두 학습과 교육에 매우 중요하다고 믿으며, 따라서 이 장과 이 책 전체에서 제시하고 있는 뇌기반 원리들은 뇌와 마음이 작용하는 방식을 이해하는 원리들이고, 이것을 교실에서의 학생들의 행동과 학습에 대해 우리가 이미 알고 있는 것과 연결한다.

많은 뇌 연구들이 여러 분야와 협력하는 현상이 점점 증가하고 있다. 예를 들면 인간 커넥톰 프로젝트(Human Connectome Project)(Massachusetts General Hospital HC Project, 2013)는 성격 특성, 인지적 기술, 유전학을 연결하는 최초의 기초 데이터베이스를 만드는 것을 목표로 한다. 이 프로젝트는 건강한 성인 2,100명의 뇌신경회로를 맵핑하고 있으며 그 참가자들은 인지검사와 심리면담에도 참가하고 있다.

미국국립보건원(NIH)이 3,000만 달러를 지원하는 이 프로젝트의 일부는 특정한 기억 과제가 뇌의 여러 부분을 활성화하는 것을 실시간으로 관찰함으로써 뇌의 개인차가 사고방식의 개인차와 관련이 있는지 알아보는 데 초점을 맞추고 있다.

이 책의 근간은 세 분야의 힘으로, 신경과학, 인지심리학, 교육연구에서 얻는 지식과 통찰의 교집합이다. 세 분야를 함께 고려하면 학습의 어떤 측면에서든 관련된 정보를 제공할 수 있다. 따라서 이 책의 핵심적인 전제는 이 연구 영역들이 이해를 위한 강력한 삼두마차를 제공한다는 것이다. 다시 말해서, 한 가지 마음과학보다 세 가지 마음과학을 합한 것이 더 좋다.

글 읽기를 중심으로 살펴본 세 가지 학습과학의 힘

뇌연구팀들과 오랫동안 광범위한 연구를 한 인지심리학자 Michael Posner 박사는 학습과 뇌과학을 함께 이해하는 것이 중요하다는 것을 보여주기 위해 오래 계속되어 온 난제인 글 읽기 교수법을 종종 사용한다.

읽기를 잘 가르칠 수 있는 방법에 대해서는 논쟁이 있지만, 읽기가 기본적인 기술이라는 점에 대해서는 전적으로 동의한다. 읽기는 새로운 지식을 발견하고, 창의성을 확장하고, 진로와 대학 준비를 위한 기초가 되는 결정적인 것이다. 연구자이자 작가인 Stanislaus Dehaene(2009)는 뇌 읽기 : 글 읽기에 대한 새로운 과학(Reading in the Brain: The

New Science of How We Read)에서 신경과학연구에 의하면 효과적인 읽기 방법을 배우는 그 자체로 인지적인 큰 이점을 획득할 수 있다고 한다. 글을 읽는 사람과 읽지 못하는 사람의 뇌조직 차이를 연구한 Dehaene는 그 차이가 읽기학습 과정을 통해서 일어날 수 있다고 했다.

Posner에 의하면 여러 해 동안 교육에서 읽기에 대한 갈등이 있어 왔다. 오리건대학교의 그의 연구실에서 실시된 한 인터뷰에서 그는 그 갈등은 교육자들에게 수수께끼라고 했다. 그 수수께끼는 읽기를 가르치기 위해 많은 교육자들이 효과적이라고 말하는 발음 중심(소리 단위)으로 가르칠 것인가 혹은 또 다른 일반적인 교수법인, 상징의 시각적 처리를 하는 글자를 중심으로 가르칠 것인가 하는 것이다.

Posner는 뇌 연구가 그 중요한 질문에 답하기 위한 결정적인 자료와 연구 결과를 제공하고 있다고 한다. 그는 뇌를 스캔해보면 효과적인 읽기가 뇌의 두 영역을 활성화한다는 것을 알 수 있다고 한다. 한 영역은 시각적인 글자 형태를 처리하고 다른 한 영역은 음운 체계를 처리한다(언어에 의미를 부여하는 소리의 조직). 사실, 읽기학습장애가 있는 아동은 글을 잘 읽을 수 있는 성인과는 달리 두 영역 중 한 영역이 활성화되지 못하는 것으로 나타났다. 발음 중심으로 가르치는 것이 좋은가 혹은 의미를 강조하는 총체적 접근법으로 가르치는 것이 좋은가에 대한 질문에 대하여 뇌 연구가 한 가지 답을 주지는 않지만, 뇌 연구를 통해 읽기의 해독(decoding) 과정에 대한 통찰을 얻을 수 있다.

Posner는 뇌의 어떤 영역은 글자를 한 단위로 묶음을 만들고 또 다른 영역은 청각적 소리를 처리하며 특히 발음 훈련에 민감하게 반응하기 때문에 때때로 몇 주 안에 효과가 나타난다고 말한다. 그는 성공적인 글 읽기를 위해서는 뇌의 이 두 부분이 함께 작용해야만 한다고 한다. 읽기를 가르치는 방법에 대한 오랜 논쟁과 관련하여 이 새로운 연구는 읽기 기능에 관련된 뇌의 독립적인 두 영역이 있다는 것을 분명하게 보여준다고 그는 지적한다. 또한 그 연구 결과는 대단히 흥미로운 것이라고 그는 덧붙였다.

신경신화에 대한 한 마디

뇌기반 교육에 대한 관심과 뇌과학을 적용하여 학습을 향상시키려는 관심이 증가하면서 부작용도 생겨났다. 그것은 뇌과학을 잘못 이해하고, 너무 간단하게 생각하고, 잘못 사용하는 것이다. 그래서 **신경신화**(neuromyth)라는 이름까지 생겼다.

국제마음뇌교육협회(International Mind, Brain, and Education Society, MBE)의 초대 회장이자 하버드대학교 MBE 대학원 프로그램의 주임인 Kurt Fischer는 출판되고 회자

되는 많은 것들이 쓸모없는 것들이라고 했다. Fischer에 의하면(Bernard, 2010에서 인용), 뇌기반 학습이라는 것들을 살펴보면 전혀 신경과학에 기반을 두고 있지 않는 것들이 많다고 했다.

교육자와 과학자들이 잘못을 밝히려고 하는 대표적인 신경신화는 뇌는 어린 나이에 최대로 발달하고 평생 변하지 않는 고정된 기관이라는 것이다. 또 다른 신화는 어떤 사람은 좌뇌형이고 어떤 사람은 우뇌형이기 때문에 각각 다르게 가르쳐야 한다는 것이다. 또한 인간은 뇌가 가지고 있는 능력의 10%만 사용한다는 신경신화가 있으며 이를 기초로 해서 2014년 인기 공상과학영화 〈루시(Lucy)〉가 만들어지기도 했다. 이 장에서는 이 주제를 깊이 다루지 않지만(8장에서 다시 다룰 것이다), 교육공동체 내에 아직 이런 신경신화가 존재한다는 것을 알리고 또한 과학과 교육신경과학 문헌에 기반을 두는 것이 중요하다는 점을 강조하고자 한다. 교육자들은 교사들이 가지고 있는 신경신화를 깨우치게 하는 것이 어려운 이슈 중 하나라고 말한다. 오래 간직해 온 생각을 포기하고 최근에 밝혀진 개념을 받아들이는 것은 어떤 전문직에서도 쉬운 일이 아니다.

이 책의 구성

이 장은 교사와 교육자들을 위해 우리가 특별히 개발하고 CORE라고 이름을 붙인 뇌와 관련한 기초적인 배경지식을 설명하는 것으로 시작한다. 많은 연구 자료를 탐색하기 위하여 오리건대학교 연구자들은 컬럼비아대학교 연구자들의 도움을 받아서 **포화 평가**(saturation evaluation)라고 하는 테크닉을 사용하여 교사들을 위한 뇌과학의 핵심적이고 기초적인 내용을 확인했다. 그것은 기초적인 뉴런의 구조와 기능에서부터 앞으로의 교수 설계를 위한 최근 연구들까지 포함하고 있다.

이 책 전체를 통해서 우리는 학습과학이 말해주는 효과적인 방식에 따라 정보를 제시할 것이다. 학습과학에 의하면 새로운 정보를 더 잘 배우기 위해서는 우리가 이미 알고 있는 정보—새로운 상황이나 다른 상황 속에서—와 연결시키는 것이 좋다고 한다. 따라서, 이 장에 제시되어 있는 CORE 신경과학과 인지과학 개념들은 나머지 장들에서 여러 가지 교수·학습 스토리를 통해 다시 다루게 된다.

관련성의 중요성을 강조하기 위하여, 교육자들의 내러티브, 연구자들과의 인터뷰, 교실 경험에서 추출한 예들이 서로 얽혀서 여러 장에서 제시된다. 장별로 다른 주제를 다루고 있지만 소개되는 개념들은 책 전체를 통해서 연결되어 있다. 독자들이나 교수자들은 장 순서에 관계없이 자신의 배경과 필요에 따라 적절하게 사용하기를 바란다. 각 장은

'학습 요점'으로 시작해서 '마무리 시나리오'로 끝난다. 학습 요점에서는 그 장에서 어떤 내용이 다루어질 것인지를 생각하도록 하고 마무리 시나리오에서는 그 장에서 새로 배운 지식을 활용하여 문제 해결 능력을 키우는 활동을 하도록 한다. 이 접근법은 모두 교육연구에서 효과가 있는 것으로 나타났으며, 효과가 있는 이유는 뇌과학에서 제공하는 증거들에 있다.

교육과 학습과학에 관련한 주요 자료들을 조사하는 연구 방법을 사용하여 공통적인 기반이 확인되었으며 이 책에서 CORE라고 부르는 핵심적인 기반지식이 탄생했다. 지식은 원리와 큰 아이디어에 따라서 조직될 때 더 잘 습득된다고 뇌과학이 말해주기 때문에, 연구에서 추출한 일곱 가지 지도원리로 CORE를 조직했다. 기본적인 뇌 해부에서 복잡한 인지 시스템까지, 관련된 핵심정보는 각 원리를 동반하고 있으며, 따라서 CORE는 교사들이 필요로 하는 빠르게 변하는 분야의 정보를 제공한다.

CORE를 구성하는 사실, 정보, 이론은 과학 보고서에서부터 책, 교사를 위한 지침서에 이르는 62개 자료에 대한 조사와 평가에 기초를 두고 있다. 이것들 중에서 특히 다섯 가지는 이 장에서 소개하는 원리들을 탄생시킨 중요한 자료이다. 나머지 자료들은 후속 장들에서 더 자세한 그림을 그리기 위해 사용된다.

먼저 소개되는 다섯 가지 자료는 교육자들에게 뇌과학에 대한 시선을 넓혀준다. 이것은 주요 과학단체들(Society for Neuroscience, 2008), 교사와 교육자들을 지원하는 국제기구들(OECD, 2007), 미국과 영국에 있는 국가 과학 싱크탱크의 연구들이다. 예를 들어 미국국립연구위원회(U.S. National Research Council, 2000) 보고서는 교육에 대한 중요한 함의를 제시하는 '마음 연구'의 혁명을 기술하고 있는 반면에 영국경제사회연구회(Economic and Social Research Council)(Howard-Jones et al., 2007) 보고서는 교육뿐만 아니라 경제와 정치의 다양한 영역에서 뇌에 대한 지식이 어떤 관련성과 힘을 가지고 성장하고 있는지를 논의하고 있다. 또한 교사들을 위하여 뇌와 학습에 대한 이론적 그리고 컴퓨터 기반 모델을 제시해준다(Hawkins & Blakeslee, 2004). 이런 자료들이 함께 교사들을 위한 핵심 정보의 큰 그림을 그리고 일곱 가지 원리와 연결되어 있는 빅 아이디어를 구성한다.

CORE는 '만일 뇌가 놀랍도록 역동적이고 변하는 특성을 가지고 있다면, 그 변화를 주도하는 것은 무엇인가?'하는 것과 같은 많은 질문을 다룬다. 뇌는 관련성을 어떻게 판단하는가? 뇌는 왜 어떤 것은 기억하고 어떤 것은 기억하지 못하는가? 뇌는 왜 그리고 어떻게 연결을 하는가? 마찬가지로 중요한 질문은 만일 뇌가 하는 일이 학습이라면, 성공적인 학습을 위한 신경활동과 인지활동을 방해하는 것은 무엇인가?

연구들은 몇 가지 질문에 대한 답을 내놓기 시작했다. 이 장에서는 배경지식을 설명하고 2장에서 기초적인 물리적 변화(신경 가소성)에 대해 설명한 후에 3장부터는 교육자 세계의 심장으로 이동한다. 3, 4, 5장은 교수 설계를 통한 인지와 학습 간의 연결을 다루며 기억과 같은 뇌 시스템의 작용이 포함된다. 6장에서는 영양, 운동, 수면을 포함하는 뇌와 신체의 물리적 환경에 대해 다룬다. 7장에서는 정서와 태도가 뇌기능에 중요한 역할을 한다는 것을 탐색하고, 8장에서는 스트레스의 특성이 소개된다. 9장은 뇌가 어떻게 학습하는지 그리고 피드백과 증거를 구성하는 핵심 요소는 무엇인지를 탐색한다. 10장에서는 뇌발달의 민감기를 논의한다. 11장에서는 CORE를 실제로 교과목 영역에 연결하는 예를 제시한다. 마지막으로 12장은 액션 플랜과 교육자들에게 어떻게 교육미래를 준비할 것인가를 제시하는 것으로 끝을 맺는다.

과학에 대한 배경지식이 특별히 부족하다고 생각하는 사람들은 CORE에 대해 공부하는 것을 처음에는 주저할 수도 있겠지만, 인내를 가지고 계속 공부하면 후속 장들에서는 더 친근한 영역들로 이동하는 것을 알 수 있을 것이다. 신경과학과 인지심리학은 교육자에게 교실이나 정책 입안 시에 무엇을 해야 한다고 말해줄 수는 없지만, 이 과학과 연구 기반 기초지식은 우리가 어떻게 배우는가에 대한 중요한 통찰을 제공한다 — 가르치는 방법을 개선하기 위해 우리가 사용할 수 있는 정보를 제공한다. 그리고 이것은 여러 가지 측면에서 교육자들이 시작하기 어려운 일이다.

일곱 가지 지도원리에 대한 소개

CORE의 일곱 가지 지도원리는 뇌과학 개념들을 교사와 교육자들이 다룰 수 있는 '청크(chunk, 덩어리)'로 조직한다. 각 지도원리는 빅 아이디어라고 부르는 핵심정보와 연관되어 있다. 그것들은 이 장 다음에 이어지는 'CORE의 틀'에서 소개하고 후속되는 장들에서 상세하게 탐색된다. 각 지도원리는 CORE의 빅 아이디어가 왜 교육자들에게 중요한지 기술한다. 이 빅 아이디어는 교사가 실제로 그 원리들을 적용하기 위해 알고 있어야 하는 무엇이다. 이 장에서 기술한 세 가지 학습과학의 연결의 힘은 실제로 교육에 적용할 때 원리들을 통해 분명히 나타나며, 그것은 기초신경과학뿐만 아니라 인지심리학과 교육연구에서 얻은 통찰이다.

나머지 장들에서도 볼 수 있겠지만, 이 장에 이어 바로 소개되는 'CORE의 틀 : 일곱 가지 지도원리와 그와 관련된 빅 아이디어'에서는 이 분야들에서 나온 핵심적인 정보들이다. 그 뒤에 나오는 각 장들은 CORE 자료를 더 심도 있게 탐색하고 그 개념들을 교사가 교실에서 하는 활동과 가능한 한 많이 연결시켜서 설명한다.

■II CORE 개발

심리학 관점에서 보면 **학습**(learning)이란 경험에 의한 비교적 영속적인 사고, 태도, 활동, 혹은 행동의 변화로 정의된다. 교육에서는 이 학습에 대한 정의가 학교교육이나 학습 경험을 통해 적용되지만, 교육연구에서는 다소 비형식적인 다양한 기회를 통한 학습도 인정한다. 이런 것들에는 부모, 양육자, 동료와의 상호작용부터 물리적 세상과의 관계는 물론 인터넷, 책, 영화, 그 외 지식과 표현의 저장소와 같이 우리가 접하는 학습자료까지 모든 것을 포함한다.

신경과학은 학습을 어디에나 존재하는 것으로 보고 인간이 살면서 학습하는 경험의 총체로 정의한다. 3장에서 자세히 논의되듯이 과학자들은 모든 학습이 실제로 뇌에 생물학적 변화를 일으킨다고 보는 매우 혁명적인 통찰을 우리에게 가져다준다. 아무리 작은 배움이라도 그것은 우리에게 영향을 미친다. 우리는 학습하면서 변한다.

뇌와 우리가 어떻게 배우는지와 관련하여 교사들에게 도움이 되는 다양한 관점과 아이디어들이 새롭게 등장하면서 많은 전문가, 태스크포스, 기관, 정부에서 너무 많은 제안들이 쏟아지고 있다. 여러 자료에서 공통점을 찾아서 요약한 그림이 있다면 쉽게 이해하는 데 도움이 될 수 있다. 이 책을 만들기 위한 연구의 목표는 그런 그림을 도출하는 것이었다.

우리는 모든 교사들에게 유용하다고 많은 자료들이 동의하는 정보와 지식 기반을 획득하기 위해서 17년간(1995년부터 2012년까지) 발표된 책, 보고서, 웹 자료와 그 외 참고자료들을 샅샅이 뒤지는 것으로 시작했다. 기술적으로 **포화 평가**(satuaration evaluation)라고 부르는 연구는 교육자, 심리학자, 과학자들이 어느 부분에 대해 동의하고 어느 부분에 대해 이견이 있는지를 지적한다.

CORE의 일곱 가지 지도원리

지도원리 1
교사는 학령기 동안 신경 가소성의 생물학적 특성을 통하여 실제로 뇌를 조성하는 학교 경험에서 큰 역할을 한다.

교사들을 위한 뇌과학의 첫 번째 지도원리 ─ 경험과 학습이 뇌의 구조에 직접적인 영향을 미친다 ─ 는 간단하지만 엄청난 함의를 가지고 있다.

　최근에는 뇌가 뇌의 비밀 지키기를 천천히 포기하고 있다. 뇌스캔과 영상 기술의 발전에 힘입어서, 신경과학자들은 오늘날 실제로 뇌 안을 기록하고 뇌 안에서 무엇이 일어나는지 관찰할 수 있다. 그들은 실제 활동하는 순간을 확인할 수 있으며(학습이 일어나는 상황을 기록) 활동이 일어나는 뇌 안의 장소를 맵핑할 수 있다. 그들은 또한 어떤 종류의 자극이 뇌에 장기적인 변화를 일으키는지 확인할 수 있다. 이 도구들과 도구들을 사용하여 얻은 새로운 풍부한 지식을 가지고, 과학자들은 복잡한 뇌기능과 네트워크를 점점 더 잘 이해할 수 있게 되었다. 활동하고 있는 뇌를 연구자들이 볼 수 있도록 해주는 발전한 뇌스캔 기술은 연구 프로그램들의 성장을 가져왔다. 어떤 연구는 교실에서 일어나는 학습, 부모와 친구들과 함께 하는 학습, TV와 컴퓨터 스크린 앞에서의 학습, 일상생활의 탐색에서 일어나는 학습과 같은 여러 종류의 학습에 관련한 신경과학에 초점을 맞춘다.

　이 책에서 가장 중요한 개념 중 하나는 뇌는 정지 상태의 주름진 회색 조직 덩어리가 아니라는 것이다. 사실, 뇌는 고도로 역동적이고 뇌가 경험하고 배우는 방식에 따라 물리적으로 변화한다. 최근 연구에 의하면 뇌는 평생 변하는 능력을 가지고 있다고 하지만, 아동기와 10대 때 특히 많은 변화가 활발하게 일어난다. 교사들은 교육 과정만 가르치는 것이 아니다. 부모, 동료, 양육자들과 함께, 그들은 뇌 자체를 조성하고 변화시키는 도구적인 역할을 한다. 학습과 관련한 변화는 오래 지속되는 뇌의 재조직을 일으키며, 이것에 대해서는 2장에서 자세하게 다룬다.

　최근 뇌 연구 결과 중에서도 물리적 뇌가 시간에 걸쳐서 어느 정도 뇌 자체를 재구성하고 재조립하는 것은 교사들에게 가장 중요하고 흥분되는 주제라고 많은 사람들이 보고 있다. 이 활동은 특히 생애 초기와 학령기에 뚜렷하게 나타난다. 물리적 뇌구조가 변하는 능력을 **가소성**(plasticity)이라고 부른다. 뇌의 구조가 변하는 일부 원인은 뇌의 기능을 최대화하기 위해서다. 변화는 뇌 회로를 변경하거나, 어떤 신경 연결을 제거하거나, 새로운 연결을 추가하는 방식을 통해서 일어난다. 이 지도원리의 핵심 메시지는 상당한 변화가 뇌 속에서 일어난다는 것이다. 우리가 경험하고 학습하는 모든 것이 현재 우리의 뇌를 근본적으로 재구성하는 것으로 알려져 있다.

　이 원리를 지지하기 위해, CORE 자료들은 교사들이 가소성 작용 방식을 이해해야 한다고 지적한다. 신경 가소성의 빅 아이디어는 'CORE의 틀'의 지도원리 1에서 소개하고 또한 2장에서 자세하게 다룰 것이다.

지도원리 2

학습과학을 숙달하면 교사들은 전문직업인으로서 자신의 삶과 학생들의 성공에 영향을 미치는 의사결정을 확인하고, 주장하고, 지지하는 힘을 가질 수 있다.

CORE의 두 번째 지도원리는 교사들이 깊이 있는 과학적 지식을 가지고 있어야 한다는 것이다. 간단하게 설명하자면, 원리 1에 기술되어 있듯이 만일 뇌를 재조성하거나 변화시키려고 한다면 뇌가 어떻게 변하는지 알아야 한다. 이 원리에 대한 빅 아이디어는 뇌 해부와 구조에 대한 몇 가지 근본적인 개념을 기술한다. 이 정보 없이는 추후 등장하는 원리들을 이해하고 적용하는 데 어려움이 있을 것이다. 교사들이 뇌가 어떻게 작용하는지 알아야지 그것을 근거로 제시하여 교육 과정과 평가를 위한 결정에 대해 강력하게 주장하고 지지할 수 있으며, 학생들을 효과적으로 지원할 수 있는 힘을 가질 수 있다(Pratt, 2002, p. xiv).

교사를 기술자로 변화시키는 것이 목표가 아니다. 교사들이 뇌에 대한 모든 것을 알 필요는 없지만, 몇몇 핵심적인 개념을 알면 분명히 유리한 점이 있다. 따라서 이 지도원리는 특별히 교사들에게 핵심적인 자원—교사들이 교실에서 결정을 하고 결정을 지지하기 위해 필요한 정보와 지식—을 제공하기 위한 것이다. 교육자들은 뇌에 대한 지식을 통합함으로써 교수전략의 심오한 기반을 업데이트한다. 이것은 그들 자신과 주변 사람들의 실천에 영향을 미친다.

오늘날 그런 지식과 정보는 과학 교사에게만 필요한 것이 아니라 모든 교육자들에게 필요하다. 빠르게 변하는 정보화시대에 왜 어떤 전략과 접근이 교실수업에서 더 효과가 있는지를 교사들은 생각해볼 수 있어야 한다. 'CORE의 틀'의 〈그림 CORE-2〉는 이 지도원리와 관련된 뇌 해부도를 보여준다. 복잡하고 세부적인 해부학적 용어들을 암기할 필요는 없지만 알아둘 필요는 있다. 암기하기보다는 뇌구조와 기능의 빅 아이디어로서 일반적인 이해를 하는 것이 좋다. 뇌 해부와 구조의 빅 아이디어(그림 CORE-1)는 'CORE의 틀' 지도원리 2에 나와 있고 2장에서부터 자세하게 탐색된다. 그것은 또한 후속 장들에서도 관련이 있는 곳에서 반복적으로 제시될 것이다.

지도원리 3

어떻게 배우는가 하는 것은 어떤 지식을 실제로 사용할 수 있는가에 커다란 영향을 미친다. 점화(priming), 정교화, 확장, 지식 통합과 같은 교수 접근은 학습 결과의 열쇠다. 교사 언어로 말하면, 그것은 교수 설계의 변화에 대한 문제다.

세 번째 지도원리는 학생들을 위한 지식과 기술의 기능적 시스템을 만드는 것에 대한 것이다. 이 원리는 어떻게(how) 학습할 것인가에 초점을 맞춘다. 연구에 의하면 어떻게 배우는가 하는 방식이 지식을 가지고 무엇을 할 수 있는지에 근본적인 영향을 미친다. 의미 있는 정보를 확인하는 것에 도움이 되는 '보는 것을 학습하기(learning to see)'에서부터 새로운 상황에 지식을 적용하는 '전이(transfer)'에 이르는 모든 학습 과정에서 어떻게 학습했는가 하는 것이 실제로 효과적인 학습이 되었는가에 대한 핵심이다. 여기에서의 이슈는 우리가 아는 것을 가지고 무엇을 할 수 있는가 하는 것이다.

예를 들어 우리 뇌의 실행 기능(executive function)은 정보에 대한 계획, 주의, 선택, 시연, 감시와 같은 인지적 처리를 어떻게 통제하는지로 정의된다. 뇌 영역들은 과제를 수행할 때 활성화되고 주의와 여러 뇌 자원을 배치하는 역할을 한다.

교수 설계(instructional design)란 효과적인 교수 시스템을 만들기 위한 분석, 종합, 평가의 확장된 과정이다. 학습과학에서 나타나고 있는 관점들은 이 설계 과정에 도움이 되는 정보를 제공하지만 그것을 대체하지도 않고 그것을 포섭할 수도 없다. 이 지도원리에서 인지과학이 근본적인 뇌 아이디어와 상호작용한다. 각 개념은 교사들이 이해하고 적절한 상황에서 적용하기 위한 중요한 아이디어다. 인지와 교수 설계에 대해서는 'CORE의 틀' 지도원리 3에서 소개하고 3장에서부터 더 상세하게 설명할 것이다.

지도원리 4
학습하는 것은 정보와 경험의 회상을 강화하는 연습의 영향을 크게 받는 기억 때문에 유지된다.

네 번째 지도원리는 기억에 대한, 혹은 학습한 것이 뇌 속 어디에(where) 그리고 어떻게(how) 저장되는가에 대한 것이다. 뇌의 기억 시스템이 없다면, 우리는 새로운 정보를 획득할 수도 없고 과거에 학습한 것을 기억해낼 수도 없다. 아는 것을 저장하고, 접근하고, 인출하는 것은 학습이 잘 되도록 만든다. 교사가 가르칠 때 뇌 속에서 일어나는 변화와 관련하여, 연구는 강화된 신경회로가 학습의 '열매'라고 설명한다. 다시 말해서 어떤 뇌 처리과정은 우리가 학습할 때 더 쉽고 더 빠르게 된다.

교사들의 한 가지 큰 불만은 학습한 것들이 대부분 오래 지속되지 않는다는 것이다. 학습자들은 이해하기 위해 노력한다. 학생들이 알거나 할 수 있는 것이 지속되지 않는다면 실망이 커진다. 이해한 것이 지속되지 않을 때의 높은 비용 대 이익 비율은 교사와 학습자 모두의 노력을 약화시킨다.

연구에 의하면 교사들은 학생들을 위해 기억이 오래 지속될 수 있도록 하는 기억 흔적(memory trace)이라고 알려진 것의 도움을 줄 수 있다고 한다. 예를 들어 '망각 기능' 혹은 우리가 기억하는 것의 수학적 기술에 관련한 아주 흥미로운 뇌 연구는 우리가 얼마나 오랫동안 그리고 어떤 조건하에서 기억하는지를 설명해준다. 학습의 접근 방식에 따라 '쇠퇴(decay)' 비율—정보가 뇌 속에 저장되어 있고 접근이 가능한 시간—이 다르다. 그러므로 우리가 학습하는 방식이 우리가 알고 있는 지식을 사용하여 이해해야 할 때에 그 지식이 이용 가능한지를 결정하는 핵심이 될 수 있다. 부호화 전략과 기억은 'CORE의 틀' 지도원리 4에 제시되어 있고 4장과 5장에서 더 자세하게 논의할 것이다.

지도원리 5
언제 효과적으로 학습하는가 하는 문제는 정서를 포함한 뇌 관련 요인들의 영향을 받는다. 우리가 걸러서 버리는 것은 처리하는 것만큼 중요하다.

다섯 번째 지도원리는 언제(when) 학습이 일어나는지에 초점을 맞춘다. 많은 교사들이 놀랍게 생각하겠지만 우리가 어떻게 학습하는가에 중요한 영향을 미치는 뇌 자체의 여러 복잡한 여과 시스템과 정서 경로가 있다. 그것들은 우리가 받아들이는 정보와 모든 방향에서 들어오는 자극의 부하를 관리할 수 있도록 해주고 뇌에 의해 확인되는 우리 주위의 중요한 패턴들을 조준할 수 있도록 해준다.

여과 시스템과 정서 경로는 우리 뇌가 잘 기능하도록 하는 데도 큰 역할을 하지만 교사의 교수법에 따라서는 학교 학습을 크게 방해할 수도 있다. 예를 들어 지각된 관련성이 성공적인 학습을 위한 인지 시스템에 대한 강력한 동기 요인이 될 수 있지만, 지각된 관련성의 부재는 학습의 주요한 방해 요소가 된다. 스트레스 또한 뇌가 어떻게 기능하는가 하는 그림 속에서 설명될 수 있다.

지도원리 5에 관련하여 교사들에게 주는 유용한 교훈은 지도원리 1~4에서 언급했듯이 학습 경로를 만들어야 할 뿐만 아니라, 자연적이고 훌륭하고 중요한 뇌기능의 일부로 이것 없이는 인간이 높은 수준의 인지적 기능을 할 수 없는 장벽을 낮추어야 한다. 이 장벽을 인식하고 있으면 그것에 걸려서 비틀거리는 것을 피할 수 있다. 뇌에서의 정서와 태도가 'CORE의 틀' 지도원리 5에 제시되어 있으며 7장에서 자세하게 다루어질 것이다.

지도원리 6
우리가 가장 잘 학습할 수 있는 신체적 조건에는 수면, 운동, 영양섭취가 포함되며, 민감기 혹은 어떤 유형의 기술과 능력을 특히 잘 학습할 수 있는 뇌발달 시기가 포함될 수 있다.

여섯 번째 지도원리는 우리가 가장 잘 학습하는 신체적 조건들을 다룬다. 여기에서, 학습을 위한 몸 전체의 준비가 중요하다. 학습을 지원하는 활동으로는 적절한 수면, 좋은 영양섭취, 충분한 신체 운동이 있다. 스트레스도 그 그림 속에 포함된다. 그밖에, 어떤 유형의 기술과 지식을 획득하기 위하여 뇌는 타고난 주기 혹은 더 효과적으로 학습이 일어나는 '민감기(sensitive periods)'를 가지고 있다. 앞으로 밝혀져야 할 것이 많이 남아 있지만, 그 단계는 연령과 관련되어 있으며 자연스러운 발달 과정이라고 볼 수 있다.

이런 신체적 조건들의 성질은 서로 다르지만, 이것들과 관련하여 뇌가 어떻게 기능하는지를 알면 교사들은 학습자들의 요구를 더 쉽게 확인할 수 있다. 영양섭취가 학생들의 학습에 미치는 영향에 대해서는 교사들이 잘 알고 있다. 운동의 역할에 대해서는 아마도 덜 이해하고 있을 것이다. 운동은 뇌에 산소를 공급하고 뇌가 잘 기능할 수 있도록 해준다. 수면이 뇌발달과 지식 응고화(consolidation)에 특별한 역할을 한다는 것을 보여주는 증거들이 많이 나타나고 있다. 스트레스는 복잡한 요인으로, 스트레스의 양과 지속시간뿐만 아니라 스트레스의 유형도 학습자와 교사 모두에게 영향을 미친다.

교사들을 위한 지도원리 6 중에서도 민감기는 아마도 관심과 논란이 가장 많은 주제일 것이다. 결정기(critical period)(이것에 대해서도 논란이 있다)라고도 부르는 이 민감기는 한 개인의 뇌가 어떤 기술을 학습하기에 특히 적절한 발달 시기를 말한다. 기본적으로 과학자들은 여러 뇌 부위의 학습 준비기가 각각 다르며 이 시기들은 어느 정도 연령과 관련된다고 한다. 민감기는 시각, 감각 강화(sensory enrichment), 언어, 신체 운동, 정서 발달에서 발견되었다.

현 시점에서 민감기 연구 결과를 교사들이 사용할 수 있는 수준인가에 대한 다양한 의견이 존재한다. 하지만 학습에 대한 이런 측면을 교사들이 알고 있어야 하고 새로운 연구가 나오면 관련 질문을 생각할 준비가 되어 있어야 한다는 점에 대해서는 동의한다. 6장은 영양섭취 및 신체 단련과 관련하여 운동, 산소공급(oxygenation), 조건화(conditioning), 그리고 수면에 대해 다룬다. 스트레스는 8장에서 그리고 민감기에 대해서는 10장에서 다룬다.

지도원리 7

뇌는 피드백을 통해 학습 과정을 조정하는 놀라운 패턴 포착 기제다. 이런 피드백에는 교사가 학습자로 하여금 메타인지(자신의 학습을 조절하거나 조성하는 학습자의 능력)를 효과적으로 활용할 수 있도록 지원해주는 다양한 방식이 포함된다.

일곱 번째 지도원리는 피드백과 증거를 가지고 뇌가 학습 과정을 조절하는 방식이다. 이것에는 여러 가지 유형이 있을 수 있다. 신체적 유형("오우! 아파")에서 사회적 유형("오, 내 친구들 모두가 문신을 하고 있어. 그러니 나도 하는 것이 좋겠어.")까지, 뇌는 주변을 살펴보고 어떻게 행동할 것인가를 결정하기 위해 지속적으로 탐색하고 있다. 교사는 그 피드백 사이클의 중요한 일부다.

뇌과학 연구는 인간의 뇌는 놀라운 패턴 포착 메커니즘이라는 것을 보여준다. 패턴은 뇌에 의해 증거로 처리된다. 피드백은 뇌가 증거에 대해 어떻게 반응할 것인가를 조정한다. 학습 상황에서, 피드백 형태로 충분한 증거가 제공되지 않는다면 뇌의 가장 강력한 학습 도구 중 하나인 **메타인지**(metacognition)가 없는 것과 마찬가지다.

학습자들은 학습 목표가 무엇인지, 그 목표를 향한 어느 지점에 자신이 서 있는지, 그 목표와 자신이 알고 있는 것 간의 틈을 어떻게 메울 것인지에 대해 알아야 한다고 연구들은 말해준다. 이것은 뇌가 주변 세계로부터 정보를 캐낸다고 보는 관점과 같다. 이 원리에서, 우리는 신경신화 혹은 뇌에 대한 잘못된 혹은 증거에 기초하지 않은 아이디어를 포함시킬 것이다. 뇌에 대한 피드백과 증거를 중심으로 9장에서 논의한다.

21세기에 성공하기

이 책의 한 가지 목적은 유용한 지식기반을 제공하는 것이다. 다른 한 가지는 교사들이 뇌가 어떻게 작용하는지에 대해 더 많이 알고 교사들이 배우면서 그 활용성을 찾아보도록 격려하는 것이다. 물론, 활용성은 가치를 부가하는 것을 의미한다. 분명한 이유를 이해시키지도 않고 교육자들에게 뇌의 기능을 이해하라고 요구하는 것은 관련성의 중요성을 강조하고 있는 최근 뇌과학에 대한 이해 부족의 한 예라고 할 수 있다. 그러므로 이 책은 실천적이고 관련성이 있는 것에 초점을 둔다. 실용성을 지원하는 과학적 연구 결과를 사용함으로써 우리는 교사들이 왜 어떤 방법은 효과가 있고 어떤 방법은 실패하거나 의도한 결과를 얻지 못하는지에 대하여 잘 이해할 수 있기를 기대한다. 교수법에 대한 실천적이고 직관적인 지식에 대한 과학적 기반을 갖추고 있으면 의사결정에 도움이 되고 선택한 접근에 대한 근거를 부여할 수 있다.

비록 뇌의 작용을 충분히 이해하기 위해서는 가야 할 길이 아직 멀지만, 18세기 일본 화가가 사람의 뇌를 머리 모양의 그릇에 담겨 있는 엉킨 국수로 표현한 이후로 많은 유용한 정보를 우리는 알게 되었다. 예를 들면 2장에서 설명하고 있듯이, 우리는 새로운 정보에 주의를 집중하고 그것이 우리에게 유의미하게 제시될 때 그것을 가장 잘 기억 속에 부호화한다는 것을 알고 있다. 이 중요한 개념—새로운 지식을 효과적으로 유지하고, 통합하고, 전이하기 위한 핵심인 관련성의 인식—은 학습과학에서 계속해서 반복적으로 보여준다(National Research Council, 2003; Schunk, 2003).

유치원에서 대학교까지 교육공동체가 뇌기반 연구 결과에 대한 신중한 대화를 하는 것은 매우 중요하다. 인간의 인지에 대한 이해는 많은 진전을 보이고 있으며 신경과학의 기초와 잘 연구된 교수법이 어떻게 교차할 수 있는가에 대한 21세기의 이해는 분명히 미래 교육의 일부가 될 것이다.

교육 전문직은 신경생물학을 처음으로 이용하는 사회 지도자를 포함한다고 믿는다고 한 전직 교사 · 교장이 말했다(Sitze, 2012). 그는 일치하지 않는 세부적인 것들도 있지만 교육계에서는 일반적으로 신경생물학의 교육적 유용성에 대한 개념은 받아들인다고 말했다. 그에게 '학습'이란 인간 의식 내에서의 '변화' 이상의 더 큰 무엇이라는 의미를 갖게 되었다. 사람들이 어떻게 변하는가—예를 들어 새로운 언어를 어떻게 배우는가—에 대하여 교사들에게 새로운 관점을 가질 수 있도록 하면 그들이 가르치는 방법을 개선할 수 있을 것이다. 무엇이 10대의 자존감을 높여주거나 어린 아동의 동기를 불러일으키는지를 알게 된다면 교사들은 풍부하고 보상을 주는 환경과 관련된 변화를 더 잘 이해하게 될 것이다. Sitze는 교사들은 그들이 알고 있다고 생각하는 것보다 아마도 이미 더 많이 알고 있을지도 모른다고 말한다—그러나 지식을 새로운 방식으로 생각할 필요가 있다. 따라서 여기에서의 기본적인 원리는 변화다. 그 가능성을 믿는 교육자들은 이미 학습과학의 힘을 그들 학교에 끌어들이고 있다.

인지과학을 교실로 끌어들이기

교직에 몸담은 지 20여 년 후에 Tina K. Lagdamen은 그녀가 처음으로 교직 생활을 시작했던 샌프란시스코로 돌아왔다. 그녀가 샌프란시스코에서도 경제적으로 취약한 지역 중 한 곳인 베이뷰에서 2학년 담당 신참 교사였던 때와 비교하면, 많은 것이 변했다. 하나는 Lagdamen이 그 도시의 한 지역에 있는 학생 수 700명인 학교의 교장이 되었다는 점이다. 또 하나는 그녀의 교육에 대한 열정이 신경생물학과 학습과학에 대한 열정으로 증폭되었다는 것이다.

Lagdamen은 인지과학을 사용하여 학생들을 더 효과적으로 가르치는 방법이 없을까 생각하기 시작한 것은 그녀가 교실에서 학생들을 가르치기 시작한 지 얼마 되지 않아서라고 말했다. "나는 한동안 가르치고 있었어요. 교사가 된 지 4, 5년이 되고 아이들이 어떻게 배우는지에 대한 훈련을 받고 책을 읽었지요. 하지만 그때는 사람들에게 이야기는 하지만 아이들이 어떻게 배우는지에 대해서 몰랐습니다"라고 그녀는 인터뷰에서 이야기했다.

"나는 나의 학생들에게 뭔가가 모자란다고 계속 생각했어요. 나는 내가 잘 가르친다고 생각했지만 학생들은 잘 배우지 않았지요. 내가 가르치는 방식으로는 단지 표면적인 지식만 전달할 뿐 그것은 학습이 아니었어요. 학생들은 별 생각 없이 열심히 반복했습니다. 나는 어떻게 가르치면 학생들이 배운 정보를 유지하고 전이할 수 있을까에 대해 고민하기 시작했어요."

Lagdamen은 샌프란시스코 주립대학교 대학원에 입학하여 교육학과 심리학을 통합한 메타인지 석사과정 프로그램을 개발하여 메타인지가 어떻게 독해력을 향상시키는지에 대해 연구했다. "그것이 내가 인지과학에 접하게 된 계기입니다. 그것은 정말 대단한 것이었어요. 교사자격증을 따기 위한 공부를 할 때에는 내가 왜 이것을 몰랐을까요?"라고 그녀는 말했다.

인지과학을 새롭게 이해하게 되면서 곧 그녀의 가르치는 방식에 변화가 시작되었다. "실제로 나의 수업 설계와 교수법이 180도로 완전히 변했습니다. 나는 교수법에 대한 내용 지식을 이해했어요. 그것은 혁명적인 것이었어요. 그것은 교사들이 반드시 실천해야 하는 교수법입니다."

한 가지 예를 제시해달라는 부탁을 받고 Lagdamen은 다음과 같이 상세하게 설명했다. "나의 새로운 교수법은 뇌가 어떻게 정보를 보유하고 어떻게 정신적 모델을 만드는지를 이해하는 데서 출발합니다. 뇌는 부분에서 전체로의 사고(parts-to-whole thinking)를 좋아해요. 뇌는 은유법(metaphor)을 사랑해요. 그런 방식으로 가르치면, 그 정보는 더 오래 유지되거나 영원히 기억 속에 저장됩니다.

학습 목표가 아이들이 요약을 작성하는 것이라고 해봅시다. 과거의 방법대로라면 나는 **샬롯의 거미줄[1]**을 함께 읽고 그 스토리를 요약해서 써보기로 하자'라고 말했을 것입니다. 그리고 만일 아동이 그 스토리에서 일어났던 일들을 적어서 제출하면 그만이었지요. 그 것이 내가 배웠던 교수법이고 내가 사용해왔던 교수법이에요. 물론 예를 들어 사회과목과 같은 다른 수업 시간에 학생들에게 요약해보라고 하면 그들은 배웠는데도 전이할 수 없었어요.

이젠, 요약하는 방법을 소개할 때, '자, 오늘은 요약해서 쓰는 방법을 여러분에게 가르쳐 주겠습니다'라고 말하는 대신, 나는 요약한 것을 보여주고 그것을 부분에서 전체 사고 수업으로 제시할 것입니다. 요약은 여러 부분으로 구성돼요. 첫 번째는 책의 제목입니다. 두 번째는 저자예요. 세 번째는 그 스토리 속의 중요한 사건들을 포함하는 구성입니다. 또 다른 부분은 저자의 목적입니다. 다시 말해서 그 저자가 그 책을 쓴 목적이 정보인

---

1. 미국 작가 E. B. White가 쓴 아동 도서–역주.

뇌영상

보는 것이 믿는 것이다

기술의 발달로 과학자들은 살아있는 뇌 속에서 무엇이 일어나고 있는지 볼 수 있게 되면서 뇌의 기능을 더 잘 이해하게 되고 기억, 인지, 그 외 많은 영역에 대한 놀라운 연구들이 가능해졌다. 뇌영상 기술은 뇌의 어디에서 활동이 일어나는지를 넘어서 관찰된 활동이 무엇을 나타내는지를 다루는 수준까지 왔다.

뇌영상은 크게 구조 영상과 기능 영상으로 분류할 수 있다. 구조 영상(structural imaging)은 뇌의 정지된 모습을 제공하며 영상을 통해 뇌의 병소 혹은 손상된 부분을 확인하거나 시간에 걸친 뇌구조의 변화를 감시하는 것이 가능하다. 기능 영상(functional imaging)은 어느 시점 혹은 어떤 수행을 하는 동안에 일어나는 뇌활동에 대한 정보를 제공한다. 예를 들어 지난 30년간의 자폐스펙트럼장애에 대한 연구(Salimpoor, 2003)에 두 가지 구조 영상술과 여섯 가지 기능 영상술이 묘사되어 있다(그림 1.2 참조). 교사들은 사용되는 영상술에 따라서 영상이 직접적으로 혹은 간접적으로 구조나 활동을 포착할 수 있다는 것을 알아야 한다.

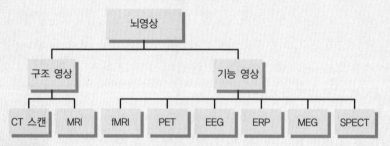

그림 1.2
뇌영상 기술

- 컴퓨터단층촬영(computerized tomography, CT 스캔)은 X선과 컴퓨터를 사용하여 신체의 여러 방향에서 조사하여 단층상을 나타낸다.
- 자기공명영상(magnetic resonance imaging, MRI)은 진단과 연구에 모두 사용된다. 비침습성 (noninvasive) 기술을 사용하며 여러 각도에서 관찰이 가능하고 선택된 뇌 영역을 선명하게 보여준다(인체에 무해하고 필요한 각도의 영상을 선택적으로 촬영할 수 있으며 해상도가 뛰어나다).
- 기능적 자기공명영상(functional MRI, fMRI)는 실시간 뇌 활동을 측정하기 위해 사용된다. 이것은 활동 중인 뇌를 감시하기 위한 가장 좋은 기술로 여겨진다. 뇌에 내재된 신호를 사용하기 때문에 (동위원소와 방사성 탐침을 투입하지 않고) 같은 뇌를 반복적으로 관찰하는 것이 가능하다.
- 양전자방출 단층촬영(Positron Emission Tomography, PET)은 혈류에 무해한 방사성 물질을 주입하여 뇌의 어느 곳에 몰리는지 탐지하여 영상을 만든다.
- 뇌전도(Electroencephalography, EEG)는 전기활동을 측정하고 기록하기 위한 전자 감지 장치를 사용하는 신경 검사이다.

- 그 외에 사건 관련 전위(Event-Related Potential, ERP), 뇌자도(Magnetoencephalography, MEG), 단일광자방출단층촬영(Single Photon Emission Computed Tomography, SPECT) 등 많은 유형의 뇌 영상 기술이 있다.

가 오락인가 혹은 설명인가 하는 것입니다. 이제 학생은 이를테면 'E. B. White가 쓴 샬롯의 거미줄은 샬롯과 윌버의 우정을 묘사하는 글이다'와 같이 요약의 주제문(topic sentence)을 쉽게 쓸 수 있어요. 그것은 아동이 요약을 작성하면서 주요 아이디어를 이해한다는 것을 말해주기 때문에 중요합니다.

아동이 요약에 필요한 모든 부분을 이해하고 나서 요약 초안을 작성한 후에 수정할 때가 되면, 나는 학생과 함께 앉아서 초안에 대해서 '이 부분이 있고 이 부분도 있는데 뭔가가 빠졌어'라고 말을 할 수 있어요. 그러면 아동은 '오, 제가 중요한 사건 부분을 빠뜨렸네요'라고 대답할 수 있어요. 그것은 아동이 생각하도록 하는 데 도움이 됩니다.

내가 교사자격증 프로그램에서 배우지 못한 것은 생각하기 부분입니다. 그래요. 나는 효과적으로 요약하는 방법을 가르치기 위해 노력했어요. 그러나 그 후에 내가 배운 것은 학생들이 요약하는 방법을 보유하고 전이할 수 있게끔 생각하는 것 이상을 할 수 있도록 가르치는 것입니다."

Lagdamen은 가까운 미래에 뇌기반 학습에 대한 이해가 교사 훈련의 한 중요한 부분이 될 것이라고 낙관적으로 본다고 말한다.

"내가 만나는 대부분의 교사들은 훌륭한 교사들이고 항상 잘 가르치기 위한 방법을 찾기 위해 애쓰고 있지만 인지과학에 대한 훈련을 받은 교사들은 거의 없습니다. 모든 문헌(캘리포니아주의 표준 교수법에 대한)의 초점은 고도로 훈련된 교사 수준에 맞추어져 있어요. 나는 인지발달과 과학에 대한 훈련을 받지 않은 교사는 고도로 훈련된 교사가 아니라고 믿습니다. 그 이유는 교사와 인지과학의 관계는 의사와 해부학의 관계와 같기 때문이지요. 우리는 지금까지 이런 훈련 없이 가르쳐 왔습니다. 만일 어떤 의사가 해부학개론과 생물학을 배우지 않았다면 당신은 그 의사에게 진료를 받겠습니까? 인지과학, 심리학, 신경과학도 마찬가지예요. 그것들은 우리의 해부학이고 생물학입니다."

학생들도 뇌가 어떻게 기능하는지에 대해 알게 되면 유익한 점이 많다고 그녀는 말한다. "나는 수년간 사용해서 다 낡은 뇌에 대한 책을 가지고 있습니다. 그 책에는 뇌 그림들이 있어요. 나는 학년 초에 나를 소개할 때 그 책을 학생들에게 보여줍니다. 학부모들에게도 그 책을 보여줍니다. 나는 뇌의 구조를 보여주고 뇌의 어느 부분에 기억이 저장되는지 보여줍니다. 나는 그들에게 어디가 뇌의 앞부분인지, 뇌의 어느 부분이 감각을 통제하는지, 그리고 책을 읽을 때 뇌의 어느 부분이 활성화되는지 보여줍니다. 그들은 매우 흥미로워해요. 나는 그들에게 뇌를 소개한 후에 질문합니다. '당신은 당신의 뇌가 매일 자라고 있다는 것을 알고 있었습니까? … 읽기, 수학, 악기 연주 이 모든 것이 당신의 뇌 성장에 도움이 됩니다.'

이런 말을 들으면 학생들은 희망을 가질 수 있기 때문에 큰 관심을 보입니다. 나는 그들에게 '여기 있는 모든 사람은 뇌를 가지고 있습니까? 당신의 머리가 있는지 확인해보세요. 있습니까? 뇌가 있으면 배울 수 있습니다. 다른 사람들만큼 빠르게 배우지 못할 수는 있겠지만 배울 수 있습니다. 배우는 것이 뇌가 하는 일이니까요. 뇌는 학습합니다. 그것이 뇌의 직업입니다. 따라서 뇌를 가지고 있는 한 배우는 것이 가능합니다.' 당신은 그들의 눈이 휘둥그레지는 것을 볼 수 있어요. 그들은 '그래, 나는 지난 학년에서 힘들었어. 지금도 힘들지만 이 수업에서 선생님은 내가 할 수 있다고 말하고 있구나'라고 생각하지요."

학생들이 학습에 대한 관심을 나타내는 것이 감동적이었다고 Lagdamen은 덧붙였다. 그러나 그녀는 인지과학에 대한 이해를 그녀의 교육 실천에 끌어들이는 것의 진가를 발견한 것은 학생들이 한 상황에서 배운 지식을 기억해 두었다가 그것을 다른 상황에 전이해서 사용하는 것을 보게 되었을 때라고 했다. 이렇게 되었을 때 학생들이 진정으로 학습했다고 그녀는 믿었다.

미래를 대비하여 교사들에게 계속 성장할 학습과학의 역할에 대한 기초지식을 쌓도록 하는 것이 2장에서부터 다룰 내용이다.

CORE를 뛰어넘어서

이 책에서 소개하는 일곱 가지 지도원리 그리고 그와 관련된 빅 아이디어는 어떤 교육자들에게는 새롭고 도전적일 것이다. 어떤 교사들에게는 그것들을 이해하기 쉬워서 후속 장들을 공부해나가면 CORE를 뛰어넘는 지식을 받아들일 준비가 빨리 될 것이다.

하지만 이 책에서는 공부할 내용을 CORE에 제한하기로 한다. 우리의 의도는 모든 교사가 알아야 하는 기초를 확립하도록 돕는 것 그리고 모든 교사가 학습과학을 이해하고 배울 수 있는 일종의 틀을 소개하는 것이다. 이것은 결코 신경과학, 인지심리학, 혹은 교육연구 영역들에서 알려지거나 확인된 흥미 있는 다른 것들이 없다는 것을 의미하지 않는다.

교수자들은 이 내용을 보강하고 싶어 할 수도 있고, 학생들은 이 책을 다 읽고 나서 더 심도 깊은 공부를 할 수도 있을 것이다. 우리는 이것을 한 가지 주저함을 가지고 장려한다. 대학 교수들은 교육학 전공 학생들이 일반적으로 신경과학과 인지심리학에 매력을 느끼고 있고 이 지식기반을 공부하고 싶어 한다고 말한다. 우리의 포커스 그룹인 예비교사들과 신임교사들은 그들의 교수방법을 결합시키면서 이해하기 시작하고 있을 뿐이라고 한다. 그들은 그들이 가르치는 교과목이나 학년 수준에서 학생의 학습 패턴에 대한 제한된 지식을 가지고 있다. 그 포커스 집단 참여자들은 그들이 배우고 있는 이 시점에서 CORE 뇌와 인지 정보가 결정적으로 중요하다고 했다. 그들은 또한 CORE를 효과적인 강사 보조로 생각할 수는 있지만 그 이상은 아니라고 했다. 따라서 학생의 특성에 따라 다르겠지만 CORE를 출발점으로 하는 것은 모두에게 아주 적절하다.

이 책을 읽는 과학 전공 학생들과 심리학 전공 학생들은 다음 세대 교사들이 알 것에 대해 더 많이 배울 목적으로 이 책을 읽을 수 있다. 교육자가 아닌 사람들에게는 여기에 있는 교육 용어들과 예들이 이해하기 어려울 수 있다. 더 많은 것을 알고 싶은 사람들은 CORE를 보충할 수 있는 신경과학, 인지, 혹은 교육연구의 원 자료를 살펴볼 수 있을 것이다. 우리는 우리가 가르치고 있는 학생들을 위한 교수 설계를 하도록 모두 노력해야 한다.

결론

CORE 원리들은 분명히 최근에 등장하여 관심을 받기 시작한 교수 · 학습 원리들이다. 교육자들은 여기에서 논의하고 있는 주제들을 알아야 하고 교육과 연결하는 연습을 해야 한다. CORE는 과학에 대한(about science) 공부가 아니라 그것의(of it) 실천을 촉구한다. 교사들은 그들이 가지고 있는 지식 기반과 그들이 가르치고 배우는 영역을 사용하여 스스로 이 연결을 실천할 필요가 있다. 학생들이 어떻게 배우는지 그리고 다음에 무엇을 할지 생각하면서 교사들은 매일 이런 연결을 할 수 있다고 인지과학자 Michael Posner는 말한다(더 자세한 내용은 11장 참조).

사실들로 무장한 교사가 가끔은 '신경신화 퇴치자' 역할을 하는 것은 중요하지만, 교사가 되기 위해 뇌과학자가 되어야만 하는 것은 아니다. 그리고 뇌과학자가 된다고 해도 교육자에게 대단히 큰 도움이 되는 것도 아니다. 모든 신경과학자들이 뇌와 학습에 대하여 교육자들에게 공통적으로 말하는 것이 있다면, 그것은 그들은 가르치는 방법에 대해서는 모른다는 것이다. 이 장의 앞부분에서 이야기했듯이, 뇌의 기능에 대해서 교사들이 알아야 하는 것이 무엇인가 하는 것이 가장 중요하다. 이 질문에 대한 많은 중요한 의견과 접근이 있다. 지금 여러 대학에서 제공하는 교사교육 프로그램에 학습과학이 포함되어 있다. 이 책에서 전제로 하고 있는 '세 가지 힘'과 함께, 여기에서는 교실수업에 정보를 제공하고 교실수업을 향상시키기 위하여 신경과학, 인지심리학, 교육연구로부터 얻는 지식과 통찰의 교차점에 초점을 두고 있다.

학생들에게 이 학습과학들 간의 차이점에 대하여 가르칠 때 한 강사는 학생들에게 각 과학이 연구하는 자료의 유형을 비교하게 한다고 했다. 그 강사는 세 가지 과학에 초점을 두는 것이 중요하다고 생각한다. 학생들은 각 학습과학이 어떻게 새로운 지식을 만들어내고 그것을 실제 적용할 수 있도록 하는지 알아야 하고, 학습과학들의 관계가 경쟁적인 것이 아니라는 것을 이해할 필요가 있다. 그녀는 학생들이 다양한 연구 방법들 간에 어떤 관련성이 있는지 그리고 그것들이 서로를 더 잘 이해할 수 있도록 어떤 도움을 주고 있는지 알 수 있게 도와준다. 이것은 3장에서 더 자세하게 논의될 것이다.

지식을 반추하고 대응하고 함께 만들어감으로써 공유된 아이디어들을 더 발전시키기 위해서는 또한 대화가 필요하다. 영국의 학습과학 보고서는 이것을 신경과학정보가 교육으로 이동하는 일방적 흐름에서 양방적 혹은 더 큰 협업의 흐름으로 움직이고 있다고 기술한다. 학습의 지식과 뇌의 지식은 상호 보완적으로 성장한다. 영국경제사회연구회의 최고 책임자인 Ian Diamond에 의하면, 이 흐름은 신경과학과 교육 모두에 대한 새로운 지식을 낳고 학습 결과를 개선할 것이라고 한다.

일곱 가지 원리와 그것들과 관련되어 있는 빅 아이디어가 그런 대화가 시작되도록 하는 기반이 될 수 있을 것이다. 후속하는 장들에서는 CORE의 여러 특수한 영역들에 대해 더 깊이 논의하면서, 제시된 아이디어들을 설명하고 최신 동향을 탐색하기 위하여 연구 결과, 전문가 비평, 그리고 내러티브를 제시할 것이다.

참고문헌

Dehaene, S. (2009). Learning to read. In *Reading in the brain: The new science of how we read* (pp. 195-234). London: Penguin Books Ltd.

Hawkins, J., & Blakeslee, S. (2004). A new framework of intelligence *On intelligence* (pp. 85-105). New York: Times Books.

Howard-Jones, P., Pollard, A., Blakemore, S.-J., Rogers, P., Goswami, U., Butterworth, B., . . . Kaufmann, L. (2007). Neuroscience and education, issues and opportunities: A TLRP commentary. http://www.tlrp.org/pub/documents/Neuroscience Comm3entary FINAL.pdf

Massachusetts General Hospital HC Project. (2013). Human Connectome Project. *Laboratory of Neuro Imaging and Martinos Center for Biomedical Imaging.* http://www.humanconnectomeproject.org/

National Research Council. (2000). Mind and brain. *How people learn: Brain, mind, experience, and school, expanded edition* (pp. 114-128). Washington, DC: The National Academies Press.

National Research Council. (2003). The nature and conditions of engagement. In Committee on Increasing High School Students' Engagement and Motivation to Learn (Ed.), *Engaging schools: Fostering high school students' motivation to learn* (pp. 31-59). Washington, DC: The National Academies Press.

Organisation for Economic Co-operation and Development (OECD). (2007). Understanding the brain: The birth of a learning science. Paris: Author. doi:10.1787/9789264029132-en

Pratt, H. (2002). Introduction. In R. W. Bybee (Ed.), *Learning science and the science of learning.* Arlington, VA: NSTA Press.

Salimpoor, V. N. (2003). Advances in neuroimaging of autistic spectrum disorder and other developmental disabilities. *NADD Bulletin, 6*(3). http://thenadd.org/modal/bulletins/v6n6a3-.htm

Schunk, D. H. (2003). Information processing. *Learning theories: An educational perspective.* New York: Macmillan.

Sitze, B. Creating an appropriate 21st century education: Taking cognitive neuroscience beyond education. (2012, January). *Information Age Education Newsletter, 82,* 1-4.

Society for Neuroscience. (2008). *Brain facts: A primer on the brain and nervous system.* Washington, DC: Society for Neuroscience.

Yoo, J. J., Hinds, O., Ofen, N., Thompson, T. W., Whitfield-Gabrieli, S., Triantafyllou, C., & Gabrielia, J. (2012). When the brain is prepared to learn: Enhancing human learning using real-time fMRI. *Neuro-Image, 59*(1), 846-852.

CORE의 틀

일곱 가지 지도원리와 그와 관련된 빅 아이디어

'CORE의 틀'이라는 제목의 이 특별 섹션은 1장에서 소개한 7개의 지도원리를 한눈에 쉽게 알아볼 수 있도록 하기 위하여 따로 마련한 것이다. 각 원리와 그와 관련된 빅 아이디어를 요약하고, 각 원리가 어느 장에서 상세하게 다루어지는지 소개한다.

이 틀을 어떻게 사용할 것인가

이 자료는 교육자들이 뇌과학을 잘 이해할 수 있도록 돕기 위해 두 가지 도구로 구성되어 있는 틀을 제공한다. 2장부터 시작해서 그 틀은 그 장에서 다루는 핵심 개념을 간략하게 요약하고 있다. 그밖에, 여기에서 제시되는 모든 아이디어는 각 장에서 더 상세하게 설명되며 CORE 개념이 기술될 때마다 빅 아이디어도 함께 등장한다.

예를 들어 기억을 다루는 4장에 "교사들이 알아야 하는 한 가지 중요한 개념은 사람들이 가지고 있는 한 대상에 대한 언어 기억과 그림 기억의 비교다(CORE 4g 참조)."라는 문장이 있다. CORE 4g를 참조하라는 지시에 따라서 CORE 4g 빅 아이디어를 찾아보면 다음과 같은 글을 볼 수 있다.

같은 대상에 대한 언어 기억과 그림 기억을 비교했을 때 그림에 대한 기억이 더 효과적인 것으로 나타났다. 그림이 더 오래 유지된다. 따라서 교사들은 모든 학생을 위해 다양한 방식으로 정보를 제시할 필요가 있다. 뇌의 영역들은 선택적으로 다른 범주의 정보를 처리하며, 종종 정보가 어떻게 관리되고 유지되는지에 따라 '망각 기능'도 다르게 작용한다(4장).

빅 아이디어는 논의되고 있는 지도원리의 기반이다. 우리가 제공하는 아이디어들은 지도원리에서 소개된 연구와 과학적 발견들을 지원하는 것이다. 빅 아이디어를 살펴보면서 이미 알고 있는 내용이라고 확인하는 교사들도 있고 더 알고 싶은 개념들 밑에 줄을 긋는 교사들도 있을 것이다. 7개 지도원리의 빅 아이디어들이 어떤 방식으로 사용되든지 관계없이, 독자들은 각 영역에서의 어휘, 정의, 상황에 대한 연구와 과학적 발견을 더 많이 알기 위해 관련된 장들을 참조할 수 있을 것이다.

1. 지도원리 : 교사는 학령기 동안 신경 가소성의 생물학적 특성을 통하여 실제로 뇌를 조성하는 학교 경험에서 큰 역할을 한다.

빅 아이디어

a. 신경과학은 연구된 정보를 교육자들이 어떻게 효과적으로 사용할 것인가에 대하여 비판적으로 생각하는 것이 가능한 지점까지 발전했다. 교육신경과학은 신경과학과 교육 간의 형식적인 대화를 함께 하도록 하는 신생 영역이다. 이것은 과학자와 교육자가 학습을 발전시키기 위해 함께 공헌할 수 있는 비교적 새로운 대화다. 현재 진행 중인 한 가지 질문은 학습하는 뇌에 대해 알려진 것을 고려하지 않는 것이 교육에 대한 반성에서 타당한가 하는 것이다(1장).

b. 뇌는 학습의 중심이다. 학습은 뇌의 물리적 구조를 변화시킨다. 변화는 세포가 변형되고 연결되는 것에서부터 부상이나 발달 과정 때문에 재배치되는 큰 규모의 변화까지 다양한 수준에서 일어날 수 있다(2장).

c. 이런 구조적 변화는 뇌에 새로운 패턴을 부여하여 뇌를 재조직하고 그렇게 함으로써 학습을 부호화한다(2장).

d. 그런 변화는 일생을 통해 일어나며 그것은 미리 프로그램되어 있는 유전자가 전개만 되는 것이 아니다. 오히려 뇌는 경험에 의해 많은 부분이 조성되는 역동적인 기관이다. 신경과학 연구는 뇌의 조직을 구성하는 데 있어서 경험과 학습이 중요한 역할을 한다는 것을 확인해준다(2장).

e. 생물학은 운명이 아니며 유전적 성향은 경험과 상호작용하여 뇌구조를 결정하기 때문에, 모든 뇌는 독특하다. 유전과 경험은 끊임없이 상호작용을 하기 때문에 뇌발달 과정을 천성 대 양육으로 간단하게 말할 수 없다. 예를 들어 유전적 기초를 가지고 있는 대부분의 주요 질병은 환경에 의한 큰 영향을 받는다. 일란성 쌍둥이를 대상으로 한 유전 가능성 연구들은 어떤 특정한 결과에 대한 가능성이 절대적으로 같은 유전자 때문이라고 말할 수 없다는 것을 보여준다(2장).

f. 교육에 대한 뇌과학의 가장 중요한 한 가지 최근 연구 결과는 '뇌 가소성'에 대한 것이다. 뇌 가소성이란 뇌가 뇌의 신경구조를 수정한다는 개념이다. 가소성의 힘은 학령기 동안 크게 작용한다. 가소성은 새로운 환경에 더 잘 대처하기 위해 뇌가 변할 수 있도록 해준다. 새로운 뉴런의 생성은 뇌의 일부 영역에서만 일어나지만, 뉴런의 변화는 뇌에서 신호를 전달하는 뇌세포들 간의 경로를 재조직하거나 혹은 연결을 맺거나 연결을 제거(혹은 '가지치기')함으로써 일어난다(2장).

g. 특정한 발달 단계에서 신경 연결이 급속하게 일어나지만 그 후에는 더 효율적인 시스템을 만들기 위해 연결이 다시 감소한다(가지치기). 활동적이고 전류를 생성하는 연결은 살아남을 확률이 높은 반면에, 거의 혹은 전혀 활동이 없는 연결은 쉽게 사라진다. 따라서, 뇌는 덜 사용되는 연결을 제거하면서 계속적으로 변화해 나간다(2장).

2. 지도원리 : 학습과학을 숙달하면 교사들은 전문직업인으로서 자신의 삶과 학생들의 성공에 영향을 미치는 의사결정을 확인하고, 주장하고, 지지하는 힘을 가질 수 있다.

빅 아이디어

a. 학습과 관련한 가장 중요한 기관은 뇌다. 교사들이 뇌에 대한 개념을 외울 필요는 없지만 뇌의 빅 아이디어는 이해해야 한다. 첫 번째 해부학적 개념은 뇌는 숨쉬기와 같은 중요한 기능뿐만 아니라 추리와 학습을 통제하는 인간 정신 기능의 중심이다. 뇌는 주름이 많이 져 있는 1.4kg 정도의 무게를 가진 스폰지같은 조직이다. 뇌와 척수는 중추신경계를 구성한다(2장).

b. 뇌는 전뇌, 중뇌, 후뇌의 세 가지 기본 구조를 가지고 있다(그림 CORE-1 참조). 전뇌는 뇌에서 가장 큰 부분이다. 전뇌는 대뇌와 그 아래에 숨어 있는 여러 구조로 되어 있다. 대뇌는 두 반구로 나뉘어 있으며 각각 후두엽, 두정엽, 측두엽, 전두엽을 가지고 있다(그림 CORE-2 참조). 이 엽들의 표면이 대뇌 피질이며 고등 사고 기능을 맡고 있다(2장).

c. 뇌세포의 구조는 뉴런이라고도 부르는 신경세포와 지지하는 역할을 하는 교세포로 되어 있다. 뇌에는 뉴런보다 교세포가 더 많지만 교사들이 초점을 맞출 부분은 뉴런이다. 뉴런은 소통을 전문적으로 한다(2장).

d. 한 뉴런 내에서 전기 신호가 전달되고 뉴런과 뉴런 사이의 틈을 말하는 시냅스를 통해 다른 뉴런으로 화학물질이 전달된다(2장).

e. 뉴런은 네 가지 주요 부분들로 구성된다. 이것들을 외울 필요는 없지만 전체적인 흐름은 이해해야 한다. 뉴런에는 (1) 신호를 감지하는 나뭇가지같이 생긴 수상돌기, (2)

신호 정보를 수집하는 세포체, (3) 세포체로부터 축적된 부호를 멀리 전달하는 끈같이 생긴 축색, (4) 다른 뉴런으로 전달되는 화학물질을 분비하는 축색종말이 있다(2장).

f. 전기 신호는 열리고 닫히는 작은 통로를 따라 이동한다. 신호가 전달되거나 혹은 '발화(fired)'될 때, 양전하는 세포막을 빨리 통과해 들어간다. 이것은 임시적으로 내부 조건을 음에서 양으로 바꾸면서 작은 전류를 생산한다. 그 결과가 세포막을 따라 빠르게 통과하는 '활동 전위(action potential)'다(2장).

g. 학습하고 뉴런들을 빈번하게 자극하면 뇌의 구조가 물리적으로 변하고 따라서 특수한 뇌활동이 향상된다. 이것은 '발화되는 것은 연결된다'라고 하는 처리 과정의 한 예다(2장).

h. 뉴런의 수초는 절연체로서 신호를 더 빠르고 원활하게 전달하는 작용을 한다. 수초에 손상이 생기면 다발성경화증과 같은 질병이 나타난다(2장).

i. 뉴런은 신호를 전달할지 여부를 결정하기 위해 정보를 결합한다. 이것은 하나의 정보원에 의존하지 않고 정보의 표본을 수집하는 것과 같다. 수집된 어떤 정보는 뉴런에게 발화하도록 하고 어떤 정보는 발화를 방해한다(9장).

j. 뇌에 있는 800~1,000억 개나 되는 뉴런은 서로 연결되어 있는 망을 형성하고 있다. 만일 뉴런을 사람이라고 한다면, 하나의 뇌에는 전 세계 인구의 10배나 되는 사람들이 살고 있다. 크고 널리 분포되어 있는 신경 네트워크는 우리가 일상적인 일을 처리할 때도 사용된다(4장).

k. 보기, 듣기, 말하기 같은 기능은 대부분 어떤 특수한 뇌 영역에 분포되어 있지만 이것들은 서로 연결되어 있는 네트워크다. 어떤 영역은 한 가지 이상의 기능과 연결되어 있다(11장).

3. 지도원리 : 어떻게 배우는가 하는 것은 어떤 지식을 실제로 사용할 수 있는가에 커다란 영향을 미친다. 점화, 정교화, 확장, 지식 통합과 같은 교수 접근은 학습 결과의 열쇠다. 교사 언어로 말하면, 그것은 교수 설계의 변화에 대한 문제다.

빅 아이디어

a. 인지란 지식을 획득하고, 보유하고, 적용하는 과정이다. 인지는 뇌활동에 의존한다. 학습을 더 잘 지원할 수 있는 특별한 인지 전략과 환경이 있기 때문에 교사들은 이런 것들을 잘 알고 있어야 한다. 인지신경과학은 인지모델과 뇌과학 연구 결과를 연결한다(3장).

b. 뇌의 '집행 기능(executive function)'은 정보를 계획, 주의, 선택, 시연, 감시하는 것과

같은 인지적 처리 과정을 통제하는 방법으로 정의된다. 우리가 다양한 과제를 수행할 때 뇌의 어떤 영역들이 활성화되고 주의를 배당하는 역할을 한다. 주의할 방향을 정하고, 미래 과제를 계획하고, 부적절한 행동을 억제하고, 여러 과제를 처리하고, 다양한 사회적인 관계를 처리하는 것을 포함하는 집행 기능은 10대에도 여전히 발달하고 있다(3장).

c. 충분한 자극을 주면 뇌기능이 향상된다. 복잡한 환경 속에서 키우는 동물의 뇌에는 공급되는 혈액과 산소가 더 많다. 세포들이 더 많은 영양분을 섭취하고 쓰레기를 제거함으로써 신경 기능을 지원할 수 있다(별 아교 세포)[2]. 각 뉴런이 가지고 있는 시냅스의 수뿐만 아니라 대뇌 피질의 무게와 두께도 변할 수 있다. 그런 변화는 열악한 환경에서 길러지는 동물에게서는 나타나지 않는다(3장).

d. 인지적 관점에서 보면 지능은 뇌에서 패턴을 기억하고, 예측하고, 적용하고, 확장하는 능력으로 측정된다고 생각할 수 있다. 이것은 언어, 수학, 물리적 특성, 사회적 상황과 같은 영역들에 적용할 수 있다(3장).

e. 기억을 지원하는 특별한 학습 전략이 있다. 이런 전략에는 정교화와 확장이 있으며 이 전략들은 개념이나 아이디어에 더 세세한 것들을 첨가하여 관계를 파악하는 인지적 노력이다. 효과적인 질문 전략, 반추적 활동, 문제 해결은 정교화와 확장을 사용한다. 이것들은 기억과 지식 통합을 만들고 강화함으로써 이해를 돕는다(3장).

f. 한 상황의 관련된 특징을 인식하는 것은 학습의 중요한 한 차원이다. 뇌는 추론, 범주 형성, 그 외 정보 처리 방식을 통하여 정보 경험을 만든다. 그러나 우선, 뇌가 지각하는 것을 분할하는 인식이 필요하다. 즉 '보는 방법을 배우는 것(learning how to see)'이 필요하다. 학생들에게 유의미한 패턴을 인식하도록 하는 수업 설계가 뇌에 도움이 된다. 공통점과 차이점을 인식하도록 하는 학습이 여러 교과에서 학생들의 학습 결과에 큰 긍정적인 효과가 있는 것으로 나타났다(5장).

g. 효과적인 학습을 위해 지식이 뇌에서 '조건화(conditionalized)'되어야만 한다. 다시 말해 새로운 지식을 활용할 수 있도록 배우기 위해서는 그 지식을 상황과 연결해서 배워야 한다. 여러 상황에서 지식을 사용하고 여러 과목에서 통합되도록 하는 것이 효과적이다. 관련된 지식이 신경 처리 과정에서 적절하게 활성화되지 않거나 '죽은' 지식은 교사들에게 가장 큰 좌절감을 주는 문제 중 하나다(5장).

h. 학습을 도와줄 때, 혹은 교사 용어로 '비계 설정(scaffolding)'을 사용할 때, 교사는 학

---

2. astrocytes : 성상 교세포라고도 한다. 세포체가 작고 여러 방향으로 갈라져 나가는 돌기를 가지고 있다-역주.

생들이 필요로 하는 도움을 체계적으로 감소 혹은 '철거(fade)'해야 한다. 그 예로는 환경적 단서, 손짓, 자극 단어, 교사가 세분화한 문제, 외적동기 요소 등이 있다. 지식을 숙달시키기 위해 반복하는 것도 도움이 된다. 과거 조건과 연합된 것만 이해하거나 교사를 기쁘게만 하는 행동은 독립적인 학습이 아니다(5장).

i. 사회적 상호작용은 초기의 뇌구조와 인지 기능의 발달은 물론 학습을 위한 중요한 구성 요소다(5장).

4. 지도원리 : 학습하는 것은 정보와 경험의 회상을 강화하는 연습의 영향을 크게 받는 기억 때문에 유지된다.

빅 아이디어

a. 강화된 신경 경로 혹은 기억 흔적은 학습의 최종 결과다(4장).

b. 기억은 과거 경험을 생각나도록 하는 인지적 처리 과정이다. 이것은 새로운 정보를 획득하는 과정(흔적의 발달 단계, 혹은 신경 경로가 만들어지는 단계)과 정보를 생각해 내는 과정(흔적의 재활성화 단계, 혹은 활성화 경로의 재활성화 단계) 모두를 통해서 일어난다. 기억 덕분에 학습한 것이 유지된다(4장).

c. 기억은 하나의 독립체도 아니고 뇌의 한 부분에서 일어나는 것도 아니다. 하지만 대뇌가 지각하고, 처리하고, 통합하는 과정들은 유의미한 조합에 의해 촉진된다. 처음 제시되거나(초두) 마지막에 제시되는(최신) 정보는 더 생생하게 기억된다. 수업 사이클을 짧게 하면 새로운 아이디어를 초두(예 : 처음 10분) 혹은 최신(예 : 마지막 10분) 위치에서 처리하는 것이 용이하다. 소집단 토론이나 체험활동과 같은 접근도 초두/최신 사이클을 연결하는 데 도움이 된다(4장).

d. 지도원리나 빅 아이디어에 따라 지식을 조직하면 더 잘 숙달할 수 있다. 하지만 현재 교육 과정 설계는 사실을 표면적으로 다루고, 아이디어들이 연결되지 않고, 중요한 조직적 아이디어 개발을 위한 시간이 너무 적게 배정되어 있어서, 뇌가 유의미하게 지식을 조직하기 어렵게 되어 있다(4장).

e. 사람들은 무작위로 제시되었던 일련의 사건들을 기억해내려고 할 때에는 그것들을 순서에 따라 재배열을 한다. 이것이 정보를 '유의미한 청킹'을 하는 한 예다. 학습하는 동안 기억 처리 과정은 다른 정보와 관련시키는 연결을 한다. 사람들은 자신의 경험을 기초로 해서 그 위에 외부 세계를 개인적인 지각으로 번역하는 인지적 '표상' 혹은 개인적 관점을 만든다(4장).

f. 인지부하(cognitive load)란 뇌의 집행 통제와 작업기억의 용량에 관한 것으로, 주어진

과제가 뇌에 주는 부담을 뜻한다. 학습하는 동안 인지부하를 계속해서 감당할 수 있도록 하는 것이 중요하다. 전략으로는 그래픽 조직자, 시각 자료, 표, 용어 사전, 도구 등이 있다. '외적 표상'은 학습 중에 작업기억의 무거운 부담을 좀 덜어줄 수 있다(4장).

g. 같은 대상에 대한 언어 기억과 그림 기억을 비교했을 때 그림에 대한 기억이 더 효과적인 것으로 나타났다. 그림이 더 오래 유지된다. 따라서 교사들은 모든 학생을 위해 다양한 방식으로 정보를 제시할 필요가 있다. 뇌의 영역들은 선택적으로 다른 범주의 정보를 처리하며, 종종 정보가 어떻게 관리되고 유지되는지에 따라 '망각 기능'도 다르게 작용한다(4장).

h. 기억흔적 혹은 이전 신경 경로가 더 많이 활성화되면, 더 큰 표적이 남게 되고 따라서 망각에 덜 취약해지고 망각이 덜 일어난다. 유추는 일반화할 수 있는 패턴 혹은 '스키마'를 확인하는 뇌의 처리 과정이며 뇌가 강조하는 정보의 관련성이 중요하다(4장).

i. 기억이란 지속적인 뇌의 구조적 변화다. 이것은 뇌 자원의 투자와 헌신으로 볼 수 있다. 교사들은 모든 사람의 뇌 자원이 제한적이라는 것을 알아야 한다. 뇌는 의식적으로나 무의식적으로 관련성과 같은 뇌가 지각하는 조건에 기초하여 무엇을 기억하고 보유할지 걸러낸다(4장).

j. 연구자들은 최소한 두 가지 기본적인 장기기억이 있다고 한다. 하나는 선언적 기억(사실과 사건에 대한 기억)이고 다른 하나는 절차적 기억 혹은 비선언적 기억으로 기술과 인지적 조작을 숙달하는 기억이다(4장).

5. 지도원리 : 언제 효과적으로 학습하는가 하는 문제는 정서를 포함한 뇌 관련 요인들의 영향을 받는다. 우리가 걸러서 버리는 것은 처리하는 것만큼 중요하다.

빅 아이디어

a. 최근 신경과학 연구는 학습의 정서적 차원을 보여주고 있다. 정서는 대뇌 처리 과정에서 일어나며 인간 행동의 적응과 조절에 필요하다(7장).

b. 정서의 종류에 따라서 작용하는 뇌의 시스템이 다르고 그것 자체의 대뇌 회로를 가지고 있다. 대뇌 회로는 종종 '정서의 중심'으로 알려진 변연계와 주로 정서를 조절하는 전전두 피질이 관련되어 있다(7장).

c. 만일 정적으로 지각되는 정서가 학습과 연관이 있다면, 정적 정서는 성공을 촉진할 수 있는, 반면에 부적으로 지각되는 정서는 실패와 연관이 있을 수 있다. 사건이나 정보의 보존과 회상은 강한 정서 상태, 특별한 상황, 높은 수준의 동기나 주의집중에 의해서 또한 변할 수 있다(7장).

d. 학습에 대한 내적 동기의 효과가 크기 때문에 앞으로 연구방향을 학습과 내적 동기에 집중하는 것이 매우 중요하다(7장).

e. 뇌는 전부 대뇌 피질로 조직되어 있는 것이 아니다. 해마(새로운 기억을 응고시키는 데 결정적인 역할을 담당)와 편도체(정서적 반응에 중요한 역할을 담당)를 포함한 다른 구조들도 학습에 매우 중요한 역할을 한다. 편도체는 편도체가 없다면 의미가 없는 중성적인 자극과 사건에 정서적 의미를 부여하는 역할을 하는 것으로 보인다(7장).

f. 정서는 특정한 정신 상태, 생리적 변화, 행동 충동의 세 가지 요소로 구성된 복잡한 반응이다(7장).

g. 연구자들은 중독 그리고 뇌기능이 동기와 상호작용하는 방식들에 대한 새로운 이해를 제공하는 분자신경약리학의 메커니즘에서 통찰을 얻게 되었다. 신경전달물질과 신경조절물질이라고 부르는 화학물질은 활동을 흥분시키거나 억제시킬 수 있다. 분비되는 화학물질의 양과 그것을 받아들이는 수용기의 수는 경험에 반응한다. 이것이 세포의 가소성이다(7장).

h. 신경계 발달을 안내하는 역할을 하는 분자들이 새로 발견되면서 과학자들은 젊음에 대해 더 잘 이해할 수 있게 되었다. 한 가지 중요한 발견은 수용기에서 신경전달물질이 활동한 후에 소위 말하는 '제2 메신저'가 한 세포와 생화학물질의 소통을 자극한다는 것이다. 세포의 유전물질에 직접적인 영향을 미치는 제2 메신저가 세포 기능과 행동의 장기적 변화를 일으킬 수 있다(7장).

i. 인간의 전전두 피질은 늦게 성장하며 20대까지 발달한다. 이것은 정서 조절과 변연계의 과작용에 대한 보상은 비교적 늦은 발달 단계에서 일어난다는 것을 말해준다(7장).

6. 지도원리 : 우리가 가장 잘 학습할 수 있는 신체적 조건에는 수면, 운동, 영양섭취가 포함되며, 민감기 혹은 어떤 유형의 기술과 능력을 특히 잘 학습할 수 있는 뇌발달 시기가 포함될 수 있다.

빅 아이디어

a. 신체의 다른 부분들과 마찬가지로, 뇌는 적당한 영양섭취와 운동을 포함한 건강한 상태에서 가장 잘 기능한다. 또한 잡음이나 통풍과 같은 환경적 요인들이 학습에 영향을 미칠 수 있다—예를 들어 뇌에 필요한 산소가 부족해지면 정보를 비효과적으로 부호화할 수 있다(6장).

b. 수면은 뇌기능에 매우 중요하다. 잠자는 동안 가소성과 지식 응고화와 관련된 처리과정이 일어나기 때문에 수면은 학습, 기억, 보존, 효과적인 지식 통합에 매우 중요한 영향을 미친다(6장).

c. 스트레스는 건강과 정서 모두와 상호작용한다. 이 상호작용은 복잡한 방식으로 일어나는데 건강을 유지하여 학생들이 건강한 상태에서 잘 배우도록 하기 위해 그리고 잘 가르치기 위해 그 상호작용을 이해하는 것이 중요하다(8장).

d. 뇌의 부위에 따라서 학습하기 위한 준비 시기가 다를 수 있다. 종종 '결정적 시기'라고도 말하지만, 더 정확한 표현은 '민감기'라고 할 수 있다. 과학자들은 개인적으로 어느 발달 시기가 어떤 기술을 학습하기에 특히 적절한지 밝히고 있다. 이 중요한 시기에 뇌는 그와 관련한 구조와 기능을 개발하고 유지하기 위해 특정한 유형의 자극을 사용한다. 이 단계에서 큰 변화에 책임이 있는 것은 다른 무엇보다도 개인의 경험이다(10장).

e. 출생 후 어느 기간 동안 신경 연결이 급격하게 감소하고 그 이후에는 연결 빈도가 줄 뿐만 아니라 잘 변하지도 않는다. 연결되어 있는 것은 더 강해지고, 더 믿을 수 있고, 더 정밀하다(10장).

f. 만일 이 '기회의 창' 기간에 민감기 학습이 일어나지 않는다면 학습이 전혀 일어날 수 없다는 의미는 아니다. 하지만 그러기 위해서는 더 많은 시간과 더 큰 인지적 자원이 필요하고 종종 효과도 덜 나타난다는 것을 의미한다(10장).

g. 결정적 시기가 있다는 것은 언어, 운동, 정서발달뿐만 아니라 시각, 감각 강화에서도 발견되었으며 앞으로 더 많은 영역에서 발견될 것으로 기대된다. 민감기와 언제 학습이 일어나는가에 대한 더 깊은 이해가 뇌 연구가 앞으로 나아가야 할 방향이라고 생각된다. 교육자들이 적용할 수 있는 수준까지 민감기 연구가 준비되어 있는지에 대해서는 현재 다른 의견들이 존재한다. 하지만 교사들이 최소한 인간 학습의 이런 측면에 대해서 알고 있어야 한다는 점에 대해서는 이견이 없다(10장).

h. 뇌발달은 주로 학령기를 거쳐 20대 초반까지 계속된다. 청소년기에서의 시냅스 가지치기와 수초화는 신경과학이 새롭게 밝혀낸 10대의 뇌 변화에 대한 놀라운 발견이다(10장).

i. 뇌손상이나 기능이상은 연령대에 따라서 미치는 영향이 다르게 나타난다. 뇌기능의 심각한 퇴화는 교육자들의 관심거리다. 심각한 뇌기능 저하는 질병, 손상, 악화된 건강상태의 이유로 일어날 수 있다. 노인들을 대상으로 교육하는 사람들은 노화를 뇌가 비교적 건강하고 충분히 기능을 유지하고 있는 정상적인 과정으로 생각한다. 최근에 신경과학자들은 전 생애에 걸쳐서 심각하게 쇠퇴하는 것은 노화의 정상적인 과정이 아니라 대부분 질병, 발달장애, 혹은 부상 프로세스를 반영하는 것이라고 생각한다(10장).

7. 지도원리 : 뇌는 피드백을 통해 학습 과정을 조정하는 놀라운 패턴 포착 기제다. 이런 피드백에는 교사가 학습자로 하여금 메타인지(자신의 학습을 조절하거나 조성하는 학습자의 능력)를 효과적으로 활용할 수 있도록 지원해주는 다양한 방식이 포함된다.

빅 아이디어

a. 뇌는 저장된 기억을 사용하여 우리가 보고, 느끼고, 듣는 것에 대하여 지속적으로 예측한다. 어떤 과학자들은 예측이 신피질의 가장 중요한 기능이며 지능의 기반이라고 믿는다(9장).

b. 그러므로 다양한 원천에서 나오는 피드백은 뇌가 어떻게 발달하는지 그리고 어떤 학습이 강화되는지에 영향을 미치는 중요한 성분이다. 뇌는 피드백을 증거의 한 형태로 처리한다. 이것은 교사들이 교수 설계를 하고 학생들을 가르치기 위해 알고 있어야 하는 중요한 원리다(9장).

c. 그 상황과 연결되지 않았던 패턴이 뇌에 들어오면, 예측이 어긋나고 그 오류나 차이에 주의가 집중된다(9장).

d. 과학자들은 매 순간 뇌는 무엇을 보고, 듣고, 느낄 것인가에 대한 낮은 수준의 감각적 예측을 한다고 가정했으며, 신피질의 여러 영역도 마찬가지로 다음에 무엇을 경험할지 예측한다고 가정했다(9장).

e. 개인이 현재 가지고 있는 지식의 한계를 인식하고 그 상황을 개선하기 위한 조치를 취하는 것이 모든 연령의 학습자에게 중요하다. 이것은 메타인지, 즉 자기지식을 감시하는 능력과 관련된다(9장).

f. 통계적 테크닉은 뇌가 예측과 피드백 메커니즘을 통해 어떻게 과거 경험으로부터 정보를 빌려서 새로운 결정을 하는지를 우리가 탐색할 수 있도록 도움을 준다(9장).

g. MRI와 PET 스캔 같은 영상술은 뇌 네트워크가 어떻게 기능하는지를 보여주는 한 유형의 증거로서 우리가 어떻게 주의를 집중하고, 기억하고, 느끼고, 학습하는지에 대한 정보를 제공한다. 뇌영상은 종종 뇌가 활동하는 동안에 증가하는 혈류를 탐지함으로써 얻을 수 있다. 이것은 어디에서 어떤 작용이 일어나고 있는지 보여준다. 그런 영상은 수술이나 다른 침습 기술 없이 얻을 수 있다(9장).

h. 뇌가 예측하는 많은 부분은 우리의 인식 밖에서 일어난다. 이 무의식적인 예측이 얼마나 만연하고 거의 끊임없이 일어나는지 알 수가 없다. 또한, 우리 뇌는 기존에 이해된 것(표상)을 기초로 해서 새로 들어오는 자료를 '매끄럽게' 하고 완성시킨다. 그런 무의식적인 뇌의 작용은 상당한 영향을 미치며 교사들이 알고 있어야 하는 중요한 것이다(9장).

i. 신경신화는 뇌에 대한 오해, 잘못된 해석, 혹은 연구 결과에 대한 왜곡된 아이디어다. 교육자들은 새로운 아이디어를 이해하기 위한 충분한 지식을 가짐으로써 뇌에 대한 인기가 있지만 잘못된 개념을 받아들이지 않고 바로잡을 수 있다. 대학교육 프로그램은 예비교사와 현직교사에게 현재 빠르게 확산되고 있는 신경윤리학에 대한 준비를

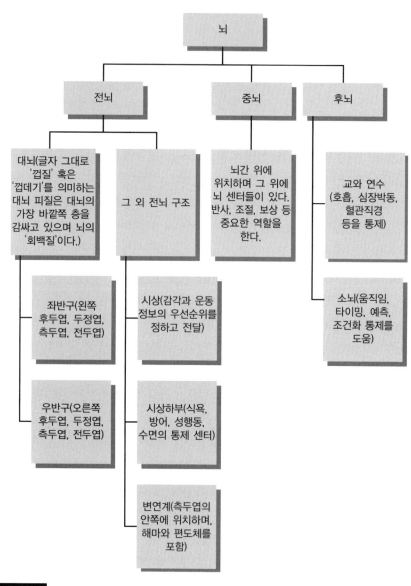

그림 CORE-1
뇌의 기본적인 세 부위

시킬 책임이 있다(9장).

j. 신경신화에 대해서 따로 교육할 필요가 있다. 이런 신경신화의 예에는 뇌의 좌반구와 우반구는 성질이 다르기 때문에 따로 가르쳐야 한다거나 사람들은 뇌의 작은 일부만 사용한다는 것 등이 있다(9장).

k. 신경신화를 다루는 한 가지 방법은 교육자들이 관심을 가질 수 신경과학 연구문제를 강조하는 것이다. 이것은 교육학, 심리학, 신경과학과 같은 학습과학 분야들의 협력적인 학제 간 연구의 한 영역을 확정하는 중요한 한 단계가 되고 모든 학습과학 분야의 발전에도 도움이 될 것이다(9장).

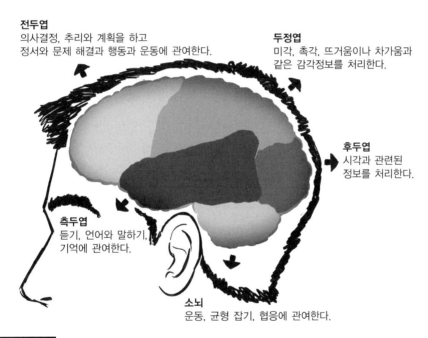

전두엽
의사결정, 추리와 계획을 하고
정서와 문제 해결과 행동과 운동에 관여한다.

두정엽
미각, 촉각, 뜨거움이나 차가움과
같은 감각정보를 처리한다.

후두엽
시각과 관련된
정보를 처리한다.

측두엽
듣기, 언어와 말하기,
기억에 관여한다.

소뇌
운동, 균형 잡기, 협응에 관여한다.

그림 CORE-2

뇌

전두엽은 의사결정과 추리 및 계획을 하고, 정서와 문제 해결과 행동과 운동에 관여한다.

두정엽은 미각, 촉각, 뜨거움이나 차가움 등과 같은 감각정보를 처리한다.

후두엽은 시각과 관련된 정보를 처리한다.

측두엽은 듣기, 언어와 말하기, 기억에 관여한다.

소뇌는 운동, 균형 잡기, 협응에 관여한다.

신경 가소성

이 장에서는 CORE 지도원리 1 '교사들은 뇌의 조성을 돕는 학교 경험에서 학생들에게 큰 역할을 한다'를 소개한다. 또한 지도원리 2 '학습과학을 숙달하면 교사들은 전문직업인으로서 자신의 삶과 학생들의 성공에 영향을 미치는 의사결정을 확인하고, 주장하고, 지지하는 힘을 가질 수 있다'의 개념들도 소개한다.

학습 요점

1. 뇌는 뇌가 경험하는 것에 의해 물리적으로 조성되는 역동적인 시스템이다. 변화는 평생 일어나며 미리 프로그램되어 있는 패턴을 펼치기만 하는 것이 아니다. 이것은 교사들을 위한 중요한 정보이며 그들의 일과 직접적인 관련성이 있다.

2. 학습은 뇌에 새로운 패턴을 부과한다. 뇌는 가장 유용한 것 위에 조직하고 재조직한다. 뇌는 우리가 알고 있는 것을 토대로 학습이 일어나도록 부호화한다.

3. 가소성이란 구조와 기능이 변화되는 신경계의 역량이다. 출생 후 아동 초기와 학령기에 가장 활동적이라고 생각된다. 신경과학자들은 뇌가 새로운 환경에 대처하도록 하는 것이 그 목적이라고 생각한다.

4. 가소성의 일반적인 메커니즘은 **재배선(rewiring)**이라고 부르는 과정이다. 재배선은 뇌를 효율적인 시스템으로 재조직하기 위한 최소한 두 가지 요인을 가지고 있다. 하나는 가장 활동적인, 따라서 가장 유용한 신경회로를 강화하는 것이고, 다른 하나는 사용하지 않거나 불필요한 신경 회로를 제거하는 것이다.

5. 변화는 오래 유지되고 종종 영구적인 뇌의 재배치이며, 따라서 뇌는 모두 독특하다.

6. 뇌는 여러 다른 영역들로 구성되어 있고, 각 영역은 주된 기능을 가지고 있지만 복잡하게 서로 연결되어 있어서 고도로 역동적인 시스템을 만들어낸다.

7. 인간의 대뇌 피질은 학습에 있어서 중심적인 역할을 한다. 대뇌 피질과 기타 뇌의 영역들

은 사고, 지각, 주의, 그리고 많은 고등 정보 처리 기능을 통제한다.

8. 뉴런은 뇌에 있는 신호를 전달하는 세포다. 뉴런은 수상돌기(dendrite)라고 부르는 가늘고 긴 섬유가 뻗어 나와 있는 하나의 신경세포다. 수상돌기는 뉴런과 뉴런 사이의 작은 틈을 말하는 시냅스를 통해 다른 뉴런이 보내는 화학물질을 수용해서 신호를 감지한다.

9. 신경회로와 그것과 동반되는 과정이 정보를 수집하고, 신호를 전달하고, 처리 과정과 행동을 안내하는 상호 연결 시스템을 만든다. 이것은 인지, 언어, 기억과 같은 뇌기능의 기반을 제공한다.

10. 생물학은 운명이 아니다. 유전적 경향성은 경험과 상호작용하여 뇌구조를 결정한다. 뇌가 어떻게 연결되는가 하는 최종 운명은 그것이 사용되는가 사용되지 않는가, 다시 말해서 '기능적 타당성(functional validation)'에 달려있다. 이것을 '발화되는 것은 연결된다'라고 표현한다.

들어가기

유명한 미국 심리학의 아버지 William James는 심한 우울증을 앓았다. 그는 자살 충동을 가끔 느꼈는데 한때 그는 유명한 작가인 그의 남동생 Henry James에게 자신이 통제할 수 없는 극심한 우울과 극한 희열이 교차하는 것을 느낀다는 글을 썼다.

마치 그의 고통을 의학적 지식으로 전환하려고 마음먹었던 것처럼, 그는 그 당시에 뇌가 어떻게 작용하는가에 대해 알려져 있던 모든 것을 기록하기 시작했다. 1890년에 James는 2권으로 된 미래를 내다보는 심리학 원리(*The Principles of Psychology*)

속성 강의 : 회로

축색돌기
신경세포의 일부로 세포들 간에 신호를 전달하는 좁은 관 같은 구조로 되어 있다.

중추신경계
뇌와 척수를 포함하는 신체의 신경과 신경 신호 처리기들

대뇌 피질
고등 사고를 처리하는 뇌의 중추적인 영역

수상돌기
다른 뉴런에서 오는 신호를 받아들이는 가늘고 긴 섬유 물질

교세포
뉴런을 지지하고 뉴런들 간에 격리시키는 세포

수초
전기 신호가 신경계에서 소멸되지 않도록 절연하고 보호하는 물질

신경세포(뉴런)
뇌와 척수에서 발견되며 신호를 전달하는 세포. 일반적으로 수상돌기와 축색, 그리고 세포체로 구성되어 있다.

말초신경계
정보를 수집하는 감각신경과 운동 명령을 내보내는 운동신경으로 구성된다. 말초신경계는 뇌와 척수로 구성되는 중추신경계와 함께 작용한다.

스파이크 트레인
뇌가 반응하는 '부호'를 제공하는 한 뉴런에서 나오는 일련의 전기 신호

**속성 강의 :
회로**

시냅스
신호를 전달하는 화학물질이 한 세포에서
다른 세포로 전해지는 뉴런 간의 작은 틈

를 내놓았다. 그는 이 책에서 처음으로 뇌의 기초적인 측면들을 확인하고 그것을 기술하기 위해 '가소성(plasticity)'이라는 말을 사용했다. 이 장의 주제인 가소성은 현대 신경과학에서 가장 중요한 개념 중 하나가 되었고, 수업을 위한 직접적이고 긍정적인 함의를 가지고 있다.

James는 뇌의 신경조직은 "매우 놀라울 정도의 가소성을 가지고 있는 것으로 보인다"고 그 당시에는 확실하지 않았지만 그 이후로 굳건한 위치를 차지한 불멸의 말을 했다(James, 1950, 1980). 그는 뇌가 새로운 목적에 따라서 모양을 만들고 변화시킬 수 있다고 믿었다.

특히 James는 교사에게 드리는 말씀(Talks to Teachers)에서 가소성이 교사의 활동과 어떤 관련이 있는지 설명하면서 일찍이 심리학, 교육, 신경과학 분야들이 함께 하는 것을 아름답게 묘사했다(James, 2005, 1892). "살아있는 우리 신경계의 가소성은 짧게 말해서 처음에 어려웠던 어떤 것을 어떻게 점점 더 쉽게 하고, 충분히 연습하면 마침내 반자동적으로 혹은 거의 의식하지 않고도 할 수 있는가 하는 이유다. 우리 신경계는 마치 종이나 외투가 한 번 주름지거나 접히면 그 이후로 영원히 같은 형태를 유지하는 경향이 있듯이… 신경계는 훈련되는 방식으로 성장하게 된다."

그 당시에는 정보가 부족해서 당연히 James의 예언은 수십 년간 진전을 못 보았다. 현대심리학을 포함해서 어떤 뇌과학 분야도 생소했다. 하버드대학교 교수들 중에서 James와 같은 교육자는 드물었다. 사실 그가 처음으로 들은 심리학 수업이 바로 그가 처음으로 가르친 수업이라고 그는 말했다. 그 분야의 이 새로움은 James에게 실망스러운 사고의 원천이었다. 가끔 그는 그가 가르치는 것을 대충 날조하고 있는 느낌이라고 말하고 그가 가르치고 있는 것의 진정한 가치가 무엇인가에 대해 고민했다. 사람들은 James가 가소성을 소개한 **심리학 원리**를 '상상의 작품' 그리고 '그 분야의 전공자와 전문가들이 가장 의심하는 것'이라고 평가했다. 그러나 그는 열렬한 지지를 받기도 했다. 유명한 교육개혁자이자 철학자인 John Dewey는 효과적인 교육을 위해서는 암기 공부가 아닌 경험이 핵심이라고 주장하면서 James를 옹호했다. 그는 심리학 원리는 "훌륭한 책이지만 너무 생생해서 좋은 시체가 될 수 없으며, 모든 과학 서적은 시체가 되어야 한다"라고 그 비판을 풍자적으로 요약해서 말했다. Dewey는 그 당시의 과학적 사고 상태에 대해 강력한 비판을 한 것이다.

과학은 천천히 움직이고 James는 그의 가소성 아이디어가 인정받는 것을 보지 못하고 세상을 떠났다. 오늘날 뇌과학에서는 뇌가 어떻게 작용하는가에 대한 신념의 중심에 가소성이 자리하고 있다. 이 장은 CORE 지도원리 '**교사는 학령기 동안 신경 가소성의 생물학적 특성을 통하여 실제로 뇌를 조성하는 학교 경험에서 큰 역할을 한다**'를 소개한다. 이 장은 또한 CORE 지도원리 '**학습과학을 숙달하면 교사들은 전문직업인으로서 자신의 삶과 학생들의 성공에 영향을 미치는 의사결정을 확인하고, 주장하고, 지지하는 힘을 가질 수 있다**'에 대해서도 소개한다.

가소성의 정의

가소성이란 일생에 걸쳐 구조와 기능에 있어서 상당한 변화를 일으키는 신경계의 잠재력이다. 가소성은 모든 학습을 지원하기 때문에 첫 번째로 논의하기로 한다. 가소성의 메커니즘은 우리의 학습 능력의 근간이다.

　변화 가능하고 변화한 새로운 형태를 유지하는 특성을 나타내기 위한 플라스틱(plastic)이라는 단어는 폴리에틸렌 쓰레기 봉지와 폴리프로필렌 케첩 병과 같은 오늘날의 합성 플라스틱이 있기 오래전에 있었다. 가소성(plasticity)이라는 단어는 '틀에 넣어 만들거나 형태를 다듬어내는 것'을 의미하는 그리스어 plastikos에서 왔다. 그것은 장인, 조각가, 석공들이 사용한 언어로 원하는 대로 그리고 창조자의 상상력을 반영하여 구부릴 수 있는 탄성 물질을 뜻한다. 19세기에 동물 이빨에서 얻은 상아는 원하는 대로 모양을 만들 수 있었기 때문에 '플라스틱'으로 최고의 대접을 받았으며, 그 매력 때문에 사람들이 사냥을 하면서 코끼리 종이 거의 멸종하기에 이르렀다.

　세포와 살아있는 조직으로 만들어져 있으며 가소성을 가지고 있는 뇌는 의지나 상상에 의해 구부러지지는 않지만 경험에 의해 변할 수 있다. 고대 그리스 감각으로 표현하면, 뇌는 가소성의 태도나 특성을 나타낸다. 뇌는 다시 조형하고 새롭게 조형된 모양을 유지하는 잠재력을 가지고 있다. 좋건 나쁘건, 이 변화는 뇌의 오래 유지되고 종종 영속적인 재조정이다.

가소성의 중요성

약 1.36kg의 무게를 가진 지방 조직 덩어리인 뇌는 한때는 중요하지 않다고 생각되어서, 고대 이집트인들은 사후를 준비하는 과정에서 뇌는 던져 놓고 대부분의 다른 기관들은 보존하고 정성스럽게 미라로 만들었다. 그들은 뇌가 무엇을 하는지 몰랐으며 그들이 믿는 내세에서 필요하지 않다고 생각했다.

이제 우리는 뇌를 그렇게 소홀히 하면 안 된다는 것을 물론 알고 있다. 그리고 비록 뇌는 하나의 기관이지만 여러 개의 영역으로 구성되어 있으며 각 영역은 고유한 중요한 기능을 가지고 있으면서 특별한 방식으로 서로 연결되어 고도로 역동적인 체계를 만든다. 전체적인 시스템을 더 잘 이해하기 위해서 2012년 캘리포니아대학교 샌디에이고 캠퍼스의 물리학자, 생물학자, 화학자, 생명공학자, 심리학자들은 함께 뇌가 한 시스템으로서 어떻게 일관되게 기능적으로 활동하는지를 포함하여 뇌가 학습하는 방법을 탐색하기 위하여 혁신적인 기초 연구를 수행하기 시작했다.

기초적 수준에서, 대뇌 피질(그림 CORE-2 참조)이라고 하는 뇌 영역이 학습의 중심적인 역할을 한다는 것은 잘 정립되어 있다. 대뇌 피질은 인간의 뇌에서 고등정신을 위한 가장 고도로 발달된 부분이다. 대뇌 피질은 인지의 중심으로 다른 전뇌 영역들과 함께 사고, 인지, 주의, 그 외 많은 정보 처리 기능을 통제한다. 피질은 시각, 청각, 움직임, 말하기 기능 등과 관련된 여러 영역으로 나뉜다. 어떤 영역들은 한 가지 이상의 기능과 관련되어 있다. 인간 진화적으로 말하자면 대뇌 피질은 뇌발달 과정에서 가장 최근에 발달한 구조다(CORE 2b 참조).

인간의 대뇌 피질이 충분히 성장하기 위해서는 다른 동물의 뇌발달에 비해 오랜 시간이 걸린다. 성인 수준으로 대뇌 피질 배선이 충분히 완성되기 위해서는 20대가 되어야 한다는 증거도 있다. 나아가 미국국립보건원 과학자들에 의하면, 주의력결핍 과잉행동장애(ADHD)를 가지고 있는 청소년은 비슷한 패턴으로 성장하지만 평균 3년 이상 지연된다고 한다(National Institue of Mental Health, 2007). 이것은 그런 성장 과정이 30대까지 계속될 수 있다는 것을 의미한다.

널리 알려지지 않은 사실은 뇌가 경험하는 것―뇌가 학습하는 것―이 뇌 조성에 중심적 역할을 한다는 것이다. 교육연구에 의하면 학습은 변하지 않도록 작성한 기억 목록 이상의 것이고, 뇌는 많은 정보들을 보유하고 있는 도서관 이상의 것이다. 신경과학은 학습은 실제로 지속적으로 뇌의 기능과 활동을 수정하면서 뇌의 물리적 구조를 변화시킨다고 지적한다. 이 변화는 어떤 과제와 관련된 기능을 하는 뇌 영역에서의 국소적인 변화를 통해서 일어난다. 미로같은 런던 시내를 운전하는 택시기사의 뇌는 기억과 연결된 영역이 발달한 것을 보여주는 반면에(Woollett & Maguire, 2011), 바이올린 연주자들의 뇌를 스캔해보면 손가락을 움직이는 왼쪽 손을 담당하는 뇌 영역이 발달된 것을 보여준다(Elber, Pantev, Wienbruch, Rockstroh, & Taub, 1995).

결과적으로 학습은 뇌에 새 패턴을 주입한다. 시간이 흐르면서 변해가는 우리의 발달 잠재력을 인지심리학자가 보여주듯이, 뇌는 조직되고 재조직된다. 뇌의 변화는 세포 변화와 연결(나중에 설명한다)과 같은 미세한 것에서부터 손상이나 발달 과정과 관련된 큰 것까지 다양한 수준에서 일어난다(CORE 1b 참조). 재조직은 우리가 이미 학습한 것을 기초로 해서 학습이 더 잘 되도록 부호화한다(CORE 1c 참조).

이러한 뇌의 구조적 변화가 없다면 우리가 우리 주변 세계를 이해하거나 추리하는 것은 불가능할 것이다―짧게 말해서, 교사가 가르치는 것을 우리가 이해할 수 없을 것이다.

가소성의 한 가지 중요한 목적은 새로운 환경에 더 잘 대처할 수 있도록 변화시키는 것이다(CORE 1d 참조). 교사들은 종종 그것이 무슨 의미냐고 질문한다. 발달생물학적 관점에서 보면, 인간은 세대에 따라서 다소 다른 세상에 태어난다. 우리 환경은 시간과 장소에 따라서 변한다. 살아남고 번영하기 위해서는 뇌가 환경에 적응하기 위한 잠재력을 갖는 것이 필요하다. 또한 시간이 흐르면서 뇌가 요구하는 것이 변할 수도 있다.

교사는 학생이 학습할 때 이 점에서 도와주는 역할을 한다. 그리고 교사들만 이 역할을 하는 것은 아니다. 아동의 삶에서 중요한 역할을 하는 모든 사람들은 아동의 뇌를 조성한다―부모, 형제자매, 양육자, 조부모, 따뜻한 숙모와 재치 있는 삼촌, 모두가 영속적인 영향력을 가질 수 있다.

교사들은 종종 뇌가 어떻게 기능하는지를 공식적으로 배울 기회가 더 많기 때문에, 가끔 부모나 공동체와 함께 지식을 공유할 수 있다. 그렇기 때문에 교사들은 그들이 가르치는 아동과 청소년뿐만 아니라 더 넓은 범위의 사람들에게 영향을 미칠 수 있다.

교사들이 공유할 수 있는 한 가지 연구 결과는 뇌는 전 생애에 걸쳐서 변할 수 있으며 미리 프로그램되어 있는 것을 단지 펼치기만 하는 것이 아니라는 점이다. 뇌는 경험하는 것에 따라서 조성되는 역동적인 기관이다(CORE 1e 참조). 이것은 교사들의 활동과 직접적인 관련이 있으며 교사들을 위한 중요한 정보다. 연구에 의하면 이것을 이해하는 것은 학생들에게도 큰 도움이 된다. 학생들이 예를 들어 어려운 수학 개념을 학습하는 과정을 통해 뇌가 더 강하게 연결될 수 있다는 것을 알게 되면 5장에 나와 있는 연구에서 보여주듯이 학생들은 더 인내하고 노력한다.

변화 위의 또 다른 변화

신경과학 연구는 경험이 뇌구조 형성에 중요한 역할을 한다는 것을 확인해준다. 맥아더 초기 경험과 뇌발달 연구소(John D. and Catherine T. MacArthur Foundation Research Network on Early Experience and Brain Development) 소장이면서 하버드대학교 뇌연구자이자 소아학과 교수인 Charles Nelson은 신경가소성을 뇌와 환경 간의 조화된 춤이라

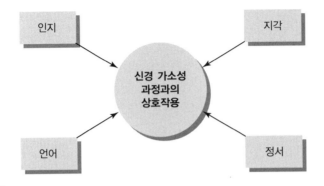

그림 2.1
신경 가소성에 영향을 미치는 요인

고 우아하게 기술한다(Nelson, 1999). 뇌는 경험에 의해 조성되고 이어서 새로 구성된 뇌는 새로운 경험을 포용해서 신경을 더 많이 변화시킨다. 이것은 **끝없이 계속된다**고 Nelson은 말한다.

Nelson은 또한 심리학자들(우리는 교사들도 포함시킬 것이다)이 가장 관심을 갖는 행동 현상—인지, 지각, 언어, 정서와 같은—이 신경 가소성 과정을 통하여 형성된다고 믿는다(그림 2.1 참조). 우리가 가소성이라고 부르는 이 인지의 춤에 대한 메커니즘은 무엇이고 그것은 어떻게 일어나는 것인가?

뇌에서 정보를 전하는 많은 세포들은 생명의 초기에 자리를 잡는 것으로 보인다. 하지만 중요한 많은 변화들이 일어나고, 이 변화의 많은 것들이 신경회로라고 하는 연결을 통해서 일어난다. 이것은 재배선이라고 부르는 일종의 뇌 재조직이다. 재배선은 특별한 신경 경로를 향상시키는 방식으로 분자 수준에서 뇌를 조성한다.

두 가지 신호 체계 이야기

뇌의 기본적인 기능조차 오랫동안 신비로운 상태로 있었다는 것은 놀라운 사실이 아니다. 당신의 심장이 힘들게 일하면 당신은 그것을 느낄 수 있다. 당신의 피부가 차가워지면 그것을 느낄 수 있다. 당신의 근육이 움직이면 가끔은 그것을 볼 수도 있다. 그러나 마음이 생각을 할 때 당신은 뇌가 일하고 있는 것을 느낄 수 없다. 그것은 마치 조용한 귀신이 맹렬히 일하고 있지만 특별한 도구 없이는 외부적으로 볼 수 없는 것과 같다.

또한 뇌에는 주인공 '귀신' 하나만 있는 것이 아니라 여럿이 있다. 뇌에는 상상할 수도 없이 많은 수의 뇌세포가 함께 일하고 있다. 뇌과학은 뇌세포에는 두 가지 종류의 세포가 있다는 것을 보여준다. 하나는 정보를 받아들이고 내보내는 일을 하는 **신경세포**(nerve cell)로 **뉴런**(neuron)이라고도 부른다. 다른 하나는 뉴런을 지지하고 뉴런 간에 절연을 시키는 **교세포**(glial cell)다. 뇌에는 뉴런보다 교세포가 더 많지만 교사들을 위해서는 뉴런에 초점을 맞추게 된다. 각 뉴런은 그것 자체의 고유한, 그러나 단순한 일을 한다. 그것은 신호를 탐지하고 내보내는 일이다(CORE 2c 참조).

뇌신호의 목적과 세포가 하는 일을 시각화하기 위해서, 남부 이탈리아의 동쪽 해안마을 크로토네 근처에 있는 좁은 모래밭 돌출부 위에 돌로 높이 세워져 있는 성의 역할을 생각해보라. 그 성은 Homer의 〈율리시스〉에 언급되어 있을 정도로 오래된 성이다. 지금 세계 유산 사이트에 들어가 'Le Castella' 혹은 영어로 '성(Castle)'이라고 검색하면 아름답게 재건되어 있는 그 성을 볼 수 있다. 밤에 이오니아해를 내려다보면서 황금빛 등불의 빛을 받고 있는 그 성의 모습은 정말 웅장하다.

Le Castella는 전하는 바에 의하면 로마와 카르타고 전투가 벌어지던 곳 가까이에 원을 이루고 있던 여러 성들 중 하나라고 한다. 전설에 의하면 침략군 함대가 나타나면 Le Castella는 경고등을 밝혔으며 그 메시지는 한 보초병에서 다른 보초병으로 멀리 넓은 영역들로 전달되었다. 유명한 올림픽 우승자와 전쟁 영웅들로 유명한 반면 많은 침략을 받은 그리스 식민지 중 하나인 그 땅을 지키기 위해 부자들이 지불하는 돈을 받고 대기 상태로 근무하고 있는 보초병들이 있었을 것이다.

메시지가 위아래로 회오리를 치며 해안과 육지 깊숙이 퍼져가면서, 단테가 『신곡(The Divine Comedy)』의 도입부에 나오는 캄캄한 숲 - Selva oscura[3]의 모델이라고 주장한 아프리카 실라(Sila)[4] 지역의 산과 숲이 시작하는 지점까지 도달할 수 있었을 것이다. 그것은 오직 빛과 어둠으로만 전달되는 원시적인 방법이었지만 Le Castella에서 사용되는 전달 시스템이었다. 각 전달받은 각 지역은 다음에 무엇을 해야 하는지 잘 알고 전체 지역이 신호에 따라서 움직였다.

뇌 속의 뉴런도 이와 마찬가지다. 거대한 신호 시스템의 일부로서, 뉴런이 하는 일은 메시지를 받아서 모으는 것이다. 만일 경호할 만한 메시지가 충분히 수집되면 뉴런은 전기 신호를 자극하고 그것을 모든 주변에 전달한다.

어떤 뉴런은 손가락이 가시에 찔렸을 때 느끼는 통증과 같은 감각정보를 수집하고 내보낸다. 어떤 뉴런은 정보를 모아서 또 다른 세포로 하여금 말("아야" 소리 내기)이나 행

---

3. Selva oscura. 우리의 인생 여정의 중간에서, 나는 캄캄한 숲(una selva oscura)에 다다랐네, 올바른 길을 잃고서. 단테의 『신곡』〈지옥편〉은 이렇게 시작한다 – 역주.

4. 실라주는 아프리카 차드공화국 남동부에 위치한 주로, 주도는 고즈베이다이며 2개 현을 관할한다 – 역주.

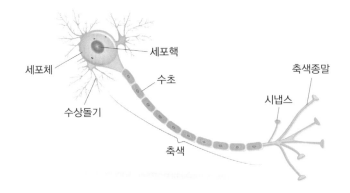

세포핵

세포체

수초

축색종말

시냅스

수상돌기

축색

그림 2.2
축색, 수상돌기, 시냅스를 가지고 있는 뉴런의 모양

동(찔린 가시로부터 손가락을 떼기)을 하라는 신호를 보낸다. 입력되는 것이 무엇이든 세포는 정보를 모으고 그 후에 동작을 한다.

뉴런은 중심에 세포체가 있고 세포체로부터 **수상돌기**(dendrite)라고 하는 기다란 실같은 조직이 뻗어 나와 있는 하나의 세포다(그림 2.2. 참조). 이 수상돌기는 다른 세포가 전하는 신호를 받아들인다. 뉴런은 수상돌기가 뻗어 있고 기다란 축색이 연결되어 있으며 축색 끝에서 나오는 화학물질을 통해 메시지를 다음 뉴런으로 전달한다. 두 뉴런 간의 이 작은 틈을 **시냅스**(synapse)라고 부른다. 화학물질로 신호가 전달되면 메시지가 수신된다. 그 메시지는 조건이 적당하면 다시 축색으로 내려보내진다. 요약하면, 전기적 신호는 한 뉴런 속에서 전파되고 화학적 과정은 보통 한 뉴런에서 다음 뉴런으로 정보를 전달한다(CORE 2d 참조).

일단 신호가 전달되면 그것은 **축색**(axon)이라고 부르는 관같이 생긴 긴 구조를 따라 전달된다. 메시지를 받으면 축색은 신속하게 일을 해서 적절한 곳으로 보낸다. 축색은 작은 세포체에 비교해서 길이가 대단히 길다. 예를 들면 척추에서 발끝까지 90cm 정도로 긴 축색도 있다. 눈으로 보기 힘들 정도로 작은 한 세포에서 놀랍게도 이렇게 긴 축색이 뻗어 있다.

Le Castella와 같이 뉴런은 간단하게 "예, 탐지가 되었습니다"라는 가장 간단하고 거의 원시적인 신호 시스템을 사용하거나 혹은 정지, 침묵, 무활동 상태가 된다. 한 뉴런에서 나오는 이와 같은 메시지는 연속적인 전기 부호인 **스파이크 트레인**(spike train)이 된다. 이것이 우리 뇌가 알아듣는 언어다.

스파이크 트레인은 강력한 감지가 촉발되어 "예, 예, 예"하면서 반복적으로 퍼져나가는 빠른 광선에 비유할 수 있다. 시각화해서 표현하자면 늑대의 공격을 받았을 때 혹은 너무나 감격스러운 웅장한 일몰에 빠져들 때와 같다. 하지만 또 다른 스파이크 트레인은 느릿느릿해서 "예"하고 잠잠하고, 잠시 후 다시 "예"하는 반응이 늦은 가을날 내리기 시작하는 빗방울 같다고 할 수 있다.

전기 신호는 전하를 띠고 있는 원자들이 열리고 닫히는 세포막을 통해 이동하는 과정에서 생성된다. 신호가 전해지거나 '발화'될 때, 양전하를 띤 물질이 세포막을 통해 빨리 진입한다. 이것은 작은 전압 변화를 일으키고, 일시적으로 지엽적인 내부 조건을 음에서 양으로 바꾼다. 그 결과 '활동 전위(action potential)'ー신호ー로 세포막을 따라 빠르게 전해진다. 신호 속도는 시속 수백 마일에 도달할 수 있다(CORE 2e 참조).

그러나 Le Castella와 달리, 뇌의 스파이크 트레인이 메시지를 보내는 것은 보초병이 전달하는 것과는 다르다. 최신 연구에 의하면 성인 뇌에는 평균적으로 약 860억 개의 뉴런이 활성화될 수 있으며(Azevedo et al., 2009) 그것의 약 3배나 되는 지지하는 세포들이 있다.

뇌와 척수를 구성하는 중추신경계와 몸 전체에 있는 말초신경계의 세포들이 신호 체계에 참여한다. 신경회로와 그것을 지원하는 모든 것들이 한 뉴런에서 발화된 전기적 신호가 시냅스를 통과해서 다른 뉴런으로 정보를 전달하는 상호 연결 시스템을 만든다.

이 과정은 인지, 언어, 기억을 포함한 많은 뇌기능의 기초다. Le Castella와 마찬가지로 뇌는 오래된 풍광에서 일어나는 신호 체계에 의존한다. 인간의 뇌는 오래전부터 물려받은 부분들로 구성되어 있다. 그래서 기본적으로 뉴런이 작동하는 과정은 원시 생물이나 인간이나 거의 마찬가지다. 인간의 뇌와 동물들의 뇌가 다른 것은 뉴런 세포 단위 자체에 있는 것이 아니라 뉴런들이 네트워크를 조직하고 뇌 영역들 간에 협응하는 방식에 있다.

뉴런은 4개의 주요 조직으로 구성된다. 교육자들이 이것들을 외울 필요는 없지만 전체적인 흐름을 이해할 수는 있어야 한다(National Reasearch Council, 2000). 뉴런은 다음과 같이 구성되어 있다.

1. 수상돌기는 나뭇가지처럼 생겼으며 신호를 받아들인다.
2. 수상돌기는 신호 정보를 누적하는 세포체에 연결되어 있다.
3. 끈같이 생긴 축색은 누적된 신호를 전달하기 위해서 세포체에서 뻗어 나와 있다.
4. 축색종말에서 화학물질이 방출되어 다음 뉴런에 전달된다.

이 과정을 촉진하기 위해서 축색을 둘러싸고 있는 **수초**(myelin)가 절연하거나 전기 신호가 소멸되거나 도중에 유실되는 것으로부터 보호한다(CORE 2g). 수초가 퇴화하면 신경계 기능에 이상이 생긴다.

완전히 최신으로 유지하기

뇌는 가소성을 가지고 있기 때문에 뇌를 완전히 최신으로 유지할 수 있다. 예를 들어 뉴런들이 새롭게 네트워크를 형성하는 것도 가소성이 있기 때문이다. 한 개인의 뇌가 어떤 조건에서 어떻게 시작해서 그리고 얼마나 자주 새롭게 변할까? 과학자들이 이 과정의 분자 기초를 밝히기 시작하면서 학습과 기억이 어떻게 일어나는지에 대한 통찰을 제공하고 우리가 어떻게 학습하는지에 대한 '심리학'을 풀어놓기 시작했다.

비록 개인의 각 뇌는 정보가 흐르는 방식에 공통적인 특성이 있지만, 뇌과학 연구를 통해 신경계는 또한 시간에 걸쳐 개인의 뇌를 상당히 수정한다는 것이 밝혀졌다. 개인의 삶에 뇌를 최적화하기 위해서 뇌가 발달 초기와 학령기에 경험하는 단서들을 사용한다. 예를 들면 가소성을 통해 스파이크 트레인에 의해 자주 시동이 걸리는 경로들은 강화되고 잘 유지된다(CORE 2h).

'잘 닦인' 뇌 경로는 더 효율적으로 사고할 수 있도록 강화된다. 예를 들어 계산하거나 책 읽는 것을 더 쉽게 만들 수 있다. 반대로 비유적으로 표현하면 해변의 좁은 모래 돌출부 위에 외로이 자리 잡고 있는 Le Castella가 바닷속으로 가라앉는 것 같이 뇌의 '보초병들'은 사용되지 않게 된다. 뉴런은 죽거나 다른 목적을 위해 사용된다. 연결은 끊어지거나 이동할 수 있다.

따라서 생물학적으로 운명이 결정되는 것이 아니고 유전적 경향성이 경험과 상호작용하여 뇌구조를 결정한다. 〈그림 2.3〉에 나타나 있듯이 미국국립보건원(National Institutes of Health)이 교육자들을 위해 제시하는 예들에는 그런 다양한 경험에 빈곤과 기억을 향상시킬 수 있는 교수법의 영향이 포함되어 있다. 따라서 모든 뇌가 독특하다. 뇌발달은 지속적인 상호작용이기 때문에 과학자들은 뇌발달 과정에 영향을 미치는 것이 천성이냐 양육이냐 하는 것은 너무 단순한 접근이라고 한다. 예를 들어 유전적 기반을 가지고 있는 대부분의 주요 질병은 환경의 강한 영향을 받는다. 쌍둥이 연구에 의하면 일란성 쌍둥이가 같은 병에 걸릴 확률이 상대적으로 더 높지만, 그 확률이 절대적인 것은 아니며 30~60%밖에 되지 않는다는 것도 또한 보여준다(CORE 1f 참조).

작업기억 역량이 학습의
열쇠이고 비교적
고정되어 있다고
생각되었다. 최근 영상
연구들은 훈련이 작업
기억과 관련된 뇌활동을
향상시킬 수 있다고 한다.
이것은 학습이 유도한
가소성의 한 예다.

신경영상에 의하면 글
읽기를 잘 못하는
사람들의 대뇌 백질이
작은 것으로 나타났다.
집중적으로 글 읽기를
가르친 결과 유의미하게
대뇌 백질이 많아졌다.
이것은 글 읽기를 통한
뇌 가소성을 보여주는
예다.

동물 연구는 황폐한
환경이 피질의 회백질의
감소와 관련이 있다는
것을 보여주었다. 아동에
대한 인지연구와 영상
연구들은 어떤 뇌
네트워크가 빈곤에 의한
영향을 가장 많이 받는지
그리고 그 이유가
무엇인지 제시하기
시작했다.

• 작업기억의 훈련
• http://www.ncbi.nlm.nih.gov/
  pubmed/14699419

• 읽기와 쓰기가 뇌구조를
  변화시킨다.
• http://www.ncbi.nlm.nih.gov/
  pubmed/20005820
• http://www.ncbi.nlm.nih.gov/
  pubmed/20395549
• http://www.ncbi.nlm.nih.gov/
  pubmed/21071632

• 가소성에 미치는 빈곤의 영향
• http://www.ncbi.nlm.nih.gov/
  pmc/articles/PMC3421156/
• http://www.ncbi.nlm.nih.gov/
  pmc/articles/PMC2950073/

그림 2.3
교육자들을 위한 미국국립보건원 가소성의 예들

변화할 수 있는 역량 탐색하기

학습과 기억에 대한 연구로 2000년 노벨 의학상을 받은 유명한 학자인 컬럼비아대학교 Eric Kandel 교수는 학습이 뇌의 기본적인 회로를 변경하기보다는 신경세포 간의 연결 강도를 수정함으로써 변화를 일으킨다는 것을 보여주었다(Pittenger & Kandel, 2003).

뇌의 변화 역량에 대한 일치하는 의견이 있는 것은 아니지만 가소성의 메커니즘은 연구자들의 지속적인 관심을 받으면서 탐구되고 있다. 뇌의 가소성은 인식 수준을 넘어서 대중을 위한 설명이 요구되는 수준에 이르렀다. 한 내셔널지오그래픽 보고서는 지난 10년 간 신경학 연구를 지배한 하나의 주제가 있다면 그것은 뇌 가소성—뇌가 뇌 자체를 재조성하고 재조직하는 놀라운 능력—이라고 했다.

성인의 뇌에 대한 연구 결과들이 보여주는 자연적인 가소성의 정도 혹은 뇌가 얼마나 많이 변하는지에 대한 증거는 다양하다. 뇌 재배선에 대하여 TED 프로그램에서 강연한 뇌과학자 Michael Merzenich은 가장 낙관적인 몇 가지 주장을 했다. 그는 어떤 뇌운동은 성인의 심각한 정신건강문제를 치료하는 약만큼 효과적일 수 있으며, 노인들에게 도 뇌의 정보 처리가 상당히 유지될 수 있고, 성인들이 어떤 뇌 테크닉을 사용함으로써 지루한 암기를 하지 않고도 새로운 언어를 유창하게 하는 수준에 도달할 수 있다고 주장한다. 어떤 연령대이든 관계없이, 그런 종류의 훈련은 교사들이 알고 있어야 하는 논쟁 중인 한 주제다. 최근 네이처에 발표된 한 연구에 의하면, 중요한 질문은 훈련에 의해 계획, 공간 능력, 주의집중과 같은 인지 과제의 평가 수행이 향상되느냐 아니냐 하는 것이 아니라, 그 효과가 전이되어 다른 관련된 과제에서 수행이 향상되느냐 혹은 일반화될 수 있느냐 하는 것이라고 했다(Owen et al., 2010). 네이처의 연구는 실험참가자들에게 실시한 그 테크닉의 전이나 일반화를 그 과학자들이 거의 보고하지 않았다고 보고했다. 물론, 전이를 지지하는 것은 모든 종류의 학습에서 너무나 어려운 것으로 알려져 있으며, 이에 대해서는 다음 장에서 논의할 것이다.

성인 학습자들을 대상으로 하는 연구자들은 특히 조심스럽게 주장한다. UC 데이비스의 교수인 Hwai-Jong Cheng과 Lawrence K. Low는 세계적으로 가장 오래되었으며 지속적으로 과학 논문을 발견하고 있는 영국학술원(Royal Society)의 *Philosophical Transaction*에 그들의 연구를 발표했다. 그 연구자들은 초기 발달 단계에서는 아직 성숙하지 않은 뇌에 환경이 큰 긍정적인 변화를 일으킬 수 있다고 했다(Low & Cheng, 2006). 성인 뇌에서는 그 이야기는 매우 다른 것으로 보인다고 그들은 말했다.

어느 정도까지 변할 수 있느냐 하는 문제와 관계없이, 성인 뇌의 가소성 '약화'는 다시 되돌려 놓으려는 의학계의 연구목표로 이미 자리 잡았다. 어떤 사람들은 이와 관련한 연구가 성공하게 되는 날에는 다양한 문제를 치료하고 예방할 수 있을 것으로 기대하고 있다. 성인 뇌를 아동의 뇌에서 볼 수 있는 가소성을 가진 '경로'와 같은 유연함을 갖게 되돌릴 수 있는가 ─ 그리고 우리가 그렇게 하기를 원하는 건가 ─ 하는 것이 큰 문제다.

뇌 연구에 대한 불일치와 다양한 결론이 있는 것은 놀라운 일이 아니다. 2011년 메릴랜드주에 있는 국립정신건강원 아동정신의학부 뇌영상팀의 팀장이었던 Jay Giedd에 의하면, 뇌가 어떻게 기능하는지를 이해하기는 어렵다(Giedd, 2008). 뇌는 단단한 막이 둘러싸고 있고, 액체가 보호하기 위해 감싸고, 또 그 위에 뼈가 감싸고 있다. 이것은 떨어지는 것, 충격을 받는 것, 호기심 많은 과학자들로부터 보호하도록 해주며, 물론 Giedd가 익살스럽게 과학자들로부터 보호한다고 표현했지만 뇌 연구가 도전적인 것임을 분명히 말해준다(Giedd, 2008). 생물학, 심리학, 혹은 교육연구와 같은 어떤 관점에서도 뇌와 뇌의 작동 방식을 이해하기는 어렵다. 그 섬세한 기관을 오랫동안 힘들게 연구한 한 뇌과학 박사과정 학생은 "나는 뇌를 증오한다"고 선언했다.

뇌 가소성이 신경계에서 어떻게 작동하는가를 이해하는 것은 긴 여정이었다. 뇌와 척수가 **중추신경계**(central nervous system, CNS)를 이루고 있고(Society for Neuroscience, 2008) 중추신경계는 신체의 그 나머지 부분들에서 신호를 받고 보내는 **말초신경계**

왜 쥐인가?

왜 많은 뇌 연구에서 쥐가 사용되는가?

우선, 물리적 관점에서 보면 쥐의 뇌는 비교적 관찰하기가 쉽다. 쥐는 부드러운 피질을 가지고 있어서 변화를 측정할 수가 있다. 포유류의 뇌, 특히 인간의 뇌 피질은 주름이 져 있고 틈과 마루로 되어 있어서 표면에서 일어나는 변화를 측정하기가 어렵다. 또 다른 이유는 쥐의 해부학적 구조, 생리, 유전자가 인간의 것과 놀랍도록 유사하다는 점이다(쥐 게놈의 95%가 인간의 것과 비슷하다). 그리고 마지막으로, 쥐는 인간보다 훨씬 빠르게 나이가 들기 때문에(쥐의 1년은 인간 나이로 약 30살에 해당한다) 연구자들이 일생에 걸친 변화를 살펴보는 것이 용이하다.

그러나 우리는 분명히 쥐와 다르다. 쥐와 사람 간의 비슷한 점과 다른 점에 대해서 Michael Gazzaniga만큼 빈틈없이 기술한 사람은 거의 없다. 그는 세계적인 인지신경과학자이며 *Human: The Science Behind What Makes Us Unique*(Gazzaniga, 2008)를 포함한 여러 책을 쓴 저자다. 그는 인간이 신체적으로 독특한 것도 분명하지만, 우리는 또한 다른 동물들과 더 복잡한 방식으로 다르다고 말한다. 우리는 예술을 창조하고, 볼로냐 파스타를 만들고, 복잡한 기계를 상상해서 만들어낸다고 그는 말한다. 우리들 중 어떤 사람들은 양자 물리학―혹은 뇌과학―을 이해하기도 한다. 우리 뇌가 모든 것을 지배한다는 것을 알기 위해서 뇌과학자가 필요한 것이 아니라 우리 뇌가 왜 그리고 어떻게 그렇게 특이한지에 대해 이해하고 싶기 때문에 신경과학자가 필요하다고 그는 2008년 Edge.org와의 인터뷰에서 이야기했다.

(peripheral nervous system, PNS)와 연결되어 있다는 것은 알려져 있었다. 1960년대 중반에 뇌 연구는 UC 버클리의 Marian Diamond와 동료들이 주도하고 사이언스 저널에 발표하여 과학자들이 신경가소성을 이해하는 길을 안내했다(Bennett, Diamond, Krech, & Rosenzweig, 1964).

버클리대학교 팀은 쥐를 대상으로 한 한 연구에서 뇌구조의 차이가 동물이 경험하는 것과 관련이 있다는 것을 발견했다. 그들은 뇌가 환경에 어떻게 반응하는지를 기술했다. 학습과 기억에 대한 생리적 이론에 대한 그들의 연구 결과가 이 결론을 내렸다고 그 연구자들은 말했다. 그 당시에 그들의 주장은 영향력이 컸으며 심각한 논쟁을 일으켰다. 그 당시는 뇌 연구의 초기였는데도 버클리 연구자들은 학습과 기억에 관련한 뇌에 대한 최종 이야기가 발표될 때는 화학과 해부학 용어가 사용될 것이라고 생각했다.

그 이후로, 많은 연구들은 초기 연구자들이 사용할 수 없었던 도구들을 사용하여 뇌의 재조직은 쥐에게만 일어나는 것이 아니라는 것을 보여주었다(Nelson, 1999). 다양한 유기체에 대한 연구에서 뇌에서의 연결이 상당히 미조정되고 있는 것으로 나타났다. 과잉에 대한 제한 그리고 발달과 경험 때문에 일어나는 관련된 연결의 강화가 연구에서 발견 되었다(Kandel, Schwartz, Jessell, Siegelbaum, & Hudspeth, 2013).

뇌 성장에 대한 선구자이면서 전설적인 교사

아무리 풍부한 환경을 조성해주어도 성장할 수 없다고 뇌과학자인 Marian Diamond가 인정할 유일한 뇌는 그녀가 강의에 들고 다니는, 유명한 모자 보관함에 들어 있는 인간 뇌일 것이다.

유명한 교사이면서 또한 저자이기도 한 Diamond가 그녀의 실험실과 여러 곳에서 수행한 연구들은 뇌가 어떤 연령에서든 성장할 수 있다는 것을 보여준다. 그녀는 뇌가 성장하기 위해서는 적절한 식사, 운동, 적절한 도전, 새롭고 신기한 것, 그리고 사랑이라는 다섯 가지가 필요하다고 계속해서 말한다. 그녀는 UC 버클리의 그녀의 연구실에서 실시한 한 인터뷰에서 그 다섯 가지 특성은 모두 실험실에서 증명된 것이라고 했다. 실험실에서 확인되었다는 것을 이 유명한 과학자들은 강조한다.

Diamond는 거의 90세가 다 되었는데도 아직 강의와 뇌 연구를 활발하게 하고 있는 버클리대학교의 전설적인 교수다[5]. 그녀의 트레이드마크가 된 틀어 올린 은발머리와 큰 키에 미소를 띤 우아한 모습을 한 그녀는 오랫동안 많은 학생들의 주목을 받고 가장 닮고 싶은 교수로 그 대학에서 유명했다.

모자 보관함을 교단에 올려놓고 장갑을 낀 손으로 엄숙하게 그 상자에서 인간 뇌를 들어 올리면서 "이 물질은 1.36kg밖에 되지 않지만 수십억 광년에 걸친 우주를 이해하는 능력을 갖고 있습니다. 경이롭지 않은가요?"라고 선언하면서 시작하는 그녀의 강의를 듣는 것은 UC 버클리를 대표하는 경험들 중 하나다. 그녀가 그 대학의 유튜브 채널을 통해 강의한 인체 해부학은 온라인 학습 커뮤니티에서 그녀를 록 스타로 만들었다. 그 온라인 학습 커뮤니티에서는 전 세계적으로 모든 연령층의 학습자들이 2007년부터 그녀의 해부학 영상에 떼지어 모여들었다(Diamond, 2007).

이 장의 앞부분에서 지적했듯이, 그러나 선도적인 신경해부학자로 그녀가 오랜 영향을 미친 영역은 성장하고 변하는 뇌의 역량이다. 버클리 과학자들인 David Krech, Mark Rosenzweig, Edward Bennett는 실험실에서 쥐의 뇌 화학반응을 연구하면서 의도적으로 풍부한 환경—큰 우리 안에서 장난감도 주고 다른 동료 쥐들과 함께 하는 환경—에서

---

5. 1926년 11월 11일 출생, 2017년 7월 25일 사망-역주.

키운 쥐들이 상대적으로 빈곤한 환경에서 키운 쥐보다 미로 찾기를 더 잘하는 것을 발견했다.

그것은 쥐들의 뇌가 다르다는 것을 의미할 수도 있을까? 다음 단계는 추리력의 중심인 쥐의 대뇌 피질에서의 물리적 변화를 살펴보는 것이었다. 이 실험실 쥐들을 사용하여 Diamond 박사의 선구적인 연구는 대뇌 피질의 두께를 측정함으로써 풍부한 환경에 노출되면 포유류의 뇌가 성장한다는 것을 대뇌 피질이 두꺼워진 것으로 보여주었고, 또한 빈곤한 환경에 노출되면 대뇌 피질이 줄어든다는 중요한 결과를 보여주었다. 1964년에 Diamond와 그녀의 버클리 동료들은 그 연구 결과를 '풍부한 환경이 쥐의 대뇌 피질 조직에 미치는 영향'이라는 제목의 논문으로 발표했다. 다른 연구자들에 의한 후속연구에서 대뇌 피질의 성장이 뉴런의 수상돌기가 더 많이 생기고 이에 따른 구조의 성장 때문인 것으로 밝혀졌다.

Diamond를 포함한 여러 과학자들에 의한 계속적인 연구는 심화 과학(enrichment science)을 크게 확장시켰다. "만일 오늘 아동들에게 뇌에 대해서 가르친다면, 어떤 것을 반드시 가르치겠는가?"하는 질문을 받았을 때 그녀는 뇌는 어떤 연령에서든 성장할 수 있으며 뇌는 그들을 위해 그리고 그들의 조부모들을 위해서도 성장할 수 있다는 것을 반드시 가르칠 것이라고 대답했다. Diamond는 실험실 연구에 의하면 풍부하고 자극적인 경험에 노출될 때 신경세포의 모든 부분이 변할 수 있다고 덧붙였다.

무엇이 풍요로운 환경을 구성하는가에 대한 설명은 적절한 식사와 운동, 새롭거나 다양한 요소, 일정한 도전적인 요구를 포함하는 것까지 발전했다. 실험실에 새로운 장난감이 없으면 쥐들이 지루해하기 때문에 일정하게 장난감을 조금씩 바꾸어준다고 그녀는 말했다. 나아가, 뇌가 성장하기 위해서는 도전이 필요하며 같은 종류의 낱말 맞추기 퍼즐을 계속해서 하는 것은 도움이 안 된다고 했다. 하지만 뇌를 압도할 정도의 도전은 하지 않는 것이 중요하다고 Diamond는 주의를 주었다. 그녀는 쉬운 질문으로 시작하라고 충고했다.

2010년 Diamond는 풍요로운 환경의 구성요소에 사랑을 추가했다. 사랑이라는 개념을 특히 과학적 모임에서 이야기하는 것은 과감한 일이라고 그녀는 인정했다. 많은 사람들이 질문하는 "당신은 쥐에게 어떻게 사랑을 보여줍니까?"에 대해서 Diamond는 실험실 가운을 입고서 쥐를 안고 쓰다듬어준다고 답했다. 매일 쥐 우리를 청소하는 동안 쥐들을 쓰다듬어주면 쥐들이 좋아한다고 그녀는 말했다. 그리고 사랑을 받은 실험실 쥐들이 더 오래 살았고 더 오래 산 쥐들의 뇌가 더 크게 자랐다고 했다.

가지치기의 놀라운 역할

매우 어린 아기 때부터 10대까지는 뉴런, 시냅스, 수상돌기와 같은 가장 유용한 성분들을 성인 뇌가 될 때까지 선택적으로 보존하기 위한 가장 중요한 시기다.

신경회로 강화에 의한 뇌의 재조직은 타당해 보인다. 그런데 그와 반대로 가지치기 (pruning)라고 부르는, 뇌를 조성하는 메커니즘도 다소 놀랍지만 마찬가지로 중요하다. 가지치기를 하는 과정에서 기존의 뇌세포들이 극적으로 감소한다. 활성화되고 전류를 생성하는 뇌 연결은 생존하는 경향이 높은 반면에 거의 혹은 전혀 활성화되지 않는 것은 사라진다.

뇌는 효용성이 낮은 연결은 솎아내고 효용성이 높은 연결을 강화해서 더 효율적인 시스템을 만든다. 사실, 유아의 신경세포 하나가 가지고 있는 시냅스는 2,500개나 된다. 2, 3세가 되면 이것은 약 6배로 증폭된다. 그 후에는 거의 혹은 전혀 사용되지 않거나 불필요한 신경회로는 가지치기를 해서 잘라낸다. 성인의 뇌에는 걸음마기에 있었던 시냅스의 절반만 남게 된다고 한다.

뇌세포를 제거하는 것이 좋다는 생각은 쉽게 납득하기가 어려우며 어떤 교사들은 충격적이라고 생각한다. 어린 학생들도 마찬가지로 혼란스럽다고 생각한다. 그들은 직접 왜 뇌가 연결을 만들고 다시 파괴하는지 그 이유를 묻는다. 그것은 마치 블록으로 탑을 쌓고는 무너뜨리는 것과 같이 생각되어서 그 목적이 무엇인지 그들은 어리둥절해한다. 그렇지만 가지치기는 유아기와 학령기에 분명히 일어난다. 그리고 가지치기는 중요하고 결정적인 역할을 한다.

가지치기는 본질적으로 시냅스의 과한 증대를 줄임으로써 소수의 고성능 시냅스에 집중하도록 해서 남아 있는 것들이 그 목적을 더 잘 수행하도록 하는 것이다(CORE 1g). 가지치기가 일어나는 결정적 시기까지 경험한 것을 기초로 해서 가장 중요한 과정과 경로로 판단되는 뇌 역량에 초점을 두고 제거한다. 제거되는 뇌 역량은 사용되지 않거나 덜 사용되는 것으로 보인다. 과학자들은 뇌의 여러 영역들이 기본적으로 뇌가 경험하는 것에 따라 그리고 경험에 맞추어 재단된다는 것을 발견하기 시작했다. 중요한 것은, 많은 제거와 변화는 뇌가 앞으로 변하기 위한 새로운 실체가 된다는 점에서 영구적이라는 점이다. 그래서 그야말로 경험과 발달이 뇌를 조성한다.

뇌세포사는 그 자체가 가지치기의 한 부분이다. 다양한 새로운 뇌영상 기술과 접근들은 세포사에 관련한 정보를 제공하고 있다. 뇌 연구자들은 세포 분열 단계를 거친 뇌세포의 약 50%가 성인이 될 때까지 살아남지 못한다는 것을 발견했다(Low & Cheng,

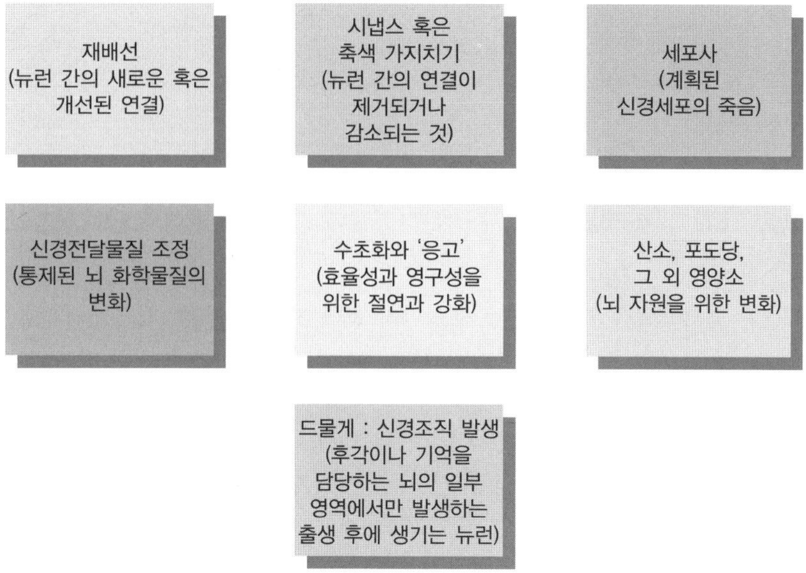

재배선 (뉴런 간의 새로운 혹은 개선된 연결)	시냅스 혹은 축색 가지치기 (뉴런 간의 연결이 제거되거나 감소되는 것)	세포사 (계획된 신경세포의 죽음)
신경전달물질 조정 (통제된 뇌 화학물질의 변화)	수초화와 '응고' (효율성과 영구성을 위한 절연과 강화)	산소, 포도당, 그 외 영양소 (뇌 자원을 위한 변화)

드물게 : 신경조직 발생
(후각이나 기억을
담당하는 뇌의 일부
영역에서만 발생하는
출생 후에 생기는 뉴런)

그림 2.4

가소성 : 뇌가 변하는 방식

2006). 가소성을 통해 뇌가 변화하는 몇 가지 방식이 〈그림 2.4〉에 나와 있다.

가지치기의 선택 과정은 특히 2세경 그리고 10대 초반에 집중적으로 이루어진다. 모든 과정이 잘 진행되면 학령기에 가지치기가 현명하게 마무리된다. 이것은 생존을 위한 중요한 연결과 역량 그리고 지원하는 최적의 기능은 살아남고 쓸모가 덜한 연결은 살아남지 못한다는 것을 의미한다.

가끔 한 영역에서 거의 불필요한 신경 역량이 그 회로가 더 자주 사용되는 것을 뇌가 발견하는 다른 곳에서 재활용될 수 있다. 예를 들면 이 아동을 마주하고 있는 새로운 조건이 있는가? 그런 경우에 신경 역량은 새로운 요구를 마주하고 있는 영역으로 옮겨갈 수 있다. 어떤 면으로 보면, 거의 평생 동안 뇌는 요구에 적합하도록 역량을 조절하고 강화한다.

이것은 인간 마음을 각 세대에 잘 적응할 수 있도록 만든다. 이것은 인지심리학에서 말하는 유동성 지능과 비슷하다. 유동성 지능이란 그것이 적용될 필요가 있는 상황에 맞추어 우리의 인지를 최적화하는 우리의 유전적인 능력이다. 많은 교육연구자들은 유동성 지능(fluid intelligence)을 우리의 지식을 적응적인 방식으로 적용하는 능력으로 생각하고 결정성 지능(crystallized intelligence)을 학교 혹은 그 외 환경에서 숙달하는 사실, 아이디어, 기술로 생각한다.

논쟁점

뇌 재생의 문제

뇌과학자들이 묻는 한 가지 질문은 우리는 언제 뇌세포를 가지게 되었는가 하는 것이다. 과학자들은 뇌가 재생되는지, 재생된다면 언제 그리고 어떤 방식으로 재생되는지 알고 싶어 한다.

대뇌 피질은 초기 발달 이후 어느 때든 새 뉴런을 상당수 만들어내는가? 이 질문에 대한 답을 찾기 위해서 신경과학자가 연구할 때 그렇게 하듯이 시간을 잠시 거슬러가보자(Purves et al., 2008). 구체적으로 1900년대의 핵폭탄과 방사능 폐기물에 대한 환경운동으로 돌아가서 생각해 보자.

2011년 미국국립과학아카데미(Bhardwaj et al., 2011)가 보고한 한 연구는 20세기 냉전 교착상태가 기괴하게 뇌 연구 이야기로 들어간다. 지난 세기의 그 역사적인 죽음의 재의 농도 수준이 우리가 숨 쉬는 공기에 영향을 미쳤으며, 뇌의 탄소14 연대측정[6]을 가능하게 했다. 그것은 우리에 대해서 그리고 우리 신체에 대해서 '표시'를 해주었다. 1950년대 중반에서 1960년대 초반 사이에 대기 중 방사성 탄소14의 농도 수준이 거의 2배로 급등했으며, 세계의 많은 나라들에서 야외 테스트를 금지한 후로는 감소했다(Purves et al., 2008).

뇌 연구자들에게 이것은 방사성 탄소 연대측정기와 같이 우리 신체 조직에 대한 일종의 시간을 측정할 수 있는 시계를 제공했다. 대부분의 많은 새 방사성 물질이 1955년 이후 대기에 배출되었기 때문에, 그 이전에 태어난 사람은 뇌 연구를 위한 표지자(marker)로 사용될 수 있다. 만일 당신이 1950년대 중반에 태어났는데 당신의 피질 뉴런에 탄소14 수준이 높다면 그 이유는 당신이 출생한 이후에 뇌세포가 생성되었기 때문이라고 추정할 수밖에 없다.

구체적으로 설명하자면, 냄새가 처리되는 후각 영역과 같이 뇌의 일부 영역에서 새로운 혹은 '아기' 뉴런이 만들어진다는 것은 이미 알려져 있었다(Veyrac et al., 2009). 그와 같은 연구에서 코에 노출시킨 냄새 리스트에는 할머니의 부엌에서 찾아볼 수 있는 후추, 스타아니스, 회향(fennel), 계피, 마늘, 양파, 생강, 주니퍼베리, 정향(clove), 육두구(nutmeg), 레몬, 셀러리, 커민, 초콜릿, 카르다몸, 타임(thyme), 사철쑥, 고추, 라벤더, 오렌지 등이 포함된다.

하지만 냄새에 아무리 무슨 일이 생긴다고 해도, 인간에게 독특한 힘을 주는 잔물결같이 주름진 모양을 하고 있는 대뇌 피질이 스스로 재생할 수 있다는 증거는 거의 없다. 그래서 연구자들은 한 가지 실험을 고안했다. 지구의 대기가 짧은 기간 동안 극적으로 변한 방식을 이용하면 어떨까 하고 생각한 것이다.

아기 미라(mummy)에서 예수의 수의로 추정되는 토리노의 수의[7]까지 모두 탄소14 기법을

---

6. 방사성 탄소동위원소인 탄소14(14C)가 약 5,730년의 반감기에 의하여 질소14(14N)로 붕괴하는 것을 이용하여 생물체가 죽은 후 경과된 햇수를 측정하는 방법−역주.

7. 1500년대부터 이탈리아 토리노 대성당에 있는 아마포로 사람의 형상이 희미하게 보이는데, 예수의 시체 모습이 박힌 것으로 생각된다고 한다−역주.

사용하여 연대를 추정했다. 그 연구자들은 원자 오염의 중요한 판단 시기를 기준으로 전과 후의 부검 샘플들을 살펴보기로 결정했다. 그들은 적절한 뇌 샘플을 구할 수 있는 사망자들 중 1933~1973년에 태어난 7명을 정했다(Bhardwaj et al., 2011). 가장 나이가 많은 72세의 사람은 대기 방사성 탄소 수준이 증가하기 시작했을 때 약 20세였을 것이다.

판결 : 1955년 이전에 태어난 사람에게서 탄소14가 증가한 것을 보여주는 유의미한 양의 피질 뉴런이 발견되지 않았다. 이것은 성인의 대뇌 피질에서 상당한 수의 뇌세포가 만들어진다는 것에 대한 강력한 반박이라고 연구자들은 결론 내렸다. 이것이 의미하는 바는 사고나 질병 후에 기존의 뉴런과 연결이 재조직될 수는 있지만, 성인의 뇌에서 자연적으로 대규모로 만들어지지는 않는다는 것이다.

하지만 냄새가 처리되는 후각 영역과 어떤 기억이 만들어지는(Gibb, 2007) 해마(Ericksson et al., 1988)와 같은 뇌의 몇몇 작은 영역에서 뉴런이 재생된다는 것은 고무적인 발견이다. 그것은 확산을 촉발하기 위한 인위적 혹은 의학적 수단의 가능성을 열어준다. 최근에 어떤 연구자들은 다른 뇌세포들을 인위적으로 '깨어나게 하고' 재생시킬 수 있다고 주장했다(Jiao & Chen, 2008). 만일 그렇게 된다면 알츠하이머, 파킨슨, 그리고 다른 퇴행성 뇌 질병에 극적인 도움이 될 수 있을 것이다.

가지치기와 함께 새로운 연결이 또한 만들어질 수 있다. 뉴런 간의 새 시냅스를 만드는 것을 의미하는 시냅스생성(synaptogenesis)은 어느 때나 일어날 수 있지만 종종 '민감기' 혹은 '결정기'라고 부르는 단계에서 특히 빠른 속도로 일어난다(Howard-Jones et al., 2007). 이것에 대해서는 10장에서 상세하게 다룰 것이다(CORE 6d – 6i 참조).

가지치기와 시냅스생성의 기본적인 아이디어는 모두 다음과 같다. 매우 이른 발달 단계에서 놀라운 속도로 세포를 증식시키고 새로운 연결을 한 후에, 뇌는 소수의 질 높은 연결에 집중하기 위해 작업한다. 가지치기를 통해 뇌는 필요해 보이는 가장 중요한 과정과 경로에 집중하여 역량을 최대화한다.

뇌가 가치 판단을 하는가

신경과학자들은 뇌에서 가지치기가 시작되기 전에 일어나는 일을 '과왕성한(overly exuberant)' 혹은 '잘못된(misguided)' 연결과 같이 재미있는 언어를 사용하여 표현한다. 마치 뇌가 가치 판단을 하고 있는 것처럼 들린다. 어떤 사람의 뇌에 연결이 잘못되어 있다고 누가 말할 수 있는가?

그러나 이 사례에서 가치 판단은 뇌 자신이 하는 것이다. 왕성한, 잘못된 연결이란 뇌가 받아들이는 정보에 대한 연결 서비스를 제공하지 않는다는 것을 의미한다—회로가 존재하기는 하지만 거의 사용되지 않는다. 따라서 시간이 흘러가면서 천천히 그것들은 제거된다.

교육적으로 이것은 우리에게 도움이 될 수도 있고 해가 될 수도 있다. 한 가지 예가 UCLA의 기억과 노화 연구센터(Memory and Aging Research Center)의 소장 Gary Small의 연구다. 많은 교사들에게 유명한 한 TV 방송 인터뷰에서 그는 일반적으로 젊은이들은 매일 9시간 이상 디지털 기기를 가까이 하면서 보낸다고 했다. 이런 '디지털 원주민'—디지털 미디어와 많은 시간을 보내는 8~18세 미성년자들—에게 앞으로 어떤 일이 일어날까 하고 Small은 질문한다. 그리고 그는 그들이 20, 30대가 되면 어떤 모습이 될까 하고 질문한다. 뇌발달에 대해 알려진 것을 고려하면 이것은 깊이 생각해야 하는 문제라고 그는 믿는다.

CORE에서 다루어지지 않았지만, 테크놀로지가 아동 발달에 미치는 역할은 광범위한 연구 주제다. 하지만 테크놀로지에 대한 Small의 연구문제는 교사들이 관심을 갖고 있는 것들이다. Small(Frontline, 2009에서 인용)은 가지치기 때문에 더 오래되고 굳어진 뇌보다 더 젊고 발달하고 있는 뇌에 테크놀로지가 더 큰 영향을 미친다고 한다. 그는 젊은이들이 어떻게 시간을 보내고, 그들의 뇌를 어디에 노출시키는가 하는 것이 그들의 남은 생애 동안에 어떤 모습이 될지에 커다란 영향을 미친다고 말한다. 이것은 어릴 때부터 청소년이 될 때까지 약 60%의 시냅스 연결이 가지치기가 되기 때문이라고 한다. 인터뷰 진행자가 이 역량은 영원히 제거되는 것이냐고 질문했을 때 Small은 그렇다고 하면서 머리를 끄덕였다. 어떤 면에서 뇌는 뒤를 안 보고 앞만 바라본다.

성인들의 뇌가 어떤 연령에서든 새로운 연결을 만들 수는 있지만, 시간이 더 걸리거나 더 어렵다(Society for Neuroscience, 2008). 그렇지만 중요한 것은 한 번 가지치기를 한 역량은 회복된다고 해도 완전히 새로 만들어야 한다. 이런 방식으로 발달은 뒤로 이동하는 것이 아니라 앞으로 움직인다.

아이슈타인 같이 추리하기

지능 연구자인 Dennis Garlick은 아인슈타인같이 추리하기 위해서는 정확한 연결을 가지고 있는 신경계가 필요할 것이라고 보고했다(Garlick, 2003). 연구자들은 어떻게 하면 그렇게 연결된 뇌를 가질 수 있느냐고 질문한다.

기본적으로 교사들에게 주는 메시지는 우리와 함께 뇌가 어떻게 변해 가는가 하는 것이 중요하다는 것이다. 경험은 후속 학습이 쉴 수 있는 토대를 닦는 것을 돕는다. 우리에게 어떤 일이 일어나는가에 따라 변하기 때문에 우리가 원한다고 해도 과거와 똑같은 뇌로 결코 돌아갈 수 없다. 그러므로 연결이 어떻게 발달하는가는 우리가 무엇을 할 수 있을 것인가를 위하여 중요하다.

마음에 대한 넓은 철학적 관점을 가지고 있는 사람들에게 가소성에 대한 이야기는 가끔 어깨를 으쓱하도록 만든다. 혼돈이론의 나비효과와 같이, 그것은 이쪽으로도 갈 수 있고 저쪽으로도 갈 수 있다. 뇌가 어떤 방향으로 만들어지게 될지 누가 알 수 있겠는가? 우리가 정확하게 알 수는 없어도 단서는 있다.

어떤 것이 유용한지 그리고 그것을 보존하는 것이 중요하거나 '현명하다'고 뇌에게 알려주는 방법은 뇌가 사용되는 활동인 것으로 보인다. 신경과학자들은 뇌가 활동하고 경험하는 것이 뇌의 정체성을 만든다고 지적한다.

교사들은 뇌가 스스로 재조직하고 사용되지 않는 경로를 가지치기한다는 것을 이해하고 나면, 그들이 알고 싶어 하는 것은 구체적인 해결방법이다. 예를 들어 한 교육자가 말했듯이, 2학년 가을 학기에 대수Ⅰ을 수강하고 4학년 봄 학기에 대수Ⅱ를 수강할 때까지 수학 공부를 하지 않은 학생에게 어떻게 '수학 회로'를 유지하도록 교사가 도와줄 수 있을까?

분명히 마법의 탄환은 없다. 지식이 유용하고 사용될 필요성이 있다는 것이 바로 그것을 의미한다. 지식이 통합되지 않고 사용되지도 않는 그런 시간적인 큰 간격이 생기면 비생산적인 학습이 된다. 교사들은 이제 지식의 사용과 그것을 지지하는 증거가 중요하다는 것을 이미 알고 있다. 그들이 할 수 있는 일은 무엇일까? 교사들은 학교환경을 변화시킬 수 있는 주체다. 그들은 교실의 변화를 일으킬 수 있을 뿐만 아니라 학생들을 위한 더 좋은 환경을 지원할 수 있고, 그 필요성과 이유를 설명할 수 있고, 그리고 승진해서 의사결정에 영향을 미치는 리더십을 발휘할 수 있다.

이런 연구 결과들은 교사들을 진지하게 생각하도록 할 것이다. 학생들을 가르치고 학생들에게 어떤 영역을 공부하도록 하는 그들의 일이 지식을 쌓도록 하는 것만이 아니라는 것을 의미하는가? 그것은 실제로 뇌를 다르게 만드는 일인가? 그것에 대한 전체적인 결론은 아직 모른다. 그러나 신경과학과 연결해서 지능을 연구하는 Garlick(2003)은 만일 다양한 지적 능력을 획득하고 싶다면 특히 신경회로가 충분히 유연하고 아직 재조직이 덜 되어 있는 아동기에 적절한 자극에 노출되도록 할 필요가 있다고 말한다. 그 지적 능력이 창의성, 음악성, 과학적 사고, 수학적 탐구, 문제 해결, 비판적 사고, 혹은 생각을 표현하는 능력이든 관계없이, 어릴 때 우리의 마음을 어떻게 사용하는가 하는 것이 매우 중요하다고 Garlick은 말한다.

발화되는 것은 연결된다

유전자는 뇌의 청사진을 만들고 경험은 환경의 요구에 적합하도록 뇌를 다듬는다 (Brenhouse & Andersen, 2011). 이것은 가장 세부적인 수준에서의 진실이다. 모든 뇌 연결의 최종 운명은 뇌가 사용되는가 사용 안 되는가, 그리고 어떻게 사용되는가에 달려있다. 이것을 기능적 정당성(functional validation)이라고 하며 더 쉽게 표현하면 '발화되는 것은 연결된다'이다(CORE 2h 참조). 〈표 2.1〉에서 그 예들을 보여준다.

교사들은 종종 우리 뇌는 왜 이렇게 재조직되느냐고 질문한다. 그들이 알고 싶어 하는 것은 특히 학령기에 무엇이 뇌가 형성되는 방식을 정하고 어떤 과정으로 형성되는가 하는 것이다.

뇌 연구에 의하면 선택적 활동이 가소성을 통해서 뇌를 변화시킨다고 한다(Society for Neuroscience, 2003). 예를 들어 시각적으로 제시되는 얼굴에만 반응하는 뇌 영역은 수

표 2.1 뇌 활성화가 뇌 회로의 발달 및 강화와 상호작용하는 예

연결되는 것은 발화된다		
요소/기능	어떤 것인가?	왜 중요한가?
신경회로	전기 신호의 형태로 정보를 전달하고 처리하는 시스템을 상호 연결하는 네트워크	인지, 언어, 기억을 포함한 뇌의 많은 기능의 기반이다.
가소성	분자 수준에서 뇌를 재조성함으로써 구조와 기능을 상당히 변화시키는 신경계의 역량	변화는 모든 뇌를 특이하고 철저하게 최신의 것으로 만들면서 뇌가 주변 상황과 경험에 적응하도록 해준다.
가지치기	불필요하거나 실행이 잘 안 되는 회로의 가지를 쳐내는 과정	더 효율적인 시스템으로 만든다.
경험	뇌에 새로운 패턴을 부과하는 핵심적인 요소	학습활동은 지속적으로 뇌의 기능과 행동을 수정하면서 뇌의 물리적인 구조를 변화시킨다고 뇌과학은 지적한다.

뇌의 재조성은 중요한 학업 시기인 3~18세에 특히 활발하다.

학이나 언어와 같은 완전히 다른 어떤 것을 강화해도 향상되지 않을 것이다. 한 가지 활동이 모든 뇌발달에 적절한 것은 아니다. 이것은 지난 세기의 초기 학습이론과 반대된다. 어떤 종류의 사고나 뇌활동이라도 모든 종류의 사고와 뇌활동을 지원한다고 생각하는, 소위 말하는 일반적인 '정신 근육 운동'은 더 이상 일반적으로 인정을 받지 못한다(Schunk, 2012).

많은 문헌에서는 질병, 중독, 그 외의 문제점들과 뇌 가소성을 관련시키고 있다는 것을 교사들은 또한 알고 있다. 당신이 원하는 뇌기능 향상에 대한 관심은 훨씬 적다. 그러나 교사들의 관심은 그 반대로 보인다. 그들은 가소성이 바른 방향으로 가는 것을 가장 잘 지지하는 방법에 대해 알고 싶어 한다. 예를 들면 그들은 어떤 종류의 일반적인 정신 운동이라도 전체적인 뇌발달에 충분히 도움이 되느냐고 질문한다. 그 답은 '아니요'다. 특수한 뇌 영역과 네트워크는 특수한 사용에 대해 반응한다(National Research Council, 2000).

결론

유명한 초기 심리학자 William James가 본 것은 근본적인 것이었다. 때로는 혼란스럽고 실망스러웠지만 그는 과학자들뿐만 아니라 교육자들을 위해 뇌 가소성에 대한 기본적인 개념을 교사에게 드리는 말씀(Talks to Teachers)에서 발전시켰다. 케임브리지 교사들을 위한 그의 강의가 15개의 장으로 구성되어 있으며 그의 강의를 듣는 교사를 얼마나 중요하게 그가 느꼈는가를 강조하는 내용을 담고 있다(James, 2005, 1892).

> 경험을 통해서 나는 나의 청중이 가장 좋아하지 않는 것이 분석적인 세부 사항이고 가장 좋아하는 것이 구체적인 실제 적용이라는 것을 알게 되었다. … 물론 교사들은 상세하고 구체적인 내용과 정의, 알파벳이나 번호가 붙은 제목, 활자 모양의 변화, 그 외 익숙하게 머리에 떠오르는 기계적인 책략은 만날 수 없을 것이다. 그러나 내가 가장 원하는 것은 그들이 생각하고, 그리고 가능하다면 그들의 상상력 속에서 그들 학생의 정신적 삶을 공감적으로 재생산하도록 하는 것이다.

100년이 더 지났지만 교사들이 변함없이 알고 싶어 하는 것들이 있다. 다음 장에서는 지도원리 2를 계속하고, 그다음에는 지도원리 3과 관련하여 인지 탐색 속에서 몇 가지 교수 설계의 개념을 살펴본다.

마무리 시나리오

새로운 지식을 적용하기

신경 가소성

뇌가 어떻게 기능하는지, 특히 뇌가 배우거나 경험하는 것을 기초로 해서 어떻게 '재배선'되고 물리적으로 재조성되는지에 대하여 학생들이 알게 되면 자극을 받을 수 있다. 당신은 학생들에게 이것에 대해 가르쳐본 적이 없는데, 처음으로 가르쳐보기로 결정했다고 가정하고 이제 수업 계획을 세워보기로 하자.

1. 당신이 첫 번째로 소개하고 싶은 것은 가소성(plasticity)에 대한 개념인데, 아이들은 플라스틱(plastic)을 병이나 장난감으로만 알고 있다. 뇌가 플라스틱의 성질과 같다는 것을 당신은 학생들이 어떻게 이해할 수 있도록 하겠는가?
2. 모든 학습자들에게는 관련성이 중요하다. 이것과 관련하여 뇌가 스스로 재구성하고 재조성하는 것이 중요한데 당신은 그 이유를 학생들에게 어떻게 설명하겠는가?
3. 당신은 학생들에게 뇌는 변하도록 만들어져 있고 변할 수 있기 때문에 뇌는 학습을 잘한다고 말해준다. 그러나 어떤 학생이 왜 뇌는 계속 변해야만 하냐고 질문한다면 당신은 무엇이라고 설명하겠는가?
4. 이제 학생들에게 〈그림 CORE-2〉와 같은 기본적인 뇌구조를 보여줄 시간이다. 당신은 학생들이 시각적 학습에 참여하도록 하기 위해 어떤 활동을 하는 것이 도움이 된다고 생각하는가?
5. 학생들이 뇌가 일하는 것을 느끼거나 볼 수 없지만 뇌는 손이나 발과 같이 매우 활발하게 움직인다는 개념을 이해하는 것은 매우 중요하다. 당신은 학생들이 뉴런의 정보를 신호하는 역할을 이해할 수 있도록 하기 위해 어떻게 설명하겠는가?
6. 당신은 뇌가 학습하는 방법을 어떻게 설명하겠는가?
7. 학생들이 가지치기 기능을 이해할 수 있도록 하기 위해 당신은 어떻게 하겠는가?

참고문헌

Azevedo, F. A., Carvalho, L. R., Grinberg, L. T., Farfel, J. M., Ferretti, R. E., Leite, R. E., . . . Herculano-Houzel, S. (2009). Equal numbers of neuronal and nonneuronal cells make the human brain an isometrically scaled-up primate brain. *The Journal of Comparative Neurology, 513*(5), 532–541.

Bennett, E., Diamond, M., Krech, D., & Rosenzweig, M. (1964). Chemical and anatomical plasticity of brain. *Science*, New Series, *146*(3644), 610–619.

Bhardwaj, R. D., Curtis, M. A., Spalding, K. L., Buchholz, B. A., Fink, D., Björk-Eriksson, T., . . . Frisén, J. (2011). Neocortical neurogenesis in humans is restricted to development. *Proceedings of the National Academy of Sciences of the United States of America, 103*(33), 12564–12568.

Brenhouse, H., & Andersen, S. (2011). Developmental trajectories during adolescence in males and females: A cross-species understanding of underlying brain changes. *Neuroscience and Biobehavioral Reviews, 35.*

Diamond, M. (Producer). (2007, October 17, 2015). Integrative Biology 131–Lecture 01: Organization of Body. Retrieved from https://youtube/S9WtBRNydso

Diamond, M. C., Krech, D., & Rosenzweig, M. (1964). The effects of an enriched environment on the histology of the rat cerebral cortex. *Journal of Comparatiave Neurology, 123*, 111–120.

Elber, T., Pantev, C., Wienbruch, C., Rockstroh, B., & Taub, E. (1995). Increased cortical representation of the fingers of the left hand in string players. *Science, 270*(5234), 305–309.

Eriksson, P. S., Perfilieva, E., Björk-Eriksson, T., Alborn, A., Nordborg, C., Peterson, D. A., & Gage, F. H. (1998). Neurogenesis in the adult human hippocampus. *Nature Medicine, 4*, 1313–1317.

Garlick, D. (2003). Integrating brain science research with intelligence research. *Current Directions in Psychological Science, 12*(5), 185–189.

Gazzaniga, M. S. (2008). Is anybody there? *Human: The science behind what makes us unique* (pp. 276–321). New York: HarperCollins.

Gibb, B. J. (2007). Chemical control: How legal and illegal drugs affect the brain. *The rough guide to the brain* (pp. 171–202). London: Rough Guides Ltd.

Giedd, J. (2008). The teen brain: Insights from neuroimaging. *Journal of Adolescent Health, 42*(4), 335–343.

Howard-Jones, P., Pollard, A., Blakemore, S.-J., Rogers, P., Goswami, U., Butterworth, B., . . . Kaufmann, L. (2007). Neuroscience and education: Issues and opportunities: A TLRP Commentary. http://www.tlrp.org/pub/documents/Neuroscience Commentary FINAL.pdf

James, W. (1950, 1890). *The principles of psychology.* New York: Dover.

James, W. (2005, 1892). *Talks to teachers on psychology; and to students on some of life's ideals.* Retrieved from http://www.gutenberg.org/files/16287/16287-h/16287-h.htm

Jiao, J., & Chen, D. F. (2008). Niche strocytes stimulate neurogenesis from dormant neural progenitors in non-conventional neurogenic regions of the adult CNS. *Stem Cells, 26*(5), 1221–1230.

Kandel, E. R., Schwartz, J. H., Jessell, T. M., Siegelbaum, S. A., & Hudspeth, A. J. (2013). *Principles of neural science* (5th ed.). New York: McGraw Hill Medical.

Low, L., & Cheng, H. (2006). Axon pruning: An essential step underlying the developmental plasticity of neuronal connections. *Philosophical Transactions: Biological Sciences, 361*(1473), 1531–1544.

National Institute of Mental Health. (2007). Brain matures a few years late in ADHD, but follows normal pattern. http://www.nimh.nih.gov/news/science-news/2007/brain-matures-a-few-years-late-in-adhd-but-follows-normal-pattern.shtml

National Research Council. (2000). Mind and brain. *How people learn: Brain, mind, experience, and school: Expanded edition* (pp. 114–128). Washington, DC: The National Academies Press.

Nelson, C. (1999). Neural plasticity and human development. *Current Directions in Psychological Science, 8*(2), 42–45.

Owen, A. M., Hampshire, A., Grahn, J. A., Stenton, R., Dajani, S., Burns, A. S., . . . Ballard, C. G. (2010). Putting brain training to the test. *Nature, 465*(7299), 775–778.

Pittenger, C., & Kandel, E. R. (2003). In search of general mechanisms for long-lasting plasticity: Aplysia and the hippocampus. *Long-term potentiation: Enhancing neuroscience for 30 years, philosophical transactions: Biological sciences, 358*(1432), 757–763.

Purves, D., Augustine, G. J., Fitzpatrick, D., Hall, W. C., LaMantia, A.-S., McNamara, J. O., & White, L. E. (2008). *Neuroscience.* Sunderland, MA: Sinauer Associates.

Schunk, D. H. (2012). Cognition and instruction. *Learning theories: An educational perspective* (pp. 278–323). Boston: Pearson.

Society for Neuroscience. (2008). *Brain facts: A primer on the brain and nervous system.* Washington, DC: Author.

Veyrac, A., Sacquet, J., Nguyen, V., Marien, M., Jourdan, F., & Didier, A. (2009). Novelty determines the effects of olfactory enrichment on memory and neurogenesis through noradrenergic mechanisms. *Neuropsychopharmacology, 34,* 786–795.

Woollett, K., & Maguire, E. A. (2011). Acquiring "the knowledge" of London's layout drives structural brain changes. *Current Biology, 21*(24-2), 2109–2114.

인지와 교수 설계

이 장은 CORE 지도원리 3, '어떻게 배우는가 하는 것은 어떤 지식을 실제로 사용할 수 있는가에 커다란 영향을 미친다'에 대해서 소개할 것이다. 점화(priming), 정교화, 확장, 지식 통합과 같은 교수접근이 학습 결과의 열쇠다. 교육 용어로 말하면 이것은 교수 설계의 변화에 대한 것이다.

학습 요점

1. 신경과학, 인지심리학, 교육연구에서 얻은 통합적 지식은 교사들에게 교수 설계에 유용한 통찰을 제공한다. 따라서 그 통합적 지식을 사용하여 교사들은 교실에서 학생들의 학습을 향상시킬 수 있다.

2. 메타분석 연구를 통해서 교육자들은 인간의 인지 시스템이 실제적으로 어떤 역할을 하는지 볼 수 있다. 메타분석 연구는 많은 교실과 다양한 환경에서 실시된 여러 연구에서 얻은 결과들을 분석하기 때문에 가장 좋은 실천적 방법을 확인할 수 있다.

3. 많은 교육 메타분석 연구들 중에서 한 예로, 교육연구자인 Robert Marzano는 메타분석을 사용하여 교실에서 학습 결과에 큰 영향을 미치는 아홉 가지 교수 전략 범주를 확인했으며, 학생들이 정신적 그림(뇌 속의 시각적 사진)을 그리도록 하는 것이 중요하다는 것도 포함되어 있다.

4. 특히 학습하는 것을 이해하고 사용하는 능력을 지원하는 네 가지 교수 설계 개념은 점화, 정교화, 확장, 지식 통합이다.

5. 인간의 뇌는 충분한 자극이 있는 복잡한 환경에서 가장 잘 발달한다. 풍요로움은 뇌기능을 향상시키고 대뇌 피질의 무게와 두께를 증가시킨다.

6. 풍요로움은 시각적으로 복잡한 것만을 의미하는 것이 아니다. 시각화, 아이디어 조작, 문제 해결, 피드백 받기 등을 하는 기회뿐만 아니라 교실에서 풍부한 어휘를 사용하는 것도

교수 설계의 중요한 측면이다,

7. 효과적인 인지란 이전에 학습해서 이해했던 것―혹은 사고와 행동의 패턴―을 추상하고 그것을 다시 적용할 수 있는 것이다.

8. 뇌는 패턴을 발견하고 그것을 사용함으로써 발달한다. 패턴이란 배우고 있는 것 속에서 볼 수 있는 배치, 형태, 관계를 의미한다.

9. 학생들이 종종 수학을 어려워하는 한 가지 이유는 중요한 패턴들이 층을 이루기 때문이다. 한 수준의 추상 개념 위에 또 다른 한 수준의 추상 개념이 쌓이면 그것을 처리하기 위한 뇌의 부담이 가중되고 특히 그 패턴을 아직 잘 이해하지 못하는 초보자에게는 뇌 부담이 더 커진다. 수학에 일반적인 이 문제는 다른 과목들에서도 마찬가지로 적용된다.

10. 인지 관점에서 보면, 지능을 뇌 속에서 패턴을 기억하고, 예측하고, 적용하고, 확장하는 역량으로 생각하는 것이 교사들에게 도움이 된다.

들어가기

한 젊은 교사는 처음으로 뇌 가소성에 대한 개념을 접했을 때 굉장히 놀랐다고 말했다. 그녀는 가소성에 대해 배우면서 흥분했고 다른 사람들도 그녀와 마찬가지였을까 생각했다. 그녀가 배운 교사 양성 프로그램에 왜 가소성에 대한 이해가 포함되어 있지 않았을까 그녀는 생각했다. 대학의 강의자들이 새로운 지식을 교사들이 교실에서 일상적으로 하는 일과 연결시키기가 어려웠기 때문일까?

많은 강사들에게 그 연결은 성공적인 교수 설계와 인지의 기본 개념틀을 통해 이루어진다. 이 장에서는

속성 강의 :
인지적 연결 Ⅰ

주도성
지식을 적극적으로 건설하는 사람으로서 학습, 사고, 행동에 대하여 책임감과 통제권이 자신에게 있다고 느끼는 것

인지적 활성화
두 가지 의미가 있다. 교사들은 종종 학습 자료에 의미 있는 관여를 하는 학생을 기술할 때 인지적 활성화라는 용어를 사용한다. 인지심리학과 신경과학에서는 유기체의 인지 시스템 회로나 네트워크를 자극하거나 자극할 가능성이 있다는 뜻으로 인지적 활성화라는 용어를 사용한다.

인지심리학
지식의 획득, 보존, 사용에 대하여 심리적 접근과 방법을 사용하는 과학적 연구

인지신경과학
인지 기능의 생물학적 기초에 대하여 뇌과학의 도구와 방법을 사용하는 연구

정교화
정보의 새로운 요소들을 연결할 뿐만 아니라 우리가 이해하는 것들 속에서 재구성하고, 연결하고, 관계를 확인하는 것

집행 기능
우리의 인지 처리 과정을 우리가 통제하는 방식. 기억에서 인출된 정보의 선택, 시연, 감시와 함께 계획과 주의가 포함된다.

확장
위에서 설명한 새로운 지식을 획득하고 서로 연결하는 정교화의 일부. 과거에는 정교화의 정의에 확장이 포함되지 않기 때문에 교수 설계와 인지 문헌에서 추가적인 용어로 종종 발견된다.

속성 강의 :
인지적 연결 I

교수 설계
인지적 관점에서, 학습과 관련하여 내적 과정을 지원하기 위해 사용되는 외적 사건의 설계

지식 통합
다양한 접근이나 정신적 모델 혹은 표상으로부터 이해한 것을 해석을 뛰어넘는 유용한 지식으로 결합하는 것

유의미한 공고화
새로운 자료가 성공적으로 통합되어 학생이 그것을 연결하고 그것이 의미가 있는 것으로 이해되는 것. 이해한 것을 활용하기 위해서는 성공적인 지식 통합(위에서 참조) 뿐만 아니라 지식을 적절하게 강화하고 관련성의 뇌 조건(아래에서 참조)을 충족하는 것이 필요하다.

각성의 신경적 기초
교육계에서는 아직 일반적이지 않지만 신경과학에서는 핵심적인 개념이다. 뇌 각성 시스템은 보상을 주는 상황과 신기한 상황을 탐색하는 것과 같이, 중요한 자극을 감시하고 반응하기 위해 경계를 유지하는 것을 담당한다.

정향 주의
주의는 전체 뇌의 한 특성이 아니라 경계, 정향, 실행주의에서와 같이 특수한 네트워크 영역들이다. 교사들에게 중요한 것은 그런 네트워크를 성공적으로 훈련시키는 것이 가능하며 아주 어린 연령에서도 학업 성취를 향상시키는 효과로 나타날 수 있다는 것이다.

지도원리 3을 탐색하는 것으로 시작한다. 지도원리 3은 우리가 어떻게 배우는가 하는 것은 어떤 지식을 실제로 사용할 수 있는가에 커다란 영향을 미친다는 것이다. 점화, 정교화, 확장, 지식 통합과 같은 교수 접근이 학습 결과에 대한 열쇠다. 교육 용어로 말하면 이것은 교수 설계의 변화에 대한 것이다. 이 장에서는 기본적인 개념을 다룬다. 대부분의 구체적인 예들은 5장에서 기억에 대한 몇 가지 필요한 시사점을 소개한 후에 제시될 것이다. 4장과 5장은 또한 교사들이 효과적으로 교수 설계를 할 수 있도록 하는 데 도움이 되는 접근과 주제들을 중심으로 다룬다. 나머지 장들에서는 뇌와 관련한 CORE의 기본적인 개념들을 교육과 관련지어 계속해서 설명할 것이다.

교수 설계 접근하기

5장에서 더 자세하게 다루겠지만 교사를 양성하는 프로그램에서는 교수 설계를 한 과정으로 가르친다. 그 과정의 교수 단계에서(이 장 끝 부분에 나오는 그림 3.3 참조), 교사들은 교수법, 교수방법, 혹은 메시지 설계원리라고도 부르는 교수 전략을 배운다. 그런 전략들은 최고의 교수 실천 그리고 교육과 인지심리학 연구로부터 여러 해에 걸쳐 나타났다. 그것들은 교수전략 과정으로 통합되었고, 교사가 교실에서 활발하게 교육 과정을 실천하기 위해서 어떤 교수 방법과 접근을 사용할 것인가를 결정하는 기준과 교육 과정 자료로 시작할 수 있다. 따라서 **교수 설계**(instructional design)는 뚜렷한 정교화된 과정이며 교수 설계의 중요한 한 요소가 교수전략이다.

네 가지 중요한 교수 설계 개념인 점화, 정교화,

확장, 지식 통합이 이 장에서 소개될 것이며 이것들은 뇌가 학습하는 방법에 대해 우리가 알고 있는 것과 연결되어 있다.

1. **점화**(priming)는 새로운 내용을 학습할 때 학습자가 이미 알고 있는 것들 중에서 떠올려야 하는 것을 학습자에게 전한다.
2. **정교화**(elaboration)는 초기 아이디어에 대한 더 깊은 사고와 재조직을 하도록 한다.
3. **확장**(extension)은 생각나는 아이디어를 실천하도록 하고 그렇게 하는 동안 아는 것 그리고 할 수 있는 것을 넓힌다.
4. **지식 통합**(knowledge integration)은 뇌가 전체 처리 과정에서 적용하며, 아이디어들을 통합하고 지금 하고 있는 생각과 행동을 이미 숙달했거나 경험했던 모든 것의 더 큰 틀에 지속적으로 연결하는 것이다(CORE 3e 참조).

이 네 가지 학습 과정이 작용할 때, 뇌가 실제로 사용할 수 있는 지식을 더 잘 획득하고 이해할 수 있다. 이것은 학생들이 문학, 수학, 노래가사, 혹은 어떤 다른 교과목을 공부할 때도 마찬가지로 적용된다.

**속성 강의 :
인지적 연결 Ⅰ**

패턴
뇌가 인식하는 구별되는 규칙성. 이것을 가지고 뇌는 추론하고, 원인을 찾고, 사건을 예측하는 것과 같은 판단에 유용하게 사용한다. 뇌는 다소 부정확한 패턴 인식을 할 수 있으며, '최적 예측'을 하기 위해 인식되는 규칙성을 사용한다.

점화
반응에 영향을 미치거나 반응을 일으킬 수 있는 자극에 대한 노출. 교사들은 종종 새로운 지식을 가르치기 전에 학생들의 사전 지식을 활성화하기 위해 점화를 사용하며 이 방법에는 질문하기, 이미지 사용하기, 토론하기, 그 외 기억을 인출하는 방법 등이 있다.

하위목표 설정
인간의 인지 시스템이 목표를 직접적으로 추구하는 것을 미루고 선수조건을 분석하고 완수함으로써 장애를 감소시키는 단계를 설정하는 것

학습과학자에 의하면, 모든 학습에서 공통적인 점은 정보를 활발한 기억 형태로 불러들이고 그다음에 학습의 탐색, 재조직, 강화를 요구하는 **인지적 활성화**(cognitive activation)를 하는 것이다[Organization for Economic Co-operation and Development(OECD), 2007]. 그러나 교수 설계에서 이 네 가지 측면만 중요하게 고려되어야 하는 것이 아니다. 이 책의 다음 장들에서 추가적으로 교수전략에 대해 논의할 것이다. 교사들은 자신들의 전략이 어떻게 학습을 지원하고 있는지를 생각해보면 좋을 것이다.

이 장의 중요한 한 가지 주제와 관련하여 언급되는 교수전략들이 숙련 교사들에게는 거의 새롭지 않을 것이다. 그 전략들은 교수이론과 학습이론에서 가장 훌륭한 실천의 예들이라고 인정하는 것들인데 뭐가 새롭겠는가? 중요한 점은 그런 교수전략들을 뇌와 인

지과학에서 밝혀지고 있는 것들에 비추어 이해하는 것이다. 우리는 예와 비예, 원형 형성, 시각화, 비활성화 지식, 학교교육, 상황적 인지(situated cognition), 그리고 세 가지 학습과학의 렌즈를 통한 전이와 같은 접근들의 활용에 대해 무언가 더 배울 수 있을까? 훌륭한 교육실천을 이해할 수 있도록 설명해주는 정보를 모으는 것이 중요하다.

2장과 4장에서는 신경과학에 초점을 맞추고 있는데 이 장에서는 인지심리학에 초점을 둔다. 렌즈가 학습과학들 간에 이동하면서 연결되는 한 가지 중요한 점은 예를 들어 뇌 가소성에 대해 더 많은 것들이 밝혀지면서 성장하고 있는 신경과학 분야의 기초적인 지식이 다른 분야에서의 학습을 이해하는 데 어떤 정보를 제공하는지를 이해할 수 있는 것이다. 2장에서 다룬 가소성에 대한 배경지식이나 4장에서 다룰 기억에 대한 기초 지식은 우리가 더 잘 이해하도록 정보를 제공한다.

많은 중요한 교수 설계 개념들이 이 장에서 언급될 것이다. 쉽게 참고할 수 있도록 이 장의 앞부분에서 그것들을 '속성 강의 : 인지적 연결 I' 상자에 정리해 놓았다. 특히 교육자가 아닌 사람들과 신참 교사들은 이 개념들을 검토하길 바란다. 그들은 현직 교사들에 비해서 그 개념들에 덜 익숙할 것이다.

방금 소개한 네 가지와 함께 교수 설계 개념들이 논의될 때 교사들은 자신의 뇌 속에 그것들을 현실로 시각화하는 것이 중요하다. 마찬가지로 이 책을 읽는 교사가 아닌 독자들도 각 전략이 소개될 때 자신의 전문 영역에서 한 가지 예를 시각화하도록 해보는 것이 도움이 될 것이다.

■‖ 점화, 정교화, 확장, 지식 통합 : 한 가지 예

중학교 1학년 영어 선생님인 데릭은 교실에서 그래픽 미니 소설책을 만든다. 그 책은 보기에는 만화책과 비슷한데 좀 더 깊이가 있으며, 단편소설의 구성 특성도 따른다.

미니 그래픽 장르는 교사가 전통적으로 가르치는 방식이 아닌 문학 형식을 통해 학생들이 공부할 수 있도록 해준다고 데릭은 믿는다. 그는 학생들이 생각하도록 도움을 줄 수 있다면 혁신적인 방법을 사용하든 그 유효성이 증명된 고전 문학 형식을 사용하든 중요하지 않다는 것을 알고 있다. 숙련된 교사로서 그는 어떤 접근 방식이 다른 방식보다 더 좋다는 것을 발견했다. 중학교에서 여러 가지 이름을 가지고 있는 영어 접근법들과 전략들이 있지만 데릭은 네 가지 강력한 교수 설계 개념으로 그의 생각을 나타낼 수 있다고 생각한다. 그것은 바로 점화, 정교화, 확장, 지식 통합이다. 그는 교과목이나 학년에 관계없이 다른 교사들이 이 개념들을 이해한다는 것을 안다. 그들은 그가 어떻게 하는지 설명하면 그의 생각을 따라갈 수 있다.

그래픽 소설 수업에서, 데릭은 점화 혹은 후에 나타나는 반응에 영향을 미치거나 유발하는 것을 돕는 어떤 자극에 학생들을 노출시키는 것으로 시작한다. 점화는 그 활동 전체를 통해 그들의 사고를 안내할 것이다. 그는 종종 Bill Watterson의 연재 만화 캘빈과 홉스의 짧은 코믹 스트립의 몇 가지 '프레임' 혹은 일부를 제시한다. 비록 Watterson은 그 유명했던 만화를 거의 20년 전에 갑자기 중단했지만, 데릭은 그것이 계속 살아있고 오늘날까지 젊은이들을 즐겁게 해준다고 생각한다.

데릭은 미니 소설 작성 경험이 학생들에게 새로운 방식으로 표현하고 만드는 기회를 준다고 믿는다. 물론 이렇게 하기 위해서는 교실 수업에서 다양한 문학을 다루기 위한 깊이 있는 학습 목표를 필요로 한다. 데릭은 학교를 조바심치게 하고 교육청 관계자들은 못 보겠지만 그는 전문직 교사로 그의 수업 방법이 성공적이라는 것을 보여줄 수 있다고 생각한다.

다음에, 데릭은 시각 자료를 만드는 도구를 제공한다. 만일 그가 그날 학교의 태블릿을 사용할 수 있다면 디지털 도구를 지급한다. 그렇지 않다면 색 마커와 고기 포장용 종이를 나누어주고 학생들에게 그들 자신의 일상을 그림으로 나타내보라고 말한다. 그들은 빈칸으로 된 코믹 스트립을 만드는 네모를 그리는 것으로 시작한다. 그런 후에 네모 속에 그림을 하나씩 그려 넣으면서 이야기를 만들어간다. 약 30분이 지나자 그는 교실 전체에서 이야기들이 시작되는 것을 볼 수 있었다.

다음 차례는 정교화다. 여기에서 학생들은 화살표와 선을 그리고 발단, 갈등, 해결과 같은 이야기의 흐름을 따라 생각하기 시작한다. 특수한 목적을 가지고 있는 아이러니와 해설이 고려된다. 의도하는 것은 그 스트립의 정신적 이미지를 통해서 이미 나타났거나 나타나기 시작하는 관계를 재조직하고, 연결하고, 확인하는 것이다. 정교화는 글자 그대로 새로운 정보의 요소들을 연결하는 것뿐만 아니라 우리가 이해하고 있는 것의 관계를 재조직하고, 연결하고, 확인하는 것을 의미한다.

아이디어의 재조직과 확장을 통해서, 정교화는 뇌로 하여금 정신적인 것은 물론 물리적인 것을 실제로 연결하도록 한다. 가소성이 활동하는 작은 예로, 뇌는 스스로 변하거나 혹은 새로운 방법으로 개념을 생각하는 것을 배운다.

우리의 숙련된 교사는 생각하도록 자극하거나 핵심적인 질문을 하는 것과 같은 다양한 방식으로 학생들이 정교화하도록 돕는다. 예를 들어 그는 독자들이 그 스토리를 전부 글로 써 놓은 것을 잘 이해할지 혹은 그림을 그려 넣은 것을 잘 이해할지 학생들의 생각을 물어본다. 그리고 그 이유가 무엇인지 질문한다.

glitter graphics, emo, posting과 같은 중학교 1학년 언어를 사용하면서 학생들은 양편에서 흥미진진한 논쟁을 한다. 데릭은 학생들이 이해하는 방식으로 비언어적 표상의 힘을 논의하기 위해 그들의 대답을 사용한다. 목적은 효과적인 의사소통에 대해 발견한 것을 공유하는 것이다.

데릭은 어떤 학생들이 Animoto와 같은 디지털 영상 도구로 만화영화를 만들거나 그들의 사진 앨범을 'fly'하는 프로그래밍 앱에 대해 이야기할 때 놀라지 않는다. 그러나 그는 학생들이 더 깊이 생각하도록 도와주고 싶어 한다. 학생들이 소셜미디어에 그들의 이야기를 포스팅할 때, 그는 교육적 기준을 생생하게 경험할 수 있도록 만든다. 그는 학생들에게 글을 읽는 것과 그림을 보는 것 중에서 어느 것이 더 좋은지, 그리고 글로 쓸 것인지 혹은 그림을 그릴 것인지 어느 것을 선택할 것인지 질문한다.

둘 다라고 대답이 나올 때, 데릭은 그 순간을 가르칠 수 있는 기회로 사용한다. 바로 확장 훈련이 시작된다. 여기에서, 학생들은 새로운 연합된 지식을 얻는다. 처음으로 그 교사는 학생들이 짝끼리 마지막 단계인 그 이야기를 언어로 표현하는 대화 풍선을 채우는 것으로 완성하도록 한다. 원 저자는 그의 아이디어를 이야기하고 파트너는 기록하면서 창의적인 요약과 그 스토리에 주석을 다는 것을 통해 스트립 텍스트가 만들어진다.

마지막에는 **지식 통합**이 그 목적이다. 이것은 여러 가지 접근, 정신적 모델 혹은 표상을 사용하여 이해한 것을 포착하거나 해석하는 것을 확장시켜서 유용한 기반으로 통합하는 것을 의미한다. 이것을 기대하면, 뇌는 환경 속에서 학습할 준비도 되어 있지만 또한 독립적으로 과제를 완수할 수 있는 준비도 되어 있다.

■Ⅱ 자신의 경험을 이용하는 것의 이점

우리의 경험과 이 장에서 묘사한 교사들의 모습을 연결해보는 과정에서 뇌를 자극할 수 있는 어떤 전략을 사용할 수 있을까 하고 생각해볼 수 있다. 고참 교사들이나 선배 교사들은 교실에서 가르친 경험이 많기 때문에 이것을 쉽게 생각할 수 있을 것이다. 그들은 실생활의 추억으로부터 많은 상황을 그릴 수 있을 것이기 때문에 그들의 '도전적 목표(stretch goal)'는 이것들이 여기에서 이야기하는 원리 및 아이디어들과 어떻게 연결되는가를 생각하는 것일 것이다. 한편 신임 교사들은 직접 가르친 경험이 많지 않을 것이다. 하지만 우리는 모두 학습에 대한 많은 경험을 가지고 있다. 신임 교사들은 그들 자신의 학생으로서의 교육 경험뿐만 아니라 인턴십, 현장실습, 튜터 경험을 생각해보기 바란다. 이것들은 모두 사람들이 어떻게 학습하는가에 대한 훌륭한 사전지식이 될 수 있다. 어떤 독자들은 부모, 조부모, 친척, 혹은 아이 양육자로서 자신들이 경험한 것들도 또한 시각화할 수 있는 좋은 자료가 된다는 것을 알 수 있을 것이다. 여기에서 중요한 것은 각 아이디어를 당신의 상황에 그려 넣는 것이다.

자신이 경험한 예를 들거나 아이디어를 생각할 수 있다면 뇌 원리와 관련하여 최소한 두 가지 이점을 가질 수 있다. 첫 번째는 기억 속에 있는 아이디어들을 연결하고 연상할 수 있기 때문에 정보를 획득하고, 회상하고, 보존하는 데 큰 도움이 된다(기억에 대해서는 4장 참조). 이것은 학습의 유지와 적용을 향상시키기 때문에 훗날 당신의 경력에 도움이 되는 효과적인 어떤 것을 갖게 되는 것이다. 두 번째는 뇌를 위해 분명하고 관련성이 있게 하면 당신의 학습시간을 더 잘 사용할 수 있다—이것에 대해서는 다음 장들에서 상세하게 탐색할 것이다.

점화는 후속 반응에 영향을 미치거나 촉발하도록 하는 자극에 노출하는 것을 의미한다. 심리학자들은 처음 생각나는 것이 안내하는 방향으로 우리의 사고를 끌어가는 것을 묘사하기 위해 점화라는 용어를 사용한다. 교사들은 그것과 같거나 비슷한 의미로 종종 사전지식 활성화(activating prior knowledge)라는 다른 용어를 사용한다. 예를 들어 마음 과학의 대가인 인지심리학자 Daniel Reisberg(2010b)는 우리가 스토리를 이해하거나 일상생활에서 일반적인 대화를 하기 위해서도 우리 모두가 가지고 있는 커다란 지식 창고로부터 중요한 정보조각들을 추출할 수 있어야 한다고 한다. 그렇지 않으면, 모든 스토리에 관련된 모든 정보가 제공되어야 할 것이다. 예를 들어 어린아이에게 돼지 저금통에 돈을 저축하는 것에 대한 이야기를 한다고 하자. 어린아이는 돼지 저금통이 무엇인지 혹은 돼지 저금통이 왜 존재하는지 모를 것이다. 그래서 그것에 대한 설명이 필요할 것이다. 그 아이에게 저금통을 흔들어서 달각거리는 소리를 들려주고 서로 부딪치는 금속 동전에 대해서 이야기해줄 필요가 있을 것이다—그러나 우선, 당신은 그 아이에게 동전이 무엇인지 그리고 사회 속에서 돈의 역할이 무엇인지 말해주어야 할 것이다. 이것은 분명히 긴 이야기가 될 것이다.

점화와 사전지식 활성화 같은 용어들은 '마음'을 다루는 분야들이 각자 새로운 단어로 소개하고 있다는 것을 보여주는 한 예다. 담론 언어나 더 발전시킬 필요가 있는 단어는 분야에 따라 다를 수 있으며 앞으로 더 많은 논의가 요구된다. 그것들은 또한 분야에 따라 다른 방법이나 기술이 적용될 수도 있다. 교사들의 경우에는 사전지식 활성화 혹은 점화는 종종 질문, 사진, 논의, 그 외 기억을 인출하거나 자극하는 방법을 사용한다. 인지심리학자들은 실험실에서 환자 혹은 피실험자의 반응을 추적하기 위해 표준화되어 있는 어떤 단어나 간단한 이미지가 점화와 사전지식 활성화 방법으로 사용된다.

요약하면, 점화는 뇌가 이미 가지고 있는 정보에 접근함으로써 뇌를 준비시킨다. 그래서 사전지식이 중요한 영향을 미친다. 뇌는 또한 고수준의 추리, 문제 해결, 새로운 학습

메타분석과 함께 교실로 돌아가기

25년간 교사로 재직한 한 노련한 강사는 교육계에서 그동안 오고 간 여러 동향을 관찰했다고 했다. '최신' 아이디어나 유행에 의해 오래된 것이 대체되기 때문에 오래 남아 있는 것을 찾기 어렵다. 이 교사는 많은 교육연구 결과들을 편집한, 교육의 메타분석에서 얻은 연구 결과를 좋아한다고 했다. 그는 메타분석 연구 결과에 대한 이해는 학생들을 가르치는 모든 교육자와 관계자들에게 반드시 필요하다고 말했다.

그런 생각을 하는 사람이 그 혼자인 것은 아니다. 오늘날 교육자들에게 가장 잘 팔리는 책 종류 중 하나가 메타분석 보고서다. 그것들은 수년간 그리고 종종 수십 년간의 교육연구들을 모아서 교사들이 연구를 실행으로 옮기도록 도와준다. 그 목적은 그 고참 교사가 지적하듯이 학생들의 학업성취 향상을 실제로 증명하는 교수 방법을 확인하는 것이다.

메타분석은 교육학, 심리학, 인지과학을 포함한 많은 학문에서 일상적으로 수행되고 있다. 메타분석은 영상 데이터를 함께 모으는 것과 같은 방법으로 뇌과학에서도 수행되고 있다.

교육에 관련한 메타분석 종합연구는 교육의 많은 영역에서 찾아볼 수 있다. 아마도 오늘날 교사들에게 가장 잘 알려진 것으로는 미국의 Robert Marzano의 연구, 원래 호주와 뉴질랜드에서 연구를 시작한 John Hattie의 연구, 그리고 James A.와 Chen-Lin Kulik의 교실에서의 피드백과 교수 설계에 대한 초기 연구가 있다.

넓게 보면, 이 교수·학습 연구들은 흥미있는 방식으로 그들의 형제 분야인 뇌과학 그리고 인지심리학과 연결되어 있다. 그것들은 모두 기본으로 인간의 인지 시스템을 연구한다. 뇌 메커니즘은 신경과학을 강조하고, 마음과 학습의 관점은 인지심리학자들의 관심을 끈다. 메타분석에서 교육자들은 인간의 인지 시스템의 작용을 또 다른 '렌즈', 즉 많은 교실에서 수집한 실제 현장학습을 통해 살펴본다.

앞에서 소개한 고참 교사와 같은 교육자들이 메타분석으로부터 얻는 유익한 점을 소개하기 위하여, 이 장에서는 Robert Marzano의 몇 가지 연구 결과를 살펴보고 나머지 장에서도 다른 학자들의 연구 결과를 소개할 것이다. 효과적인 교실 수업(*Classroom Instruction That Works*) 외에도 메타분석을 기초로 많은 지침서를 집필한 Marzano(Marzano, 1998, p. 4; Marzano, 2003; Marzano, 2009)는 원래 뉴욕 공립학교에서 영어를 가르치면서 성공적인 교수법에 대한 연구에 관심을 갖게 되었다. 새로운 연구들이 항상 발표되고 있지만 모두 수합해서 하나로 분석한다면 중요한 연구들이 더 유용할 수 있겠다고 그는 생각했다. 그렇게 하면 더 유용한 정보를 제공하는 그림이 될 것이다. 그래서 Marzano는 학교로 돌아가서 그 분야를 함께 합치는 방법을 연구하고 박사학위를 받았다. 그의 목적은 학생들이 학습하는 것을 돕고 교사들이 가르치는 것을 돕는 것이었다. Marzano의 연구는 연구를 기반으로 확인된 이미 알려진 연구 결과들을 수집하는 것이었다. 그 분야에 영향을 미치기 위해서는 교사들에게 도움이 되는 방식으로 만들어져야 한다고 Marzano는 믿었다.

Marzano가 쓴 교실수업 책은 교실에서의 학습 결과에 강한 영향을 미치는 아홉 가지 교수 전략을 확인했다. 연구 문헌에 기초한 아홉 가지 접근 모두가 학생들이 어떻게 학습하는가에 중요한 차이를 나타냈다. 그다음에 그는 가장 큰 차이를 나타내는 것부터 전략의 순위를 정했다. 그 메타분석의 결과는 연구 절차와 접근이 다른 연구들의 누적된 연구 결과들에서 나온 것이기 때문에, 그것은 대략적인 전략 효과는 예상할 수 있지만 모든 교실에 같은 연구 결과를 반영하지는 못한다. 그러나 교사들에게 종합적인 결과를 줌으로써, 교사들이 그들 자신의 교실에서 적용할 수 있는 아이디어를 생각할 수 있었고 좋은 결과로 나타나기도 했다. 그 연구들을 사용하여 Marzano는 교사들에게 그 접근들의 영향을 설명했다.

Marzano의 목록에 있는 '비언어적 표상'이라는 교수전략을 예로 들어보자. 이것은 학습 중에 이해하고 정신적 영상을 만들기 위해 그림, 그래픽, 시각적 자료를 만들고 사용하는 것을 말한다. Marzano는 학생들이 학습하는 동안 정신적 그림을 그리는 것이 특히 중요하다는 것을 발견했다. 교수와 학습 연구에서 그런 영상을 **표상**(representation)이라고 부른다. 따라서 **비언어적 표상**(nonlinguistic representation)이란 글이나 말이 아닌 다른 방식으로 나타내는 영상을 의미한다. 그것은 간단한 개념이지만 당신 자신에게 다음과 같이 질문해보라. 일반적인 교실에서 어떤 수준이든 한 시간 수업에서 말과 글을 사용하는 시간은 얼마나 되고 시각적 표상을 사용하는 시간은 얼마나 되는가?

뇌 속의 가상 스냅 사진같이, 정신적 영상을 통해 뇌는 우리가 학습하는 것을 그림으로 그린다. 우리는 관계들을 함께 짜서 우리가 이해할 수 있는 의미 있는 전체로 만든다. 그런 과정 속에서 우리는 차이점을 확인하고 이해를 하게 된다.

비언어적 표상은 읽기, 쓰기, 사회과목, 수학, 과학, 순수 예술 및 응용 예술, 운동, 건강연구를 포함한 거의 모든 영역에서 일어날 수 있다. 접근법에는 아이디어를 그림 그리기, 그래프 만들기, 정신적 그림 그리기, 물리적 모델을 만드는 것도 포함될 수 있다.

교사들은 이 접근법들을 모두 교실에서 자주 사용하지만 특히 많이 사용하는 접근법도 있다. Marzano는 학생들이 학습 중에 시각화하도록 교사들이 도와주는 것이 얼마나 중요한지 알아보았다. 이 접근법을 강조하는 교사들에게 그것은 유의미한 차이가 있는 것으로 나타났다. 246개 연구에서 학생들의 이해를 강화하기 위해 이 테크닉에 더 많이 노출시킨 학생들은 평균적으로 그만큼 노출시키지 않은 학생들보다 평균적으로 백분점수 27점이 더 높았다. 그런 차이는 평균적으로, 일반 학생을 상위 25%로 올려주거나 미국 국가 수준으로 말하면 보통 수준의 주를 상위 5개 주에 포함되게 상승시켜 주는 것으로 볼 수 있다.

을 위해 어떤 관련성을 만들 수 있는가에 대한 단서를 제공한다.

인지에 대해서 생각하기

얼마 전에 재미있는 이야기가 인터넷에 떠돌았다. 새해를 맞아서 헬스클럽에 등록을 했던 한 남자가 환불을 요청했다. "등록을 하면 두 달 내에 날씬해지는 것으로 알았어요"라고 축 처진 배와 이중턱을 가진 그 남자는 말했다. "두 달이 훨씬 지났는데 내 모습을 봐요!"

그 회원의 기록을 살펴보고 그 헬스클럽 사장은 이해할 수 없다는 듯이 대답했다. "그런데 당신은 실제로는 등록카드를 전혀 사용하지 않았네요."

이와 같은 정신적 부조리가 우리에게 웃음을 주지만 이것은 우리가 어떻게 생각하는가를 의미하는 인간 인지의 간단한 한 예다. 인지에 대한 여러 가지 정의가 있지만 여기에서는 지식을 획득하고, 보유하고, 통합하고, 적용하는 과정으로 정의할 것이다(OECD, 2007). 새해 농담이 보여주듯이, 인지는 사고와 추리에 의존하고 다시 그것은 뇌기능의 기초가 된다. 다시 말해서 우리가 인지라고 부르는 정보 처리 기능과 지식 개발을 위하여 뇌활동이 필요하다(CORE 3a 참조).

헬스클럽 이야기가 재미있는 이유는 우리가 그 통통한 남자의 희망사항을 아는 동시에 그의 인지 과정의 실수, 즉 등록비만 낸다고 좋은 몸매가 되는 것이 아니라는 것을 알기 때문이다. 바쁜 일상에서 만일 돈만 주면 좋은 몸매를 가질 수 있다면 얼마나 좋겠는가. 그 엉뚱한 유머는 화가 난 남자의 인지에서의 실수를 지각하고 확인하는 것을 통해 나타난다.

인지 혹은 사고의 그런 예들은 항상 우리 주변에 있으며, 사실 우리는 지속적으로 우리를 둘러싼 세상을 이해하기 위한 처리를 하고 있다. Reisberg(2010b)가 설명하듯이 많은 인간 행동이 표면적으로 지적으로 보이지 않지만 인지적 기능이 없다면 완전히 붕괴되는 수준이 되고 말 것이다. 그는 많은 인지심리학자들이 이 행동들을 연구하는 방법을 대략적으로 기술하면 다음과 같다고 한다. 특수한 수행이나 행동으로 시작해서, 그것에 영향을 미친 보이지 않는 정신적 사건에 대한 가설을 설정한다. 거기에 머물지 않고 그들은 그것을 어떻게 설명할 수 있는지를 생각하고 그 새로운 아이디어를 검증하기 위해 새로운 연구를 설계한다.

인지심리학(cognitive psychology)은 심리학적 접근과 방법을 사용한 지식의 획득, 보존, 사용에 대한 과학적 연구다(Reisberg, 2010b). 몇몇 전통적 접근에서, 원숭이나 쥐와 같은 동물에게 풍요로운 환경에서 탐색할 수 있도록 해주고서 어떤 특정한 행동 패턴을 나타내면 보상하거나 강화한다. 이것은 동물이 반응의 속도나 확실성 혹은 그 연구를 위한 관심 있는 또 다른 심리적 특성을 사용하는 것으로 보이는 의사결정모델을 이끌어낼 수 있다.

대조적으로, **인지신경과학**(cognitive neuroscience)은 위와 같은 상황을 탐색하지만 사용하는 도구가 다르고 답을 구하는 질문이 다르다. 인지신경과학은 뇌과학의 도구와 방법을 사용하여 인지 기능에 대한 생물학적 기초를 연구한다(Reisberg, 2010b). 예를 들어 행동을 할 때 어떤 뉴런, 어떤 회로, 어떤 네트워크가 활성화되는지에 연구의 초점을 맞춘다. 신경과학의 렌즈는 어떤 뇌구조가 **정향 주의**(orienting attention), 인지 활성화와 각성, 기억 형성 등의 기능을 집행하는지에 초점을 맞추어 질문한다. 그것은 또한 뇌가 학습이 발생함에 따라서 물리적으로 어떻게 변하는지 탐색할 수도 있다.

이런 접근들은 인지를 이해하는 방식은 다르지만, 서로 정보를 제공한다. 풍요로운 환경에 대한 연구에서 그랬듯이, 최근 연구들은 여러 접근을 혼합하거나 협동 작업으로 수행된다.

누가 총책인가 : 마음인가 뇌인가

인지는 심리학 사전에서 두루 사용되는 단어다. 그것은 뇌와 관련될 뿐만 아니라 마음의 개념과 또한 깊이 관련되어 있다. 그렇다면 마음은 무엇이고 뇌와 어떻게 다른가?

여기에서 우리는 마음(mind)을 뇌의 의식적인(conscious) 사고 과정으로 정의할 것이다. 많은 과학자들과 심리학자들은 Marvin Minsky 교수가 MIT에서 그가 가르치는 마음의 사회(Society of Mind)에서 말한 단순히 뇌가 하는 것이 마음이라고 믿는다. 다시 말해서 특수한 신경 경로가 활성화되면 활성화된 신경 경로가 우리가 마음이라고 알게 되는 시각적 영상, 의식적인 아이디어, 사고, 추리를 만든다.

이 장에서 다루는 많은 주제들은 뇌의 의식적인 인지 과정에 관련한 것이다. 종종 뇌와 마음은 서로 교환해서 사용할 수 있다. 이 책에서는 마음을 특히 구별해서 사용되어야 할 필요성이 없는 한 뇌가 사용된다. 이것은 마음보다 뇌를 지식 위계적으로 더 선호한다는 의미가 아니라, 용어가 바뀌면 교사들이 특별한 이유가 있지 않나 하고 혼란스러워하지 않도록 하기 위해서다.

어떤 사람들은 뇌라는 용어는 특별히 신경생물학적 증거를 논의하지 않는 이상 사용해서는 안 된다고까지 말한다. 하지만 교사들에게 더 미묘한 접근은 마음을 동사로 생각하는 것이다―뇌가 하는 일련의 과정의 결과인 의식적 활동. *The Happiness of Pursuit*의 저자인 코넬대학교 심리학 교수 Shimon Edelman은 예를 들어 뇌가 어떻게 마음을 일으키는가에 대하여 마음은 본질적으로 계속 진행되고 있는 계산(computations)의 다발이고, 반면에 뇌는 그것들을 지원하는 것이라고 간단명료하게 설명한다(Edelman, 2012).

그는 행복―Edelman의 연구에서 행복은 지각, 동기, 정서, 행동, 기억, 사고, 사회인지, 언어 등을 포함하는 모든 것과 관련된다―조차도 계산 상자에서 만들어지는 것이라고 말한다.

이 개념은 '마음' 과학에서 쟁점으로 남아 있다. 그것이 쟁점적인가 아닌가 하는 것조차 쟁점이다. '마음 철학'이라고 부르는 분야는 복잡한 연구 영역이다. 오랜 세월에 걸쳐서 세기마다 얽힌 것들이 출현하고 사라지기를 반복했다. 사람들은 인간 마음에 대해 숙고하고 많은 다른 결론을 내렸다. 때로는 영혼과 정신의 개념들이 들어오기도 했다. 어떤 때에는 마음에 의한 우리 자신에 대한 불가지에 대한, 혹은 마음에 대한 앎의 한계에 대한 탐구에 초점을 맞추었다.

그러나 옛날이나 지금이나 항상 마음은 인간이란 무엇인가 하는 그 본성과 강한 연관이 있다. 그러므로 마음이 순수하게 생물학적 개념인가 아닌가 하는 것은 흥미롭고 당황스럽다. 과거에는 신경 경로로 그런 메커니즘을 탐구하거나 아는 것이 아니라 우리 자신의 의식적 사고를 스스로 조사했다. 따라서 마음의 생물학적 메커니즘에 대해서는 이해하지 못했다. 오늘날, 그 분야의 한 관점은 실제로 모든 심리학자들과 신경과학자들이 마음과 의식이 전적으로 물리적인 뇌에 기반을 두고 있다는 것에 대해 동의한다(Cherry, 2010). 다른 관점은 특히 인간 의식에 대해 여전히 형이상학적으로 접근하고 있다. 다시 말해서, 우리 뇌가 생성하는 이미지, 연상, 혹은 아이디어를 아는 것과 그것이 의미하는 것이 무엇이고 어떻게 그런 의미를 갖게 되는가를 아는 것은 별개의 문제다.

교사들에게는 효과적인 교수 설계의 목적이 뇌와 마음 모두를 향상시키는 것이기 때문에 그 논쟁을 분석적으로 나누어 보기보다는 전체적으로 보게 된다. 만일 뇌와 마음이 다르지 않고 같은 것에 대한 단순히 다른 관점일 뿐이라면, 교사들은 두 가지 관점 모두를 채택한다. 만일 뇌와 마음이 물리적이면서 형이상학적인 존재라고 해도 역시 타당하다—교사들은 학생들을 전체 아동 혹은 전인으로서의 학습자로 가르친다.

하지만 교사들은 신경 경로의 강화가 학습을 촉진한다는 것을 기억해야 하며 바로 학습을 촉진하는 것이 교사와 학생이 하는 일이다. 그와 동시에 또 다른 관점에서 보면, 교사들은 학생들이 깊이 생각하는 아이디어를 고려해야 하며, 이것이 우리가 마음에 개념을 형성하는 활동이기 때문이다.

집행 기능 : 뇌의 최고경영자

이마를 만져보라. 당신의 손가락 바로 뒤에 있는 것이 소위 '뇌의 최고경영자'라고 부르는 전두엽이다. 대뇌의 중심적인 4개 엽 중 하나인 전두엽은 인지적 처리 과정을 통제하는 중요한 책임을 맡고 있다(그림 3.1 참조). 두정엽을 포함한 다른 뇌 영역들도 관련되

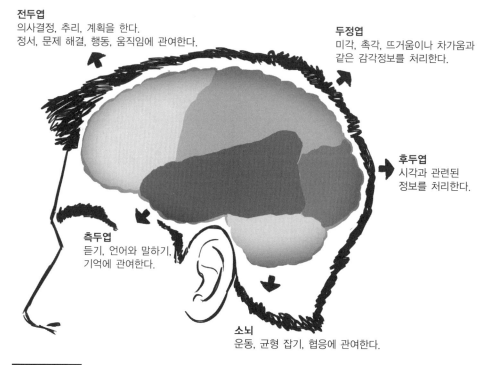

전두엽
의사결정, 추리, 계획을 한다.
정서, 문제 해결, 행동, 움직임에 관여한다.

두정엽
미각, 촉각, 뜨거움이나 차가움과
같은 감각정보를 처리한다.

후두엽
시각과 관련된
정보를 처리한다.

측두엽
듣기, 언어와 말하기,
기억에 관여한다.

소뇌
운동, 균형 잡기, 협응에 관여한다.

그림 3.1

뇌

뇌는 전뇌, 중뇌, 후뇌의 세 부분으로 되어 있다.

- *전뇌*는 뇌의 가장 큰 부분이다. 전뇌는 대뇌와 그 아래에 있는 여러 구조로 되어 있다.
- *대뇌*는 두 반구로 나뉘며, 각 반구는 후두엽, 두정엽, 측두엽, 전두엽의 네 가지 엽을 가지고 있다.
- 이 엽의 표면층이 *대뇌 피질*을 이루고 있으며, 고등 사고 처리에 매우 중요하다고 생각되는 부분이다. 대뇌 피질의 주름이 매우 많은 것이 인간 뇌의 시각적 특성이다. 주름은 두개골 속에 넓은 면적의 피질이 들어갈 수 있도록 해준다.

뇌의 나머지 두 부분은 후뇌와 중뇌다. 후뇌와 중뇌에는 소뇌라고 부르는 뇌의 아랫부분에 있는 조직과 척수를 연결하는 뇌관이 포함된다. 이것들은 운동과 반사에 중요한 역할을 한다. 뇌의 더 아래에 있고 더 오래된 부분은 뇌의 다른 부분보다 더 자동화된 혹은 더 무의식적인 기능을 담당한다.

지만, 전두엽은 우리 뇌의 **집행 기능**(executive function)의 많은 부분을 맡고 있다(Society for Neuroscience, 2008). 전두엽에 손상을 입으면 협응을 잘 못하고 말이 어눌해지는 것에서부터 성격 변화와 의사결정의 문제까지 여러 증상이 나타난다.

집행 기능이란 1장에서 기술했듯이 뇌가 목적을 달성하는 기능을 말한다. 교사가 교수 전략에 대한 효과적인 접근을 생각하고 있을 때, 그는 부지중에 바로 이 정체와 씨름하고 있다. 따라서 뇌의 최고경영자에 대해 아는 것은 우리가 관심을 가지고 있는 조직의 지도자에 대해 아는 것과 비슷하다. 지도자의 역량과 경향성을 안다면, 우리가 해결하고

자 하는 것을 이해하는 데 큰 도움이 된다.

예를 들어 교사들은 학생들의 주의를 집중시키고 유지시키기 위하여 뇌의 집행 기능을 활용해야 할까? 만일 그렇다면, 뇌는 줄줄이 입력되고 있는 정보를 이해하기 위해 어떻게 감시하는가에 대하여 알려져 있는 것은 무엇인가? 그리고 결정적으로, 집행 기능 자체를 훈련하고 개선하는 것이 가능한가? 다시 말해서 우리의 최고 경영자의 재능을 향상시킬 수 있는가?

집행 기능은 뇌의 한 독립적인 기능이 아니다. 그것은 우리가 계획하고 주의하기 위해 사용하는 뇌 처리 과정을 포함한 이질적인 활동들로 이루어진 한 집단을 이룬다. 또한 기억에서 인출한 정보를 선택하는 방식들도 포함된다. 집행부는 우리가 계획한 것을 달성하기 위해 정보를 사용할 때 그것을 시연하고 감시한다(CORE 3b 참조). 따라서 집행 기능은 더 기초적인 작업을 추출하고 조율하는 고수준의 능력을 모두 쓸어 담는 주머니 혹은 '포괄적 용어'다.

인지과학자들은 종종 집단 집행 기능을 세 가지 핵심적인 영역으로 분류한다(Diamond, 2012).

- 억제. 자발적 통제, 방해 통제, 선택적 주의집중 능력을 포함한다. 억제는 행동을 그만하고 계획과 목적을 위해 인지적 자원을 사용하도록 촉진한다.
- 인지적 융통성. 정신적 융통성을 포함한 뇌 처리를 효과적으로 움직이게 하는 능력. 이 집행 기능은 창의성과 밀접하게 연결되어 있다고 생각된다.
- 작업기억의 배당과 관리. 잠시 저장되는 정보를 관리할 수 있도록 해준다. 이 주제는 다음 장에서 더 상세하게 논의된다.

이 핵심적인 집행 기능은 함께 작용하여 추리, 문제 해결, 계획과 같은 고수준의 기능을 수행한다(Collins & Koechlin 2012; Lunt et al., 2012).

연구자들은 집행 기능은 정신적 그리고 신체적 건강, 학교와 사회생활에서의 성공, 그리고 인지 · 사회성 · 심리 발달을 위해 매우 중요하다고 지적한다. 교사들에게 좋은 소식이면서 인지과학연구가 발전함에 따라 나타난 가장 흥미있는 한 가지 보고는 집행 기능을 훈련하거나 개선하는 것이 가능하다는 것이다(Diamond, 2012; Posner & Rothbart, 2000). 비록 유혹을 뿌리치고, 만족감을 지연하고, 혹은 목표를 설정하기 위해서는 노력을 해야 하지만, 연구자들은 이 기술들을 훈련하고 자동조정을 하지 않기 위한 학습을 하면 이로운 것을 가져다준다고 말한다.

교육을 발전시키기 위한 다른 영역에서와 마찬가지로 교사들은 어린 학생들을 위한 수업 계획과 과정을 개발하고, 자기통제를 하고, 주의집중과 노력을 하도록 지원하는 많은 기법을 가지고 있다. 학교교육을 위해 인지과학연구는 교육 내용(사실과 선언적 지식)뿐만 아니라 집행 과정의 개발도 필요하다는 것을 강조한다. 이 주제에 대해서는 교육 과정 전반에 대한 통찰을 다루는 11장에서 더 상세하게 논의될 것이다. 또한 이 주제는 뇌과학, 인지심리학, 교육연구의 세 영역에 걸쳐서 통합적으로 질문해야 하는 연구 영역이다. 교육자들은 집행 기능을 지원할 수 있는 방법에 대한 더 많은 정보를 지속적으로 요구하고 있다.

대략적으로 말하자면, 집행 기능이 하는 일은 목적을 구체화하고 목적이 달성되도록 하는 것이다(Tamminga, 2004). 그것은 미래를 그리는 것처럼 시적일 수도 있고 주별 쇼핑 리스트를 만드는 것처럼 현실적일 수도 있다. 그 어떤 경우라도 목적 설계와 집행은 우리가 하는 많은 일을 위해 중요하다. 그것들은 우리가 어떻게 일하고, 아이를 어떻게 기르고, 무엇을 만들고 무엇을 즐기는가 하는 것에 영향을 미친다. 우리가 생활 속에서 수행하는 많은 활동은 자동적인 것이 아니라 집행 기능을 통해 조직되고 조정되는 것이다.

교사들은 집행 기능이 특히 10대의 젊은 뇌 속에서 아직 발달하고 있다는 것을 이해할 필요가 있다. 교사들은 종종 학생들이 그들의 주의를 특수한 목표, 미래 과제 계획, 그리고 부적절한 행동 억제에 집중하기를 바란다(Howard-Jones et al., 2007). 이것들은 학생들에게 요구하는 간단한 것처럼 보이지만, 집행 기능에 큰 부담을 주는 복잡한 행동들이다.

집행 기능은 어려운 일들을 처리하는 기능이지만 다행히 우리 뇌는 처리할 수 있도록 설계되어 있다. 예를 들어 사고의 '전면화(frontalization)'라고 부르는 과정 중에, 학령기 아동의 전전두 피질은 이 능력들을 성공적으로 처리할 수 있도록 점차적으로 성장해 나간다(5장 참조).

전전두 피질이 행동 반응을 충분히 조절할 수 있으려면 학생들이 형식적 교육을 마치게 되는, 대학을 졸업한 약 25세까지 기다려야 한다. 일반적으로 초기 성인들의 인지 시스템은 충분히 발달하지 않은 상태로 작동한다. 따라서 성장 중인 뇌를 위한 이 기술들을 지원할 수 있도록 교수법이 설계되어야 한다. 이런 방식으로 교사들은 학생들의 뇌 집행 기능이 작동하도록 교수법을 사용함으로써 학생들의 정신적 성공을 위한 토대를 놓는 데 도움을 주고 있다(U.S. Department of Health and Human Services, 2013).

집행 기능은 지적 활동뿐만 아니라 다양한 사회적 활동에도 영향을 미친다. 사람들을 사귀는 활동이 재미있어 보이지만 다른 사람의 생각을 직감하고, 다른 사람의 행동에 자신의 행동을 맞추면서 사회 속에서 어울리고 성공하기 위해서는 계획이 필요하다. 일을 할 때나 놀이를 할 때나 계획하고, 주의를 돌리고, 아이디어와 개념을 기억으로 끌어들이기 위해서는 뇌의 힘이 필요하다. 따라서 사회화는 마음을 확장할 뿐만 아니라 마음에 부담을 준다.

집행 기능에는 여러 과제를 동시에 처리하는 능력도 포함된다. 이것은 종종 몇 초 이내에 한 목적에서 다른 목적으로 주의를 돌리거나 혹은 과제를 바꾸는 것을 의미한다. 최근 연구에 의하면 간단한 과제는 각각 전두엽에 따로 배당을 해서 뇌 속에서 두 가지 독립적인 목적을 동시에 처리할 수 있다고 한다(Charron & Koechlin, 2010). 추가적인 일을 처리하는 것이 그냥 보기에는 속도가 빠르기 때문에 동시에 처리되는 것으로 보이지만, 사실 거기에는 대가가 따른다. 한 학생이 선생님에게 주목하면서, 책장을 넘기고, 다른 학우가 어떻게 하고 있는지 지켜보고, 주머니 속에 있는 휴대전화의 문자 메시지 알람이 진동하는 것을 느끼는 것을 모두 동시에 하는 것으로 보일 수 있다. 그러나 실제로는 많은 과제 이동과 주의분산이 일어나고 있다(Harmon, 2010).

교수 설계의 용어로 말하자면('교육표준에 기반한 교수 사이클' 참조), 이것은 교사가 직면하는 현 시대의 갈등이다. 어느 정도로 학생들이 교실에서 산만하지 않고 선택적 집중을 하도록 하는 접근을 선택할 것인가? 그리고 어느 정도로 여러 과제들이 얽혀 있는 복잡한 환경 속에서 학생들이 성장하도록 가르칠 것인가?

뇌의 관점에서 보면, 정보를 기억에 저장하고 기억에서 인출하면서 빠르게 초점을 바꾸어 집중하는 것은 비효율적이다. 다중작업을 하는 동안에, 뇌의 집행 부분이 그 순간에는 필요로 하지 않지만 잠시 후에 사용할 정보가 나타나거나 정보 순환이 처리 과정에서 입력되고 출력될 때, 편리한 도우미가 등장한다. 집행부는 많은 하위수준의 도우미들을 가지고 있다(Reisberg, 2010a). 그것들은 짧은 기간 동안 정보를 저장하기 위해 사용된다. 급히 갈겨쓰는 낙서장같이 혹은 전화번호를 누르는 동안 친구에게 번호를 기억하고 있으라고 말하는 것과 같이, 이 '도우미들'은 대기 영역에서 잠시 일하는 것으로 보인다. 이 과정에서 큰 역할을 하는 기억에 대해서는 4장에서 논의될 것이다.

뇌의 쓰지 않는 여분이 있는가? 있을 수 없다

뇌와 관련하여 널리 알려져 있으며 많은 교사들이 잘못 생각하고 있는 한 가지 '신경신화'는 뇌 역량에 대한 것이다. 많은 교육자들은 우리가 뇌의 약 10%만 사용한다고 믿고 있다. 나아가, 만일 학생들이 뇌의 나머지 부분을 다 사용할 수만 있다면 공부를 훨씬 잘 할 수 있을 것이라고 생각한다.

하지만 신경과학의 연구 결과는 전혀 그렇지 않다. 많은 사람들에게 실망스럽겠지

교육표준에 기반한 교수 사이클

이 장은 특수한 렌즈를 통해서 교수 설계의 한 측면을 살펴본다. 그것은 세 가지 학습과학이 어떤 공헌을 할 수 있는지를 살펴보는 것이다. 오리건대학교의 고급 학습이론 수업(이 책의 서문 참조)에서, 교수 설계에 대한 더 큰 그림을 그려서 예를 들기 위하여, 우리는 교수 설계를 '교육표준에 기반한 교수 사이클'로 생각한다(그림 3.2 참조). 여기에서 표준이란 미국의 주 혹은 지역에서 특정한 교과 내용과 학년에 따라 구체화한 교육표준을 말한다.

교사와 학교를 위한 교수 설계에 대한 큰 그림은 표준뿐만 아니라 그 순환 속에서 보여주는 요소들도 포함한다.

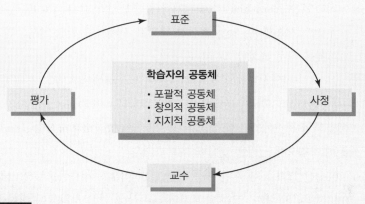

그림 3.2

교육표준에 기반한 교수 사이클

교수 설계 사이클에 대한 간단한 예는 이론(교육표준에 기반한 이론과 교수이론/학습이론) 성분들과 증거(교실수업에 기반한 사전사정과 추후의 형성, 총괄, 반성적 프로그램 평가) 성분들의 통합을 강조한다.

- 학습의 목적과 목표(여기에서는 **교육표준**으로 제시되어 있다)는 구체화되고 이해될 필요가 있다.
- 교실에서 사전사정(pre-assessment)은 교과내용에 학생들의 요구가 반영되었는지를 알기 위한 내용 분석뿐만 아니라, 학습자들이 목적을 향한 어느 위치에 있는지 알기 위해 사용된다.
- 교수 중재(instuctional intervention)는 목적과 필요성에 따라 설계되고 실행된다. 이것에는 매체 선택, 학습 결과 확인, 범위(scope)와 계열(sequence), 메시지 설계, 프로토타입 개발이 포함되고, 전문적인 학습 공동체에서 더 큰 과정으로 구성될 수 있고, 교사가 가르치는 학생들에 맞도록 교사에 의해 수정될 수도 있다.
- 접근이 어떤 효과가 있었는지에 대한 평가는 학교에서의 지속적인 개선에 반영되고, 교사들의 효과적인 전문성 개발과 지원을 위해 필요하다.

> 여기에서 보여주는 순환은 두 가지 이론 성분(교육표준에 기반한 이론과 교수이론/학습이론)과 두 가지 증거 성분(교실기반 사전사정과 지속적인 개선을 위한 추후 형성·총괄·반성적 평가)이 함께 연결되어 있다. 교사들은 지지적인 학습 환경과 모든 학생들이 배우고 성장할 수 있는 '뻗어나가는 문화(stretch culture)'를 만들기 위해 함께 노력해야 한다(DuFour, DuFour, Eaker, & Many, 2010).

만, 밴쿠버에 있는 사이먼프레이저대학교 뇌 행동 실험실(Brain Behavior Laboratory)의 Barry Beyerstein 박사(2007년 작고)는 우리 뇌에는 사용하지 않는 '여분의 타이어(spare tire)'가 없다고 *Scientific American*과의 인터뷰에서 말했다.

그 10% 신화가 어디에서 시작되었는지는 출처가 분명하지 않다. 어떤 사람들은 미국 심리학자이자 작가인 William James가 초기에 집필한 인간의 에너지(*The Energies of Men*)에서 "우리는 우리가 사용할 수 있는 정신적 그리고 신체적 자원의 일부분만 사용하고 있다"라고 말한 것을 잘못 해석한 것이라고 한다.

어떤 사람들은 초기 산업시대에 공장 관리자들이 노동자들에게 참고 지속적으로 일하라는 뜻으로 사용했다고도 한다. 분명한 사실은 그런 내용이 Dale Carnegie가 1936년에 출판한 자기계발서의 성경이라고 할 수 있는 인간관계론(*How to Win Friend and Influence People*)의 서문에 포함되어 있다는 것이다.

Beyerstein(2004)은 그가 뇌에 대한 대중 강연을 한 이후로 청중들로부터 가장 많이 받는 질문이 10% 신화라고 했다. 그는 충격적인 뇌손상을 입은 사람들에 대한 뇌영상 연구 결과 뇌의 어떤 부분이라도 손상을 입으면 뇌의 모든 부분이 영향을 받는 것으로 나타났다는 것을 지적함으로써 그 신화를 뒤집었다. 다시 말해서, 뇌는 모든 부분을 사용한다. 그밖에, 인지과학자들은 우리 환경 속에는 너무나 많은 정보가 있기 때문에 어떤 뇌도 그 모든 것을 처리할 수 없다고 한다. 하루 동안 들어오는 정보를 처리한다고 해도 우리가 지각하는 내적 자극과 외적 자극은 너무나 방대하다. 그렇기 때문에 우리는 뇌를 어떻게 사용할 것인가에 대해 선택해야만 한다. 뇌의 사용하지 않는 부분이 많다고 하는 그 신화와는 반대로 실제로 우리 뇌는 지속적으로 일종의 인지적 분류를 하고 있다.

집행 기능과 뇌 경로를 통해 뇌는 의식적으로 그리고 무의식적으로 우선순위를 정한다. 정보가 '너무 많다'고 알려주는 정보과잉 신호에 반응하기 위해 걸러내기를 할 필요가 있다. 그러므로 소위 말하는 정보화 시대가 등장하기 오래전부터 우리는 우리 자신의 감각에 의해 이미 압도되었다. 이것은 교육자들에게 큰 함의를 제공한다. 이것에 대해서는 다음 장에서 논의할 것이다.

우리가 성장하는 환경

역설적이게도, 뇌가 인지적 분류를 한다는 것을 생각하면, 뇌는 복잡한 환경이나 최소한 충분한 자극을 줄 수 있는 곳에서 가장 잘 발달하는 것으로 보인다(CORE 3c 참조). 연구는 풍요로움이 다양한 방법으로 뇌기능을 향상시킨다는 것을 보여준다.

풍요로움이란 무엇인가? 그것은 우리가 알아들을 수 있는 말로 반응을 해주는 성인에 서부터 야외에서 가지고 놀 수 있는 우리가 좋아하는 알록달록한 장난감까지 모든 것이 될 수 있다. 풍요로움이 뇌를 발달시킨다는 것을 보여주는 증거로는 많은 동물을 대상으로 한 연구 결과들이 있다(National Research Council, 2000). 복잡한 환경 속에서 키운 동물들에 대한 연구 결과는 다음과 같다.

- 풍부한 환경에 노출되면 대뇌 피질의 무게와 두께가 커진다.
- 뉴런당 시냅스 수가 증가한다.
- 뇌로 공급되는 혈액과 산소가 증가한다.
- 뇌로 공급되는 영양소가 많아지고 쓰레기 제거를 위한 용량이 커진다.

반대로, 피폐한 환경은 피질 회백질의 감소와 관련이 있는 것으로 동물 연구에서 나타났다. 아동에 대한 가난과 결핍된 환경의 효과는 활발한 연구의 한 영역이다(Brito & Noble, 2014; Hackman, Farah, & Meaney, 2010; Lipina & Posner, 2012). 인지와 영상 연구들은 언어, 집행 기능, 기억을 담당하는 네트워크들을 포함하는 어떤 뇌 네트워크가 가난에 의한 영향을 가장 많이 받는지에 대한 시사점을 제시하기 시작했다.

실제로 환경을 풍요롭게 할 필요가 있는가에 논쟁이 지속적으로 일어나고 있다. 그런 효과를 얻기 위해서 환경을 정말로 풍요롭게 해야 하는가, 아니면 방치나 결핍 수준을 벗어나는 정도의 환경이면 되는가? 다시 말해서 어느 정도 복잡해야 충분한가?

이것은 사소한 차이인 것 같이 보일 수 있을 것이다. 과학자들은 지금까지 많은 연구에서 보통 수준—무리들과 함께 있고 운동 휠이나 장난감 같은 물건이 있고 보살핌이 제공되는—의 환경과 이런 지원들이 없는 환경에서 키운 동물을 비교했다. 전자 조건에서 뇌가 더 잘 발달한 것으로 나타나 뇌발달을 위해 자극이 필요하다는 것을 알 수 있다. 얼마나 많은 자극이 도움이 되는지는 아직 밝혀지지 않았지만, 학교교육에서는 자료 배치에 영향을 미치기 때문에 환경은 매우 중요하다. 최적의 학습을 지원하기 위해 어느 정도로 높은 수준의 풍요로운 학습 환경이 필요할까?

그래서 풍요로움은 상대적이다. 과학자들과 그 외 학습 분야의 전문가들은 그 효과에 대한 기준이 있는가 하는 논쟁을 한다. 교육자이며 작가인 Eric Jensen(2006)은 이것을 '대조의 법칙(the law of contrasts)'이라고 부르며 이것이 풍요로움에 대한 연구를 위한 가장 중요한 원리라고 한다. 한 상황에서 복잡한 환경이 다른 상황에서는 상대적으로 결핍된 것일 수 있다. 예를 들어 새롭게 설계된 세계적으로 유명한 샌디에이고 동물원 사파리에 있는 서식지가 다른 지방의 동물원에 비교하면 풍요로운 환경일 수 있지만, 원 생태계에 비교하면 여전히 덜 복잡한 환경이다. 각 환경 속 동물들의 뇌는 어떻게 비교가 될까?

그렇다면 복잡성이란 정도의 문제다(Howard-Jones et al., 2007). 과학자들은 심각한 결핍은 인간 학습에 문제가 된다고 동의한다. 문제는 얼마만큼이 충분한 것인가, 그리고 너무 충분하다는 것이 존재할 수 있는가 하는 것이다. 예를 들어 아이들 주변의 환경을 깜빡거리는 컴퓨터 화면과 모든 종류의 활동을 하는 3차원 장난감으로 조성할 필요가 있는가? 이것은 아이들을 사랑하는 부모들과 조부모들의 지갑을 열게 하는 술책인가? 개발도상국의 국민이나 부족한 환경에서 사는 사람들은 어떨까? 그들은 그들의 능력을 어떻게 개발해야 할까?

국제경제협력개발기구(OECD) 학습과학 보고서는 충분히 자극적인 환경이란 각 아동에게 그의 능력을 배양하기 위한 가능성을 제공하는 환경이라고 요약한다(OECD, 2007). 2장에서 논의했듯이, OECD는 모든 학령기 아동의 인지 기능에 중요하고 꽤 많은 변화가 일어난다고 교사들에게 상기시킨다. 또한 환경적 요인과 정서적 요인(9장 참조) 모두 중요하다는 것을 유념해야 한다고 보고한다.

OECD는 또한 풍부한 학습환경은 단순한 눈요기를 넘어서야 할 필요가 있다고 지적한다. 학습에 대한 신경생리학 연구를 인용하면서 OECD 보고서는 특히 학생들을 위한 시각적 환경뿐만 아니라 소위 말하는 언어, 공간, 문제 해결에서의 '풍요로움(enrichment)'을 지적한다. 예를 들어 이것은 교수 설계에서 아이디어를 시각화하고, 조작하고, 문제를 해결하고 피드백을 받는 기회뿐만 아니라 풍부한 어휘를 사용하는 것을 의미한다. 이것들은 모두 학교환경에서의 풍요로움의 형식 혹은 중요한 자극이다. 교수 설계가 만일 풍요로움을 시각적인 것으로만 생각한다면 학습을 위한 중요한 기회를 무시하는 것이다.

풍요로움의 개념은 여러 교과목과 학년에 걸쳐서 그리고 언어, 수학, 신체적 기술, 사회적 상황과 같은 다양한 영역에 걸쳐서 교사들이 적용할 수 있다. 예를 들어 교사들은 가끔 '3,000만 단어 결핍'에 대한 이야기를 한다(Hart & Risley, 2003). 2003년에 발표된 획기적인 연구에서 Hart와 Risley는 2년 6개월에 걸쳐서 다양한 사회경제적 배경의 42가족을 대상으로 부모와 아동 간의 상호작용이 언어와 어휘 획득을 어떻게 조성하는지 살펴보았다. 그들은 3세 아동들 중에서 풍요로운 가족의 아동들은 결핍된 가족의 아동들보다 3,000만 개 이상의 단어를 듣는 것을 발견했다. 추후 연구에서는 3세 때의 성취도가 초등학교 3학년의 성취도를 예측하는 것으로 나타났다. 따라서 더 많이 이야기하고 성인이 사용하는 단어를 더 많이 들려주는 간단한 활동이 언어적 풍요로움의 예가 되는 것을 보여준다.

OECD 학습과학 보고서는 또한 21세기는 복잡한 정보가 넘쳐나는 시대이기 때문에 21세기 지능을 구체적으로 언어, 공간, 문제 해결 능력들이라고 본다. 복잡한 정보를 유의미하게 처리하는 것이 도전이다. 움직이는 지식 타깃을 이해하는 것이 학생을 위한 열쇠다. 오늘날의 학생들은 평생에 걸쳐 많은 다른 직업을 갖게 될 것이다. 학습하는 방법을 학습하고 그렇게 하기 위한 역량을 갖는 것이 결정적으로 중요한 기술이다.

풍요로운 환경의 개념은 교사들에게 인지심리학과 인지신경과학의 대조적인 연구 결과를 생각하기 위한 좋은 기회를 제공한다. 둘 다 우리에게 학습에서의 패턴에 대한 정보를 주지만 각각 다른 접근과 방법을 가지고 있다.

주의 분배 : 예

컬럼비아대학교 부교수 Jacqueline Gottlieb는 우리는 매 순간 수백만 가지를 처리한다고 한다. 그녀 자신의 연구실만 해도 책상 위의 보고서 꾸러미, 여기저기에 있는 장비들, 선반 위의 책과 보고서, 맨해튼의 경치가 내려다보이는 큰 창문 등이 주의를 분산시키고 있다.

Gottlieb는 변화하는 세상에서 뇌가 어떻게 학습하고, 추리하고, 의사결정을 하는지 영장류를 대상으로 연구한다. 원숭이의 시각 체계에서 이런 기능들을 조사함으로써 그녀는 주의력 조절에 관여하는 두 가지 핵심적인 뇌 영역인 두정엽과 전두엽에 초점을 맞추어 뇌와 행동을 결합시킨다.

Gottlieb에 의하면, 교사들이 알아야 하는 주의의 한 가지 중요한 개념은 **각성의 신경 기반**(neural basis of arousal)이다. 뇌에서 이것은 실제로 깨어나거나 깨어 있는 것을 의미한다. 뇌가 주변에 있는 것에 대해 '의식하고' 우리로 하여금 알거나 행동하도록 각성시킬 때, 우리는 실제로 주의를 집중하기 시작한다. 그리고 종종 그때가 뇌가 가장 잘 학습하는 때라고 신경과학자들은 생각한다.

그러나 Gottlieb는 학습할 때가 언제이고 어떻게 각성을 일으키는가?라는 질문을 한다.

이것은 어려운 질문이다. 비디오게임 개발자들과 영화감독들은 공포와 폭력으로 각성을 자극할 수 있을 것이다. 그러나 우리는 더 적절한 방식으로 각성을 일으킬 수 있는가?

어느 정도의 신기성 혹은 이미 알려져 있지 않는 부분이 종종 필요하다고 Gottlieb는 말한다. 연구자이자 학자인 Gottlieb는 컬럼비아대학교에서 새내기 신경과학자들을 가르칠 뿐만 아니라 일반 교양과목들도 가르친다. 그녀는 학생들에게 신기성은 우리 뇌가 집중하도록 한다고 이야기한다. Gottlieb가 설명하듯이 새로운 것을 만나거나 애매한 것을 경험하면 배워야 할 무엇이 존재한다는 것을 인간을 포함한 영장류의 인지 시스템이 말해준다.

그러나 Gottlieb는 너무 많은 불확실성이란 있을 수 없다고 지적한다. 신기성은 좋지만 뇌가 확인할 수 있는 패턴도 있어야만 한다. 우리는 노력하기 위하여 그 애매함이 해결할 수 있는 것인지 판단할 필요가 있다. Gottlieb는 오래된 성능이 나쁜 텔레비전과 같은 여기저기 아무 내용이 없는 점들만 나타나는 전자 스크린이나 컴퓨터 모니터의 하얀 점들만 있고 내용이 아무것도 없는 옛날 텔레비전 수신기의 전자 스크린이나 컴퓨터 모니터를 예로 든다. 이것은 최대 애매함에 해당한다. 그것은 해독할 것이 하나도 없기 때문에 뇌에게 흥미롭지 않다고 Gottlieb는 말한다. 그녀는 원숭이는 처리할 새로운 패턴을 조성하는 것을 잘한다고 했다 — 원숭이들 세상에서 그들의 주의를 끄는 대상들과 활동들.

또 다른 종류의 주의는 그녀가 좋아하는 것에 대한 주의라고 부르는 것이다. 그것은 무엇일까? Gottlieb는 간단하게 어떤 자극을 보상과 연합하면, 그런 종류의 학습은 매우 빠르게 일어난다고 설명한다. 단지 두세 번만 시도하면 연합이 된다. 교실에 화려한 그림을 붙여두거나, 좋아하는 활동을 알려주는 벨을 울리거나, 무언가 시작하기 전의 새로운 연필 깎기 냄새조차도 우리가 학교에서 좋아하는 것들과 연합이 일어나게 할 수 있다. 샤프펜슬과 깨끗한 종이 — 혹은 모바일 기기를 손가락으로 문지르기도 새로운 도전을 맞이할 준비가 되어 있다고 생각하게 해줄 수 있다.

그 연합이 우리 주변 세상에서 중요하고 우리가 해야 하는 무엇이라고 뇌가 판단하면, 그것은 금상첨화다. Gottlieb는 뇌에게는 관련성이 중요한 주제라고 설명한다.

그러나 관련성에 대한 그녀의 연구에 의하면, 당신은 세상 모델 혹은 세상이 어떻게 작용하는가에 대한 당신 마음속의 모델이 필요하다. 그 모델이 없으면 무슨 관련성이 있는지 판단할 수가 없다. 그러나 우리 자신의 것만을 기초로 해서 세상에 대한 이해를 쌓아갈 수 있다고 하면 그것은 너무 과한 일이다. 전적으로 우리 자신의 경험으로부터 세상이 어떻게 작용하는가에 대한 모든 것을 이해할 수 있다면 그것은 수백 년 혹은 수천 년이 걸릴 것이라고 Gottlieb는 말했다. 사실 한 인간이 일생 동안 산다고 해도 불가능할 것이라고 Gottlieb는 지적한다.

그래서 이것은 학교의 한 가지 중요한 목표다. 교사는 우리에게 세상 모델을 제공하는 것을 돕는다. 사실 교사들은 우리가 평생 혼자서는 배울 수 없는 모델들을 우리에게 전해 주며, 그것들은 인간이 획득한 누적된 지식세계에서 끌어낸 것이라고 Gottlieb는 말한다.

인지에서의 플린 효과

오늘날 교사들의 마음을 사로잡는 인지와 풍요로운 환경의 관계에 대한 한 예는 뉴질랜드의 정치학 교수 James R. Flynn의 이름에서 딴 '플린 효과(Flynn effect)'다. 플린 효과는 전 세계적으로 나타나는 변화라고 1980년대에 알려지게 되었지만 변화의 속도가 너무 빨라서 느리게 진행되는 진화로는 그 원인을 설명할 수가 없다. 원래 James Flynn은 전 세계적으로 IQ 점수가 증가하고 있는 추세를 살펴보았다. 오늘날, 연구자들은 극적인 플린 효과가 인간 사회에서 일어나고 있는 것인지, 즉 우리 모두가 점점 더 똑똑해지고 있는지 여전히 깊이 생각하고 있다.

많은 교육자들에게 정말 놀라운 것은 IQ 검사 점수가 여러 집단에서 널리 상승한 것으로 나타났으며, 검사나 채점 방식을 조정했을 때조차 IQ 검사 점수가 상승한 점이다 (Flynn, 2009; Rönnlund & Nilsson, 2009). 만일 이것이 사실이라고 해도 플린 효과는 진화로 설명하기에는 너무 빠른 속도로 일어나고 있는 것이다. 어떤 플린 효과 연구는, 만일 플린 효과가 존재한다면, 이전에 해결하는 방법을 정확하게 배우지 않았는데도 문제를 해결하는 학생들의 능력이 그 주원인이라고 주장한다(Flynn, 2006). 이것은 누구도 구체적으로 가르쳐주지 않은 어떤 것을 해내는 방법을 생각해내는 것을 의미한다.

뇌는 종종 이전 학습에서 숙달한 패턴을 선택해서 용도에 맞게 적절하게 변화시켜서 효과적으로 사용한다. 학생들이 정확한 방법 혹은 알고리즘을 외우지 않은 상태에서 문제를 해결하는 과정에 도움이 되는 자원과 개념을 가지고 생각할 때 인지적 활성화가 일어난다.

생물학적으로 인지적 활성화는 뇌의 회로나 네트워크를 자극하는 것이다. 동시에, 집행 기능을 통해서 목적이 수립되어야만 한다. 새로운 상황 속에서 효과적으로 목표를 설정하고 문제 해결을 하기 위해서 **주도성**(agency)이 중요한 역할을 한다. 주도성이란 자신의 학습, 사고, 행동에 대한 책임이 있고 통제할 수 있다는 느낌을 말한다.

유의미한 공고화(meaningful consolidation)는 새로운 아이디어가 성공적으로 통합되어 이해가 될 때 일어난다. 이것은 뇌에서 새로운 것과 일반적으로 **사전지식**이라고 하는 이미 알고 있는 것과 연결이 일어나는 것을 의미한다. 또한 뇌는 새로운 이해에 도움이 될 수 있는 조건을 만들어야 한다. 이런 조건 없이는 뇌가 커다란 지식 창고에서 어떤 것을 추출할 것인지 전략적으로 선택할 수가 없다. 그리고 그 조건하에서 지식을 활성화해야만 한다—주도성의 추가적 속성.

물론 조금 더 복잡한 문제들은 몇 가지 분명한 단계만 거친다고 해결할 수 없는 경우가 많다. 따라서 **하위목표 설정**(subgoaling)은 또 하나의 중요한 성분이다. 하위목표 설정이란 직접적으로 목표를 추구하지 않고 최종 목표에서 멀어지는 것 같이 보이는 단계를 선택하는 것을 말한다. 그렇지만 만일 이것이 최종 목표에 도달하는 데 방해가 되는 것들을 감소시켜준다면 중요한 계획적 단계가 될 수 있다.

정교한 하위목표 설정은 종종 독특한 인간의 속성이라고 생각된다. 목표를 달성하기 위해 목표로부터 기꺼이 멀어지려고 하는 다른 동물은 거의 없다. 개를 줄에 묶어서 산책시키고 줄을 나무에 묶어 놓아 본 사람은 누구나 이 아이디어를 연관시켜서 이해할 수 있을 것이다. 묶어 놓은 줄을 풀기 위해 줄을 잡아당겨도 개가 오히려 반대 방향으로 가려고 한다면 줄을 풀 수가 없을 것이다. 오히려 줄을 조금 풀어주면 당기기가 쉬워지는데 이것이 바로 간단한 하위목표 설정이다(Anderson, 2000).

이런 묘책을 위해서는 효과적인 하위목표 설정이 필요하며 이것은 우리 학생들을 위해 개발시킬 필요가 있는 기술이다. 빠른 속도의 현대 생활에서는 이전에 해결방법을 학습한 적이 없는 문제를 해결하는 것이 점점 더 중요하다. 사람들은 하위목표 설정을 통합해가면서 활동한다면 관련성이 더 많아지고 배당된 인지 자원으로부터 더 많은 도움을 얻을 수 있다.

이것은 플린 효과를 잘 보여주는 예다. 그러나 만일 교육자들이 문제 해결과 같은 지식이나 기술을 중요하다고 강조하고 학생들이 학교생활에서 그리고 비형식적인 교육 경험에서 더 많이 요구한다면 플린 효과가 말해주는 지능이 증가한다는 것을 믿을 수 있게 될 것이다. 이것은 지식경제와 사회의 방향 변화에 대한 요구에 기초한 많은 새로운 사고를 하도록 학생들을 가르치는 교사들에게 고무적인 아이디어다. 우리는 이런 변화에 잘 적응하도록 만들어져 있으며, 이런 변화를 완수하기 위해 100만 년 동안 적응해나갈 필요도 없다.

뇌 속의 패턴

효과적인 인지는 종종 사고와 행동의 패턴을 추출하고 그것을 재적용하는 것이다. **패턴**(pattern)이란 무엇인가? 패턴은 학습하고 있는 것 속에서 볼 수 있는 배열, 구성, 관계를 의미한다. 여기에서 우리는 패턴을 뇌가 유용한 연합을 이끌어내는 정보 세트라는 의미로 사용할 것이다. 뇌는 선천적인 패턴 포착 장치이기 때문에, 뇌는 스스로 패턴을 발견하고 사용하면서 발달한다.

유치원 아동에게 물어볼 수 있는 간단한 패턴은 여러 물건의 모양이나 색깔이다. 아동에게 여러 동그라미와 삼각형 모양을 가진 것들을 보여주면 동그라미/동그라미/삼각형이나 네모/동그라미/네모의 반복된 패턴을 찾을 수 있을까? 혹은 여러 색깔 중에서, "나는 파란색 크레용을 가지고 있고 너는 빨간색 크레용을 가지고 있다"라고 아동이 말할 수 있을까?

물론 더 복잡한 패턴도 있다. 고등학교 과학실험에서 결과가 어떻게 변하는지 기술하라는 문제를 풀어야 할 때가 있다. 패턴은 화학물질이나 온도를 변화시킴으로써 기술할 수 있다. 과학교육에서 성공하기 위해서 학생들은 과학적 탐색과 설명을 하면서 많은 패턴을 해석하고 이해할 필요가 있다.

그 결과 학생들이 그 패턴들을 지각하고 그것들을 효과적으로 연합할 수 있기를 교사들은 기대한다. 하지만 그것들이 효과적으로 이해가 되지 않을 때도 있고, 이해가 되지만 미래 지식으로 정확하게 통합되지 않을 때도 있다.

인지적 관점(Hawkins & Blakeslee, 2014)에서는 지능을 뇌 속에서 패턴들을 기억하고, 예측하고, 적용하고, 확장하는 역량으로서 우리 주변의 풍요로운 환경과 적절한 교육적 기회를 제공하면 향상될 수 있다고 생각한다(그림 3.3 참조)(CORE 3d 참조).

지식 속에는 그런 패턴들이 존재한다는 것은 효과적인 교사가 되기 위해서는 많은 교수 내용 지식(pedagogical content knowledge)을 가지고 있어야 한다는 것을 말해준다. 효과적인 교사들은 교과 내용 지식과 그것을 가르치고 학습자들을 지원하기 위한 효과적

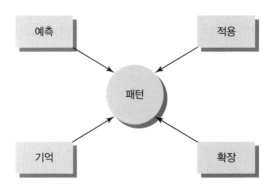

그림 3.3

인지에서 패턴 사용의 요인

인 방법에 대한 지식을 모두 갖춘 전문성을 필요로 한다. 학생들의 학습을 돕기 위한 방식으로 교육 과정을 조직하기 위하여, 교사들은 패턴에 관련한 그들의 교수 전문성을 교육 과정에 적용한다.

- 어떤 패턴이 아이디어 조직에 효과적인지 생각하고 내용 분석을 한다.
- 학생들이 일반적으로 구성하는 개념의 범위와 유형, 그리고 학생들의 능력과 사고를 향상시킬 수 있는 방법을 생각하고 학습자 분석을 한다.

예를 들어 모국어나 제2언어 획득에서, 소리를 나타내는 상징에서부터 교재의 글귀까지 모두가 이해해야 하는 패턴 유형들이다. 효과적인 화자와 독자가 되기 위해서, 우리는 표현(먼저 시도하는)하고 수용(지각하고 이해하는)하는 언어 패턴들을 숙달해야 한다. 예를 들어 인용부호는 기술하고 해설하는 글의 패턴 유형이다. 인용부호 안에 포함되어 있는 말은 직접적으로 그 인물이 말하는 것을 의미하는 것으로, 내레이터의 말과 비교된다. 그것들은 뇌가 그 쓰여진 말을 수용적으로 해석할 수 있는 유용하고 중요한 패턴을 표시한다.

수학에서 예를 들어 그래핑 계산기(graphing calculator)에 있는 수학적 기능을 나타내는 모양은 양적 추리에서 사용되는 특별한 기능의 패턴을 표시한다. 학생들은 등식과 연산이 문제 해결을 위한 알고리즘을 나타낸다는 것뿐만 아니라 한 패턴의 상징적 추상이라는 것을 인식할 필요가 있다. 숫자들은 어떤 주어진 상황 속에서 그 패턴에 관련한 양에 대한 추상으로 볼 수 있다.

11장에서 논의하겠지만, 많은 학생들이 수학을 종종 어려워하는 한 가지 이유는 중요한 패턴들의 이런 배치 때문이다. 한 수준에서 또 한 수준의 추상은 특히 그 패턴을 아직 잘 포착하지 못한 초보자에게는 뇌가 처리해야 하는 부담이 증가한다. 뇌에서 패턴이 분명해지고 지식 구조와 미래 사용의 관련성이 잘 이해가 되면 학생들은 기계적 암기에 의존하지 않고 기억 속에 안정적으로 저장을 할 수 있다. 이런 방식으로 수학은 패턴을 세계 공통의 언어로 변화시킨다. 그것은 많은 양의 힘을 압축하지만 또한 뇌에 큰 부담을 지게 한다.

과제 영역이나 학년 수준에 관계없이, 각각의 새로운 수준의 패턴을 만들기 위해서는 그 추상을 새로 해독할 필요가 있다. 이것은 뇌는 숙달해야 하는 움직이는 표적을 가지고 있다는 것을 의미한다.

결론

이 장에서 기술한 문제들을 교사들이 어떻게 접근하느냐 하는 것이 학습에 영향을 미칠 수 있다. 결국 학생들은 그들이 축적해 온 지식과 기술을 사용할 수 있는 훨씬 많은 혹은 훨씬 적은 능력을 가지고 있다. 이것은 교사들이 우선적으로 생각해야 하는 문제이기 때문에, 학습이 비활성적이고 비효율적으로 일어나서 교사와 학생들이 좌절할 때 교수 설계와 관련하여 인간의 인지 시스템에 대해 생각해보는 것은 인지에 대한 많은 것들이 밝혀지고 있는 오늘날에는 특히 더 가치 있는 일이라고 할 수 있다.

우리가 외부 세상과는 모든 조우에서 시작해야 하듯이, 학습은 우리를 둘러싼 세상에 대한 정보를 지각하고 수집하는 방식을 뜻하는 지각과 함께 시작한다. 그러나 아일랜드 시인 W.B. Yeats가 말했듯이 우리 세상은 "우리 감각이 더 예민해지는 것을 인내하며 기다리고 있는" 신비로운 것들로 가득하다.

마무리 시나리오

새로운 지식을 적용하기

시나리오 : 교수 설계

이 장에서 우리는 한 교사가 학생들에게 미니 그림 소설책을 만들도록 함으로써 뇌기반 교수 설계의 중요 요인들을 어떻게 사용하는지를 보았다. 이 시나리오에서, 당신(혹은 소집단의 동료들과 함께)은 우리가 어떻게 학습하는가 하는 것이 우리가 실제로 어떤 지식을 사용할 수 있는가에 극적인 영향을 미친다는 지도원리를 반영하는 학습 경험을 만들 것이다.

1. 당신이 가르칠 구체적이고 관리할 수 있는 크기의 교육 과정 단원을 선택하라. 당신은 어떤 새로운 접근을 선택하겠는가?
2. 이 수업을 위해 어떤 점화를 사용할 것인가? 학생들로 하여금 이 수업에서 이미 배웠던 지식을 끌어내도록 준비시키기 위해 어떤 특별한 단계를 선택하겠는가?
3. 풍요롭고 자극을 주는 학습환경을 만들기 위해 당신은 어떤 요소를 포함시키겠는가?(예산, 공간, 기타 제한점에 대해 걱정하지 말고 창의적으로 생각하라.) 이것이 뇌에 왜 중요한가?
4. 교육연구에 의하면 어떤 훈련은 교실에서 학습 결과에 강한 영향을 미치며, 그것들

중 하나가 학생들이 정신적 영상 혹은 '비언어적 표상'을 만들 수 있도록 도와주는 것이라고 한다. 그런 영상이란 무엇을 의미하는가? 당신은 학생들이 스스로 그것을 만들 수 있도록 어떻게 도와주겠는가?

5. 정교화와 확장은 효과적인 교수 설계의 중요한 측면들이다. 우선 정교화와 확장이 무엇인지 기술하고 그다음에 이 수업에서 어떻게 사용할 것인지 보여주어라.

6. 마지막 단계에서, 우리는 학생들을 가르치는 것에서 물러나서 학생들이 지식 통합을 사용하여 스스로 공부하도록 하는 것에 초점을 두었다. 이 연습을 하는 동안에 당신은 교수 설계의 새로운 아이디어와 학습 경험을 만들면서 숙달했거나 경험했던 모든 것의 더 큰 틀과 어떻게 연결했는가?

참고문헌

Anderson, J. R. (2000). *Learning and memory: An integrated approach*. New York: John Wiley & Sons.

Brito, N. H., & Noble, K. G. (2014). Socioeconomic status and structural brain development. *Frontiers in Neuroscience, 8*, 276.

Charron, S., & Koechlin, E. (2010). Divided representation of concurrent goals in the human frontal lobes. *Science, 328*(360), 360–363.

Cherry, K. (2010). *The everything psychology book: An introductory guide to the science of human behavior* (2nd ed.). Avon, MA: Adamsmedia.

Collins, A., & Koechlin, E. (2012). Reasoning, learning, and creativity: Frontal lobe function and human decision-making. *PLoS Biology*. http://www.plosbiology.org/article/info%3Adoi%2F10.1371%2Fjournal.pbio.1001293

Diamond, A. (2012). *Annual Review of Psychology, 64*, 135–168. http://www.ncbi.nlm.nih.gov/pmc/articles/PMC4084861/

DuFour, R., DuFour, R., Eaker, R., & Many, T. (2010). *Learning by doing: A handbook for professional learning communities at work* (2nd ed.). Bloomington, IN: Solution Tree.

Edelman, S. (2012). *The happiness of pursuit: What neuroscience can teach us about the good life*. New York: Basic Books.

Flynn, J. R. (2006). Beyond the Flynn Effect: Solution to all outstanding problems–except enhancing wisdom. http://www.psychometrics.cam.ac.uk/about-us/directory/beyond-the-flynn-effect

Flynn, J. R. (2009). *What is intelligence: Beyond the Flynn Effect*. Cambridge: Cambridge University Press.

Hackman, D. A., Farah, M. J., & Meaney, M. J. (2010). Socioeconomic status and the brain: Mechanistic insights from human and animal research. *Nature reviews: Neuroscience, 11*(9), 651–658.

Harmon, K. (2010). Motivated multitasking: How the brain keeps tabs on two tasks at once. *Scientific American*. http://www.scientificamerican.com/article/multitasking-two-tasks/

Hart, B., & Risley, T. R. (2003). The early catastrophe: The 30 million word gap. *American Educator,*

27(1), 4–9.

Hawkins, J., & Blakeslee, S. (2004). A new framework of intelligence. *On Intelligence* (pp. 85–105). New York: Times Books.

Howard-Jones, P., Pollard, A., Blakemore, S.-J., Rogers, P., Goswami, U., Butterworth, B., . . . Kaufmann, L. (2007). Neuroscience and education, issues and opportunities: A TLRP commentary. http://www.tlrp.org/pub/documents/Neuroscience Commentary FINAL.pdf

James, W. (1907). The energies of men. *Science, 25*(635), 321–332.

Jensen, E. (2006). The science behind enrichment. *Enriching the Brain* (pp. 47–84). San Francisco, CA: Jossey-Bass.

Lipina, S. J., & Posner, M. I. (2012). The impact of poverty on the development of brain networks. *Frontiers in human neuroscience, 6*, 238. http://www.ncbi.nlm.nih.gov/pmc/articles/PMC3421156/

Lunt, L., Bramham, J., Morris, R. G., Bullock, P. R., Selway, R. P., Xenitidis, K., & David, A. S. (2012). Prefrontal cortex dysfunction and "Jumping to Conclusions": Bias or deficit? *Journal of Neuropsychology, 6*(1), 65–78.

Marzano, R. J. (1998). A theory-based meta-analysis of research on instruction. Aurora, CO: Mid-continent Research for Education and Learning (ERIC Document Reproduction Service No. ED 427087).

Marzano, R. J. (2003). *Classroom instruction that works.* Alexandria, VA: ASCD.

Marzano, R. J. (Producer). (2009). Researched strategies. Marzano Research Laboratory. Retrieved March 11, 2013 from http://www.marzanoresearch.com/research/researched_strategies.aspx

National Research Council. (2000). Mind and Brain. *How people learn: Brain, mind, experience, and school, expanded edition* (pp. 114–128). Washington, DC: The National Academies Press.

Organisation for Economic Co-operation and Development (OECD). (2007). Understanding the brain: The birth of a learning science. doi: 10.1787/9789264029132-en: OECD Publishing.

Posner, M. I., & Rothbart, M. K. (2000). Developing mechanisms of self regulation. *Development and Psychopathology, 12*, 427–441.

Posner, M. I., & Rothbart, M. K. (2005). Influencing brain networks: Implications for education. *Trends in Cognitive Science, 9*, 99–103.

Reisberg, D. (2010a). The neural basis of cognition. *Cognition: Exploring the science of the mind* (pp. 25–5). New York: Norton.

Reisberg, D. (2010b). The science of the mind. *Cognition: Exploring the science of the mind* (pp. 3–23). New York: Norton.

Rönnlund, M., & Nilsson, L. G. (2009). Flynn effects on sub-factors of episodic and semantic memory: Parallel gains over time and the same set of determining factors. *Neuropsychologia, 47*(11), 2174–2180.

Society for Neuroscience. (2008). *Brain facts: A primer on the brain and nervous system.* Washington, DC: Society for Neuroscience.

Tamminga, C. A. (2004). Frontal cortex function. *American Journal of Psychiatry, 161*(12).

U.S. Department of Health and Human Services. (2013). Maturation of the prefrontal cortex. *OAPP self-directed modules.* http://www.hhs.gov/opa/familylife/tech_assistance/etraining/adolescent_brain/Development/prefrontal_cortex/

부호화 전략과 기억

CORE 지도원리 4가 이 장에서 소개된다 ─ 학습하는 것은 정보와 경험의 회상을 강화하는 연습의 영향을 크게 받는 기억 때문에 유지된다.

학습 요점

1. 최소한 두 종류의 장기기억이 있다. 하나는 사실과 사건에 대한 선언적 기억이다. 두 번째는 기술과 수행의 숙달에 대한 절차적 혹은 비선언적 기억이다. 학습한 것은 기억 덕분에 유지된다.

2. 기억에 정보를 부호화하는 것은 뇌의 구조를 물리적으로 변화시키는 것이다. 뉴런들이 시간에 걸쳐서 계속해서 함께 발화되면 신경 경로가 강화된다. "함께 발화되는 것은 함께 연결된다."

3. 더 강화된 신경 경로는 결과적으로 기억 흔적이 된다. 이 계속된 뇌 변화가 학습의 결과물이다.

4. 장기기억을 저장하기 위해서는 획득, 인출, 보존의 세 가지 과정이 자연스럽게 운영되어야 한다. 획득은 정보가 기억 속에 부호화되고 장기적으로 사용하기 위해 강화되는 것이다. 인출은 학습된 것에 효과적으로 접근하고 사용하는 능력이다. 보존은 지식과 기술을 시간이 지나도 유지하는 것이다.

5. 망각은 기억의 반대이며, 인지 시스템의 자연적이고 중요한 특성으로 보인다. 뇌는 의식적으로 혹은 무의식적으로 관련이 있다고 지각하는 조건에 기초해서 무엇을 기억하고 유지할 것인가를 걸러낸다.

6. 얼마나 잘 기억하는가 하는 것은 그 기억이 연합되어 있는 단서를 얼마나 잘 생성하는가에 달려있다. 어떤 연구자들은 우리는 실제로 기억을 망각하는 것이 아니라 그 단서를 찾

지 못해서 기억에 접근하지 못하는 것이라고 한다.

7. 학생들이 망각하도록 하지 않기 위해서는 새로 획득한 기술과 지식을 반복적으로, 원래 학습했던 장소와 비슷한 곳에서, 그리고 원래 학습했던 시간과 너무 긴 간격을 두지 않고 인출하도록 해야 한다(원래 학습 상황과 동일하지는 않다고 해도).

8. 주어진 학습 상황 내에서 정보가 제공되는 순서에 따라 기억이 다르게 수행될 수 있다. 예를 들면 처음과 마지막에 제시되는 정보(학습 상황에서 시작 부분과 끝 부분)는 가장 선명하게 기억되는 경향이 있다.

9. 정보를 작은 단위로 유의미하게 조직하는 것을 말하는 청킹(chunking)은 학습을 향상시킨다.

10. 학습자들이 주의하고, 시연하고, 작업기억에 저장하고, 장기기억에 전이할 수 있는 정보의 양은 제한되어 있다.

11. 어떤 기술이 자동화되면 어떤 종류의 인지적 기능의 필요성이 줄어들 수 있다. 이렇게 되면 인지적 부담이 없어지고 잠재적으로 뇌는 다른 일을 할 수 있는 여유를 갖게 된다.

들어가기

세계 문학 작품 중에서 기억에 대한 가장 유명한 이야기는 아마도 프랑스 소설가 Marcel Proust의 소설 잃어버린 시간을 찾아서에 나오는 어떤 단순한 과자에 대한 구절일 것이다. 달콤한 '작은 마들렌'의 부스러기가 내레이터의 입천장에 닿자, 곧 그는 어린 시절의 따뜻한 추억 여행을 시작한다. 베어 문 한 입이 그의 언제나 온화한 아주머니, 그녀의 오래된 회색 집, 정원과 마을을 지나, 그의 나머지 생으로 연결해주는 길들의 즐거운 기억들을 불러일으킨다. 기억의 유령이 불러낸 세상 전체가 나타난다.

우리는 쉽게 이것과 관련시킬 수 있다. 한 가지 냄새, 소리, 혹은 영상이 종종 절묘하게 선명한 기억들을 일깨울 수 있다. 오늘날, 뇌 연구를 통해서, 우리는 Proust가 '회상의 거대한 구조'라고 불렀던 것에 대한 생물학적 기초를 이해하게 되었다. 기억은 뉴런, 시냅스, 그 밖의 뇌 성분들로 만들어지며, 기억은 여러 가지 방식으로 강화된 뇌 가소성의 산출물이다.

이 장은 지도원리 4를 탐색한다 — 학습하는 것은 정보와 경험의 회상을 강화하는 연습의 영향을 크게 받는 기억 때문에 유지된다.

왜 기억이 중요한가

교사와 학교는 기억의 역량과 기능에 의존한다. 만일 우리가 아무것도 기억할 수 없다면 학습할 필요도 없을 것이다. 정보와 경험을 성공적으로 저장하고, 접근하고, 인출해야만 학습이 잘 일어날 수 있다. 이것은 모든 학년 수준과 교과 내용 영역뿐만 아니라 모든 교실과 학교에서 공부하는 학생들에게 적용된다. 우리 모두는 알고 있는 것을 토대로 해서 기억하고 쌓아가야 한다. 그렇지 않으면 영화 〈첫 키스만 50번째(50 First Dates)〉의 주인공인 드루 베리모어와 마찬가지로 과거에 알았던 것을 영원히 재학습할 것이다. 기억이 효과적으로 작동하지 않는다면, 학습한 것을 사용할 필요가 있을 때마다 매번 반복적으로 학습해야 할 것이다.

기억을 가상적인 빵 부스러기를 사용하여 삶의 길을 찾는 방식이라고 생각해보라. 기억을 연구하는 과학자들은 이것을 기억 흔적(memory trace)이라고 부른다. 우리의 경험과 정교하게 만들어진 기억은 감각 입력의 중요한 조각들에 의존한다. 기억은 그 조각들을 하나하나 연결하면서 함께 엮는다. 우리는 기억하고 생각하는 것을 통해서 어떻게 길을 찾을 것인지를 알 수 있다.

이런 점에 비추어볼 때 기억은 교사들에게 지극히 중요한 주제다. 기억을 지원하는 교수 접근이 훌륭한 교육적 실천을 위해 필요하다. 그래서 기억에 대한 이 장에서는 비계화(scaffolding), 철거(fading), 점화, 정교화와 같이 앞 장의 교수 설계에서 제시된 중요한 학습전략들을 연결한다. 여기에서 우리는 효과적인 학습을 위하여 기억을 지원하는 어떤 교육적 전략이 필요한지에 대해서 알아보기로 한다.

■|| 기억의 조직 : 확인된 두 가지 과정

인간의 기억은 두 가지 과정으로 조직되어 있다. 작업기억은 정보를 잠시 저장하고 빨리 교환하기 위해 사용된다. 따라서 작업기억은 아주 짧은 시간 동안만 정보를 보유하는 일시적 기억이다. 반대로 장기기억은 더 영구적인 부호화를 위해 신경 연결 속에 배치된다.

두 시스템은 현재 과제의 요구를 충족시키기 위해, 그리고 작업기억에 있는 어떤 것이 나중에 사용하기 위해 장기기억에 저장할 만큼 중요하거나 유용한지 결정하기 위해 계속 함께 작동한다. 교실에서 수학문제를 풀거나 영어 요약문을 작성하는 방법을 아는 것은 저장되어 있는 아이디어와 개념을 회상하고 조작하기 위해 장기기억에 접근할 필요가 있다. 그러나 실제로 수학문제를 계산하거나 요약문을 쓰기 위해서는, 낙서장에 쓰면서 문제를 해결해 나가듯이, 뇌는 작업기억을 사용하여 잠시 단어나 구절 혹은 수학 알고리즘을 기억하도록 한다. 만일 그 정보가 아주 잠시 사용될 뿐이라면 그 낙서장은 버려질 것이다. 그러나 만일 그 사례가 미래에 사용할 가치가 있는 것으로 보이면(뇌의 집행 기능이 작용하는 한 예), 그것은 장기기억으로 부호화될 가능성이 더 크다.

■|| 작업하는 작업기억

교사들은 작업기억을 처리될 정보가 임시로 조립되는 정신적 '작업대'로 생각하면 이해하기 쉬울 것이다. 우리는 작업대 위에 새로운 정보나 기억으로부터 인출한 정보를 올려 놓을 수 있다. 그러나 그 원천이 무엇이든 그 정보를 조작하는 과정은 신경 활성화다.

작업기억은 정보를 잠시 저장하고 처리하기 위한 다양한 메커니즘을 가지고 있는 것으로 생각된다. 이 메커니즘에는 약 2초 동안 소리나 언어 정보를 저장하는 음운고리(phonological loop)와 정신적 이미지를 저장하는 시공간 메모장(visuo-spatial sketch pad)이 있다.

우리가 세상을 탐색하는 것을 작업기억이 어떻게 도와주는가를 이해하기 위해 복잡한 거리를 횡단할 때 뇌의 활동을 생각해보자. 신호등이 빨간색인가 혹은 초록색인가? 어떤 차들이 어떤 노선에 있는가? 횡단보도로 오고 있는 차가 있는가? 횡단보도를 건너기 위해 몇 분이나 걸릴까? 당신의 뇌는 작업기억을 가동하거나 사전 학습과 경험에 접근한다. 감각정보와 피드백이 수집된다. 당신의 뇌는 순간순간 그 장면을 업데이트하고 일반적으로 당신을 대신하여 조금도 방심하지 않는다. 그동안 내내 당신의 몸은 발을 움직이고, 시선을 집중하고, 모든 감각을 통해 정보를 수집하는 행동들을 수행한다. 잠시 후에, 당신은 횡단보도를 뒤로 하고 있다. 다시 한 번 안전하게 길을 건넜고, 당신은 인상적인 길 건너기 과제에 대해 거의 생각하지 않고 갈 길을 서둘러 간다.

일시적인 시각과 청각의 감각정보가 빨리 사라지듯이 우리가 느끼는 촉각 시스템과 움직이는 운동 시스템의 작업기억도 마찬가지다. 따라서 다양한 입력되는 감각정보가 잠시 저장된다. 종종 우리는 1초 이내에 입력 자극을 인식하고, 분석하고, 그것이 사라지기 전에 더 주의를 해야 한다는 것을 결정한다(Anderson, 2000a). 우리가 복잡한 교차로에서 탐색할 때는 중요한 세부적인 것들을 바쁘게 수집한다. 우리는 보유하는 것보다 훨씬 더 많은 것들을 적극적으로 버린다.

그러나 당신이 산책을 하다가 건너편 길모퉁이에 있는 새로운 커피숍을 발견했다고 생각해보자. 혹은 오랫동안 만나지 못했던 친구를 우연히 만나서 가던 길을 멈추고 이야기를 잠시 나눈다고 생각해보자. 당신은 그 커피숍 위치나 그 친구와 나눈 대화를 기억하고 싶을 것이다. 이 정보를 보존하기 위해서는 기억이 더 오래 지속되도록 부호화할 필요가 있다. 다시 말해서, 당신은 이를 악물고 '혼신을 다해' 그 정보를 더 영속적으로 저장해야만 한다. 기억이 장기기억으로 들어갈 때 그 기억이 획득된다. 그때가 바로 뇌 속에서 연결이 변화되고 업데이트되는 것이다.

교사들을 위한 요점을 정리하면 뇌는 많은 양의 감각정보를 매우 짧은 시간 동안만 유

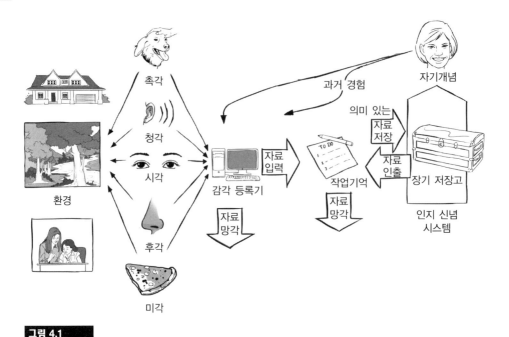

그림 4.1

작업기억의 신경적 기반을 나타내는 정보 처리 모델을 보여주기 위해 교육자들이 사용할 수 있는 그림의 한 예

지한다. 일시적으로 보유하고 있는 감각정보와 짧게 장기기억으로부터 회상하는 기억은 많은 학습 상황에서 효과적인 학습을 위해 매우 중요하다(Anderson, 2000a). 좀 더 형식적으로 말하면, 작업기억은 현재 조작되고 있는 모든 정보를 보유하고 통합하는 신경 메커니즘을 의미한다. 〈그림 4.1〉은 교사의 관점에서 보는 작업기억의 신경적 기반을 나타내는 정보 처리 모델의 한 예를 보여준다.

■II 장기기억의 예와 함의

장기기억을 성공적으로 저장하기 위해서는 최소한 독립적인 세 과정, 즉 기억의 획득과 인출과 보존의 과정이 자연스럽게 처리될 필요가 있다(Anderson, 2000a). 획득은 비교적 영속적인 정보의 표상이 부호화되고 강화되는 것이다. 인출은 정보에 성공적으로 접근하는 것이다. 보존은 정보를 오랫동안 유지하는 것이다. 이 요인들에 대해서는 이 장의 후반부에서 더 자세하게 설명할 것이다.

예를 들어 횡단보도를 건넜을 때와 같이 어떤 특수한 사건의 정신적 활동이 멈출 때, 일시적 기억 '작업대'는 없어진다. 뇌는 더 이상 그 활동을 처리하지 않고 그 시스템은 그 정보를 유지하기 위해 더 이상 적극적으로 일하지 않는다. 강사들은 정보가 잠시 사용되는 동안 혹은 기억하기 위해 처리될 때까지 정보를 보존하는 제한된 '데스크톱'의 개념은 교사들이 이해하기 어렵다고 보고한다. 학습 경험은 더 오랫동안 유지되도록 부호화되지 않으면 망각된다는 아이디어는 매우 중요하다. 신임 교사들은 기억하기 위해 간단한 노출뿐만 아니라 반복, 정교화, 그리고 '노력'이 필요하다는 것을 특히 이해하기 어려워한다고 강사들은 말한다. 한 강사가 말했듯이, 그녀의 학생들은 우리가 어떻게 감각하고 지각하는지 이해하고 입력되는 대부분의 정보를 버려야 한다는 것을 이해하게 되었다고 말했다. 그래서 그녀는 기억은 우리가 기억하는 작업을 하기를 원하는 것의 산출물이거나, 최소한 기억 획득(memory acquisition)이라고 부르는 더 오래 지속되도록 인지적 자원을 투자한 결과물이라고 설명한다.

　획득은 정보를 장기기억 시스템으로 저장할 때 시작되고 그래서 장기기억은 오랜 시간이 지나도 사용이 가능하다. 이것은 부호화를 통해서 이루어지며, 부호화란 뉴런과 신경 연결을 사용하여 기억 흔적, 혹은 정보를 소통하는 지속적으로 발화하는 패턴을 만드는 것을 의미한다. 우리는 저장된 기억 흔적을 자극하여 정보를 회상(recall)한다.

　MIT의 과학자들은 쥐에 있는 특수한 유전자가 기억 형성을 통제한다는 것을 보여주었다(Ramammoorthi et al., 2011). 쥐는 새로 확인된 유전자 없이는 아무것도 기억하지 못했다. 인간도 비슷하게 기능하는 유전자를 가지고 있을 수 있으며, 과학자들은 이미 이것이 학습에 대한 함의를 가지고 있을 것이라고 추측했다.

　인간 뇌는 특수한 사건에 대한 무엇이, 언제, 어디서와 같은 정보를 처리하기 때문에 이런 부호화는 함께 연결된다(Society for Neuroscience, 2008, p. 22). 마침내 만일 보유되면, 그 요인들은 우리 삶에서의 특별한 에피소드의 기억 내용을 구성하고 장기기억에 저장된다.

　〈그림 4.2〉에서 보여주듯이 부호화와 관련하여 선언적 기억과 절차적 기억(혹은 비선언적 기억)이라는 최소한 두 가지 기본적인 장기기억 과정이 있다(CORE 4j 참조). 선언적 기억은 사실과 사건에 대한 기억이고, 절차적 기억은 기술과 수행을 숙달하는 기억이다. 두 과정을 협응하기 위해서는 다양한 뇌 알고리즘과 운동 절차를 끌어내는 것이 필요하다. 이것들은 복잡할 때도 있고 덜 복잡할 때도 있다. 우리는 이 절차들을 의식적으로 설명할 수도 있고 그렇지 않을 수도 있다. 우리는 어떤 활동을 할 수는 있지만 다른 사람에게 정확하게 우리가 한 활동을 효과적으로 혹은 그렇게 할 수 있게끔 말로 할 수 없을 때가 있다. 또 어떤 때는 무엇을 어떻게 하는지 말을 할 수는 있지만 자신이 그것을 실제로 할 수가 없다. 절차적 기억과 선언적 기억은 최소한 부분적으로 다른 뇌 영역에서 담당하는 것으로 알려져 있다.

　장기기억을 이야기하면서, 앞 장에서 논의한 뇌 가소성에 대해서 다시 생각해보는 기가끔 우리는 행동을 할 수 있지만 실제로 말로 표현할 수는 없다. 또 가끔은 말로 표현할 수는 있지만 행동을 할 수가 없다. 절차적 기억과 선언적 기억은 최소한 부분적으로 다른 뇌 영역에서 담당하는 것으로 알려져 있다.

선언적 기억 대 절차적 기억

1. 선언적 기억 = 무엇을 선언한다

  예 : 당신이 알고 있는 사실을 회상하기

작동 방법 : 내가 "당신은 미국의 초대 대통령이 누구인지 말할 수 있습니까?"라고 질문한다. '조지 워싱턴'이라는 사실이 당신의 선언적 기억에 자리 잡고 있다. 당신은 당신의 기억에게 대통령, 첫 번째, 미국과 같은 몇 개의 단서를 준다. 당신은 정보에 접근(회상)하고 당신이 찾고 있는 것을 발견한다. 이제 당신은 그것을 입으로 조지 워싱턴이라고 말한다. 즉 선언한다. 이것은 질문에 대한 답이고 기억 탐색은 끝난다.

2. 절차적 기억 = 어떤 행동을 한다

  예 : 스케이트보드 타기, 악기를 연주하기, 컴퓨터 작동하기

작동 방법 : 절차적 기억은 본질적으로 비선언적이다. 당신은 선언하지 않고 행동한다. 앞의 예에서와 같이 그 활동은 모두 행동과 절차를 합쳐 놓은 것이다. 그것들을 함께 협응하기 위해서는 다양한 뇌 알고리즘과 운동 절차를 필요로 한다. 이것은 어떤 때는 복잡하고 어떤 때는 덜 복잡하다.

그림 4.2
부호화와 관련된 두 가지 기본적인 장기기억 과정

회를 갖는 것은 매우 중요하다. 장기기억과 함께 뇌는 신경 연결이 변화되고, 업데이트되고, 더 영속적인 부호화를 위해 배치되면서 물리적으로 변한다. 이 물리적 변화를 통하여 뇌는 어떤 것은 연합하고 어떤 것은 연합하지 않고, 그리고 기억은 영원히는 아니라고 해도 한동안은 유지될 것이다.

특별히 주목할 무엇이 없으면 오랜 기간 저장되는 정보는 많지 않다. 우리는 우리의 제한된 인지적 자원을 절약한다. 그러나 만일 빨간 신호를 무시하고 달리는 것을 목격하는 것과 같은 생생한 경험을 한다면, 시간이 지나도 그것은 오래 기억될 것이다. 우리는 그것을 어떤 형태로 장기기억에 저장한다. 우리의 집행 기능을 사용하여 우리는 그것에서 무언가를 배우거나 그것을 사용하여 추후에 다른 길을 계획한다.

그러나 이 모든 복잡한 과정이 작용한다고 해도, 중요한 것은 변화다. 작가인 Shimon Edelman이 기술하듯이 뇌의 상태는 "순식간에 일어나는 역동적인 것이다. 뇌를 구성하는 모든 뉴런들의 단순한 활동으로 뇌의 과거 역사와 외부 입력에 의해 순간적으로 뇌의 상태가 변한다"(Edelman, 2012, p. 28).

고맙게도 우리 뇌는 정보를 자동적으로 부호화하는 방법을 알고 있다. 우리는 기억을 어떻게 저장할지 생각할 필요도 없고 저장할 모든 것을 의식적으로 결정할 필요도 없다.

기억과 교수 설계를 연결하기

뇌에서 기억이 어떻게 작동하는가에 대한 이런 기초적인 이해를 가지고 있으면 3장에서 논의한 교수 설계에 대한 아이디어를 확장할 수 있다. 그리고 학습하기 전에 학생의 기억을 유발하는 점화와 같은 중요한 개념에 대한 이해를 확장하는 것도 가능하다.

뇌의 관점에서 보면 점화는 장기기억이 어떻게 작동하는가에 달려있다. 과학적 모델은 장기기억을 우리가 적절한 단서를 만날 때 활성화되는 정보라고 기술한다. 이 단서들은 환경 속에 있을 수도 있고 우리의 사고에 의해 촉발될 수도 있다(Anderson, 2000a). 한 가지 중요한 전제는 오직 몇몇 기억들만 각 단서에 연결된다는 것이다. 심리학자 John Anderson은 예를 들어 소(cow)라는 단어는 주로 소와 관련이 있는 것과 연결되어 있다고 한다. 즉 우유를 제공하는, 풀이나 건초를 먹는, 네 발을 가진 동물과 같은 것과 연결되어 있다. 많은 실험에 의하면 인간 뇌는 **연합적 점화**(associative priming) 특성을 가지고 있다고 한다. 그렇기 때문에 단서를 주면 연관된 정보를 잠시 동안 더 사용하는 것이 가능하다.

이 개념은 또한 고수준의 사고, 새로운 학습, 문제 해결에 적용된다. 재미있는 일련의 실험에서, 한 연구자는 사람들이 한 특별한 문제에 완전히 빠져 있을 때 그들에게 단서를 제공한 관련이 없는 전화 한 통이 기적같은 효과를 나타내는 것을 발견했다(Kaplan, 1989). 완전히 다른 상황에서 간단하게 관련된 주제나 개념을 끌어내면 원래 문제에 대한 해결책이 폭포같이 쏟아져 나왔다. 다시 말해서, 뇌가 2배나 작동했다—새로운 정보를 처리하는 동안 뇌는 또한 이전 문제의 주위에 있는 모든 단서를 탐색했다. 연구자들은 연합된 정보를 감지하기 어려울 수 있으며 사람들이 그것에 접근한 것을 인식하지 못한다는 것을 발견했다(Anderson, 2000a). 그렇지만 효과적인 문제 해결을 위해 환경이 계속 점화되어 있다는 것이 결정적인 증거로 나타났다.

우리는 망각하도록 프로그램되어 있는가

뇌 처리의 어떤 수준에서 장기기억은 유용하거나 다르다고 확인되었기 때문에 최소한 부분적으로 존재한다. 그러나 우리는 얼마나 오랫동안 정보를 보유하는가? 우리는 어떻게 '망각'—혹은 뇌 용량을 비워두기 위하여 정보를 무의식적으로 버리기—하는가 하는 것은 교사들이 생각해야 할 흥미롭고 중요한 문제다.

동물 연구에 의하면 환경 속에 '기억' 단서가 존재할 뿐만 아니라 '망각' 단서도 존재하는 것으로 나타났다(Anderson, 2000a). 예를 들어 비둘기 모이 쪼기와 관련하여, 비둘기들은 불빛 신호가 켜져 있을 때 비둘기가 숙달하는 정보를 기억하도록 훈련시킬 수 있었고 또한 불빛 신호가 없을 때 정보를 잊어버리도록—정보를 보유하지 않는 것—훈련시킬 수도 있었다. 이것은 불빛 신호가 꺼질 때만 숙달되는 정보를 강화함으로써 가능했으며, 그렇지 않으면 그 비둘기들은 그 정보를 적용하는 데 대한 보상을 더 이상 받지 않도록 했다. 결과적으로, 비둘기들은 오랫동안 그것을 기억하지 않는다.

앞에서 논의했듯이, 교사들이 주로 불평하는 점은 학습이 지속될 수 있는 시간이 제한되어 있다는 것이다. 종종 학생들이 너무 빨리 잊어버리는 것처럼 보인다. 학생들이 새로운 정보를 이해하기 위해 열심히 노력한 후에 얼마나 잘 이해했는지 측정해보면, 학생들이 얼마나 빨리 망각할 수 있는지 믿기 어려울 정도다.

이것은 모두 자연스러운 결과다. 실제로 그것은 인간 인지 시스템의 소중한 특성이다. 우리는 새로운 것을 학습하는 대단한 가소성을 보여주듯이, 또한 가끔은 더 이상 필요하지 않다고 생각하는 것을 빨리 잊는다. 사실, 어떤 사람은 그것이 마치 형이상학적인 컴퓨터 휴지통같이 사람들에게 미리 프로그램되어 있다고 한다. 뇌가 제한된 인지적 자원을 조심해서 사용하고 재활용하도록 원래 그렇게 되어 있는 것처럼 우리는 간단하게 뇌 '쓰레기' 시스템과 같은 것을 사용한다.

우리는 학습자로서 반드시 우리의 의식적인 통제하에 망각할 것을 결정하는 것은 아니다. 오히려 그 반대일 수 있다. 우리가 주의나 어떤 뇌 자원을 배당할 때와 마찬가지로 우리는 기억할 때 무의식적으로 부상자 분류를 한다.

그래서 교사들에게 실망감을 주는 바로 그 망각은 실제로 학습 상황에 내재되어 있다. 만일 지식이 다양한 상황에서 통합되지 않고 시간에 걸쳐서 강화되지 않으면 3장과 5장에서 논의했듯이 그것을 보유할 이유가 약화된다.

물론 문제는 교사가 아직 필요하다고 생각하는 것을 뇌가 버리기로 결정한다면 어떻게 할 것인가 하는 것이다. 어떻게 해서 의도와는 반대로 우리 학생들이 '망각' 신호로 잘못 받아들이게 만드는가?

앞에서 설명했듯이, 뇌에게는 적절하게 사용하는 것이 보상이다. 만일 학교 학생들에게 시험에 대비해서 어떤 것을 공부하라고 하고서는 시험에 그 정보에 대한 문제를 내지 않는다면, 그 정보를 보유하는 데 대한 보상이 없는 것이다. 본질적으로 우리의 인지 시스템은 망각하도록 되어 있다. 이것은 때때로 교실에서 혹은 훨씬 더 큰 규모로 일어날 수 있다. 예를 들어 교육 기준의 한 가지 일반적인 문제는 지금 여기에 존재하는 정보가 내일 없어진다는 것이다. 예를 들면 어떤 해에 4학년들에게 가르치는 중요한 것으로 생각되던 어떤 것이 5학년 수업에서 전혀 연결되지 않고 학생들에게는 넓은 격차만 남길 수 있다.

교사들은 학생들이 망각하지 않도록 도와줄 수 있을 뿐만 아니라 기억하는 기간을 늘리도록 도와줄 수도 있는 것으로 연구 결과에서 나타났다. 예를 들면 '망각 기능'에 대한 흥미있는 뇌 연구는 얼마나 오랫동안 그리고 어떤 조건에서 경험을 기억하는지 말해준다. 학습에 접근하는 방법에 따라 쇠퇴하는 비율—뇌에 정보가 저장되어 있고 접근이 가능한 시간적인 기간—도 다를 수 있다. 그러므로 이해한 것을 바탕으로 실천하려고 할 때 활용할 수 있는 지식이 될지 아니면 죽은 지식이 될지 결정하는 핵심은 학습하는 방법이다.

교사들이 이것을 다룰 수 있는 여러 방법이 있다. 교사들이 알아둘 필요가 있는 한 가지 중요한 개념은 어떤 대상에 대하여 사람들이 가지고 있는 단어에 대한 기억과 그림에 대한 기억이 다르다는 점이다(CORE 4g). 사람들은 종종 소위 그림에 대한 우세 효과를 보여준다. 간단하게 말하자면 그림이 더 오래 기억된다. 그런 연구 결과 때문에, 교사들은 모든 학생들이 다양한 방법으로 정보에 접근할 수 있도록 **시각적 의사소통**(visual communication)에 특별히 관심을 가져야 한다. 만일 당신이 하루 종일 학생들에게 말하는데 학생들이 한쪽 귀로 듣고 한쪽 귀로 흘려버리는 것처럼 느껴진다면, 그 느낌이 사실이다. 말하는 것을 멈추고 때때로 그림을 보여주면, 당신이 전달하려고 하는 아이디어가 학습자의 장기기억에 머무를 기회가 더 커질 것이다. 선택적으로 여러 다른 범주의 정보를 처리하는 뇌 영역들에 따라 빨리 망각하는 능력이 다르게 프로그램되어 있는 것으로 보인다. 인지과학자들은 사람에 따라서 다른 유형의 정보 자원들이 관리되고 보유되는 방법에 대한 다른 '망각 기능'을 가지고 있을 거라고 생각한다.

테크놀로지도 또한 교수 설계에 사용되고 있다. 디지털 영상은 진화적으로 과거에 없었기 때문에 우리가 원래 그것을 처리하도록 만들어져 있다고 주장하기는 물론 어렵다. 그러나 **컴퓨터 시뮬레이션**에서 볼 수 있듯이 디지털 영상은 어느새 현실이 되어 가고 있다. 그것들은 움직이고, 말하고, 우리 주변 세상에 있는 대상들과 같은 역동적인 특성들을 가지고 있다. 하이테크 시뮬레이션은 다중감각 트랙을 제공할 수 있고, 여러 지각 하위영역들이 동시에 입력정보를 처리할 수 있다.

이런 방법으로 연합하고 자극을 유의미하게 만들 수 있는 방법을 기억이 더 많이 가지게 된다. 한 유학생은 온라인 자료와 도구의 가치와 관련한 자신의 경험에 대해 다음과 같이 말한다.

> 멀티미디어 자료를 사용하는 교수 방법은 매우 놀랍다. 나는 온라인 통신을 이용하는 학습자이며 글자만 보는 것보다는 그림을 보는 것을 더 좋아한다. American English Institute에서 공부하는 동안, 나는 영어 어휘를 기억하기 위해 그림을 사용하는 것이 매우 도움이 된다는 것을 알게 되었다. 나는 Mindjet이라고 하는 마인드 맵핑 앱을 사용했다. 그것은 카테고리에 따라서 어휘들을 조직할 수 있고 각 어휘와 관련된 그림들과 함께 어휘를 이해할 수 있도록 해준다. … 이런 종류의 교수 접근은 학습자들의 마음에 정보가 더 오래 유지되게 하는 데 도움이 되고 학업성취도 향상시킬 수 있다.

기억 획득에 영향을 미치는 요인들에 대해서는 다음 장들에서 논의될 것이다. 예를 들어 정서적 사건은 종종 기억될 가능성이 더 높다. 우리에게 더 생생하게 남아있는 정서적 사건에 대해서는 7장 '뇌의 정서적 기능과 태도'에서 논의된다. 수면도 또한 기억 강화의 중요한 요인이며 6장 '수면, 운동, 영양섭취'에서 논의될 것이다. 마지막으로 9장 '뇌에서 피드백과 증거'에서 논의될 피드백은 기억이 어떻게 획득되는지에 영향을 미치며 우리는 피드백에 따라 우리 반응을 조정한다.

요약하면, 교사들의 관점에서 보면 기억의 역량은 놀랍다. 기억을 하는 기능과 기억을 지우는 기능이 모두 자동적으로 작동하지 않는다면 우리는 인간으로 기능할 수 없을 것이다. 그렇지만 우리가 무엇을 기억하고 얼마나 오래 기억할 것인가에 대하여 더 의식적인 통제를 할 수 있다면 더 좋을 것이다.

지식 통합

기억 흔적 혹은 기존 신경 경로는 더 활성화될수록 더 강화된다(CORE 4h 참조). 더 강해지고 더 빈번하게 강화될수록 망각은 덜 일어날 것이다.

이론상, 정보가 강하게 연결되어 신경 네트워크를 형성할 때 특히 그런 현상이 나타난다. 더 많이 연결되고 따라서 생활의 여러 측면에서 유의미할수록, 더 많이 사용되고 따라서 보유하는 우선순위가 더 높아진다. 다시 말해 연결할 수 있고 의미가 있는 유용한 지식이라면 우리는 그 유용한 지식에 기꺼이 더 투자하려고 한다.

그러나 교사들이 우리에게 어떤 특정한 지식체가 유용하다고 말해주는 것만으로는 충분하지 않다. 인지과학 관점에서 말하자면 그것은 우리를 설득하는 것 이상을 필요로 한다. 그것을 뇌가 조우하는 정보를 '알 필요가 있는' 기준으로 분류하는 것으로 생각해보

라. 유추(analogical reasoning)를 사용하여, 뇌는 저장하고 기억할 가치가 있는 것이 무엇인지 결정한다―뇌가 세상에서 일반화할 수 있는 패턴 혹은 스키마를 확인하는 과정. 당신이 속해 있는 분야에서는 스키마를 일반적으로 당신이 이해하는 데 도움을 주는 조건화된 원리 혹은 작동모델로 정의하고 있을 것이다.

스키마 개념은 다양한 이름으로 이해되고 있다. 스키마가 무엇인가 혹은 어떻게 정의를 내릴 수 있는가에 대하여 인지과학 분야에서 열띤 논쟁을 일으켰다. 교사의 관점에서, 스키마가 일반화된 지식 구조, 정신적 모델, 혹은 그 무엇이든 그것이 중요한 것이 아니라 우리가 기능하는 다양한 방법에 스키마가 적용된다는 것을 아는 것이 더 중요하다.

이론적으로 뇌에게는 본질적인 스키마로 조직이 되는 정보의 관련성이 중요하다. 정의에 의하면 스키마는 핵심적이기 때문에 우리는 스키마를 알 필요가 있다. 이에 대한 한 가지 좋은 예를 들어보자. 한 역사 교사가 학생들이 사회학의 개념들을, 민주주의에서 시민에 의한 참여 행동의 중요성과 같은, 원리들로 조직하는 것을 도와주었다. 학생들은 과거에 대한 수업뿐만 아니라 그들 자신의 공동체 서비스 활동에 의해서도 그 관련성을 볼 수 있었다. 따라서 기억 강화는 기억 흔적을 강화하는 것 이상인 것을 알 수 있다. 따라서 기억 강화의 개념은 기억 흔적을 강화하는 것을 넘어서 그 흔적과 관련된 표상 혹은 스키마를 만드는 것임을 알 수 있다.

자원에 대한 투자와 헌신으로서의 기억

기억의 가치―그리고 비용―는 교사들이 생각해야 하는 흥미로운 것이다. 많은 교사들은 기억하는 데는 비용이 들지 않고 재학습을 해야 한다면 마음이 고생할 뿐이라고 생각한다. 그러나 뇌는 뇌가 하는 모든 것에 대한 이득과 손실을 잘 계산한다. 교육자들에게 "여기 당신이 배워야 할 것이 있어"라는 말과 같이 간단해 보일 수 있다. 그러나 기억하라! 뇌에게 이것은 취사 선택하는 것이고 비용편익 거래다. 왜? 기억은 공짜로 생기는 것이 아니기 때문이다.

기억은 물리적으로 뇌의 구조를 변화시키는 것이고 변화하는 데는 뇌 자원의 투자와 헌신을 필요로 한다(CORE 4i 참조). 우리가 생각할 수 있는 학교나 집과 같은 물리적 구조를 변경하는 것과 비슷하게 모든 변화에는 비용이 든다. 욕실을 리모델링하거나 부엌을 업그레이드하고 싶은가? 가격표가 여기 있다. 실제로, 지금 있는 그대로 고장 나지 않게 현상 유지하는 것도 쉽지 않은 일이니까 과도하게 하지 않는 편이 좋다.

뇌를 리모델링 혹은 업그레이드하는 것은 가소성의 작은 변화와 마찬가지다. 우리는 새로운 연결을 만들거나, 혹은 다른 것들을 강화하거나, 약화시키거나, 재구성할 수 있다.

어떤 뇌 처리 과정은 우리가 학습할 때 최소한 잠시 동안은 더 쉽게 혹은 더 빠르게 될 수 있다. 그러나 이것은 모두 물리적으로 뇌의 도구나 구조에서 유지되어야만 한다. 이것은 마치 하루 24시간 불을 켜두는 것과 같다. 궁극적으로 모든 사람의 뇌 자원은 제한되어 있기 때문에 우리는 어떤 선택을 한다.

이 모든 뇌 처리 과정은 유지되고 접근되어야 하며, 그렇게 하기 위해서는 전적으로 헌신해야 한다. 예를 들어 뉴런의 수초 절연은 신호를 더 빠르고 더 안정적으로 작동하게 만든다. 이 보호 외장은 신경 조직을 감싸고 있다. 수초가 감싸고 있는 옅은 지방질과 뇌 조직은 뇌의 50%를 구성하고 있는 소위 말하는 '백질'이다(Fields, 2010). 수초가 보수가 잘 되어 있지 않으면 기억 상실과 인지장애가 나타날 수 있다. 그 외에도 수초가 약화되면 다발성 경화증과 같은 질병도 생긴다.

기억의 세 과정 : 획득, 접근, 보유

우리는 기억을 새로운 정보를 획득하고, 인출하고, 보유하는 세 가지 과정을 통해서 과거 경험을 사용하는 인지 과정이라고 했다(Anderson, 2000a). 여기에서 우리는 세 기능을 확장한다.

획득은 신경활동의 경로를 만들고 강화하는 것이다. 획득은 신경 흔적의 발달 단계, 혹은 우리의 원래 사고로 돌아가게 해주는 신경의 '빵 부스러기 길' 경로를 만드는 단계다.

인출은 기억의 재활성화 단계다. 다시 말해서 기억한 것을 회상하기 위해서 그 흔적의 경로를 통해서 다시 기억에 접근하는 것이다. 종종 인출은 더 사용하기 위해서 사고 과정에 기억을 다시 불러들이는 것이다.

〈표 4.1〉에서 보여주듯이, 획득과 접근은 모두 기억을 유지하고 관리하는 것, 혹은 어느 정도의 시간적인 간격을 두고 보유하는 것이 필요하다. 이것은 흔적이 강화되는 기억하기와 오랫동안 사용되지 않아서 연합이 약화되는 망각하기 모두를 포함하며, 기억 역량이 재활용되거나 다른 용도로 사용될 수 있다는 것을 의미한다.

교사들이 이해해야 하는 기본적인 전제는 기억 흔적, 혹은 강화된 신경 경로가 학습의 최종 결과라는 것이다(CORE 4a 참조). 그렇다면 교사의 관점에서는, 3장과 5장에서 논의했듯이, 효과적인 교수 설계의 결과는 더 효과적인 기억 흔적을 만드는 것이다. 정신적 시각화와 학생들이 충분히 대조할 수 있게 유사점과 차이점을 강조하기와 같이, 3장과 5장에서 논의된 중요한 교수전략은 기억을 지원한다. 그리고 교사들은 학생들을 위해

표 4.1	기억 획득, 인출, 보유	
장기기억 저장을 위한 세 가지 핵심 과정		
과정	활동	학습에서의 역할
기억 획득	정보를 부보화하고 강화해서 영구적인 표상으로 만들기	새로운 정보를 학습하기 위한 중요한 첫 번째 단계
기억 인출	성공적으로 정보에 접근하기	효과적으로 학습을 활용하고 접근할 수 있도록 해줌
기억 보유	시간에 걸쳐서 정보를 유지하기	지식과 기술을 어느 정도 영구적으로 유지할 것인지를 결정

세 가지 모두가 작동하지 않으면 교사들은 가르치면서 커다란 좌절을 경험할 수 있고 학생의 학습 결과가 나쁘게 나타날 수 있다.

더 효과적으로 장기 학습 결과를 제공할 수 있다.

따라서, 학습이란 더 자주 뉴런들의 발화를 자극하여 흔적을 강화하는 생물학적 메커니즘이다. 사용하지 않으면 그 흔적은 유지되지 않는다. 따라서 기억을 '숲속의 길'을 만드는 것으로 생각한다면, 부분적으로 우리가 만든 이 길 혹은 기억 흔적 때문에 어떤 장소에 더 쉽게 찾아갈 수 있다. 숲속에서 철길을 재건하는 자원 봉사자들과 같이, 우리는 완전히 새로운 길을 만들고 시간에 걸쳐서 유지하며, 그렇지 않은 것은 서서히 사라지게 된다.

기억의 획득, 인출, 유지는 각각 뇌에 대한 다른 도전이며, 학생들이 각 단계에서 실패할 수 있다. 사실, 앞에서 보았듯이 어떤 상황에서 뇌는 부호화, 접근, 유지를 못하게 프로그램되어 있다—그리고 이것은 뇌의 입장에서는 성공적인 것이다. 그런 상황에서, 교사들은 원래 학습이 헛수고가 되었다고 느낄 수 있다.

그래서 교사들의 노력이 타고난 생물학적 과정과 조화를 이루도록 하기 위해서는 장기기억에 대한 이해가 필요하다고 교사들은 생각하게 된다. 장기기억을 논의하는 과정에서 유념해야 할 기본적인 전제는 획득, 인출, 보유, 세 가지 중 하나라도 실패하면 학업적 성공이 탈선해서 학생뿐만 아니라 교사들도 실망할 수 있다는 점이다. 한 강사가 말하듯이 "나는 내 학생들이 배운 것보다 내가 가르친 것이 더 많다고 생각한다." 이것은 교사들이 공통적으로 느끼는 것이다.

지적했듯이, 흔적 혹은 뉴런의 발화와 연결되어 있는 특수한 뇌활동은 우리가 그것을 유지하고 시간과 뇌의 자원을 투자하면 시간이 지나면서 향상된다. 이제 이전에 언급했던 '함께 발화되는 것은 함께 연결된다'라는 개념을 더 자세하게 알아보자. 일반적으로 표현하면, 신경 경로가 강화되는 것은 연합이 개선되는 것과 마찬가지이며, 그것은 또한 기억을 만드는 것과 마찬가지다. 이 '기억 흔적'은 학습의 결실이다.

요점을 정리하자면, 학습한 것이 유지되는 것이 이로운 이유는 기억 흔적 때문이다 (CORE 4b 참조). 뇌과학 관점에서 보면, 만일 우리 기억 흔적 속에 어떤 변화도 일어나지 않았다면 아무것도 학습하지 않은 것이다.

목표에 대한 효과적인 기억 흔적이 설정되고 있다고 교사들이 믿는 잘못된 교수전략의 예를 하나 생각해보자. 그것은 성공적으로 비계 설정 혹은 지원을 하지만, 앞 장에서 논의했듯이 학습자들이 독립적으로 할 수 있도록 하기 위해 지지를 철거해야 한다는 것을 모르는 교육자들의 예다. 자신의 경험에 대해 교사가 직접 쓴 내용은 다음과 같다.

> 학생들이 쉽게 이해하도록 하기 위해서 예들을 세분화하고, 여러 차례에 걸쳐서 큰 개념들을 단계별로 배울 수 있게 여러 문제로 나눈다. 교실 수업에서나 숙제로 문제를 내주었을 때나 학생들은 그 문제들을 잘 풀고, 개념들을 깊이 이해하고, 자신감을 느낀다. 그런데 여러 차례 시험에서 학생들은 실패한다. 시험은 도움을 받지 않고 전체 개념을 이해해야만 풀 수 있도록 되어 있는데, 비계가 철거된 상태에서 학생들은 어떻게 탐색해야 하는지 모른다. 이렇게 학생들이 교실수업에서나 숙제는 잘하는데 시험에서 실패하는 것을 통계 수업과 수학 수업에서 나는 많이 보아왔다. 만일 비계가 너무 오래 세워져 있거나 너무 상세하면, 학생들은 그들이 필요하다고 생각하는 수준만 학습하기 때문에 필요로 하는 도움이 없으면 결과를 산출할 수 없다고 나는 느낀다.

이 예를 기억 흔적의 관점에서 설명하면, 위의 예에서 학생들은 그들이 배운 것만 획득하고, 접근하고, 보유한다. 교사가 처음부터 끝까지 하나씩 지적해주는 단계별로 풀이하는 방법이 세분화되어 있다. 문제는 교사가 시험에서 완전히 다른 문제를 낼 때이다. 힌트도 주지 않고 어떤 단계를 거쳐서 문제를 풀 수 있는지 가르쳐주지도 않고 문제를 해결하도록 할 때, 이런 시험 유형과 같이 안내를 받지 않고 문제 해결을 하는 것을 교실수업과 숙제로 연습이 되어 있어야 하는 것이다. 학생들이 다음 단계에 어떻게 해야 하는지 알려주지 않아도 스스로 할 수 있도록 하기 위해서는 문제를 해결하기 위해 필요한 기술과 지식을 자극할 수 있는 기억 흔적을 만드는 것이 중요하다.

위의 예와 비슷한 상황에서, 교사들은 흔히 학생들이 시험을 볼 때 잠깐 깜빡했다고 생각한다 —즉 망각(Wilson & Scalise, 2003, 2006). 학생들이 교실에서 그리고 집에서는 그 문제를 풀 수 있었는데, 시험을 볼 때 못했다는 것이다. 그러나 뇌의 관점에서 보면 그것은 목적과 목표가 잘못된 것이었다. 독립적인 문제 해결을 위한 기억 흔적이 처음부터 목표로 설정되지 않았던 것이다. 옛말에 있듯이, 처음부터 몰랐던 것을 망각할 수는 없다. 당신이 경험하지 않았던 경험에 대한 기억을 획득할 수는 없다. 그와 같은 지혜가 교수 설계와 평가가 함께 고려되지 않았던 것이다.

루크 스카이워커와 기억 접근

기억 연구자들은 놀랍도록 상상력이 풍부하다. 예를 들어 영화 〈스타워즈〉의 루크 스카이워커[8]와 제다이 기사들을 중심으로 해서 여러 나라의 연구자들이 한 팀이 되어 뉴런이 어떻게 기억을 활성화하는지 이해하기 위해 재미있는 연구를 했다(Quiroga, Fried, & Koch, 2013). 〈스타워즈〉 영웅들의 이미지를 사용하여 할리우드 영상을 사람들에게 보여줄 때 특수한 뇌세포 발화가 일어나는지를 조사했다. 첫째, 그 연구자들은 그 캐릭터에 대해 뉴런이 발화하는지를 알고 싶었다. 둘째, 그렇다면 같은 영상이 나타날 때마다 같은 뉴런이 발화할까?

두 문제에 대한 답은 모두 '그렇다'이다. 루크의 영상을 보여주었을 때, 원작 3부 〈스타워즈〉의 주인공인 루크에 대해 한 뉴런이 계속해서 발화했다. 하지만 피검사자들에게 다른 유명인의 영상을 보여주었을 때는 이 특별한 뇌세포가 반응을 보이지 않았다.

하지만 루크에 발화했던 뉴런은 루크가 아닌 어떤 다른 인물에 대해서도 발화했다. 예를 들면 〈스타워즈〉의 전설적인 지혜의 인물인 요다의 사진이 화면에 나타났을 때 발화했다.

〈스타워즈〉가 끊임없이 사랑을 받고 있는 점을 떠나서, 그 연구는 어떤 가치가 있는가? 그 연구는 루크와 유다와 같이 연관성이 있는 개념들은 부호화된 같은 뉴런을 공유하는 부분이 있다는 것을 보여주는 기억 네트워크에 대한 새로운 이해를 제공했다. 다시 말해서, 아이디어들이 서로 연합되어 있으면, 우리의 네트워크는 중첩된다(Quiroga et al., 2013). 이런 방식으로 과학자들은 뉴런의 작은 집단들이 개념을 가지고 있다는 결론을 내렸다.

신경 네트워크가 중첩되는 곳에서 연합이 일어난다. 기억 흔적은 뉴런을 공유하는 부

---

8. 〈스타워즈〉에 등장하는 인물이자, 오리지널 시리즈인 에피소드 4, 5, 6의 주인공이다. 아나킨 스카이워커의 아들로 타투인 출신이고, 삼촌부부인 오웬과 베루 손에서 자랐다. 오웬과 베루를 죽인 제국에 저항하기 시작하여, 요다에게 제다이 수련을 받으며 제다이가 되었다-역주.

분도 있고 공유하지 않는 부분도 있다. 따라서 그 차이가 개념의 차이를 만든다.

결국 네트워크의 중첩을 통해서, 전체는 부분의 합보다 더 크게 된다. 뇌의 게슈탈트는 우리를 위해 그 실체가 살아있도록 한다. Proust가 아주 적절하게 묘사했듯이, 우리의 기억은 '영혼(soul)'과 같고 "나머지 모든 것들이 붕괴하는 가운데 기억하고, 기다리고, 기대하고 있다."[9] Proust는 정말 제다이처럼 현명하지 않은가?

그러나 기억을 일으키기 위해서는 정확하게 얼마나 많은 뇌신경이 필요한가? 이 문제에 대하여 뇌과학 공동체 속에서 2개의 경쟁적인 기억이론 간에 한동안 큰 논쟁이 일었다. 한편에서는 수백만 혹은 수십억 이상의 뇌신경이 필요하다고 주장하고, 다른 한편에서는 수천 혹은 그보다 훨씬 적은 수의 뇌신경이 필요하다고 주장한다(Quiroga et al., 2013). 아직 정확한 답은 알려지지 않았지만, 과학자들은 흥미있는 연구 결과들을 풀어내고 있다.

이제 우리는 장기기억이 단독적인 실제도 아니고 뇌의 어느 한 영역에서 일어나는 것도 아니라는 것을 안다(CORE 4c 참조). 이것은 학생들을 가르치는 교사들에게는 연합과 회상의 문제로 생각할 수 있다. 개념과 아이디어를 연합하고 또한 연합된 개념과 아이디어를 자극하는 것이 교육에서 중요하다.

기억 인출과 연합의 중요성

이제 우리가 알게 되었듯이, 효과적인 학습 방법은 우리 아이디어를 유의미하게 공고화(consolidation)할 수 있도록 돕는다. 점화와 청킹, 유사점과 차이점, 정교화와 확장, 그리고 궁극적인 지식 통합과 같은 접근들은 모두 신경 발화를 조직한다. 이것은 다른 무엇보다도 방금 설명한 효과적인 '개념' 네트워크를 만드는 것을 말한다.

표준화 선다형 검사를 잠시 생각해보라. 그것은 인지과학자들이 말하는 '재인기억 검사'다. 나열되어 있는 여러 답 중에서 우리는 정확한 답을 재인하기만 하면 된다. 기억과 인지적 구조 연구의 핵심적인 인물인 심리학자 J. R. Anderson은 사람들이 재인기억 검사에서는 높은 수행을 보이는 반면에 피검사자가 스스로 답을 제공하는 검사에서는 낮은 수행을 보이는 이유를 설명한다.

한 가지 이유는 기억 흔적의 활성화는 제공되는 연합된 단서의 수와 함께 증가하기 때문이다. 선다형 검사에서는 모든 답이 단서가 될 수 있다. 그래서 제대로 만들어진 검사

---

9. Marcel Proust의 「잃어버린 시간을 찾아서」에 나오는 글—역주.

에서 처음에 그 정보를 떠올리지 않으면 정확한 답을 선택할 수가 없다. 단서 없이는 스스로 그 답을 떠올릴 수 없었을 수도 있다. 그러나 기억 흔적 속에 어떻게 연관을 시켜 놓았는가에 따라서 모든 단서의 도움을 받아서 답을 할 수도 있다.

요점 : 어떻게 기억을 잘 할 것인가 하는 것은 기억이 연합되어 있는 단서를 어떻게 잘 생성할 것인가에 달려있다고 Anderson은 말한다(Anderson, 2000a). 그는 기억은 결코 망각되는 것이 아니라 단지 단서를 버렸기 때문에 접근하지 못할 뿐이라고 했다(Anderson, 2000a). Anderson은 사람들이 어떻게 기억으로부터 단절되는가를 보여주는 많은 연구 결과가 있다고 한다. 기억은 여전히 그곳에 있는데 우리가 그곳에 도달할 수 없을 뿐이다.

청킹은 어떻게 기억에 도움이 되는가

옳은 관계가 형성될 때까지 함께 가야 할 개념들이 각각 떠돌아다닐 수 있다. 서로 설명되어야 할 것들이 길을 못 찾고 있을 수 있다. 이제부터는 기억 속에서 길을 잃지 않게 관계를 연결시킬 수 있는 몇 가지 방법을 생각해보자.

숙련 교사이기도 한 한 행정가는 학교교육에서 그가 경험한 가장 큰 어려움을 "청소년을 가르친 수십 년 세월이 내게 말해주는 것은 전통적인 학교교육에서 아이들이 가지고 있는 가장 큰 문제는 정보 과부하다"라고 말했다. "너무나 많은 무작위적이고, 비조직적이며, 연결성이 없는 정보를 학생들이 대처하기에 엄두도 못 낼 정도로 쏟아붓고 있다"(Brady, 2012).

반대로, 사려 깊은 접근을 사용하는 학교에서는 그 효과가 나타난다. 종종 그것은 계획에 접근하는 방식에 달려있다. 한 학교 지도자의 경험을 예로 들어보면 다음과 같다.

> 고등학교 교장으로서 나는 모든 학생이 졸업하기 위한 요건으로 대수 I 수준 이상의 세 과목을 필수로 수강하도록 해야 하는 도전에 직면했다. 우리 학생들 중 꽤 많은 학생들이 이 조건을 충족하기에 어려움이 있었다. 우리는 어려움을 겪고 있는 많은 학생들을 위한 가장 효과적인 접근이 수학을 여러 과목 속에 접목하는 것이라고 결정했다. 그리고 그렇게 함으로써 학생들이 실생활과 연합시켜서 수학 개념을 이해할 수 있을 것으로 생각하고 우리는 학생들이 가지고 있는 수학 지식을 실전에 적용하도록 했다. 한 가지 좋은 예가 건축 교과목이다. 그것은 '주요 과목'과 '선택 과목' 간의 협력을 위한 주(state) 수준의 모범사례가 되었다. 수학 교사와 건축 교사가 팀을 이루어 한 학기 동안 가르쳤다. 우리는 이론과 칠판 대신에 실생활에 적용할 수 있도록 했다. 학생들은 기하와 대수 표준을 사용하여 이 수업에서 프로젝트를 완성했다. 거의 모든 학생이 성공적으로 대수

를 마쳤고 몇몇은 기하 실력까지 향상되었다. 학생들은 수학 능력에 대한 자부심을 나타냈다. 그것은 교사와 학생 모두에게 변혁적인 경험이었다.

이런 방법으로 이론과 적용을 접목하는 것은 학생들을 위해―그리고 뇌를 위해―지식을 유의미하게 조직하는 한 예다. 그것은 또한 복잡한 아이디어를 관리할 수 있는 부분들로 나누어 유용한 기억을 만드는 교수법으로서 청킹(chunking)이라고도 부른다.

이와 반대로 최근 교육 과정 설계에 나타나고 있는 어떤 접근들은 뇌가 유의미하게 지식을 조직하는 것을 어렵게 만들 수 있다. 미국국립연구위원회(National Research Council, 2000)에 따르면 그런 교육 과정 설계에는 사실에 대한 표면적인 설명, 연결되지 않는 아이디어들, 중요한 아이디어를 조직적으로 개발하기 위한 불충분한 시간 배당 등이 포함되어 있다(CORE 4d 참조). 이것에 덧붙여서, 지식 통합의 부족, 부적절한 상황에 조건화해서 표상을 유연하지 않게 하기, 교사의 좌절감을 주는 열심히 가르쳤지만 활성화되지 않는 지식 등과 같은 3장에서 확인한 교수 방법의 결함들을 포함시킬 수 있다.

기억 관점에서, 정보를 원리나 다른 전략적 청크로 조직하는 것은 접근과 보유를 향상시키는 데 도움이 된다. 이 접근은 뇌가 필요로 하는 조건적인 가능성을 지원한다. 뇌가 작동하는 방식에 따라 정보를 어디에 저장할 것인지 알 필요가 있다. 그 후에 뇌가 관계를 형성하는 것을 강화하기 위하여 많은 기회와 분산 연습이 필요하다.

교사에 의한 효과적인 청킹은 이것을 지원하고 많은 상황에서 사용될 수 있다. 아래에 제시되는 예는 한 교장이 교사들과 함께 일하면서 이 접근을 어떻게 사용하는지를 보여준다. AP[10] 생물 교사와 함께 간단한 수업을 하면서, 그녀는 그 교사를 위해 청킹 교수전략을 시범 보이고 있다. 그녀는 학생들이 과학 설명문을 읽기 위한 효과적인 개념 네트워크를 만들 수 있도록 도와주기를 기대한다.

청킹은 학생들에게 복잡하고 어려운 글을 읽는 방법을 가르칠 때 특히 효과가 있다. 학생들은 종종 자신의 학습에 적절한 작은 청크로 나누기보다 저자가 만들어 놓은 청크(단락, 장, 글자체가 두껍게 되어 있는 소제목 등)를 따라가면서 책을 읽는다. 최근에 나는 AP 생물 수업에서 생물 담당교사와 함께 읽기전략을 시범 보였다. 수업을 시작하기 전에, 나는 학생들에게 내용이 어려운 특정한 장에서 처음 나오는 단락을 읽고 중요한 내용을 요약해서 쓰도록 했다. 내가 학생들에게 읽기를 중단하도록 하고 "여러분 중 읽

---

10. Advanced Placement : 대학과목선수이수제. 대학 과정을 고등학교에서 미리 듣는 제도. 1년에 한 번 5월에 AP 시험을 보고 학점을 부여하며, 총 7개 분야 38개 과목으로 구성되어 있다―역주.

은 내용을 기억하는 사람은 손을 들어보세요"라고 했다. 단지 몇 명만 손을 들었다. 그 교사와 내가 청킹 시범을 보이고 난 후에 학생들에게 읽으면서 유의미하게 청크를 하도록 했을 때, 학생들은 훨씬 높은 비율로 그 주요 아이디어를 회상할 수 있었다.

교사들은 무엇이 유의미한 청크를 만드는가에 대해 깊이 생각해야만 한다. 청킹은 여러 교과목에 걸쳐서 글 읽기와 쓰기를 가르치는 교사들에게 유용한 기술이며, 미국 공통 핵심 주 표준(Common Core State Standards)에서도 여러 상황에서 개념과 기술을 다양하게 경험할 것을 강조하고 있다.

기억에 관해 교사들이 주목해야 할 점은 수업을 작지만 유의미하게 조직하는 청킹 수업이 기억의 접근과 보유를 향상하는 데 중요하다는 것이다.

반복적인 노출이 기억을 강화한다

과학자들은 우리는 왜 어떤 것을 특별히 기억하는가와 같은 질문을 한다. 가장 기본적으로, 과학자들은 우리 뇌가 언제 특별한 기억을 하는지, 그리고 어떻게 결정하는지 깊이 생각한다—기억을 언제 사용할지 우리는 어떻게 아는가, 그리고 회상이 효과적으로 작용하도록 신경 흔적을 실제로 강화하기 위해 필요한 것은 무엇인가?

앞 장들이 교수 설계에 관련한 교수와 학습 메타분석 연구 결과에 초점을 맞추었듯이, 이 장에서도 기억과 관련한 교수와 학습 메타분석 연구 결과들을 집중적으로 살펴본다.

우리는 교육연구자 John Hattie의 연구로 시작한다. 그는 호주 멜버른대학교와 오클랜드대학교에서 많은 연구를 했다. Hattie의 연구는 교수자와 수업에서부터 학생, 학교, 교육 과정, 가정까지 포함한 광범위한 효과를 포함한다. 그의 연구들은 뇌가 기억하는 방법과 교사들이 가르치는 방법을 직접적으로 연결한 접근들을 포함하고 있다. 여기에서 우리는 학생들의 학업성취에 영향을 미치는 교수 접근과 관련된 Hattie의 연구 결과에 초점을 맞출 것이다.

교수법과 관련하여 Hattie가 발견한 가장 일반적인 법칙은 교사들이 학생들로 하여금 스스로 하게끔 할 때 가장 큰 학습 효과를 얻을 수 있다는 것이다(Hattie, 2008, p. 35). 3장에서 논의한 학생의 인지 활성화—점화, 정교화, 확장, 지식 통합—가 이런 활동의 핵심을 이룬다. 이것은 시험에 대비해서 가르치거나 능력별 집단을 구성해서 가르치기와 같이 교사 자신이 특수하게 무언가를 하는 것과 비교된다.

기억에 관련해서, 교사들이 학생들의 학습 기회를 구조화하는 것이 큰 차이를 나타냈다. 예를 들어 그가 쓴 시각적 학습(*Visible Learning*)에서 보고된 다섯 가지 가장 효과적인 교수법 중에서, 기억과 직접적인 관련이 있는 것이 분산 대 집중 연습이다 — 다시 말해서 과제에 대해 단지 많은 시간을 투자하는 것보다 자주 여러 번 연습하는 것이 중요했다 (Hattie, 2008).

미국국립연구위원회(NRC)는 많은 연구 결과를 수렴해서 학습을 관장하는 규칙을 만들었다. 가장 간단한 것 중 하나가 연습이 학습을 향상시킨다는 것이다.

Hattie의 연구에서 가장 좋은 학습 결과는 반복 노출에 의한 것으로 나타났다. 학습의 복잡성에 따라서 다르지만, 일반적으로 며칠에 걸쳐서 3, 4회 분산 연습을 하고 그 후에 일정한 간격을 두고 다른 방식으로 다시 연습하는 것이 가장 바람직했다. 이런 조건하에서 기억의 획득과 보유 모두가 향상되었다.

이런 분산 연습은 기억 흔적을 일정하게 자주 반복적으로 자극하여 강화하기 때문에 뇌 부호화와 인출에 직접적인 영향을 미친다. 그 밖에도 빈번하게 사용될 필요가 있기 때문에 망각은 우선순위에서 밀리고 보유가 우선하게 된다. 또한 다른 효과들도 있을 수 있다. 즉 비록 이에 대해서는 아직 잘 밝혀지지 않았지만, 뇌가 분산 연습을 하면서 틈틈이 자고, 휴식하고, 신체적 지원을 받으면 정보를 더 잘 공고하게 할 수도 있다.

시험을 일주일 앞두고 한 온라인 숙제 클럽에서 방과 후 5일 동안 매일 20분간 집중적으로 수학 숙제를 하는 것과 어느 날 오후에 100분을 몰아서 벼락치기를 하는 것을 비교했다. 특히 집중 연습이 '쉬지 않고 한 번에 끝낼 때' — 한 번 시작해서 쉬지 않고 연습하고 나서 시험 볼 때 한 번 접근하고 그냥 끝내버리기 — 뇌의 필터링과 저장 메커니즘은 그 지식을 보유할 필요가 없다고 생각하게 된다.

분산 연습은 효과가 있다. 평균적으로 100명 중 50등을 하는 학생에게 분산 연습을 포함시킨 교수 접근을 사용했을 때 10등 이상 점수가 오르는 것을 기대할 수 있는 것으로 연구 결과가 보고되었다. 분산 학습에 대한 연구 결과는 실제로 기억을 연구하는 과학자들에게는 일반 원리로 알려져 있다. 100년 전으로 거슬러 가보아도 시간을 여러 번으로 나누어 학습하는 것이 길게 한 번 학습하는 것보다 효과가 있는 것으로 알려져 있다 (Restak & Kim, 2010).

'연습'이라고 할 때 Hattie(2008)가 의미하는 것은 직접적으로 단순히 기계적으로 여러 번 반복적으로 암기하는 것이 아니다. 그런 방식은 지루하고, 기계적인 되풀이만 하고, 다양한 경험을 제공하지 않고, 전이를 촉진하기 위한 충분한 상황이 부족하고, 종종 덜 중요한 표면적인 지식을 쌓는 것에 목표를 둔다고 그는 말한다. 비록 기계적 암기가 어떤 장점이 있고 특히 단기기억을 위한 기억 흔적을 강화할 수 있지만, 더 유의미하게 연합하지 않는다면 곧 사라질 수 있다. 대신에 Hattie는 **의도적 연습**(deliberative practice)

이라는 개념을 사용한다. 그것은 당신이 아는 것과 할 수 있는 것을 피드백, 상황, 의미와 함께 다양하게 사용하는 것에 초점을 맞춘다. Hattie는 이것들을 '경험의 동기화(motivating experiences)'라고 부른다. 이것은 교수 설계에서 사회적으로 증대된 인지를 사용하는 한 예로 5장에서 자세하게 논의될 것이다.

연습(올바른 유형의)이 완벽함을 만든다

분산 학습의 이상적인 시간 간격은 그 과제의 복잡성과 난이도에 따라 다르다. 더 간단한 과제일수록 더 짧은 간격을 갖는 것이 좋다. Hattie와 다른 연구자들의 연구에 의하면 과제가 더 복잡할수록 더 긴 휴식 시간이 필요하며 날짜를 사이에 두고 분산할 필요가 있기 때문에 보통 약 24시간이 필요하다.

의도적 연습은 기억 흔적을 강화하고 학습자가 유의미한 연합을 더 쉽게 자극할 수 있다. 사실, 기억 전문가 J. R. Anderson(2000a)에 의하면 학습은 뉴런들 간에 부호가 더 쉽게 전달되도록 하는 시냅스 연결의 효과성의 변화라고 한다. 이것은 어떤 주제나 정보에 대해 얼마나 기억할 수 있는가, 그 기억이 얼마나 지속되는가, 재학습을 할 때 기억을 불러들여서 충분히 이해하는 데 얼마나 걸리는가와 같은 다양한 방법으로 측정해볼 수 있다.

망각이 일어나고 있는 동안에 이전에 더 많이 강화했던 기억 흔적은 더 빨리 재학습할 수 있다. 이것은 애초에 기억이 될 때 기억 흔적이 강화되면 망각된 정보가 더 쉽게 재학습된다는 중요한 의미를 갖고 있다. 따라서 과거에 지식과 기술을 쌓아 놓았다면, 상당한 기간 동안 그것에 잘 접근하지 않는다고 해도, 그것을 사용하기 위해 훨씬 빨리 재학습할 수 있다. 전체적으로 어떤 새로운 것들은 시간이 더 오래 걸린다.

교사들은 교수 설계를 정교화하면서 ─ 교수 설계를 상세화하고, 그림으로 표현하고, 생각을 설명하기 ─ 학생들이 분산 연습을 할 수 있는 기회를 제공하고 있는지 생각할 필요가 있다. 교수 설계는 의미가 있고 오래 기억될 수 있도록 어떤 방식으로 지원하고 있는가?

수업은 교사가 가르치는 것이 아니라 학습 환경 속에서 교사, 학생, 내용 간의 상호작용으로 정의할 수 있다(Cohen & Ball, 2000). Hattie(2008)는 메타분석 연구를 통해서 그런 상호작용과 효과적인 분산 연습이 어떻게 진행되는지를 보여준다. Robert Marzano(2003)도 Hattie와 비슷한 결론을 내렸으며, 효과적인 연습과 관련된 특성을 자세히 설명하고 있다. 그의 메타분석 연구에서 숙제가 연습 유형으로 적절하게 설계되었을 때, 학생들에게 큰 학습 효과가 있는 것으로 나타났다. 예를 들어 교사가 숙제를 내주고 숙제에 대한 코멘트를 해주면 그 연습 효과가 거의 30% 높아지는 것으로 Marzano의 연구 결과에서 나타났다.

따라서 좋은 방식으로 숙제가 사용되면 숙제가 분산 연습의 한 예가 될 수 있다. 그것은 시간과 공간적으로 원래 학습 상황과 많이 다른 기회가 되고 다른 관점에서 그것을 다시 볼 수 있는 기회를 제공한다. 그리고 학습 중간에 자연적인 휴식 시간도 있다. 학습하는 사이에 최소한 어떤 시간적인 간격이 있기 때문에 인지에 도움이 되기도 한다. 다른 방식으로 그리고 다른 상황에서 학습하는 것은 우리 기억 시스템이 연합을 할 수 있도록 해주기 때문에 또한 도움이 된다.

잘 기억하도록 숙제를 만들기

교사들은 Marzano(2003)의 숙제에 대한 논의를 보면 종종 신음한다. 아이들을 매일 여러 시간 학교에 붙들어 두고 있고, 신체 활동 부족으로 아동 비만이 증가하고 있다는 연구들을 알고 있는 교사들은 숙제를 덜 내주려고 하는 경향이 있다. 또한 숙제는 공평한 경쟁을 제공한다는 관점에서 어려움이 될 수 있다. 모든 아동이 집에서 똑같은 도움을 받는 것이 아니며, 그렇기 때문에 경제적으로 어려운 가정의 학생들의 어려움이 가장 크다.

숙제의 신화(*The Homework Myth*)(Cohen, 2006)와 같은 책들은 이런 점을 잘 지적하고 있다. 그러나 다른 종류의 숙제가 있고 다른 방식으로 내주는 숙제가 있다. 만일 학교 학습이 이 장에서 기술한 중요한 뇌 원리를 적용하지 않는 학습이라면 집에서 하는 숙제를 해도 도움이 되지 않는다.

교사가 학생들이 활동하도록 하는 것이 교수 설계에서 가장 효과가 있듯이 숙제에서 중요한 것도 학생들의 활동이다. 그러므로 숙제의 목적을 분명히 해야 한다. 교사들은 자신이 내주는 숙제가 자리를 차지하고 시간만 낭비하는 것이 되지 않도록 해야 하지만 더 중요한 것은 학습 결과에 도움이 되도록 해야 한다. 교사들은 '이것이 학생들을 위해 정말 필요한 것인가?'라고 스스로에게 물어보아야 한다.

만일 그 답이 '예'라고 한다면 그다음 요소가 필요하다. 즉 숙제에 대한 교사의 효과적인 피드백이 필요하다. 분산 연습 효과를 달성하기 위해서는 반드시 두 가지가 함께 해야 한다.

모든 숙제가 같은 것이 아니다. 위에서 지적했듯이 Marzano(2003)는 코멘트 형식으로 교사의 피드백이 따르는 숙제가 .83 표준편차의 큰 효과를 나타냈으며 평균 백분위 점수가 30점 오른 것과 마찬가지다. 반대로 교사의 피드백이나 점수가 제공되지 않을 때는

11 백분위 점수만 올랐다.

적절한 피드백은 여러 가지 방식으로 제공될 수 있다. 교수 설계에 따라서 교실수업에서 피드백을 줄 수도 있고, 필요시 부모 자원봉사나 지원, 또래와 함께하는 학습 설계, 피드백 메커니즘이 포함되어 있는 테크놀로지 제품도 피드백을 줄 수 있다.

예를 들어 Marzano(2003)는 숙제를 하는 동안 부모의 관여는 최소화할 것을 권한다. 그러나 부모들이 자원봉사 훈련 프로그램에 참여하거나 적절한 방식으로 교사를 돕는 것을 하지 말라는 뜻은 아니다. 따라서 교사의 피드백과 함께 이런 피드백 메커니즘은 모두 영향을 미칠 수 있다.

학생들에게 일어나지 않도록 해야 하는 것은 실패를 연습하는 것이다. 이것은 잘못된 학습을 바르게 고치도록 도움을 주거나 피드백을 주지 않고 학생이 틀리게 혹은 부적절하게 숙제를 하도록 내버려두어서는 안 된다는 것을 의미한다. 뇌는 뇌가 하는 것을 부호화하고 강화하기 때문에, 실패를 연습하는 것은 잘못된 메시지를 부호화하고 강화하는 것을 의미한다. 이것에 대해서는 9장에서 좀 더 자세하게 논의할 것이다.

숙제에 소비한 시간은 학년이 올라가면서 더 큰 영향을 미치며, 중등과정 후 교육에는 독립적인 학습 요소들이 더 중요해진다. 그러므로 과제에 들이는 시간과 연습 빈도는 연령과 분산 학습을 위한 스케줄을 고려하여 적절하게 조정되어야 한다.

초두 효과, 타이밍, 기억

과학자들은 학습 중에 기억이 다르게 수행될 수 있다는 것을 알고 있다. 예를 들어 처음 혹은 맨 마지막 — 학습 상황에서 시작과 마지막 — 에 제시되는 정보가 더 생생하게 기억되는 경향이 있다(Anderson, 2000a).

교사들에 의해 사용되듯이, 수업 시작 부분의 학습을 '프라임(prime)'이라고 부르며, 이것은 첫째 혹은 최고를 의미하는 라틴어 *primus*에서 나왔다. 반대로 마지막 부분의 학습은 '최신'의 것으로 가장 최근에 제공되는 학습의 위치를 나타낸다. 원래 그 용어는 단어 목록을 회상하도록 하는 연구(Anderson, 2000a)에서 처음과 마지막 단어를 잘 회상하는 데서 나왔다.

인지 시스템에 왜 초두 효과와 최신 효과가 나타나는가에 대한 이론은 다양하다. 초기 이론에 의하면 초두 효과는 처음 제시되는 아이디어를 포착해서 장기기억에 저장하기 때문이고, 반면에 최신 효과는 정보가 시연 시스템과 같은 작업기억에 아직 남아 있기 때문이라고 설명한다. 연구는 계속되고 있는 중이다. 예를 들어 인지과학자 Michael

Posner(2007)는 학습을 하는 짧은 기간 동안 물리적으로 조사하는 것이 가능하다고 한다. 예를 들어 단어 목록을 짧은 시간 연습한 후에, 단어 연합을 생성하는 전두 회로의 활동이 감소한다. 더 자동적인 경로에서 증가된 활동이 나타난다. 그렇다면 연습을 하면서 무슨 일이 생긴 것인가? 간단한 학교 수업 시간에서조차, 뇌 회로는 적응한다. 신경과학자, 인지심리학자, 교육자들 간의 공동 연구가 언젠가 이 스토리에 대한 설명을 더 잘할 수 있을 것이다.

교사의 관점에서 보면 분산 학습에 짧은 초두/최신 사이클(primacy/recency cycles)을 일종의 청킹으로 교수 설계에서 사용할 수 있다. 대부분의 청킹 설계와 같이, 초두/최신 사이클은 유의미한 공고화와 기억 지원을 위한 것이다. 그것은 구체적으로 학습과 학습 사이에 공고화시키면서 분산 학습이 일어나도록 한다. 초두/최신 사이클은 젊은 성인 학습자에게도 일반적인 교실 수업에서 20분 이상 지속되지 않는 것이 보통이다. 의도하는 것은 수업 전체를 통해서 초두/최신 효과가 일어나도록 모든 새로운 학습을 충분히 간단하도록 유지하는 것이다. 분산 학습 사이의 공고화 활동들은 일반적으로 초두/최신 부분을 특별히 강화하기 위해 집중되어 있으며 오랫동안 지속되지 않는다. 곧 다음 초두/최신 사이클이 학습을 강화한다.

새로운 학습의 시작과 마지막을 더 가깝게 해서 초두/최신 사이클로 끌어들이면, 뇌는 탐색하기 위한 중간 지대가 작아진다. 학습하기 어려운 내용을 짧은 시작과 끝 부분에 배치함으로써 청킹을 하고 그다음에 활동을 공고화하면 더 많은 것이 초두 혹은 최신 위치를 차지하게 된다. 더 짧고 더 빈번한 새로운 학습이 만들어진다. 이 더 간단한 청크들이 논의와 문제해결과 같은 활동들과 연결되어 숙달되고 공고화된다. 소집단 연구 혹은 실습과 같은 접근은 초두/최신 사이클을 연결하는 데 도움이 된다.

우리는 얼마나 많이 기억할 수 있는가

기억에서 7은 마법의 수인가? 많은 교사들은 그렇게 믿는다. 1950년대에 기억 연구자들은 대부분의 사람들이 약 7개의 무작위 숫자나 7자리 수를 기억할 수 있다는 것을 발견했다(Miller, 1956). 심리학 연구에서 정보(단어나 숫자, 연구에 따라 다르다)를 회상하도록 했을 때 일반적으로 5~9개를 기억했으며 7개가 평균이었다. 7이라는 비교적 작은 수가 과학자들을 놀라게 했으며 인간의 작업기억의 한계를 나타냈다. 더 최근의 기억 연구에서는 7이 마법의 숫자가 결코 아닌 것으로 나타났다. 만일 숫자나 낱말이 정말로 무작위라면 4 이하가 더 정확하다고 할 수 있다.

'기억의 크기'에 대한 연구가 교사들에게 깊은 인상을 심어주었지만, 진짜 관심이 있는 것은 기억의 크기와 무엇이 관련되어 있느냐 하는 것이었다. 기억 분야의 연구자들은 만일 다른 방식으로 접근하면(즉 정보 조각들을 더 큰 청크로 만들면) 더 많이 회상할 수 있다는 것을 알게 되었다. 예를 들면 미국인들은 'F B I C I A'라는 6개 알파벳을 FBI와 CIA라는 2개의 청크로 지각할 수 있을 것이다(Dingfelder, 2005). 이렇게 청크로 나누면 그것을 더 잘 기억할 수 있다. 이에 대한 한 이론은 각 청크는 일반적으로 약 3개 요소를 어떤 알고리즘이나 관계로 연결해서 작업기억에 있는 '구멍(slot)'을 차지한다고 한다(Driscoll, 2000).

교수 설계를 위해서는 각 독립적인 요소보다는 더 큰 청크로 묶는 것이 중요하다. 그래서 우리는 얼마나 많이 기억할 수 있을까? 7개 혹은 어떤 특별한 숫자에 초점을 맞추는 수업 계획안에 대해서는 잊어버려라. 대신에 연결에 대해 생각하라. 작은 정보 조각들을 연결한 것이 제자리를 잡아야지 그 정보가 더 큰 무더기를 자극할 수 있다. 우리는 작은 정보 조각들을 기억할 수도 있고 더 큰 청크로 나누어 기억할 수도 있지만, 더 큰 청크로 만들면 작업기억 속에 더 많이 저장할 수 있고 따라서 더 많이 기억할 수 있다. 우리는 아이디어를 함께 연합한다.

교육연구에서 그런 유의미한 공고화가 성공적인 교수와 학습 결과를 위해 중요한 것으로 밝혀졌다. 전문성은 특수한 영역에서의 오랜 경험 속에서 관련된 패턴을 획득하는 것을 통해 생긴다고 심리학자인 Anderson(2000b)은 설명한다. 의미는 학생이 관련성이 있는 패턴을 지각할 때 생긴다. 교육심리학자 Dale Schunk(2012)는 '새로운 자료가 장기기억에 있는 관련된 개념과 체계적인 관계'를 가질 때 학습이 의미가 있고 기억 속의 정보를 확장하거나 수정하게 된다고 했다. Schunk는 유의미하게 만드는 것은, 나이가 몇인지, 과거에 어떤 경험을 했는지, 사용할 수 있는 자원이 무엇인지, 어떤 교육 경력을 가지고 있는지와 같은, 우리의 개인적인 측면과 상호작용하는 것이라고 한다.

한 교사는 관련된 패턴을 쉽게 이해할 수 있게 다음과 같이 설명했다. 그녀는 그것이 옷장을 정리하는 것과 비슷하다고 했다. 만일 옷걸이에 옷을 걸어 정리할 때 옷을 종류나 색깔이나 혹은 계절별 용도에 따라서 정리할 수 있다. 그렇게 하면 정리한 옷들을 한눈에 볼 수 있고 새로 산 옷이 어떤 옷과 잘 맞는지 바로 알 수 있다. 만일 생각 없이 옷들을 마구잡이로 걸쳐둔다면 아무리 옷이 많아도 옷장 문을 열자마자 곧 닫아버리고 입을 옷이 하나도 없다고 생각하게 된다.

인지적 부담 관리하기

학습은 작업기억에 부담을 준다. 따라서 교사가 교수 설계를 계획할 때는 학습자들이 얼마나 많은 정보에 주의를 하고, 시연을 하고, 작업기억에 저장하고, 그것을 장기기억으로 전이할 수 있는가에는 제한이 있다는 것을 고려해야만 한다. 교육자들은 이것을 학습 과제의 인지적 부담(cognitive load)이라고 부른다(CORE 4f 참조; Schunk, 2012).

인지적 부담을 어떻게 다루느냐 하는 문제는 새로운 정보를 학습자를 위해 어떻게 조직하느냐 하는 것이다(Driscoll, 2000). 일반적으로 독립적인 사실을 저장하는 일은 인간에게 매우 어렵기 때문에, 교사들은 다른 방법에 초점을 맞출 필요가 있다. 학습자들은 관계가 있는 그리고 연결이 되는 아이디어를 더 잘 저장한다. 그러므로 관계를 지식으로 만들어야 한다―이미 알고 있는 것에 연결시키고, 그다음에 필요한 것과 연결시키고, 유의미한 청크를 만들고 접근하기 위한 정보를 연결시키는 것. 접근은 또한 정보를 재방문해서 기억을 새롭게 하고 강화하는 것뿐만 아니라 교과목과 학년 수준을 통합하는 것도 포함한다. 짧게 말해서, 학습자를 위하여 지식의 내용과 방법을 알도록 하는 것도 중요하지만 왜 지식을 배우는가를 알도록 하는 것이 가장 중요할 때도 있다.

Bloom의 분류체계는 많은 교사 양성 프로그램과 학교에서 사용하는 한 가지 학습틀이다(Bloom, Engelhart, Furst, Hill, & Krathwohl, 1956). 이 유명한 인지 분류 체계는 우리의 지식, 기술, 능력이 성장함에 따라 우리의 인지 처리 과정도 발달한다고 본다. 처음에는 사건이나 아이디어를 기억하는 것을 의미하는 단순한 '앎(knowing)'에서 시작한다. 그다음에는 그것의 의미를 더 깊이 이해하고 적용할 수 있으며, 적용한 것을 분석하고, 그 결과를 통합하고, 그리고 궁극적으로 이해한 것을 평가하고, 혹은 그것을 사용하여 전혀 새로운 무엇을 창조하는 단계로 이동한다.

학습자들은 학습할 때 주어진 핵심 개념을 이해하기 위해 Bloom의 분류 체계에서 위로 이동한다. 이것을 다른 방식으로 생각한다면 유의미한 공고화와 청킹으로 생각할 수 있다. 뇌는 주변의 여러 아이디어를 융합해서 더 잘 이해하기 때문에, 뇌는 뇌가 가지고 있는 것을 가지고 더 많은 것을 할 수 있다. 따라서 뇌는 효과적인 패턴을 더 잘 지각하고 생성할 수 있다. 뇌는 효과적으로 연합하면 더 많은 정보를 작업기억으로 가져올 수 있다. 결국 이렇게 할 때 학생들은 자신들이 알고 있고 할 수 있는 것보다 더 많은 것을 보여줄 수 있다.

기술 획득과 기억에 대한 한 마디

기술 획득은 기억과 학습에 관련한 매우 큰 주제다. 이것은 중요하면서 복잡하고 방대한 주제이기 때문에 이것에 대해서만 다루는 책들도 많이 있다. 여기에서는 CORE의 핵심 아이디어와 관련한 몇 가지 요소에 대해서만 설명하기로 한다.

첫째, 기술 획득(skill acquisition)이란 무엇인가? Anderson(2006b)의 정의에 따르면, 기술 획득이란 지식 사용에서 유창성을 획득하는 것이다. 한 개인이 어떤 것을 고도로 능숙하게 하게 될 때, 뇌 행동의 성질이 급격하게 변할 수 있다. 그 이유는 어떤 기술이 자동화되면 그 후로는 인지가 관여할 필요성이 줄어든다는 데 있다. 이렇게 인지적 부담을 덜게 된 뇌는 자유롭게 다른 무엇을 할 수 있다. 원한다면 그 기술을 더 연마하기 위해서 아직 그 기술이 가지고 있는 어떤 문제와 씨름하고 있을 수도 있고, 그 기술과는 완전히 다른 기술을 동시에 수행할 수도 있다. 어떤 경우든 뇌활동은 변한다(Anderson, 2000b).

기술이 잘 훈련되면 뇌 처리가 뇌의 앞부분에 있는 주의 정향과 문제 해결을 하는 집행 기능에서 주로 뇌의 뒷부분에 있는 인출과 기억 지도와 관련한 자동 작동으로 이동한다. 이 자율적인 단계의 뇌과학 처리 과정을 교사들이 말하는 '앞머리에서 뒷머리로(frontal to posterior)'라고 한다.

Anderson은 자율 단계에 도달하는 기술 획득의 단계에 대해 이야기한다. 여기에서, 유창성이 자동화되고 속도가 빨라진다. 예를 들어 전문가들은 그들이 하고 있는 것을 더 이상 의식하지 않고도 할 수 있다. 그들은 그 기술에 대한 방법을 언어로 묘사하지 못하거나 그 과정을 의식하지 못할 수도 있다. 그래서 이것을 캡슐 속의 지식(encapsulated knowledge)이라고 부르기도 하며 또한 최고 전문가가 항상 가장 훌륭한 교사가 되는 것은 아니라는 것을 설명하는 이유다. 그들은 그 기술을 보여주고 다른 사람이 하는 것을 다듬어줄 수는 있지만 그것을 잘 설명하지 못할 수 있다.

결국, '앞머리에서 시작해서 뒷머리로 가는' 능력은 인간이 정보를 처리하는 과정에서 큰 도약을 할 수 있는 수단이다. 우리는 복잡한 것들을 학습할 수 있고 학습한 후에 충분히 자동화하고 계속해서 더 많이 학습한다. 이렇게 하는 과정에서 융통성이 우리를 인간답게 만드는 주요 부분일 수 있다. 기술을 획득하면서 우리는 성공적으로 더 많은 패턴을 함께 강화하기 때문에 과제나 활동에 대한 인지 부담도 또한 감소할 수 있다. 우리는 골프채와 머리를 조심스럽게 감시하지 않고도 골프채를 휘두르고 머리를 움직이지 않는 상태를 유지할 수 있다.

이런 방법으로 우리 뇌는 '확장하는 문화를 만들 수 있게' 되어 있다. 하지만 모든 학생들이 배울 수 있도록 가르치는 교육자들이 '앞머리에서 뒷머리로'라는 중요한 과정에서 유의해야 할 점은 자율 단계를 아직 획득하지 않은 학생들은 아직 집행 기능의 부담을 안고 있다는 것이다. 이 지점에서 학습을 더 하도록 하는 것은 성공적이지 않다. 전문가들이 '피드 포워드(feed forward)'[11]라고 부르는 피드백과 학습의 증거는 중요할 뿐만 아니라 교사가 교수 설계를 할 때 결정적이다. 이 사례에서 사정(assessment)은 좋다/나쁘다, A/F, 플러스/마이너스와 같은 가치 판단이 아니라 뇌가 학습할 준비가 되어 있는지가 중요하다. 학생의 학습 결과에 가장 도움이 되는 것이 무엇인지를 측정할 필요가 있다.

경험, 개념 혹은 기술에 대한 많은 연합을 갖는 것이 정보를 더 **자동적으로** 기억하고 접근하기 위한 뇌의 능력을 향상시킨다고 한 검사 개발자는 말했다. 그 주장은 또한 타당하다고 그는 말했다. 기억에 접근하는 한 가지 좋은 방법은 여러 방식으로 그리고 여러 상황에서 학습하는 것이다. 이것은 기억을 자극하는 '조건화' 지식의 개념과 비슷하다(이것에 대해서는 5장에서 논의할 것이다). "이것은 실습 선생님이 유압 시저 잭과 뉴매틱 파워 도구가 있는 곳에서뿐만 아니라 보틀 잭과 사방 도구밖에 없는 고속도로와 같은 나와 관련성과 유용성이 더 많은 곳에서도 타이어를 교체하는 방법을 나에게 가르쳐야 했다는 것을 의미한다"고 그 검사 개발자는 말했다.

연합을 포기하지 않기

어떤 것을 더 잘할수록 혹은 그것에 대해 더 많이 알수록, 가지고 있는 생각을 버리거나 바꾸어야 한다는 것을 분명히 알 때조차, 그렇게 하는 것을 더 거부한다. 이렇게 생각을 버리거나 바꾸지 못하는 이유는 무엇일까?

우리가 알고 있듯이, 뇌는 경험이 뇌의 역동성을 조성하도록 한다(Edelman, 2012). 학습이 일어나는 동안에 기억은 다른 정보와 관계의 연결을 만든다. 반복적으로 뉴런을 활성화함으로써 이 관계가 강화된다. 이것은 뇌의 '표상' 혹은 뇌가 세상에 대해 가지고 있는 신념이 된다. 개인은 자신의 경험을 기반으로 해서 '표상' 혹은 개인적인 관점을 만들어가면서 외부 세계를 인지적으로 개인 지각으로 번역한다(CORE 4e 참조).

우리는 지속적으로 우리의 개인적인 관점을 사용하여 우리 세계를 조성한다. 예를 들면, 어떤 순간에 표상 속의 첫 번째 요인이 떠오르고 바로 두 번째 요인이 떠오른다면 우

---

11. 실행 전에 결함을 예측하고 행하는 피드백 과정의 제어—역주.

리는 세 번째 그리고 그다음에 올 것을 기대한다―마치 우리가 표를 사서 극장에 들어가고 쇼가 시작하는 것을 기다리는 것 같이. 사실, 우리가 표를 사기 전에 쇼가 시작하듯이, 일련의 사건이 무작위로 제시될 때, 사람들은 그것들을 이해가 되도록 순서대로 재배열해서 회상하려고 한다. 이것은 정보를 재조직하거나 '유의미하게 청킹'하는 한 예다.

연구자들은 이런 종류의 종속적인 상황―어떤 것이 최소한 부분적으로 다른 어떤 것에 의존할 때―을 **조건적 확률**(conditional probability)로 생각한다. 뇌의 이 중요한 특성은 교사들을 위한 중요한 함의를 가지고 있으며, 피드백과 증거를 다루는 9장에서 더 논의될 것이다. 당분간은 일반적인 아이디어를 마음에 간직하는 것으로 충분하다. 너무나 빠르게 너무나 많은 뉴런에서 일어나기 때문에 일어나고 있는 구체적인 뉴런의 연결 형성을 추적할 수가 없다. 그러나 우리 뇌는 한다. 우리는 매우 똑똑하며 우리 주변 세계에 대한 우리 자신의 개인적인 지도를 가지고 있다.

결론

기억 기능의 세 가지 요인―획득, 인출, 보유―에 대해 더 충분히 이해할수록 학생들이 우선 학습할 수 있을 것인가 혹은 아닌가에 대해 더 잘 생각할 수 있다(획득). 교사들은 또한 학생들이 학습하는 것을 효과적으로 사용하고 접근할 수 있을 것인가(인출), 그리고 지식과 기술이 어느 정도의 영속성을 가질 것인가(보유)에 대해 더 잘 이해할 수 있을 것이다. 이 세 가지 모두를 충분히 이해하지 않으면 교사들은 가르치면서 큰 좌절을 경험할 수 있고 학생들의 학업 결과는 나쁠 수 있다.

이 장에서 지적했듯이, 뇌의 기억 시스템은 대단한 역량을 가지고 있다. 그러나 아직은 우리가 모든 것을 할 수 있는 것은 아니다. 뇌과학의 놀라운 연구 결과에 의하면 우리가 처리하는 거의 모든 일에 크고 넓게 분산되어 있는 신경 네트워크가 작동한다(CORE 2j 참조). 이것은 뇌가 많은 양의 증거를 항상 수집하고 평가하고 있다는 것을 의미한다. 우리 뇌는 열심히 일하고 있다.

좋은 소식은 뇌에서 기억이 어떻게 작동하는지에 대해 더 많이 알게 되면―예를 들어 어떤 정보는 신경 네트워크에 더 영속적으로 부호화될 수 있고 어떤 정보는 그렇지 않다―뇌가 기능하는 방식에 역행하지 않고 그 방식에 맞추어 교수 설계를 하는 것이 가능하다는 것이다.

동시에, 학습한 것을 성공적으로 획득, 인출, 보유하는지 여부는 대부분 우리 내부에서 작용하는 더 근본적인 힘에 의한 영향을 받는다. 우리 뇌는 의식적으로 그리고 무의식적으로 지적 자원을 투자할지 혹은 투자하지 않을지, 그리고 투자한다면 어디에 투자할 것인지에 대해 끊임없이 결정을 하고 있다.

마무리 시나리오

새로운 지식을 적용하기
부호화 전략과 기억

학습한 결과는 기억에 의해 유지되기 때문에 교사들은 뇌가 튼튼한 신경 경로를 만드는 방식에 맞추어서 교수 설계를 하고 학생들이 연습할 수 있도록 할 필요가 있다. 이 점에 초점을 맞추어서, 수업에서 학생들이 더 깊고 오래 지속되는 기억을 만들 수 있도록 하기 위해 당신이 배운 것을 어떻게 적용하겠는가? 수업 계획부터 교실수업 진행, 그리고 숙제 내주는 것까지 효과적인 전략을 어떻게 사용하겠는가?

1. 당신이 가르치는 학년과 교과 내용에 적절한 수업을 확인하라.
2. 우선, 당신은 장기기억에 배치하기 위해 필요한 세 가지 과정을 확인할 필요가 있다. 그것들은 무엇인가?
3. 학습하는 동안에도 시간적인 위치에 따라 기억이 다르게 수행될 수 있다. '초두 효과'와 '최신 효과'를 활용하기 위해 수업을 어떻게 조직할 수 있겠는가? 고려해야 할 중요한 요소들은 무엇인가?
4. 기억을 부호화하기 위해서는 반복적인 노출이 중요한 역할을 한다. 이와 관련하여, 효과적인 연습을 당신의 학습계획에 어떻게 통합시키겠는가?
5. 정보를 작지만 유의미하게 조직하는 것을 말하는 '청킹'은 학습을 향상시킨다. 당신의 수업 계획에 청킹을 포함시켜서 조직하고, 왜 당신이 선택한 조직이 기억과 회상에 더 이로운지 설명하라.
6. 정확한 관계가 형성되기 전에는 연결되어야 할 개념들이 따로 떠돌아다닐 수 있다. 이것은 서로 설명이 되지 않은 부분들이 있기 때문이다. 이 장에서 이 이슈와 관련하여 어떤 예를 들어 설명했는가? 당신이 가르치는 수업에서는 어떻게 하면 개념들이 기억 속에서 떠돌아다니지 않게 할 수 있겠는가?
7. 부호화와 기억에 초점을 맞춘 어떤 다른 교수전략이 사용될 수 있겠는가?

8. 마지막으로, 숙제를 어떻게 설계하는 것이 가장 유익하겠는가? 그 숙제의 어떤 요인들이 학습 결과에 유의미한 영향을 미치는가? 그리고 그 이유는 무엇인가?

참고문헌

Anderson, J. R. (2000a). *Learning and memory: An integrated approach.* New York: Wiley & Sons.

Anderson, J. R. (2000b). Skill acquisition. *Learning and memory: An integrated approach* (pp. 304–337). New York: Wiley & Sons.

Bloom, B. S., Engelhart, M. D., Furst, E. J., Hill, W. H., & Krathwohl, D. R. (1956). *Taxonomy of educational objectives, Handbook I: Cognitive domain.* New York: McKay.

Brady, M. (2012). The biggest problem with traditional schooling. *Fireside Learning: Conversations about Education.* http://firesidelearning.ning.com/forum/topics/marion-brady-the-biggest-problem-with-traditional-schooling

Cohen, A. (2006). *The homework myth: Why our kids get too much of a bad thing.* Philadelphia: Da Capo Books, Perseus Book Group.

Cohen, D. K., & Ball, D. L. (2000). Instructional innovation: Reconsidering the story. *The Study of Instructional Improvement: Working Paper.* Ann Arbor: University of Michigan.

Dingfelder, S. F. (2005). A workout for working memory: New research suggests that mental exercises might enhance one of the brain's central components for reasoning and problem-solving. *Monitor on Psychology, American Psychological Association, 36*(8), 48. http://www.apa.org/monitor/sep05/workout.aspx

Driscoll, M. (2000). *Psychology of learning for instruction.* Boston: Allyn & Bacon.

Edelman, S. (2012). *The happiness of pursuit: What neuroscience can teach us about the good life.* New York: Basic Books.

Fields, R. D. (2010). Change in the brain's white matter. *Science, 330*(6005), 768–769.

Hattie, J. (2008). *Visible learning: A synthesis of over 800 meta-analyses relating to achievement.* New York: Routledge.

Kaplan, C. A. (1989). *Hatching a theory of incubation: Does putting a problem aside really help? If so, why?* Unpublished doctoral dissertation, Carnegie Mellon University. Pittsburgh, PA.

Marzano, R. J. (2003). *Classroom instruction that works.* Alexandria, VA: ASCD.

Miller, G. A. (1956). The magical number, seven, plus or minus two: Some limits on our capacity for processing information. *Psychological Review, 63,* 81–97.

National Research Council. (2000). *How people learn: Brain, mind, experience, and school: Expanded edition.* Washington, DC: The National Academies Press.

Posner, M. I., & Rothbart, M. K., (2007). *Educating the human brain* (pp. 173–187). Washington, DC: American Psychological Association.

Quiroga, R. Q., Fried, I., & Koch, C. (2013, February). Brain cells for grandmother. *Scientific American, 308*(2).

Ramamoorthi, K., Fropf, R., Belfort, G. M., Fitzmaurice, H. L., McKinney, R. M., Neve, R. L., . . . Lin, Y.

(2011). Npas4 regulates a transcriptional program in CA3 required for contextual memory formation. *Science, 334*(6063), 1669–1675.

Restak, R., & Kim, S. (2010). Long-term memory: Imagining the future by remembering the past. *The playful brain: The surprising science of how puzzles improve the mind* (pp. 57–86). New York: Riverhead Books.

Schunk, D. H. (2012). Cognition and instruction. *Learning theories: An educational perspective* (pp. 278–323). Boston: Pearson.

Society for Neuroscience. (2008). *Brainfacts: A primer on the brain and nervous system*. Washington, DC: Society for Neuroscience.

Wilson, M., & Scalise, K. (2003). *Assessment to improve learning in higher education: The BEAR Assessment System*. Paper presented at the American Association for Higher Education (AAHE), Assessment Conference, Opening Plenary Session.

Wilson, M., & Scalise, K. (2006). Assessment to improve learning in higher education: The BEAR Assessment System. *Higher Education, 52*, 635–663.

교수 설계의 정교화

CORE 지도원리 3이 이 장에서 계속된다. 그것은 지식을 유지하기 위해 지식을 강화하고, 뇌에 관련성 신호를 울리고, 효과적인 연결을 하는 것이다. 지식은 지식을 유용하게 사용할 수 있는 조건과 연결되어야 한다. 뇌는 여러 상황에 일반화하는 것부터 사회적 상호작용에 통합하는 것까지 이미 알고 있는 것을 정교화한다.

학습 요점

1. 학습은 뇌에서 어떤 특정한 조건 아래에서 일어나기 시작한다. 교실수업과 뇌가 자연스럽게 배우는 방식을 연결하는 교수전략은 교사, 학교 지도자, 정책입안자가 학생들의 학습을 더 효과적이고 잊어버리지 않도록 지원하는 데 도움이 된다.

2. 인간의 인지 시스템은 아이디어를 이해하고 개념들을 구분할 수 있는 증거를 모음으로써 작용한다. 뇌는 지속적으로 아이디어들을 연결한다. 이런 방식으로 관계가 발견되고, 정보가 재조직되고, 아이디어가 더 유용해진다.

3. 정교화와 확장을 기초로 한 교수전략을 사용함으로써, 교사들은 뇌가 새로운 정보를 기존의 지식과 구조에 연결하고 통합하는 것을 돕는다. 뇌를 이런 방식으로 지원하면 정보와 획득된 기술이 필요한 때에 자극을 받고 사용될 확률이 높아진다.

4. 뇌 용어로 말하면, 지각 장(perceptual field)이란 어떤 순간에 뇌가 의식적으로 혹은 무의식적으로 알고 있는 모든 감각정보다. 이 자극으로부터 뇌는 어떤 것을 더 깊이 처리할지 우선순위를 정한다.

5. 정보가 모아지면 우리는 중요하다고 생각되는 범주(category)와 비교해서 생각을 조직한다. 중요한 차이를 발견하는 것을 범주적 지각(categorical perception)이라고 부른다. 이런 방식으로 뇌는 주변 세상을 이해한다. 간단히 말하면 뇌의 처리 과정이란 이미 알고 있는 것을 기반으로 해서 무엇이 중요하고 무엇이 중요하지 않은지 묻는 것이다.

6. 학습하는 뇌는 패턴의 탐색과 분석을 잘한다. 효과적인 교수 설계는 학생들에게 유의미한 패턴과 차이를 재조직하는 경험을 제공한다.

7. 교사들은 대조시킴으로써 차이를 강화할 수 있다. 학습 과정에서 학생들에게 옳은 것과 옳지 않은 것을 보여줌으로써 구분되는 특성을 보여줄 수 있다.

8. 분명하고 지속적으로 비교와 대비를 사용하는 교수법이 학습자들이 배우고 있는 것을 사전지식과 연결하는 데 특히 효과적인 것으로 나타났다. 만일 유사점과 차이점을 학생들이 분명하게 이해하지 못하면 학습 결과가 좋게 나오지 않는다.

9. 교사들은 초보 학습자들의 새로운 지식과 기술 습득에 도움이 되는 지원 구조와 도구(비계라고도 한다)를 사용함으로써 복잡성과 인지적 부담을 줄여줄 수 있다.

10. 하지만 지식을 교실이 아닌 실생활에서도 적용하기 위해서는 뇌가 필요할 때에 적절한 신호를 보내고 사용할 수 있도록 교사의 지원은 체계적으로 제거되어야 한다.

들어가기

교직에 자부심을 가지고 있는 교사들조차 자신의 직업 선택에 대해 갈등하는 경우가 있다. 오리건주 2010-2011년 올해의 교사상을 받은 Colleen Works에게는 그녀의 10대 아들이 아팠을 때가 바로 그런 시기였다. 가족 누군가가 아프거나 도와줄 다른 방법이 간절히 필요한 시기에는 다른 사람들도 그렇게 생각하겠지만, 그녀는 교사 대신에 의사가 되었어야 하는 것이 아닌가 생각했다. 그랬더라면 아마도 더 많은 도움을 줄 수 있었을 테니까.

그때 그녀의 아들이 단 하나의 질문으로 그녀의 갈등을 해결해주었다. 그 질문은 바로 "만일 모든 교사가 의사가 된다면 의사는 누가 가르치나요?"였다.

초등학교, 중학교, 고등학교의 교사들은 의사, 변호사, 엔지니어를 그들이 가르친다고 생각하지 않을지 모른다. 그러나 사실은 그렇다. 그들은 아동과 청소년을 도서관 사서나 가게 점원에서부터 어머니와 아버지, 이모, 고모, 삼촌, 운동선수, 예술가, 우주비행사를 포함한 모든 직업에서 역할을 할 수 있도록 준비시킨다.

이런 관점에서 보면 학생들과 그들의 가능성을 펼치는 미래를 위해 어떤 탄탄한 기반을 구축하도록 할 것인가에 대해 생각하는 것이 중요하다. 한 가지는 분명하다. 그것은 학생들이 학교에서 배운 것을 잊어버리지 않고 생산적인 방식으로 평생 사용할 수 있어야 한다는 것이다.

예를 들면 학생들이 수업시간에 답을 하고 시험에서 답을 할 수 있는 것으로 충분하지 않다. 핵심 내용을 곧바로 잊어버리거나, 국가시험에서 최고 점수를 받고도 추후에 혹은 다른 상황에서 적용할 수 없다면 그렇게 배운 것은 헛수고다.

속성 강의 :
인지적 연결 Ⅱ

청킹, 군집화, 연쇄적 처리
자료를 의미 있는 '청크'나 패턴으로 제시함으로써 학습과제를 사전지식과 연결하기 위해 재조직하기. 군집화는 아이디어를 주제별로 배치한다. 연쇄적 처리는 간단한 아이디어에 또 하나의 아이디어를 연결한다.

인지적 부담
학습과제에 대하여 작업기억이 집행 통제를 처리하는 동안에 거의 동시적으로 처리되어야 하는 정보 혹은 상호작용의 양. 정보 인출, 지식 통합, 장기기억을 포함하는 집행 가이던스에 부과되는 인지적 요구를 확인하기 위해 사용될 수도 있다.

조건화된 지식
특별한 환경이나 조건하에 만들어진 기술, 능력, 지식. 관련된 조건이 다시 경험될 때, 획득된 지식과 기술이 다시 활성화될 수 있다.

철거
학습을 지원하거나 바람직한 행동을 형성하도록 하기 위해 사용되는 수업 단서나 비계를 점차적으로 제거하는 것

통제 소재
자신의 학습 결과에 대하여 자신이 통제할 수 있다고 지각하느냐 혹은 자신이 통제할 수 없고 유전자나 다른 사람과 같이 자신의 외부 요인에 달려있다고 지각하느냐와 같이 통제의 소재가 어디에 있느냐 하는 것

지각 장
어떤 순간에 의식적으로 혹은 무의식적으

교육을 제공하는 사회 그리고 시간과 노력을 아끼지 않는 학생과 교사를 위하여, 우리는 교실에서 배운 지식이 학교 담장 밖에서 어떻게 해석되는지에 대해 깊이 생각해야 한다. 우리는 지식을 적용하고, 문제를 해결하고, 결과를 평가할 수 있어야 하고, 그에 따라서 우리의 접근을 조정할 필요가 있다. 이것은 교사들이 전이(transfer)라고 하는 것으로, 어떤 환경에서 배우고 이해한 지식을 다른 상황에 적용하는 것이다. 이 장에서는 3장에서 소개한 교수 설계와 관련한 뇌의 핵심적인 아이디어를 상세하게 설명할 것이다. 실세계가 요구하는 인지적 융통성(cognitive flexibility)을 전달하기 위해 신경과학이 교수법과 어떻게 융합할 수 있는가에 대해 다룰 것이다.

교수 설계 접근

인지 지향적인 교수전략을 사용하는 한 교수 설계 모델이 심리학자 Richard Gagné에 의해 소개되었다. 1985년에 발표된 학습의 조건(*Conditions of Learning*)에서 그는 학습에서 내적 정신 과정을 지원하는 주의집중, 회상, 수행평가와 같은 활동들을 기술했다. Gagné의 연구는 요구 사정, 학습자 분석, 과제 분석, 매체 선택, 학습 결과 확인, 범위와 계열, 메시지 설계, 프로토타입 개발, 형성평가와 총괄평가를 기술하는 과정으로서의 교수 설계 개발에 공헌했다. 그는 학습이론을 반영한 교수이론을 개발할 것을 권장했다.

Gagné 연구는 부분적으로 교수법 혹은 수업전략과 방법을 포함하고 있다. 그는 효과적인 수업을 위해서 학습 결과가 조사되어야 하고, 교수자는 의도한 결과를 달성하기 위해서 교수법에 여러 요

인을 어떻게 포함할 수 있는지 숙고할 것을 강조했다. 이것을 앞 장들에서 소개한 용어로 말하면, 만일 당신이 한 가지 새로운 개념을 가르친다면, 예와 비예를 사용하여 학생들이 그 개념을 확인하도록 하는 접근이 좋다. 하지만, 기억 획득을 가르칠 때는 우선순위에 두고 장기적으로 회상할 수 있도록 하기 위해 자료의 관련성에 초점을 두는 것이 중요하다.

더 최근에는, 뇌에서 연합이 이미 학습한 것을 어떻게 촉발하는가에 대한 교육연구는 우리의 이해를 확대하고 있다. 예를 들어 UC 버클리대학교에서 발달과 인지를 가르치고 있는 Marcia Linn 교수는 학생들의 학습을 그날의 수업 이상으로 생각해야 한다고 제안한다. 학습을 아이디어를 이해하고 개념을 구분하기 위한 증거 수집으로 생각하라고 Linn과 그의 공동저자들은 지식 통합에 대해 쓴 책에서 충고한다(Linn, Lee, Tinker, Husic, & Chiu, 2006, p. xii). 뇌는 끊임없이 연결고리를 만들고 연결한다. 궁극적으로 아이디어들을 강화하고 통합함으로써, 우리는 좋은 '삶 준비(life readiness)'를 위해 지식을 종합한다.

우리의 뇌는 이렇게 처리하도록 만들어져 있지만 여러 가지 이유로 잘못 처리할 수도 있다. 지식을 통합하기 위한 충분한 기회가 없거나 지식을 강화하고 주의하기 위한 시간이 없다면, 학생이 공부를 했고 학습 결과로 나타난다고 해도 지식을 실제로 사용하거나 오랫동안 기억할 수가 없다. 따라서 학생과 교사 모두가 실망한다.

오리건주의 올해의 교사로 뽑힌 Colleen Works가 주목을 받는 이유는 '학생들을 발견과 학습으로부터 적용과 문제 해결로 너무나 부드럽게 이동시키는 것'이라고 한 장학사가 말했다. 그녀의 교수 설계는 사회과목을 학생들이 학습하도록 하는 데 그치지 않고 그것을 실천하는 것까지 포함한다고 그 장학사는 덧붙였다.

속성 강의 : 인지적 연결 II

로 뇌가 알고 있는 모든 감각정보. 뇌는 시각 장과 같은 많은 감각 장들로부터 무엇에 주의를 집중할 것인지 우선순위를 정할 수 있다.

비계 설정
학습자들의 새로운 지식과 기술 획득을 지원하기 위한 구조와 도구를 제공하기. 이것들에는 새로운 단어에 대한 용어 해설, 그래픽 조직자, 시뮬레이션 도구와 시각화 도구 등이 있다.

나선형법
이해되지 않는 틈을 줄이기 위해 다양한 방법을 사용해서 수업 내용을 반복하고 강화하는 것

제자리걸음 나선형법
이해의 폭을 넓히기 위해 아이디어를 새로운 방법으로 제시하는 나선형법을 잘못된 방법으로 사용하는 것

전이
이전에 획득한 관련성이 있는 혹은 유용한 지식이나 기술을 새로운 상황에 적용하기. 뇌가 사전에 학습한 것의 적용 가능성을 지각하거나 성공적으로 재인하고 새로운 상황에 활용할 수 있어야 한다.

　모든 교사들은 교수 설계를 한다. 전형적으로 교수 설계는 수업 계획, 학습목표와 같은 것이 포함된 형식을 갖추고 있다. 때로는 교사들이 기본적인 학습내용과 탐색할 절차를 포함하는 덜 형식적인 교수 설계를 하는 경우도 있다. 이 두 가지 접근 모두가 중요하다.

　교사의 능력이 아무리 대단하다고 해도, 학습이 매 순간 대단히 흥미로울 것 같지는 않다. 연구자들은 어떤 특별한 조건하에서 무엇이 인간 뇌를 작동시키는가에 대한 통찰을 제공하고 있다. 이 장에서는 최근 연구와 관련된 예를 들면서 다양한 형식적 · 비형식적 교수 설계에 대하여 설명할 것이다.

　미시간대학교의 Carl Berger와 Rosalind Kam(1996)은 교수 설계란 일반적인 학습원리를 수업 자료와 접근에 관련한 구체적인 계획으로 옮기는 과정이라고 정의를 내렸다. 교수 설계를 이렇게 간단하고 원칙적인 정의를 내림으로써 개념화한 것은 교육에 매우 중요한 것으로 입증되었으며 우리는 여기에서 그 정의를 사용할 것이다.

　'속성 강의 : 인지 연결 II'라는 제목의 상자 안에 제시되어 있는 교수 설계 용어들은 여러 영역과 연령에 걸친 광범위한 개념으로 상세하게 전략들을 나열할 의도도 없었다. 오히려 뇌가 어떻게 학습하는지를 탐색하기 위해 도움이 되는 것들을 선택하여 제시했다. 교수 접근은 복잡하고 다양하기 때문에 교육자들에게 새로운 인지과학과 신경과학의 연구 결과들에 비추어 자신의 이론적 지식과 실천을 생각할 것을 권고한다. 교육 전문가가 아닌 사람들과 대학생들에게는 비계 설정과 철거와 같은 교수 개념들이 매우 낯설 수 있을 것이다. 개념들이 논의되는 과정에서, 학생들은 제시되어 있는 교수전략을 이해하기 위해 학습자로서 자신의 경험을 생각하면 도움이 될 것이다.

잊어버리지 않는 학습을 위한 접근

하나의 새로운 아이디어가 많은 사전지식을 끌어낼 수 있다. 새로운 아이디어를 무언가 이미 알고 있는 상황과 연결하면 그것을 더 단단하게 정착시킬 수 있다. 우리는 뇌가 이해한 것 전체를 자극하도록 할 수 있다(CORE 3e 참조). 연결을 만들거나 강화하는 것을 통해 아이디어를 정착시키는 것은 뇌의 인지 구조를 만드는 데 도움이 되는 것으로 생각되며(Driscoll, 2000), 이것은 교사를 위한 중요한 개념이다. 사람의 뇌 속을 볼 수가 없기 때문에, 교사들은 이 아이디어를 이해하기 어려워한다. 아이디어를 어떤 학생에게 효과적으로 정착시킨다는 것이 무슨 의미인지 교사들이 분명히 알 수 있는 방법이 없을까?

　그 답은 교사들이 가르치고 있는 것과 학생들이 학교 안팎에서 어떻게 배워 왔는가에 따라서 구체적으로 어떤 도입부와 사전지식이 가장 유용한지 생각해봄으로써 좋은 예측을 하는 것이다. 예를 들어 제2언어 수업에서 만일 학생들이 마주치는 모든 상황에 대한 정확한 단어를 아는 것보다 사회적으로 만들어가는 언어와 토론을 통해 찾아가는 의미가 더 중요하다는 것을 배웠다면, 정착(anchoring) 아이디어는 학생들이 배우는 새로운 언어에서 의사소통(communication)을 위해 노력하는 것이 될 수 있다.

일찍이 학생들은 한 아이디어를 전달하기 위해 4~5번 난해한 시도를 해봐도 좋다는 것을 학습할 수 있다ㅡ"수학 시간에 필기하기 위해 사용하는 것 있지? 실수하면 지울 수 있고, 더 뾰쪽하게 만들기 위해 기계 안에 집어넣는 것 있잖아? 오, 연필!" 학생들이 다음 차례에 사용할 더 적절한 단어나 구를 찾아내기 위해 계속 노력하도록 격려한다. 따라서 제2언어 목표를 의사소통으로 하는 이 아이디어는 학생들을 위한 정착 아이디어가 된다. 언어 학습자들은 공부하는 과정에서 다시 그리고 또다시 그곳으로 돌아간다.

그런 정교화와 확장를 통해서 아이디어들 간의 연결이 뇌에서 만들어진다. 입력정보가 기존 지식에 연결된다(Anderson, 2000). 많은 대화를 시도하는 과정에서 뇌가 그것이 반복적으로 성공하는 것을 볼 때, 그것을 해결 방법으로 우선순위에 배치하도록 자극한다. 그런 후에 우리는 그 주변에 더 많은 아이디어를 조직한다. 이런 방법으로 효과적인 사전 경험을 통해서 아이디어를 정착시키는 것이 뇌를 위한 좋은 방법이 된다.

우리의 '원천적' 사고

정착시키기(anchoring)와 같은 정교화와 확장 메커니즘에 대해 배울 때, 교사들은 종종 '원천적(original) 학습은 어디에 있는가?'라고 질문한다. 만일 정교화와 확장을 하는 동안에 우리가 관계를 발견하고, 재조직하고, 아이디어에 덧붙이기를 한다면, 원천적 지식은 원래 어디에서 오는가? 분명히 우리는 처음에 원천적 지식 혹은 새로운 생각을 위한 출발점이 있었을 것이다.

생의 초기에 유아들은 비형식적인 방법으로 배운다는 것이 잘 확립되어 있다. 유아들은 환경을 탐색하고, 자신의 신체와 자아에 대해 알게 되고, 다른 사람들과 상호작용한다. 이 모든 순간에 지식을 쌓는다. 아동은 자라면서 이 연합과 관계에 연결하고, 제거하고, 확장하고, 강화하고, 많은 새로운 학습을 덧붙인다. 이것은 핵심적인 뇌 가소성 원리를 설명한다.

학령기 아동의 관점에서 보면, 뇌에 처음으로 부호화가 일어난 것은 오래전이다. 사실 자궁 속에서 일어났을 수 있다. 최근 연구는 태아의 태반(구체적으로 세로토닌 호르몬 분비)이 전뇌 배선(wiring)에 영향을 미친다는 것을 탐색하고 있다.

학자들 간에는 정확하게 언제 그리고 어떻게 초기 부호화가 일어나는지, 뇌에 선천적으로 전개시키는 무엇이 있는지 혹은 태어날 때부터 이미 부호화하게 되어 있는지, 연구자들이 '지식 구조' 개발이라고 부르는 것을 인간은 어떤 형태로 조직하고 만드는지, 혹은 정보를 저장하는 방법에 대한 상당한 논쟁이 있다

버클리대학교 심리학 교수이고 요람 속의 과학자 : 마음, 뇌, 아동의 학습 방법(*The Scientist in the Crib: Minds, Brains, and How Children Learn*)의 공동저자이며 그 외 많은 책을 발표한 Alison Gopnik은 아기와 어린 아동의 학습 능력에 대해 10년 이상 연구했다. Gopnik은 다른 동물에 비해서 인간 아기들은 성장하기 위해 오랜 시간이 걸리지만 아기들이 학습을 하지 않거나 미래의 인지 역량을 위한 뇌 조성을 하지 않는다는 것을 의미하는 것이 아니라고 말한다.

뇌 연결을 변화시키는 높은 수준의 화학물질과 함께 매우 어린 아동의 뇌에서 많은 양의 신경 가지치기가 일어나고 있는 것을 보여주는 신경과학자들의 연구를 지적하면서, Gopnik은 이것 때문에 아기의 뇌가 복잡한 학습과 창의성을 담당하는 놀랍도록 융통성 있는 센터가 된다고 말한다. 사실, 성인 뇌에서 집중과 계획의 주요 센터인 전전두엽 피질이 천천히 발달하는 것은 아기와 아동들이 자유롭게 학습하고 실험할 수 있도록 하는 진화적 타협일 수 있다고 그녀는 말한다. 그녀 자신의 연구와 다른 연구자들의 연구에 기초해서, Gopnik은 아이들과 어린 아동들은 과학자들과 매우 비슷하다고 결론 내렸다. 아이들은 실험을 수행함으로써 학습하고, 뇌가 선천적으로 복잡한 통계분석을 사용하고, 원인과 결과를 파악할 수 있다. 요약하면 그녀는 매우 어린 아기들도 우리가 가능하다고 생각했던 것보다 더 많이 알고 있다고 말한다.

지각 장 활용하기

1940~50년대 뉴욕파(New York School) 예술가의 창립을 도왔던 영향력 있는 다큐 사진작가인 Diane Arbus는 이 세상에는 그녀가 사진을 찍지 않았다면 아무도 보지 못했을 것들이 있다고 정말로 믿는다고 말했다(Arbus, 1972). 신기함이 그녀의 눈을 붙들었다. 브롱스[12]에 있는 작은 아파트 안에 웅크리고 서 있는 거인, 장난감 수류탄을 움켜쥐고 있는 미친 것 같은 소년, 3개의 똑같은 침대 중 가운데 침대에 함께 앉아 있는 세쌍둥이 소녀들의 사진 등으로 그녀는 인정을 받았다.

---

12. Bronx. 미국 뉴욕주 뉴욕에 있는 자치구. 뉴욕의 5개 자치구 가운데 하나로 가장 북쪽에 있다-역주.

Arbus는 독특한 지각 장을 활용했다고 말할 수 있다(CORE 3f 참조). 그것이 일반적인 조건 속의 특별한 대상이든, 혹은 특별한 조건 속의 일반적인 대상이든, 그녀는 관중들에게 그녀의 관점을 가지고 오래 그리고 깊이 보아야 한다고 했다. 그녀는 사람들에게 보지 못했을 수 있는 것을 볼 수 있도록 배우는 것을 가르쳤다.

뇌 용어로 말하면 개인의 **지각 장**(perceptual field)은 어떤 주어진 순간에 의식적으로나 무의식적으로 뇌가 알고 있는 모든 감각정보다.

어떤 상황의 관련된 특성을 인식하는 것이 학습의 중요한 한 차원이다. 예를 들어 한 장소에 같이 있어도 Diane Arbus가 본 요소들을 다른 사람들은 못 볼 수 있다―주변의 다른 요소들이 더 관련성이 있어 보였을 수 있다. 뇌가 필요한 처리를 하기 위해서는 무엇이 많은 다른 상황에 적용되는지를 인식해야만 한다(Bransford, Brown, & Cocking, 2000b).

시각, 청각, 그 외 감각들이 끊임없이 우리에게 밀려 들어온다. 우리는 노려보는 얼굴들 속에서 미소 짓고 있는 얼굴을 쉽게 인식하고 소음 속에서도 우리 이름을 부르는 다정한 소리를 쉽게 인식한다. 사실, 우리는 이런 연합들 속에서 끊임없이 탐색한다. 일반적으로 우리는 크게 힘들여서 탐색하지 않으며 이는 우리 인지 시스템의 대단한 성능이다.

외부 세계에서 들어오는 정보가 어떻게 우리 마음속에 저장되는가? 소리와 빛과 같은 감각정보는 귀와 눈 그리고 신체의 여러 생물학적 '감각기(sensor)'에 도달한다. 이것은 뇌에 있는 청각 혹은 시각 시스템과 같은 특수한 감각 시스템들에 전달된다(Anderson, 2000). 이 시스템들은 정보를 처리하고 저장하여 우리가 무엇이 감지되고 있는지 알고 원한다면 그것에 대해 반응하도록 한다.

매 순간 비록 우리가 거의 느끼지 못하지만 우리 뇌는 열심히 일하고 있다. 물밀듯이 들어오는 수많은 정보를 지각하고, 우선순위를 정하고, 분류하기 위해 들어오는 것을 분리한다―혹은 분할(segment). 우리는 모든 것을 똑같이 처리하지 않는다. 이 선택적 지각을 뇌의 지각 장 분할(segmenting the brain's perceptual field)이라고 부른다.

가끔 교실에서 교사들은 4장에서 논의했듯이 비계(scaffold)와 같은 것을 통하여 가장 중요한 것을 확인하도록 돕는다. 그러나 많은 경우에 우리는 스스로 주의를 집중하기 위한 단서를 찾는다. 일단 모아지면, 우리가 중요하다고 생각하는 범주와 비교한다. 중요한 차이점을 발견하는 것을 범주 지각(categorical perception)이라고 부르며 그것은 뇌가 주변 세상을 이해하기 위해 매우 중요하다.

직관적으로 우리는 지각하고 나서 생각한다고 믿는다. 많은 경우에 그렇다. 코넬대학교 인지과학자이고 행복의 추구 : 좋은 삶에 대해 신경과학자는 우리에게 무엇을 말해줄 수 있는가(*Happiness of Pursuit : What Neuroscience Can Teach Us About the Good Life*, 2012)의 저자인 Shimon Edelman은 지각과 사고가 어떻게 작용하는지에 대해 설명한다. 첫째, 우리는 우리가 처한 상황을 판단한 후에 행동하거나 '그것에 대한 무엇을 한다'. 이것이 우리의 행동이다.

신경과학자들은 또한 우리 행동이 재미있게 꼬여 있는 것을 분석하면서 뇌 속에서 생각하지 못했던 방식으로 잘못 연결된 회로를 발견하기 시작했다. 인간 뇌의 생존전략이 때로는 의도적으로 이성적인 사고를 우회하고 생생한 정서적 경험을 자동적인 행동으로 나타나도록 한다. 어떤 강렬한 순간에 뇌가 위험할 수 있다고 지각하는 상황에서 가장 빠르게 반응할 수 있도록 해주지만 그것은 또한 성급하게 행동하도록 하기도 쉽다. 7장에서 이 주제에 대해 좀 더 자세하게 논의할 것이다.

중요한 패턴 보기

기계 돌아가는 소리나 타고 있는 차가 덜걱거리는 소리와 같이 우리가 자라면서 익숙해진 소리는 신경을 쓰지 않지만, 그 소리가 나에게 집중적으로 향할 때는 갑자기 소리가 들린다. 갑자기 그 소리가 참을 수 없을 때도 있다. 이전에 들어보지도 못한 소리인데 신경이 거슬리고 뇌는 그 소리정보를 분할하고 선택적으로 그 소리에 집중한다. 이전에는, 우리에게 익숙했던 그 소리가 더 이상 의사결정 과정에 들어가지 않았다. 그러나 지금은, 뇌가 그것을 높은 순위에 둔다. 그것은 우선 처리해야 하는 사항이 되고, 당장 그 끼익하는 소리를 안 나도록 해야 한다! 이것은 만일 우리가 필요로 하면—그리고 가끔은 우리가 필요로 하지 않을 때도—지각 장 분할의 중요성을 곧바로 재평가할 수 있다. 그 소리는 잊어버린 것이 아니다. 우리의 뇌가 그 순간에 소리를 옆으로 제쳐놓았을 뿐이다.

정보를 분할하는 능력은 간단한 소리 같은 것을 가려내는 것을 훨씬 뛰어넘는다. 우리에게 들어오는 정보가 너무 많기 때문에 뇌는 계속해서 입력 자료의 우선순위를 정해야 한다. 우리는 항상 열심히 일하고 있다. 우리는 무엇을 보존하고 무엇을 버릴 것인가 항상 결정하고 있다. 보존할 것을 결정한 후에 처리 과정으로 이동하고 그것을 사용한다. 이렇게 계속적으로 결정하기 위해서 우리는 '감각' 자료를 관련시킬 필요가 있는 세상의 모델을 추론하고 우리의 가설 혹은 아이디어를 계속해서 체크한다. 간단하게 표현하면 우리는 무엇이 중요하고 무엇이 중요하지 않은지를 우리가 이미 알고 있는 것을 기초로 해서 계속해서 물어보고 있다.

융통성은 인간 인지의 중요한 요소다. 우리는 피드백에 기초해서 부분적으로 우리의

수학에서 지각 장을 활용하는 간단한 예

흥미를 가지고 집중해서 공부할 수 있도록 분명한 패턴을 제시하는 교수법을 사용하는 교육자들은 뇌가 자연스럽게 학습하는 방법을 사용한다. 불행하게도 그것은 한 지각력 있는 수학 교사가 지적하듯이 그렇게 쉽게 할 수 있는 일이 아니다.

학생들에게 수학 공부는 어렵다. 그 교사는 학생들에게 학교 수업 활동 중에서 수학이 가장 재미없는 과목 중 하나라고 했다. 그 교사는 수학 과목을 사랑하지만, 학생들을 가르치는 것이 힘들다고 했다.

수업 내용이 수학의 본질을 놓치는 경우가 너무 흔하다고 그 교사는 말한다. 특히 문제가 되는 내용은 특정한 문제를 해결하기 위한 단계를 간단하게 외우게 하는 것이라고 한다. 결과적으로 중요한 패턴과 관계는 결코 보이지 않는다. 문제를 해결하지 못하고 헤매게 되는 것은 그 문제 뒤에 있는 개념과 그 문제를 해결하기 위한 단계를 제대로 이해하지 못하기 때문이라고 그는 말한다.

이것을 바로잡고 학생들이 중요한 것에 초점을 맞추도록 하기 위해서 — '학생들의 지각 장 훈련' — 이 교사는 인터넷에서 학습 시뮬레이션을 채택한다. 딱딱한 교과서 대신에 컴퓨터의 역동적인 디스플레이를 사용함으로써, 학생들이 값을 조작할 수 있고 또한 값이 변할 때 직선, 곡선, 혹은 다른 기능이 어떻게 변하는지 볼 수 있다. 그들은 숫자와 등식이 물리적인 세상에 실제로 어떻게 영향을 미치는지 볼 수 있다. 학생들이 의미 있는 패턴을 인식할 수 있도록 교수 설계를 변화시킴으로써, 학생들이 더 열심히 공부하고 좋은 학습 결과를 나타낸다고 그 교사는 말했다.

결정을 조절한다. 이에 대해서는 9장에서 깊이 있게 탐색할 것이다. 이것은 이전에 분할한 결정 혹은 나누고 우선순위를 정한 것을 다시 방문할 수 있도록 해준다. 우리는 미래에 어떤 변화를 하도록 결정할 수 있다. 우리는 작은 방식으로라도 의사결정을 위한 세계관을 업데이트할 수 있다.

뇌가 분할하는 것은 순식간에 일어난다. 우리가 의식적으로 반드시 통제하는 것도 아니다. 뇌가 때로는 이렇게 자동적으로 작동하는 경향이 있기 때문에, 우리 뇌가 효과적으로 중요한 패턴을 '보는 것을 학습하는 것'이 훨씬 더 중요하다.

이것은 학교교육에서도 마찬가지이며 교사들을 위한 중요한 함의를 가지고 있다. 효과적인 교수 설계는, 3장에서 유치원에서 시작해서 그 이후까지 패턴에 대해 소개했듯이, 학생들에게 의미 있는 패턴을 인식하는 경험을 준다. 의미를 만드는 것은 우리에게 중요한 것이 무엇인지 더 잘 인식하도록 해준다(Bransford, Brown, & Cocking, 2000a).

결국, 중요한 것은 빗발치는 정보 속에서 인식하는 것 혹은 '보는 것을 학습하는 것'은 각 개인의 몫이다. 비유적으로 말하면, 보는 것을 학습한다는 것은 우리가 학습할 때 우리 뇌가 분할하고 혹은 범주를 조직하고 우선순위를 정하는 것들을 현명하게 처리하는 것을 의미한다.

유사점과 차이점 : 유사점과 차이점의 효과

학습이 일어나도록 하기 위해서 교사들은 유사점과 차이점의 패턴을 분명하게 이해해야 한다. 학습 중에 이 유의미한 패턴을 학생들에게 분명히 가르치면, 어떤 교수 설계를 사용했더라도 가장 큰 효과가 있는 것으로 Marzano(2003)의 메타연구 결과에서 나타났다. 예를 들면 어떤 교사들은 명시적으로 패턴을 분명하게 보여주는 교수법을 사용하고, 어떤 교사들은 암묵적으로 프로젝트 기반 학습이나 탐구학습을 통해 학생들이 패턴을 발견하도록 하는 교수법을 사용했다. 두 사례 모두에서 교사가 항상 대기하는 것은 아니기 때문에 학생들은 교사의 도움 없이 매번 유사점과 차이점을 스스로 찾는 것을 학습해야 한다. 여기에서 중요한 핵심은 어떻게 접근하든 관계없이, 유사점과 차이점을 학생들이 스스로 생각해서 분명하게 찾아낼 수 없다면 학습 결과는 나쁘다는 것이다.

3장 '인지와 교수 설계'에서 기술했듯이, 여기에서 패턴이란 학습하는 것 속에서 볼 수 있는 배열(arrangement), 구성(configuration), 관계(relationship)를 의미한다. 뇌는 뇌가 유용한 정보를 끌어낼 수 있는 독특한 규칙성(regularities)을 기반으로 해서 성장하기 때문에, 큰 유사점과 차이점 효과는 인지 관점에서 이해가 된다. 사실 인간의 뇌는 연합하는 경향성을 이용해서 의도적으로 아이디어를 연결한다. 따라서 패턴 인식이 정보가 주의집중 단계를 넘어가기 위한 아주 중요한 처리 과정이다(Driscoll, 2000).

Marzano(2003)는 교사들이 표준편차 점수 1.61의 효과크기가 나타나는 학습 결과의 향상을 본다고 했다. 교육연구에서 1.61 표준편차 점수의 효과크기는 꽤 크다. 그것은 백분율 점수가 45점 향상된 것에 해당하며, 예를 들면 백분율 50점인 학생이 평균적으로 백분율 95점으로 상승한 것이다.

가장 간단한 수준에서, 유사점과 차이점 효과는 이해하기가 쉽다 — 뇌 자체가 고도로 발달된 패턴 포착 장치다. 뇌가 잘 지각하는 패턴은 이해하기가 쉽고 우리의 지식, 기술, 능력에 통합되기가 쉽다. 하지만 신기한 상황에 직면해서 만일 유사점과 차이점을 찾아내기가 어려워지면, 학습은 더 어렵고 교착상태에 빠질 수 있다.

뇌의 일상적인 일의 일부는 우리 주변 세계에서 패턴을 수집하고 수집한 패턴을 조립하는 것이다. 뇌는 체계적으로 유사점과 차이점을 수집한다. 따라서 호기심을 갖고 집중할 수 있도록 패턴을 분명하게 제공하는 교사는 학생들의 능력을 키워준다.

뇌를 위한 '훈련 장비'

한 숙련 교사는 동료들에게 그가 학생들에게 글쓰기를 가르치는 일을 좋아하게 된 이야기를 해주었다. 그는 글쓰기를 통해 학생들은 자신들이 경험하고 소화한 모든 것을 지원하고 통합할 수 있기 때문에 글쓰기는 교육 시스템에서 종합적인 능력이라고 했다.

그가 수년간 글쓰기를 가르쳐 오면서 가장 성공적인 전략은 무엇이었을까?

그는 수업시간에 다른 학생들이 직접 쓴 글을 예로 사용하고 다음 수업시간에는 그 학생들이 쓴 글을 보여주는 것이라고 말했다. 중요한 것은 그 학생들과 똑같은 누군가가 쓴 글을 예로 보여주는 것이었다.

그것이 설명문, 창작문, 혹은 설득문이든 관계없이 친구들이 쓴 글을 예로 제시할 때 학생들의 글쓰기 기술과 유창성이 실제로 비약하는 것을 그는 발견했다.

예와 비예, 좋은 예와 좋지 않은 예는 뇌에 대한 유사점과 차이점 효과의 강점을 이용하는 것과 마찬가지다. 뇌과학의 관점에서 보면, 그 글쓰기 교사는 지각 장을 훈련시키기 위해 유사점과 차이점을 사용했다. 그는 학생들에게 성공적인 글쓰기의 중요한 특성을 인식하도록 가르치기 위해 매우 효과적인 방법을 사용했다. 그 특수한 방법은 예와 비예를 사용하는 것이었다. "이것은 5학년이 쓴 좋은 글이고 좋은 이유는 이것이다. 이것은 5학년이 쓴 좋지 않은 글이고 나쁜 이유는 이것이다." 교사들은 대조를 해줌으로써 차이점을 강조할 수 있다. 학생들에게 좋은 것뿐만 아니라 나쁜 것도 보여줌으로써 그 차이를 구별할 수 있게 한다.

글쓰기를 배우는 과정은 복잡하다. 일반적으로 어떤 글쓰기 과제도 최종 산출물을 얻기 위한 여러 생산적인 통로가 있다. 이것은 학생들이 선택하기에 커다란 부담이 된다. 종종 뇌는 여러 가지 미묘한 차이를 지각해야만 한다.

예를 들어 글쓰기 프로그램 담당자 협의회(The Council of Writing Program Administrators)는 글쓰기를 위해서는 개인적이고 사회적인 훌륭한 지침이 필요하다고 지적한다. 그 교사는 또래가 쓴 글을 공유함으로써 학생들에게 훌륭한 지침을 제공했다. 여러 가지 예와 비예는 뇌를 위해 이것은 효과적인 것이고 이것은 비효과적인 것임을 보여주는 '훈련 장비'였다. 그것들은 패턴 포착을 위한 기회를 제공했다.

가상의 교사나 성인이 아닌 실제 학생의 작품을 사용함으로써 그 교사는 결정적으로 중요한 선택을 했다. 그는 뇌 원리를 활용하여 학생들의 이해 수준에 맞게 자료를 제시했던 것이다. 교사들이 쓴 글은 학생들에게 예로 제시하기에는 종종 너무 전문적이다. 매우 다른 글쓰기 단계에 있는 성인의 글이 학생들의 글에 대한 예시가 되기는 어렵다. 그런 글은 학생들을 위한 꿀팁과 함정을 정확하게 제시하지 못한다. 다른 학생들이 고민한 문제와 그것을 어떻게 극복했는지를 봄으로써, 뇌는 어떤 길을 택하고 어떤 길을 택하지 않을 것인지를 학습한다.

유사점과 차이점 효과에 대해 교사들이 주목해야 할 점은 중요한 것을 '보는 것을 학습'해야 한다는 것이다. 만일 교사가 학생들이 배우기를 원하는 것을 학생들이 모른다면 그 수업은 대부분 효과가 없다. 많은 연구들이 다른 감각들에 대해서도 분할 효과와 같은 신경 메커니즘을 설명하고 있으며, 최근에는 사회적 행동에 관련해서도 연구가 수행되고 있다(Doreen, 2011; Giardina, Caltagirone, Cipolotti, & Oliveri, 2012; Yovel, Levy, Grabowecky, Paller, 2003).

요약하면, 효과적인 글쓰기를 위해서는 뇌가 많은 상세하고 미묘한 차이가 있는 패턴들을 포착해야만 한다. 일반화된 전체를 아우르는 목적은 충분히 효과적이지 않은 경우가 많다. 글쓰기에서 그러하듯이 교사들도 이런 패턴을 확인하기가 어려울 때가 있고 학생들에게는 더 어렵다. 그러므로 효과적인 교수 설계는 학생들이 중요한 것을 인식할 수 있는 능력을 길러주어야 한다.

유사점과 차이점 사용하기

유사점과 차이점 효과에 대한 많은 접근이 있지만 그 중심에는 한 가지 간단한 개념을 포함하고 있다. 유사점과 차이점 접근들은 학습하고 있는 것 속에서 비교와 대조를 분명히 그리고 끊임없이 학생들에게 지적한다. 뇌와 마찬가지로 일관성은 조직적인 개념을 필요로 한다.

예를 들어 이 접근을 사용하기 위해 교사는 학생들에게 전에 학습한 것과 지금 배우고 있는 새로운 수학 개념을 비교할 때 같은 것은 무엇이고 다른 것은 무엇인지 질문할 수 있다. 또한 학생들에게 범주를 사용하여 역사 속의 사건들을 생각해보도록 할 때도 이 접근을 사용할 수 있다. 사실, 역사가 William H. McNeill(1986)은 개념을 조직하지 않고서는 역사를 이해할 수 없다고 주장한 것으로 유명하다. 역사 속에서 너무나 많은 것들이 동시에 일어나기 때문에 역사가들은 무엇을 제외할 것인가를 알아야 할 필요가 있다고 그는 말했다.

유사점과 차이점은 모든 교과목과 모든 학년에서 사용할 수 있다. 초등학교 3학년 학생들에게 그들의 공동체에 대해 가르친 한 가지 흥미로운 사례가 있다. 이 교육 과정에 서 학생들은 장애인을 돕는 기관들에 대해 학습했다. 어린 아동들은 그들의 감각들 중 하나가 상실되는 것은 어떤 의미이며 세상과 새로운 방식으로 어떻게 상호작용할 수 있 을 것인가를 탐색했다. 그 아동들은 실제로 그들 자신의 삶 속에서 유사점과 차이점을 실제로 경험함으로써 더 깊은 이해를 할 수 있었다.

교사들이 유사점과 차이점 요인들을 얼마나 효과적으로 사용했는지 확인하기 위해 자 신의 교육 과정을 검토해보는 것도 도움이 될 수 있다. 한 교사는 4학년과 5학년 학생들 에게 태양계 단원을 가르치면서 그와 같은 접근이 가장 효과가 있었던 것을 확인했다.

그는 그 단원을 가르치기 위해 많은 노력을 했고 모든 학습 유형에 알맞도록 여러 방 법을 사용했다. 그는 비디오, 강의, 그림, 협동 활동, 모델 만들기, 책 읽기 방법들을 사 용했다. 하지만 그는 한 접근을 사용했을 때 학습 성과가 특별히 높게 나타나는 것을 보 고 놀랐다. 그는 벤 다이어그램을 사용한 활동이 그가 기대했던 것보다 더 큰 영향을 미 친 것을 발견했다. 그 접근은 하루만 사용했는데도 불구하고 다른 모든 유형의 요약하기 와 노트하기 모두를 합친 것보다 더 큰 효과가 있는 것으로 나타났다.

또 다른 교사도 그와 아주 비슷한 효과를 경험했다. 그녀는 벤 다이어그램에 대한 무 언가가 있다는 결론을 내리게 되었다고 했다. 그녀는 실제로 인간의 뇌의 관심을 끌도 록 하는 간단하고 우아한 무엇이 겹쳐진 원 안에 있다고 믿었다. 그 교사는 벤 다이어그 램을 그려서 분석해보라고 어떤 주제를 주더라도 학생들은 얼마나 신나하는지 모른다고 했다. 특히 재미있는 것은 겹쳐지는 부분 없이 따로 2개의 원만 그리는 것이었다. 그럴 때면 아동들은 거의 겹치는 부분이 없도록 하기 위해서 아동들은 어떤 연결되는 것이 있 는지 더 열심히 살펴보았다. 그 교사는 이것을 통해서 비교와 대조 활동이 교수 설계를 위한 빅뱅이라는 것을 보여준 Marzano의 연구를 생각하게 되었다고 말했다. 어떤 것이 무엇인지 혹은 무엇이 아닌지를 이해하는 것이 열쇠다.

표상은 우리의 사고를 어떻게 도표로 나타내는가

벤 다이어그램(그림 5.1 참조)은 학생들에게 두 가지 독립적인 상황이나 상태에서 무엇이 비슷하고 무엇이 다른가를 분명하게 그림으로 보여주는 한 방법이다. 학문적인 언어로 벤 다이어그램은 표상(representation)이다. 그렇다면 표상이란 무엇인가? 어떤 사람은 그 것을 그림 비슷한 것으로 실제 대상을 '표상(represent)'하지만 실제는 아닌 어떤 것으로 생각한다. 이런 의미에서 벤 다이어그램은 도식 조직자(graphic organizer)로서 유사점과

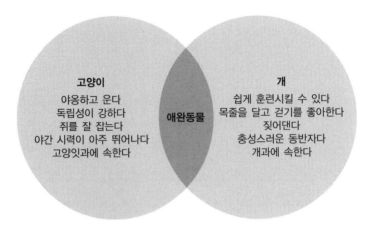

고양이
야옹하고 운다
독립성이 강하다
쥐를 잘 잡는다
야간 시력이 아주 뛰어나다
고양잇과에 속한다

애완동물

개
쉽게 훈련시킬 수 있다
목줄을 달고 걷기를 좋아한다
짖어댄다
충성스러운 동반자다
개과에 속한다

그림 5.1

벤 다이어그램은 정보를 시각적으로 조직한다

교사들은 벤 다이어그램이 유사점(중간에 겹치는 부분)과 차이점(원의 겹치지 않는 부분)을 보여주는 간단하고 효과적인 수업 도구라고 생각한다. 아주 어린 학생들조차 곧 이해하고 스스로 만들어보는 것을 좋아한다. "내 개는 쥐도 잘 잡아"라고 하면서 다이어그램을 수정하기도 한다.

차이점의 관계를 표상하거나 보여준다.

지난 세기에 인지학습이론과 교육심리학에 큰 공헌을 한 심리학자 Jerome Bruner는 표상이란 같은 것을 매우 추상적으로 말하는 것으로 우리가 발달함에 따라 사용하는 표상 양식이 변한다고 했다. 우리는 다른 사람의 행동을 신체적으로 모방하는 것과 같은 행동에 기반한 활동을 시작으로 해서(Bruner는 이것을 **동작적 표상 양식**이라고 했다), 사진이나 그림과 같은 영상 기반 표상으로 나아간다(Bruner는 이것을 **영상적 표상 양식**이라고 했다). 가장 추상적인 표상은 수학식이나 독해와 같은 상징이다(Bruner는 이것을 **상징적 표상 양식**이라고 했다). 상징적 표상을 사용하는 단계에서는 패턴의 생생한 그림을 직접 그리는 시각적이거나 물리적인 단서들이 지워지고, 우리는 요약본을 갖게 되며, 그 의미를 해독해야 한다.

뇌에 관련해서, 인지과학자들은 **표상공간**(representation space)을 이야기한다(Edelman, 2012). 매우 간단하게 말하면, 뇌가 감각정보가 입력되는 것을 경험할 때, 뇌는 뉴런들을 활성화시킨다. 뉴런들은 서로 연합된다. 정보들이 반복적으로 연합되고 계속해서 활성화되면, 그것들은 기억 흔적으로 만들어진다.

이 모든 예들을 종합해서 뇌와 학습의 관계로 정리해보면 우리는 패턴 위에 성장한다고 할 수 있다. 우리가 패턴을 더 뚜렷이 볼 수 있다면 그만큼 우리에게 더 이롭다.

연결하기는 지식을 '조건화'한다

교사들이 알아야 하는 한 중요한 용어가 있다. 그것은 **조건화 지식**(conditionalized knowledge)이다. 조건화 지식은 우리가 같거나 비슷한 조건에서 만나고 반복해서 자주 사용하는 지식이다. 학교에서 그런 지식의 개발은 교사, 교육자, 정책입안자, 부모, 그리고 학교와 학교교육에 관련된 사람들이 중요하다고 믿는 아이디어, 기술, 능력의 개발을 특히 목표로 한다.

이런 종류의 지식을 학습할 때, 뇌는 그 지식이 다양한 상황에서 사용되는지 알아본다. 학습과학자는 우리가 지식을 충분히 잘 이용하기 위해서는 그것이 뇌에 잘 '조건화' 되어 있어야 한다고 말한다(CORE 3g 참조). 뇌에 어떤 것이 현실(real)로 되면, 그것은 나중에 사용할 수 있는 지식으로 촉발된다.

적절하게 촉발시키는 것이 없으면 학생들이 지식을 적용하기가 쉽지 않다. 그것은 죽은 지식이 된다. 1900년대 초에 유명한 교육자이자 철학자인 John Dewey는 그 당시에 이미 그가 본 학교교육의 문제를 '방수 격실(watertight compartment)' 속에 있는 연결되지 않는 지식이라고 지적했다.

Dewey가 말하는 방수의 의미는 학교에서 배우는 조각 지식들이 각각 다른 것들로부터 완전히 격리되어 있다는 것이다. 학생들은 실생활과 연결되지 않는 '학교' 지식을 쌓고 있는 것이다. 그는 학생들이 학교에서 배운 지식을 배운 그대로 질문할 때는 기억할 수 있지만 학교 밖에서 생산적으로 사용할 필요가 있을 때는 기억하지 못하는 것을 발견하고 충격을 받았다. 학습이 일어날 때의 상황과 거의 비슷한 상황이 아니면 학생들은 그 지식을 사용하지 못했다.

Dewey는 그의 시대를 앞서 갔다. 학습과학자들은 학생들이 정교화를 하면 이해한 것을 일관성 있는 구조로 조직하기 때문에 정교화는 유의미한 학습을 위해 매우 중요하다고 말한다. 이것 없이는 필요할 때 그 지식을 사용할 수 없다.

효과적인 학습이 되도록 하기 위해, 과학이 말해주는 가장 중요한 것이 연결이라는 것을 우리는 이제 안다. 가장 결정적인 연결 중에 지식이 사용될 수 있는 조건(condition)이 포함된다. 여기에서 그 조건에 대해 알아볼 것이다.

Dewey가 이미 말했듯이, 아무리 철저하게 지식을 습득했더라도, 그것을 어제 사용하는지 모른다면 그 지식은 학생들을 제대로 준비시키는 것이 아니다. 우리 뇌는 적절한 상황에서 그냥 기억해내는 것이 아니다. 우리가 이해한 것을 활성화시키지 않으면, 그것은 죽은 지식이 되고, 그것이 성공적으로 역할을 하도록 끌어낼 수 없다. 뇌에 대한 기본적인 이해가 있기 오래전에, Alfred North Whitehead(1929)는 죽은 지식이란 우리가 표현할 수 있지만 사용하지 못하는 정보라고 했다. 이제 우리는 뇌 속에서 적절하게 '조건화'되지 않은 지식은 그것이 관련이 된다고 해도 신경 처리 과정에서 활성화되지 않을 수 있기 때문에 종종 죽은 지식이 되고 만다는 것을 안다. 뇌는 어떤 주어진 상황에서 경험해보지 않으면 그 관련성을 이해하지 못하고 핵심적인 연합도 만들지 않았다.

교사들은 죽은 지식이 교사로서 가장 실망스러운 도전 중 하나라고 생각한다. 학생들이 어떤 개념을 최소한 어느 정도 이해하고, 매우 구체적인 질문을 했을 때 그것을 적용할 수 있는 것을 보여주면, 교사들은 학생들이 그 개념을 더 일반화해서 다른 상황에서도 사용할 수 있는 능력을 갖추었다고 종종 믿는다. 그러나 학생들이 더 잘할 수 있도록 하기 위해서는 지식의 정교화와 확장을 광범위하게 실시하는 것이 필요하다. 그러나 모든 교사들이 항상 그렇게 하는 것은 아니다. 뇌가 새로운 정보와 기존의 지식 구조를 성공적으로 통합하도록 지원하는 것이 중요하다. 그렇게 하면 적절한 조건하에서 정보나 기술을 촉발하고 적용할 가능성이 높아진다(Kalyuga, 2009).

뇌를 위해 '현실화'하기

많은 효과적인 교수 설계는 실제 적용을 통한 학습 기회를 준다. 예를 들어 '인지적 도제' 학파는 학교에서 보여주는 것만 하지 말고 실천하는 것을 권고한다. 학생들을 나란히 함께 공부하도록 하는 것은 교사를 장인으로 그리고 학생을 도제로 보는 아이디어를 구현한다. 그런 프로젝트 기반 학습은 관찰을 통해 학습하는 전통적인 도제법과 이미 숙달한 다른 사람들과 작업하는 방법을 통합한 것이다. 학교교육에서 생각하는 것을 알아볼 수 있게 함으로써, 우리가 그들과 함께 일하는 것을 통해 지적 기술과 그들 아이디어까지 학습할 수 있다(Collins, Brown, & Newman, 1990; Collins, Seely Brown, & Holum, 1991).

그런데 '실제(real)' 혹은 '진짜(authentic)'라는 의미가 무엇인가에 대해 여러 해 동안 교육계에서 거친 논쟁이 있었다. 학교에서 이런 종류의 교육적 경험을 제공하는 것이 쉽지 않다는 것이 논쟁의 부분적인 이유일 수도 있다. 가끔은 가르치는 학생들의 수가 많기 때문에 작업 현장에서 도제법을 통해 배울 수 있는 진짜 '실제적인' 상황을 만들거나 가르치는 개념을 이해시키기 위해 정확하게 똑같은 장소에서 공동체 서비스를 하도록 하는 교수 설계를 개발하는 것이 어렵다.

그렇기 때문에 그 용어의 의미에 대한 의견 일치가 제한적이고 학교의 자원과 상황에 따라서 그것을 어떻게 가장 적절하게 활용할 것인가에 대해서는 의견 일치가 더 어렵다. 많은 상황에서 오랫동안 반복적으로 자극과 그 결과로 나타나는 생각과 행동을 접하게 하는 바로 그 사실이 뇌에게 그것을 '실제'로 만든다. 그것은 뇌의 분자 수준(molecular level)에서 강화되고, 우선순위가 매겨지고, 강조된다—일반화가 그것을 실제로 만든다.

초등학교 과학 수업에서 비예와 함께하는 또 다른 예를 들어보자. 학교 행정가 경험이 있는 한 학부모는 다양한 상황에서 지식을 배우고 여러 과목에 걸쳐서 통합하는 것이 중요하다고 말하면서 다음과 같은 예를 들었다.

초등학교 3학년인 그녀의 아들이 같은 반 학생들과 함께 공원에 가서 연못에서 본 것에 대해 글을 쓰는 수업을 받았다. 학생들은 연못 속의 오리에 대한 자료와 사람들이 오리에 대해 어떤 행동을 하는가에 대한 자료를 수집하기 시작했다. 여기에서 시작해서 학생들은 조류[13]를 측정하고 조류가 연못에 미치는 영향에 대한 책을 읽게 되었다. 그 후에 그 학생들은 사람들에게 오리에게 먹이를 주지 말라고 하는 교육 캠페인을 시작했다. 그 학생들은 그들이 발견한 것을 보고서로 작성하고 시의회 회의에 참석하여 시장에게 건의도 했다. 그 수업에는 수학, 사회, 작문, 읽기, 말하기, 듣기가 포함되어 있었으며 진정한 실제적 수업이었다. 그녀의 아들이 3년이 지난 지금까지 그 프로젝트에서 배운 것에 대해 기억하고 이야기한다고 그녀는 말했다.

이와 반대로, 숙련 행정가인 우리 부모는 지역 교육청의 과학 '코치'에게 들은 이야기를 전해주었다. 그 코치는 그 지역을 정기적으로 돌아다니면서 다른 교사들의 수업 개선을 도와주는 역할을 했으며 오랫동안 과학 교사로서도 일을 했었다. 그 코치는 초등학교 교사들과 과학교육 과정의 통합에 대해 논의하면서 느낀 실망감을 이야기했다. 과학 기반 활동을 한 후에 학생들이 의견을 쓸 수 있다는 제안이 나왔을 때, 과학 글쓰기는 5월까지 기다려야 가르칠 수 있는 단원이라고 한 교사가 말했다. 그 교사는 지식을 지속적으로 통합해서 수업 계획을 융통성 있게 하는 것을 어려워했다고 그 코치는 말했다. 과학 글쓰기는 오로지 5월에만 그리고 독립적인 단원으로만 가르칠 수 있다는 '방수' 격실이 고개를 든 부적절한 현상이었다.

여러 조건에서 개념이나 기술이 사용되는 것을 볼 수 있는 다양한 기회가 뇌로 하여금 일반화하는 것을 가능하게 한다. 중요한 점은 지식을 개별적으로 배워서는 안 된다는 것이다. 많은 조건들이 촉발할 수 있도록 설계해서 수업해야 한다. 또한 뇌가 다양한 상황을 촉발하고 그에 따른 적절한 활동을 하도록 하기 위해서는 그 조건들을 적당히 다르게

---

13. 조류(藻類) : 물속에 사는 하등 식물의 한 무리-역주.

해야 한다. 그렇게 하면 나중에 필요할 때 지식을 더 성공적으로 활성화할 수 있다.

전이

전이(transfer)란 이전에 배운 지식이나 기술을 새로운 상황에 적용하는 것을 의미한다. 이것은 교육에서 매우 큰 주제지만 여기에서는 전이의 한 측면만 소개할 것이다. 전이가 일어나기 위해서는 뇌가 이전 학습의 적용 가능성을 지각하거나 성공적으로 인식하고 새로운 상황에서 활용하기 위한 방법을 계획하는 것이 필요하다.

교육심리학자 Dale Schunk(2012)는 전이를 위하여 뇌가 이전 지식이 적용 가능하다고 신호하는 단서를 받는 것을 말하는 **인출 단서 주기**(cueing retrieval) 단계와 원래 상황을 뛰어넘는 것을 말하는 **일반화 가능성**(generalizability) 단계를 설명한다. 지식이 교실을 넘어 이후에 사용되기 위해서, 뇌는 그 지식에게 적절한 단서를 줄 수 있어야 한다. 지식을 적용할 때 그것을 불러내서 기능할 수 있게 해야 한다. 이것은 교실과는 완전히 다른 상황에서 일어나야만 한다. 그렇기 때문에 전이는 뇌와 관련된 '보는 것을 학습하기(learning to see)'와 지식을 '조건화하기(conditionalizing)'와 같은 개념과 손을 잡고 걸어간다.

전이가 부족한 것을 학교 전반에 걸쳐서 흔히 볼 수 있다고 학습의 전이(*Transfer of Learning*, 2001)의 저자인 Robert E. Haskell이 보고하고 있으며, 많은 다른 사람들도 동의한다(Rothman, 2012; Royer, Mestre & Dufresne, 2005). 하지만 Haskell은 그 딜레마를 조금 다르게 표현한다. 즉 효과적인 학습과 전이는 항상 일어나고 있지만 학교에서는 그렇게 많이 일어나지 않고 있다고 한다. 우리 삶에서 순간순간 대부분의 사람들은 그들의 사전 경험을 살려서 다음 상황을 처리하면서 끊임없이 전이를 한다. 하지만 교육 환경에서의 전이는 덜 일어나고 있다.

하지만 Haskell은 모든 교육은 지식이 전이될 것이라는 전제를 가지고 실시된다고 한다. 그가 지적했듯이, 학습자가 오로지 원래 학습했던 상황에서 그 순간에만 이해를 할 수 있다고 생각하는 사람은 실제로 없다. 이렇게 얄팍한 학습은 너무 덧없다.

한 학습연구 분야는 학생들이 기존 지식을 새롭지만 가깝게 연결되어 있는 문제와 상황에 어떻게 적용하는지를 연구한다(Gholson, Morgan, Dattel, & Pierce, 1990). 넓게는, 관련성이 있는 '유추' 혹은 비슷한 상황이 기억 속에서 먼저 접근된다(Mestre, 2005). 그 다음에 해결해야 하는 문제에 연결된다. 어떤 것을 사용할 수 있는지 보기 위해 체계적인 조건들(유사점과 차이점)이 뇌에 의해 확인된다. 연구 결과 **사용의 다양성**(multiplicity of use)이라는 중요한 원리를 확인했다. 다시 말해서, 광범위한 조건하에서 여러 가지 내용을 가지고 연습하고 유추하는 기회에 의해 전이가 향상되었다(Schunk, 2012).

사용 횟수를 조금 늘리기만 해도 꽤 도움이 된다. 예를 들면 심리학자 Mary Gick과 Keith Holyoak(1983)은 하나의 예 대신에 2개의 다른 예를 주는 것만으로도 학습자들의 학습 결과와 전이가 크게 향상되는 것을 발견했다. 뇌가 모델이나 규칙을 만들기 위해서 스키마(schema) 혹은 관계의 연결을 만든다고 말했다. 더 많은 다른 예들을 적용할수록 스키마가 더 좋아지고 전이가 더 잘 일어난다.

비계 설정과 철거

뇌에게는 지식과 그 지식을 언제 사용할 것인가의 관계가 분명해야만 한다. 교수 설계 관점에서 보면, 학습을 지원하는 것이라고 할 수 있으며 교사들 용어로는 '비계 (scaffold)'라고 한다. **비계 설정**(scaffolding)이란 학습하는 동안 학생의 생각을 도움이 되는 방향으로 설정하는 것을 말한다. 그러나 뇌 관점에서는 그 지원을 교사가 **철거**(fade) 하지 않으면, 혹은 체계적으로 학생들이 필요로 하는 도움을 줄이지 않으면 역효과를 낳을 수 있다(CORE 3h 참조). 따라서 교사들이 비계 설정과 철거를 모두 분명하게 이해하는 것이 중요하다.

비계란 새로운 지식과 기술을 숙달하도록 학습자를 돕기 위해 교사가 지원하는 구조와 도구를 의미한다. 비계의 종류에는 어휘 목록이나 새 단어 사전, 학생들이 아이디어를 시각적으로 배열하게 해주는 그래픽 조직자, 혹은 학생들이 수학 함수를 이해하기 위해 필요할 때마다 반복적으로 재생할 수 있는 시뮬레이션과 그림 도구가 포함될 수 있다. 비계는 복잡성을 줄이고 종종 인지적 부담을 낮춰줌으로써 초보 학습자를 지원한다. **인지적 부담**(cognitive load)이란 과제를 학습하는 동안 작업기억이 거의 동시적으로 처리되어야만 하는 정보의 양이다.

여러 종류의 비계가 있는데 몇 가지 예를 들면 다음과 같다.

- 교실 환경 단서들. 다시 말해서, 게시판에 걸려 있는 전시물과 역사적 사건들을 보여주는 연대표와 같이 교실 수업에서 학생들이 집중하도록 하기 위해 교사가 제공하는 모든 것
- 그것 자체로는 의미가 없지만 교실에서 특별한 행동을 촉발하는 특수한 암호 언어
- 다양한 외재적 동기 요인. 시험 성적에서부터 설득, 칭찬과 보상까지 모든 것이 가능하지만 중요한 전제는 그 동기 요인들이 실생활에서 그 지식이나 기술을 사용할 때는 제시되지 않는다는 것이다.

- '어려운 단계'를 교사가 작게 나누어 세분화하는 것. 실제로 그 정보를 사용할 때는 그렇게 조직적으로 세분화해서 사용할 수는 없다.

철거(fading)는 반대로 비계를 점점 줄여나가는 것이다. 이 상황에서 철거란 지원을 서서히 없애는 것을 의미한다. 미국국립아카데미(U.S. National Academy) 보고서 사람들은 어떻게 배우는가(How People Learn)는 초기 학습에서 비계가 도움이 된 후에는 철거 절차 혹은 의도적으로 도움을 줄이고 없애는 절차가 있어야 한다고 지적한다(National Research Council, 2000). 그 보고서에 의하면 학생들은 외부 도움 없이 성공적으로 할 수 있게 되면 스스로 자기조절 문제를 질문한다고 한다. 본질적으로 말하면 교사가 제거되는 것이다. 따라서 수업 종료 부분에서는 학생들이 더 독립적으로 학습하고 학습한 것을 죽은 지식이 되지 않도록 할 수 있다.

많은 교사들은 철거의 개념을 모르고 혹은 성공적으로 철수하지 않는다. 이것은 학생들이 지식을 독립적으로 사용할 수 있는 기회를 방해하는 결과를 초래한다. 불행하게도 교사들은 종종 **잘못된** 조건에 지식을 조건화한다. 잘못됐다는 의미는 전이가 되지 않거나 혹은 사용되지 않는 조건에 조건화하는 것을 의미한다. 결과적으로 '죽은' 혹은 뇌 속에 있지만 적절하게 활성화되지 않는 지식 구조가 될 수 있다.

운동선수 학생들을 지도하던 코치는 철거가 일어나지 않았던 그의 경험을 이야기했다. 장대높이뛰기 훈련에서 선수들이 장대를 정확하게 꽂을 수 있는 기술을 연습시키는 것으로 시작했다. 그들은 달리다가 장대를 꽂고 옆으로 빠졌다. 실제로 가로대(height barrier)가 없기 때문에 선수들이 점프를 끝까지 할 필요가 없었다. 일단 그 연습이 충분히 된 후에, 선수들에게 실제로 전체 과정을 해보도록 했다. 그런데 장대를 꽂는 기술이 연습 조건과 실제 조건 사이에서 다소 사라지는 것을 그는 발견했다. 그가 사용하라는 신호를 주면 학생들이 그 기술을 사용했지만, 최소한 초기 단계에서 그것이 실제 조건에서 충분한 연습이 되지 않으면 전이가 일어나지 않는다고 그는 말했다.

어떤 초등학교 교사는 한 행동수정 프로그램에서 학생을 위한 비계 철거가 어떻게 작용하는지 보여주었다. 그녀는 학생이 스스로 학습한 기술을 일반화할 수 있는지 보기 위해 부분적으로 지원을 철거하고 있었다. 학생은 기술을 훌륭하게 전이할 수 있었다. 그 학생은 그를 도와준 그 전문가 교사로부터 규준(norms)을 배웠을 뿐만 아니라, 그의 친구들과 함께 학교생활을 하는 것에 대한 가치를 알기 시작했다. 학생은 학교에서 친구를 사귀고 새로운 것을 배우고 싶다고 말했다. 그는 중심을 읽거나 벗어나는 일을 하지 않으면서 여러 상황에 전이를 할 수 있었으며, 그의 사회적 기술에 대한 의식이 증가했다.

효과적인 연결 만들기

나선형법(spiraling)은 교사들이 어떤 개념을 소개할 때 교수법을 다양하게 반복적으로 사용하여 그것을 중심으로 해서 강화시키는 한 테크닉이다. 교사들이 교실에서 종종 범하는 한 가지 실수는 **제자리걸음 나선형법**(spiraling to nowhere)이라고 부르는 과정이다. 이것은 정교화도 하지 않고 확장도 하지 않고 똑같은 개념이 반복되고 강화되는 것을 말한다. 글자 그대로, 교사가 같은 것을 두 번, 세 번, 그리고 몇 번이고 반복한다.

이것은 다른 상황에서 생각하는 데 도움이 되지 않는다. 또한 뇌가 더 적절하게 지식을 재조직하는 데 도움이 되지 않으며, 원래 기억 흔적이 잘못 강화되고 있다는 것을 의미할 수 있는 오해를 지적하지 않는다.

본질적으로, 제자리걸음 나선형법은 시간을 허비하는 것이다. 그것은 또한 그 개념을 처음에 이해하고 그것으로 신기성이나 새로운 사고를 찾기 위한 길을 못 보는 학생들의 의욕을 잃게 한다.

같은 반복을 해도 교사가 모든 학생을 위해 다시 설명해주고 도와주면서 정교화와 확장을 사용하려고 노력하면 훨씬 더 유익할 수 있다.

제자리걸음하는 함정을 피하기 위해 항상 **어디론가 가야만 한다**. 다시 말해 회오리칠 때마다 정교화와 확장이라는 가치 있는 목적지로 향해야 한다.

그 교사는 지원이 의도적으로 철거되면서 그 학생의 내적 동기가 전반적으로 발달한 것을 볼 수 있었다. 그 학생은 더 자기주도적으로 될 수 있는 준비가 되었다.

때로는 비계를 완전히 철거할 필요가 있다. 아니면 학생들이 스스로 비계를 활성화하도록 할 수도 있다. 예를 들어 글쓰기에서, 학생들이 그들의 생각을 요약하도록 하는 전략은 교사가 학생들이 사용하기를 원하는 무엇이다. 그러므로 교사들은 이것을 결코 철거하는 것을 선택하지 않을 수 있다—그러나 그들은 그것이 교사 지도 없이 독립적으로 결국 일어나기를 원한다. 학습자들이 이 비계를 스스로 재창조하는 지점으로 가도록 하는 것이 목표다.

이 비계를 소개하는 교사에 의하여 독립성을 평가하는 것이 결정적인 책임이다. 철거가 성공적이었다는 확인이 몇몇 학생이 아니라 모든 학생을 위해 평가되어야 한다.

인지적 관여의 사회적 성질

협동과 사회적 협상은 우리 뇌가 작동하는 핵심적인 방식이다(CORE 3i 참조). 우리가 뇌에 대한 지식을 정교화하고 확장하면서, 우리는 곧 독립적인 뇌는 없다는 생각을 하게

관계 확인을 지원하기 위한 내용 분석

교사들은 종종 가르치는 교과목과 학년 수준 영역에 대한 내용 분석을 한다. 내용 분석은 교사가 기억 흔적을 강화하기 위해 나선형의 수업 계열을 준비할 수 있도록 내용 속의 관계들을 확인하는 일이다. 교수 설계에 대한 많은 연구들이 여러 종류의 매체를 비교해본 결과 교사들에게 거의 효과가 없거나 효과가 있어도 유의미하지 않았다. 하지만 교사들이 심도 깊은 과제/내용 분석을 했을 때는 효과가 있는 것으로 나타났다. 한 강사는 이런 종류의 분석은 이 장에서 다룬 것과 비슷하게 여러 가지 방식으로 기억에 영향을 미친다고 했다. 예를 들어 좋은 분석은 강사가 학생들과 함께 사용할 수 있는 잠재적인 **청킹**(chunking) 패턴을 확인할 수 있다. 군집화, 연쇄와 같은 청킹 방법은 자료를 유의미한 '덩어리(chunk)'나 패턴으로 제시함으로써 학습하는 과제를 사전지식과 연결하도록 조직한다. **군집화**(clustering)는 아이디어들을 주제별로 배열하는 것이고, **연쇄**(chaining)는 간단한 아이디어들을 하나씩 연결하는 방법이다. 이것들은 모두 성공적이고 유의미한 사고 패턴을 만듦으로써 인지적 부담을 줄여주는 교수법의 예다.

된다. 이것은 인지의 역설이다. 우리 모두에게, 사회적 상호작용은 뇌구조의 초기 발달을 위한 그리고 인지 기능과 학습의 정상적인 발달을 위한 구성 요인이다(OECD, 2007). 빠르게 출현하고 있는 사회적 신경과학 분야는 사회적 과정과 행동을 다룬다.

사회성 혹은 우리가 어떻게 자신과 그리고 다른 사람들과 상호작용하는가 하는 것은 교수 설계에 굉장히 큰 영향을 미친다. 많은 학교들은 요즈음 점점 더 사회화되어 가고 있으며, 사회매체, 테크놀로지, 인터넷에 대한 것만이 아니다. **사회적 획득**(social acquisition)의 개념은 우리가 다른 사람들과 함께 일함으로써 적극적으로 지식을 정교화하고, 확장하고, 통합하는 것을 의미한다.

예를 들어 3장에서 설명했듯이, 자기주도성(self-agency)은 자신의 학습, 사고, 행동에 책임이 있고 통제할 수 있다고 느끼는 것으로 이것은 적극적으로 자신의 지식을 만드는 사람의 특성이다. 주도성과 주도성에 따른 자기반성은 성공적인 철거 과정을 따른다. 자신의 학습에 대한 자기반성과 주도할 수 있는 능력이 커지면서 독립적으로 지식을 획득할 수 있게 되고 지원이 철거될 수 있다. 우리는 피드백이 자동적으로 우리에게 제공되지 않고 필요할 때 다른 사람으로부터 피드백을 얻을 수 있는 방법을 배운다. 효과적인 자기조절 또한 우리의 다양한 자원의 신뢰성을 판단하고 더 잘 이해하기 위해 자원을 서로 배열하는 데 도움이 된다.

자기주도성은 우리의 반성적 실천에 특히 중요하다. 우리 자신에 대한 믿음은 학습에 대하여 우리가 가지고 있는 **통제 소재**(locus of control)(내적 통제 혹은 외적 통제)의 관점과 상호작용한다. 메타인지(metacognition)는 자신의 학습을 조절하고 조성하는 학습자의 능력이며 9장 '뇌에서 피드백과 증거'에서 더 논의될 것이다. 정보에 너무나 쉽게 접근할 수 있게 됨에 따라서, 강사들은 학생들이 더 많은 정보를 획득하는 것보다 자기조절 전략과 초인지적 인식이 더 필요하다고 말한다.

자신의 학습을 통제할 수 있다고 생각하는 정도에 대한 우리의 신념은 다양한 영역에 영향을 미친다. 우선 학교교육에 대한 동기(7장 '뇌의 정서적 기능과 태도' 참조)나 11장 '교육 과정에 대한 통찰'에서 논의하듯이 빠르게 변하는 사회에서 매우 중요한 '학습하는 것을 학습'하는 방법에 영향을 미친다.

소위 21세기에 필요한 기술이라고 하는 것들(비판적 사고, 창의성, 문제 해결, 의사소통)은 지속적으로 공부하는 유능한 학습자가 되는 것과 관련이 있다. 우리는 주위에 사회적이고 지적인 자산을 가진 집단을 끌어들일 뿐만 아니라 적절한 정도의 자율성을 가지고 항해할 필요가 있다.

우리는 여러 다양한 관점을 접할 때 종종 스스로 학습을 하거나 혹은 '학습하는 것을 학습'하는 데 성공적일 수 있다. 이것은 OECD(2007) 학습과학 보고서가 지적하듯이, '물질' 환경뿐만 아니라 '인간' 환경도 포함한다. 이 복잡한 환경들이 우리를 성장하게 한다.

거울 뉴런은 사회적 패턴을 포착하는가?

거울 뉴런(mirror neuron)이라고 부르는 뇌세포는 동물이 행동할 때 그리고 다른 동물이 같은 행동을 하는 것을 관찰할 때 모두 발화한다. 그 뉴런은 행동을 '따라하기' 때문에, 교육에서 교수자들은 종종 Bandura의 사회인지학습이론과 같은 사회문화적/사회역사적 학습이론(7장 참조)을 결합하고 그것들을 뇌 그리고 거울 뉴런을 통한 모델링과 함께 가르친다.

사회학습이론의 한 가지 특징은 우리가 다른 사람들을 관찰하고 다른 사람의 행동을 따라서 하는 방법이다. 거울 뉴런은 영장류가 관찰하는 행동의 사회적 패턴을 이해하고 모방하는 방법인 것으로 보인다.

서던캘리포니아대학교의 신경과학자이자 인간발달 심리학자인 Mary Helen Immordino-Yang은 그것을 다음과 같이 말한다―학습은 지각과 행동의 순환이다. 신경생물학적 관점에서 보면, 신경 활동은 뇌의 거울 뉴런 영역들에서 행동과 지각이 수렴한다. 그녀는 학습자가 자신의 사고와 선호하는 것을 사용하여 그가 보는 것의 표상을 내재화하고 만든다고 하는 한 모델을 제안했다(Immordino-Yang, 2008). Immordino-Yang은 이것을 '거울 주위의 연기'에 의해 조직되는 과정이라고 부른다―연기(smoke)란 우리가 사고할 때 적용하는 사회문화적 그리고 정서적 요인들이다(7장 참조).

우리 자신을 더 잘 이해하기 위해서 주도자(agents)가 되고 주창자(advocates)가 됨으로 써, 지식의 '통합' 과정에 참여하는 것을 배운다. 우리는 우리 주위의 자원부터 우리가 만나는 사람들까지 모든 것에 대한 질문을 한다. 우리가 제대로 가고 있는가? 이 접근들 을 잘 이해하면 학생들의 학습 결과에 큰 영향을 미칠 수 있는가? 이에 대해 9장에서 더 자세하게 논의할 것이다.

결론

우리 뇌는 지속적으로 연결을 만듦으로써 학습하게 만들어져 있다. 이 연합을 사용하여 우리는 지식을 종합하고 필요할 때 학습한 것을 자극하여 역할을 하도록 한다.

효과적인 교수 설계를 통하여, 교사들은 학생들에게 그들의 뇌가 의미 있는 패턴과 차 이를 인식하도록 할 수 있다. 앞에서 배웠듯이, 많은 전략들이 유용한 것으로 확인되었 다. 예를 들어 교사들은 학생들에게 대조를 보여주거나 무엇이 옳고 무엇이 틀렸는지 보 여줌으로써 차이점을 강화할 수 있다. 비교와 대조를 지적하는 것도 또한 학생들이 사전 지식과 학습을 연결하도록 하는 효과적인 방법이 될 수 있다.

만일 종합이 일어나지 않으면, 지식은 사실상 쓸모가 줄어든다. 교사와 학생 모두에게 학습의 목적은 학습이 유용하고 지속되는 것이다. 교사들이 인간의 인지 시스템에 대해 밝혀진 것을 접목해서 교수 설계를 하면, 효과적인 전략을 사용할 수 있다.

마무리 시나리오

새로운 지식을 적용하기

교수 설계

이 장에서는 뇌가 아이디어들을 연결하는 방법을 설명했다. 과목과 학년에 걸친 지식을 통합함으로써, 교사는 뇌가 필요할 때 정보와 획득한 기술이 촉발되고 사용될 수 있도록 학습을 연결하고 통합할 수 있도록 도울 수 있다. 당신이 가르치는 과목의 수업을 다른 과목이나 다른 학년의 수업과 어떻게 통합할 수 있겠는가?

1. 당신이 가르치는 과목이 어떻게 실생활과 고립되어 있기 때문에 학생들이 '실제로'

적용할 수 있는 것이 거의 없다고 생각하는가? 그것은 학생들과 어떤 방식으로 관련되는가?

2. 당신은 그 과목을 다른 수업이나 혹은 원한다면 학생들이 전 학년에서 이미 배운 것과 연결시킬 수 있다. 당신은 무엇을 선택하겠는가? 그리고 선택한 이유는 무엇인가?

3. 당신은 비교와 대조가 학습자들이 사전지식과 학습을 연결하기 위한 특히 효과적인 방법이라고 하는 수업 접근들을 배웠다. 당신은 어떤 비교와 대조를 지적하겠는가?

4. 유사점과 차이점도 학생들이 분명히 이해해야 한다. 당신은 이 사실을 당신의 교수 설계에 어떻게 포함시키겠는가? 그리고 유사점과 차이점을 학생들에게 어떻게 '실제(real)'로 제시하겠는가?

5. 효과적인 교수법의 또 다른 중요한 점은 지식을 여러 상황에 사용함으로써 그것을 '조건화'하는 것이다. 예를 들어 한 3학년 수업에서 학생들이 학교 근처에 있는 공원으로 가서 연못을 지켜본 것에 대해 글을 쓰고 그 후에 연못 속의 오리에 대한 자료, 그리고 오리와 상호작용하는 사람들의 행동에 대한 자료를 수집하기 시작한 것을 기억하는가? 만일 시간이 있다면, 당신이 제시하고 있는 새로운 정보를 '조건화'하기 위해 당신은 어떤 새로운 상황을 그 수업에 끌어들이겠는가?

6. 정교화와 확장의 사용에 대한 한 가지 중요한 측면은 시간이 걸린다는 것이다. 뇌가 연결을 만들기 위한 단서를 잡을 수 있을 정도로 원래 학습과 비슷한(그렇지만 동일하지는 않은) 상황 속에서 정보가 다시 소개되어야만 한다. 당신은 이 핵심 포인트를 어떻게 교수 설계에 포함시키겠는가?

참고문헌

Anderson, J. R. (2000). *Learning and memory: An integrated approach*. New York: Wiley & Sons.

Arbus, D. (1972). *Diane Arbus*. Millerton, NY: Aperture.

Berger, C. & Kam, R. (1996). Definitions of instructional design. http://www.umich.edu/~ed626/define.html

Bransford, J. D., Brown, A. L., & Cocking, R. R. (2000a). *How people learn: Brain, mind, experience, and school*. Washington, DC.: National Academies Press.

Bransford, J. D., Brown, A. L., & Cocking, R. R. (2000b). Mind and brain. *How people learn: Brain, mind, experience, and school* (pp. 114–127). Washington, DC: National Academies Press.

Collins, A., Brown, J. S., & Newman, S. E. (1990). Cognitive apprenticeship: Teaching the crafts of reading, writing, and mathematics. In L. B. Resnick (Ed.), *Knowing, learning, and instruction: Essays in honor of Robert Glaser* (pp. 453–494). Hillsdale, NJ: Erlbaum.

Collins, A., Seely Brown, J., & Holum, A. (1991). Cognitive apprenticeship: Making thinking visible. *American Educator, 6*(46).

Doreen, K. (2011). From ear to brain. *Brain and Cognition, 76*(2), 214–217.

Driscoll, M. (2000). *Psychology of learning for instruction*. Boston: Allyn & Bacon.

Edelman, S. (2012). *The happiness of pursuit: What neuroscience can teach us about the good life*. New York: Basic Books.

Gagné, R. M. (1985). *Conditions of learning* (4th ed.). New York: Holt, Rinehart and Winston.

Gholson, B., Morgan, D., Dattel, A. R., & Pierce, K. A. (1990). The development of analogical problem solving: Strategic processes in schema acquisition and transfer. In D. F. Bjorklund (Ed.), *Children's strategies: Contemporary views of cognitive development*. Hillsdale, NJ: Erlbaum.

Giardina, A., Caltagirone, C., Cipolotti, L., & Oliveri, M. (2012). The role of right and left posterior parietal cortex in the modulation of spatial attentional biases by self and non-self face stimuli. *Social Neuroscience, 7*(4), 359–368.

Gick, M., & Holyoak, K. (1983). Schema induction and analogical transfer. *Cognitive Psychology, 15*, 1–38.

Haskell, R. E. (2001). *Transfer of learning: Cognition, instruction, and reasoning*. San Diego, CA: Academic Press.

Immordino-Yang, M. H. (2008). The smoke around mirror neurons: Goals as sociocultural and emotional organizers of perception and action in learning. *Mind, Brain, and Education, 2*, 67–73.

Kalyuga, S. (2009). Knowledge elaboration: A cognitive load perspective. *Learning and Instruction, 19*, 402–410.

Linn, M. C., Lee, H.-S., Tinker, R., Husic, F., & Chiu, J. L. (2006). Teaching and assessing knowledge integration in science. *Science, 313*, 1049–1050.

Marzano, R. J. (2003). *Classroom instruction that works*. Alexandria, VA: ASCD.

McNeill, W. H. (1986). Organizing concepts for world history. *Review, 10*(2), 211–229.

Mestre, J. (Ed.). (2005). *Transfer of learning from a modern multidisciplinary perspective*. Greenwich, CT: Information Age.

National Research Council. (2000). *How people learn: Brain, mind, experience, and school: Expanded edition*. Washington, DC: National Academies Press.

OECD. (2007). Understanding the brain: The birth of a learning science. Paris: Author. doi: 10.1787/9789264029132-en.

Rothman, R. (2012). A common core of readiness. *Educational Leadership, 69*(7), 10–15.

Royer, J. M., Mestre, J., & Dufresne, R. J. (2005). Introduction: Framing the transfer problem. In J. Mestre (Ed.), *Transfer of learning from a modern multidisciplinary perspective*. Greenwich, CT: Information Age.

Schunk, D. H. (2012). Cognition and instruction. *Learning theories: An educational perspective* (pp. 278–323). Boston: Pearson.

Whitehead, A. N. (1929). *The aims of education and other essays*. New York: The Free Press.

Yovel, G., Levy, J., Grabowecky, M., & Paller, K. A. (2003). Neural correlates of the left-visual-field superiority in face perception appear at multiple stages of face processing. *Journal of Cognitive Neuroscience, 15*(3), 462–474.

수면, 운동, 영양섭취

이 장은 CORE 지도원리 6, '신체적 조건(수면, 운동, 영양섭취)은 뇌기능에 큰 영향을 미칠 수 있으며 직접적으로 우리가 어떻게 학습하는가'와 연결되어 있다.

학습 요점

1. 수면의 영향을 받는 기억 처리 과정은 부호화, 응고(consolidation), 통합으로 구성되어 있으며, 모두 효과적인 학습을 위해 필요하다.

2. 뇌영상 연구에 의하면 수면 부족은 초기의 기억 형성을 담당하는 뇌의 전전두 기능을 약화시킨다고 한다.

3. 새로운 경험을 수면 중 꿈을 꾸면서 재연하는 것이 깨어 있는 상태에서 단순히 생각하는 것보다 더 잘 기억하도록 하는 것으로 나타났다. 몇몇 연구에서 학습한 후에 잠을 자는 것이 기억에 도움이 되는 것으로 추후 검사 결과 나타났다.

4. 운동은 뉴런을 지지하고 보호하기 위한 산소공급, 연료공급, 세포증식과 같은 다양한 뇌건강의 원동력이다.

5. 유산소성 체력(aerobic fitness)의 증가는 학업 수행의 기초가 되는 뇌구조와 기능의 개선에 영향을 미친다.

6. 학교에서의 규칙적인 신체 활동은 특히 작업기억과 문제 해결력을 요구하는 학습에 도움이 되고, 수학과 읽기에서의 수행이 눈에 띄게 높아지는 것으로 나타났다.

7. 단백질, 탄수화물, 좋은 지방이 풍부하게 포함된 건강한 다이어트는 건강한 뇌를 발달시키고, 인지를 강화하고, 뇌기능을 지원하기 위한 신체의 능력에 매우 중요한 것으로 나타났다.

8. 뇌는 많은 에너지를 필요로 한다. 어린 유아들은 거의 75%의 에너지가 뇌기능과 빠른 성

장을 지원하기 위해 사용된다. 성인은 신체 에너지의 25%를 뇌가 사용한다.

9. 최신 연구에 의하면 인지적 부담이 인지적 처리를 하고 있는 뇌 영역의 포도당을 고갈시킬 수 있으며 포도당 수준이 떨어지면 연료가 부족해져서 사고 · 학습 · 기억에 영향을 미친다.

10. 영양실조로 고통 받는 아이들과 어린 아동들은 학습 관련 문제들을 경험할 수 있고 그 영향은 오래 지속된다.

들어가기

휴식시간, 점심시간, 유치원 낮잠시간. 이런 것들 없이 하루의 학교생활을 누가 상상할 수 있겠는가? 이 활동들이 중요하다는 것을 교육자들은 이미 알고 있었지만 최근 연구는 수면, 운동, 영양섭취가 여태까지 생각했던 것보다 학습에 훨씬 더 큰 역할을 한다는 것을 보여주고 있다. 예를 들어 학습에 수면이 너무나도 중요하기 때문에 우리 삶의 1/3이나 잠을 자며 학습할 것이 많은 아기들과 어린 아동들이 그렇게 많은 잠을 잔다고 수면 연구자들은 말한다.

학령기 아동에 대한 한 최신 연구에서도 아동의 뇌발달을 위해 신체 활동을 하도록 하는 것이 좋은 것으로 나타났다. 아동 인지발달의 핵심인 정신 기능을 향상시키기 위한 간단하고 중요한 한 가지 방법이 운동이라고 미국 국립보건원이 발표한 '운동과 아동의 지능, 학업성취'에서 결론을 내렸다(Tomporowski et al., 2008). 또한 특히 중요한 시험이 있는 날 식사를 하지 않고 학교에 오는 학생들의 인지 능력이 제대로 발휘되지 못했고, 어릴 때부터 비타민, 미량 영양소, 단백질, 그 외 뇌의 성장과 유지에 필요한 성분들이 부족한 학생들의 결과는 훨씬 더 나빴다.

이 장에서는 지도원리 6의 시작 부분인 '우리가 가장 잘 학습할 수 있는 신체적 조건에는 수면, 운동, 영양섭취가 포함된다'에서의 신체적 조건의 역할을 탐색하는 것으로 시작한다. 인간 신체의 다른 부분들과 마찬가지로, 뇌는 적절한 영양섭취, 휴식, 운동을 포함한 건강한 생활 속에서 가장 잘 기능한다(CORE 6a 참조). 건강과 웰빙은 뇌기능에 중요한 영향을 미친다.

신체 기능과 뇌의 역할에 대한 교사들의 반응과 교육에 관여하지 않는 사람들의 반응은 매우 다르다. 교육에 관여하지 않는 사람들은 다음과 같은 질문을 한다. 신체 활동과 교육 간에 무슨 상관이 있는가? 이 주제는 학부모나 정책입안자들이 관심을 가지면 될 문제가 아닌가 ―도대체 교사들이 이 주제와 관련하여 할 수 있는 일이 무엇인가? 교육자들을 주요 대상으로 하는 책 속에 한 장을 할애할 만큼 신체 조건의 역할이 중요한가?

교사들은 '그렇다'며 열렬한 반응을 한다. 대학교에서 교원을 양성하는 교수들은 초임 교사부터 고참 교사와 학교 리더들까지 그들 제자들이 이 내용에 대해 충분히 이해하고 웰빙에 대한 큰 관심을 가지고 있다고 말한다. 또한 교사들은 이런 종류의 정보를 가지고 그들이 할 수 있는 일이 많다고 느낀다. 교육자의 역할에는 공동체를 교육하는 것도 포함되어 있으며, 공동체에는 학생, 학부모, 학교가 모두 포함된다. 교사들은 다음과 같은 질문을 한다. 신체적 웰빙과 그것이 어떻게 학습을 지원하는지에 대한 새로 나올 놀라운 지식보다 우리가 사랑하는 사람들에게 알려줄 수 있는 더 좋은 주제가 어디 있는가?

어떤 교육자들은 이 주제가 이 책의 1장에서 다루어져야 한다고 말했다. 하지만 우리는 그것을 다루기 전에 1장에서부터 5장까지 제공되는 지식 기반을 먼저 쌓는 것이 중요하다고 했다. 많은 연구들을 그것 자체로 접근할 수 있지만, 이전 장들에서 소개된 뇌가 작동하는 것을 시각화할 수 있다면 연구들을 훨씬 더 의미 있게 이해할 수 있을 것이다. 기초를 잘 다질수록 교사들은 오래 유지되는 지식을 기반으로 해서 실제 수업에서 더 잘 전이시킬 수 있을 것이다.

수면

■|| 더 잘 학습하기 위한 수면

다음 빈 칸에 들어갈 답을 생각해보라.

"잠을 자는 것은, 어쩌면 _____"[14]

A. 꿈을 꾸는 것이다.

B. 뇌의 학습역량을 높이는 것이다.

C. 기억을 향상시키는 것이다.

D. A, B, C 모두 맞다.

뇌과학에 의하면 D가 가장 적절한 답이다. 셰익스피어부터 최근 연구까지 수면이 기억과 학습에 그와 같은 중요한 역할을 한다는 것을 보여준다. 그 유명한 구절을 인용한다면 '잠을 자는 것은 어쩌면 학습하는 것이다'라고 하는 것이 가장 적절하고 정확하다고 할 수 있을 것이다.

수면은 뇌기능의 중심이다. 잠을 자는 동안 가소성과 지식의 강화와 관련된 과정들이 일어나며, 결과적으로 수면은 학습, 기억, 유지, 효과적인 지식 통합에 있어서 중추적인

---

14. 〈햄릿〉 3막 1장에 나오는 유명한 "죽느냐 사느냐 그것이 문제로다" 대사 중에 나오는 말로 원문은 "To sleep, perchance to dream"-역주.

역할을 한다(CORE 6b 참조).

미국을 포함한 여러 나라에서 성장하고 있는 최근 연구에 의하면 수면과 새로운 것을 기억하고 학습하기 위한 뇌의 능력 간에는 직접적인 연관성이 있다. 밤새워서 벼락치기로 시험 공부하기? 그것은 장점보다 단점이 더 많은 것으로 나타났다. 오히려 오후에 짧은 낮잠을 자는 것이 뇌의 학습역량을 현저하게 높여주는 신경화학 프로세스를 자극하는 것으로 나타났다.

잠자고 있는 뇌는 생물학적으로 깨어 있는 뇌와 다르다. 잠자는 동안 뇌는 가장 잘 회복하지만, 쉬고 있는 것은 아니다. 자고 있을 때조차 뇌는 복잡하고 체계적인 정신 활동을 하고 있다(Walker & Stickgold, 2006). 빠르게 발전하고 있는 신경과학은 우리가 잠자는 동안 다음과 같은 활동을 한다는 강력한 증거를 보여주고 있다.

- 기억을 부호화한다.
- 기억을 안정시키고 응고시킨다.
- 이전에 저장해둔 것과 새로운 정보를 통합한다.
- 과도한 신경 연결들을 가지치기함으로써 (아동과 젊은 성인의) 뇌활동을 재조직하기도 한다(Feinberg & Campbell, 2012).

수면과 인지의 관계를 연구하는 신경과학자와 심리학자의 언어를 빌리자면, 이것을 수면 의존 기억 과정(sleep-dependent memory processing) 그리고 수면 의존 가소성(sleep-dependent plasticity)이라고 한다.

수면 연구의 선구자이며 하버드 의과대학 수면과 인지 센터(Center for Sleep and Cognition) 소장인 Robert Stickgold는 수면 중에 정보를 더 큰 상황에 적합하도록 함으로써 정보를 더 의미 있게 만든다고 말했다. 그는 그런 처리 과정이 수면의 진화를 일으켰을 것으로 믿는다. 수면의 모든 기능들 중에서 이 정보 처리 과정만이, 수면이 뇌를 휴식시키는 것이 아니라, 의식을 잃는 위험한 현상으로 기술되었던 것을 경험하는 이유를 설명해줄 수 있다.

■‖ 연구는 급속하게 발전하고 있다

수면과 특히 꿈이 기억을 강화하는 데 도움이 된다는 생각은 1801년 영국 심리학자 David Hartley에 의해 처음으로 제안되었다. 기억이 수면에 의해 강화된다는 것을 보여주는 증거가 제시된 것은 1924년 Jenkins와 Dallenbach의 한 고전적인 연구에 의해서다. 그들은 대학생들에게 잠자기 전과 아침에 눈을 뜰 때에 무의미 철자를 가르쳤다. 그 결

수면은 뇌의 어디에서 일어나는가?

연구자들은 깨어 있을 때 획득한 정보가 잠자는 동안 응고되는 과정이 뇌에서 어떻게 일어나는지를 확인하고, 사실 기반 기억이 우선 일시적으로 해마에 저장되고 그 후에 더 오래 그리고 잘 이용할 수 있도록 저장하기 위해 전전두 피질로 보내진다는 것을 발견했다.

UC 버클리대학교 수면 연구자 Matthew Walker는 뇌의 두 영역 간의 상호작용을 쉽게 이해할 수 있게 설명해준다. 그는 그것을 저장 용량이 제한되어 있는 전자우편함에 비유할 수 있다고 말한다. 우편함이 가득차면, 우편함을 비울 때까지 새로운 메시지는 튕겨나간다. 다행히도 해마는 가득 차면 그냥 '휴지통 비우기' 버튼을 누르지 않는다. 대신에 잠을 자는 동안 해마에 새로 들어오는 정보는 저장 공간을 더 많이 가지고 있는 것으로 보이는 전전두 피질의 '하드 드라이브'로 전이된다.

잠자는 동안, 새 기억은 전전두 영역에서 응고된다. 이 응고화는 경쟁적이거나 방해적인 요인들의 간섭에 덜 취약하게 만든다. 전전두 피질에서는 또한 의미와 상황을 첨가해서 정보가 강화된다.

과 잠을 자지 않고 깨어 있을 때보다 밤에 잠을 자고 난 후에 더 많이 기억하는 것을 발견했다. 그 연구자들은 이 결과가 나타난 것은 기억의 어떤 특수한 기능 때문이 아니라 잠자는 동안 정신적 방해가 일어나지 않았기 때문이라고 했다.

이제 우리는 수면이 학습에 미치는 영향이 전혀 소극적인 것이 아니라는 것을 안다. 수면은 잠자는 뇌의 순차적인 생리적 활동을 통해 일어나는 기억 발달과 직접 연결되어 있다. 이 활동 단계는 급속안구운동(Rapid Eye Movement, REM) 수면과 비급속안구운동(non-REM, NREM) 수면이라고 하는 단계들로 이루어져 있다(그림 6.1 참조).

연구에 의하면 수면의 모든 단계에서 마음과 뇌는 새로운 기억을 처리하기 위해 일하지만, 수면 단계에 따라서 그 방법이 다르다. 또한 수면은 우리가 깨어 있을 때도 언어 학습, 절차적 기술 학습, 정서적 기억, 공간적 탐색을 포함한 다양한 과제를 기억할 때 좋은 영향을 미친다. 잠을 자지 않고 공부하는 것에 비해서 공부를 하고 잠을 자는 것이 추후 검사에서 더 잘 기억한다는 것을 보여주는 연구들이 계속 발표되고 있으며 이것은 학생들과 교육자들이 특히 주목해야 할 점이다.

꿈을 꾸는 수면 단계에서 새로운 경험을 '재생'하는 것이 깨어 있거나 그 경험에 대해서 생각하는 것보다 더 유의미하게 기억을 향상시키는 것으로 연구에서 나타났다. 과학

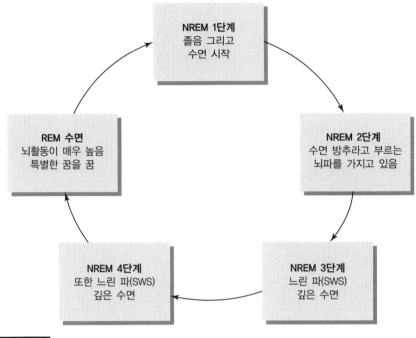

그림 6.1

수면 상태와 단계

기본적으로 급속안구운동(REM) 수면과 비급속안구운동(NREM) 수면의 두 가지 수면 상태가 있으며 NREM 수면은 다시 네 단계로 나뉜다. 잠을 자는 동안 NREM 단계로 시작해서 REM과 NREM 수면을 반복한다. 이 사이클은 약 90~110분 지속되며 하룻밤에 4~6번 반복된다. 밤이 깊어질수록 깊은 NREM 수면의 양은 감소하고 REM 수면의 양이 증가한다.

자들은 사실을 회상만 하기보다는 수면 중에 뇌가 새로 획득된 약한 기억을 더 안정적이고 지속적이며 유용한 형태로 처리하고 전환하는 과정 속에서 기억에 상황과 영속성을 부여하는 것을 발견했다(Wamsley & Stickgold, 2011). 사실, 2010년 TED 강연 온라인 방송에서, 하버드대학교의 Stickgold는 수면 의존성 기억 처리 과정은 우리가 깨어 있을 때 받아들이는 정보와 경험의 '규칙'과 '요점'을 추출함으로써 "우리 삶의 의미를 창조한다"고 말했다.

하지만 수면과 관련하여 기억을 처리하는 정확한 기능과 뇌 가소성에 대한 연구는 앞으로 활발하게 수행되어야 할 분야이며, 연구자들은 그 과정에 대한 더 많은 통찰을 끌어내기 위해 행동주의와 신경생리학적 측정을 통합하는 접근을 사용하고 있다(Frank & Benington, 2006).

사실, 위스콘신대학교 매디슨 캠퍼스의 Giulio Tononi와 Chiara Cirelli에 의한 최근의 몇 가지 연구는 수면 중에 중요한 신경 연결이 응고되고 강화되기 때문에 기억이 만들어진다는 널리 인정을 받아온 믿음에 의문을 제기한다. 그들은 역설적으로 수면 중에 뇌의 약화 혹은 뇌가 중요하지 않은 신경세포 연결을 제거함으로써 기억에 도움이 된다고 제안한다. 그들은 어떤 시냅스를 약화시키면 뇌가 기억할 필요가 없는 일상 경험들을 저장하기 위해 많은 에너지를 사용하는 것으로부터 해방시킨다는 가설을 설정했다(Tononi & Cirelli, 2013).

정확한 메커니즘이 무엇이든, 잠자는 동안 학습 과정이 정말 그리고 지속적으로 처리되고 있다는 점에는 거의 의심의 여지가 없다—그것은 우리가 깨어 있을 때 노력을 하는 학습 과정과는 상당히 다르다.

잠깐 눈을 붙이는 동안 학습이 일어난다?

깨어 있을 때 획득된 지식이 자는 동안 강화된다는 것은 학습의 중요한 일부분이다. 그렇지만 완전히 새로운 정보의 학습은 잠자는 동안 어떻게 되는가? 그것은 가능하다. 잠자는 동안 학습하는 완전히 새로운 정보에 대하여 이스라엘에 있는 와이즈만과학연구소(Weizmann Institute of Science)의 한 연구팀은 사람들이 향기와 소리의 새로운 연합을 학습하고 또 기억할 수 있다는 것을 보여주었다(Arzi et al., 2012). "우리의 결과는 자연적인 인간의 수면 동안 새로운 정보의 학습이 일어나고 이 새로운 학습이 수면 중에 그리고 깬 상태에서도 실행되는 것을 보여준다"고 그 연구자들은 결론 내렸다.

팀 리더인 Anat Arzi는 *New York Times*에서 사람들의 나쁜 버릇을 잠자는 동안 변화시키는 것과 같은 수면 학습을 실제로 적용할 수 있다고 했다. Arzi가 말하듯이 잠자는 동안 무엇을 배울 수 있고 무엇을 배울 수 없는지 그 경계를 더 잘 이해하는 것이 앞으로 필요할 것이다.

2012년 연구에서 그 연구자들은 수십 명의 참여자들을 그들이 자는 동안에 방취제나 샴푸와 같은 좋은 냄새와 썩은 생선과 같은 불쾌한 냄새에 노출시켰다. 참여자들은 좋은 냄새에 대해서는 숨을 깊이 들이마셨고 나쁜 냄새에는 얕은 숨을 들이마셨다. 그런 후에 그 냄새들을 특수한 청각적 음조와 짝을 지었다. 마침내(여전히 자고 있는 상태) 그들은 그 냄새가 있든 없든 관계없이 음조에 따라 깊거나 얕은 숨을 쉬는 반응을 했으며, 따라서 이는 냄새와 소리의 연합을 학습했다는 것을 나타낸다.

학습된 연합은 아침에 깨어났을 때도 여전히 나타났으며, 그 참여자들이 그들이 자는 동안 맡은 냄새나 들은 소리에 대한 기억이 없는데도 그런 결과가 나타났다.

한 가지 재미있는 연구 결과는 REM, 그리고 NREM 수면 동안 모두 음조와 냄새를 연합하는 학습이 일어났지만, NREM 수면 동안 학습한 연합만이 그다음 날 깨어 있을 때까지 지속되었다.

■‖ 낮잠을 자는 것에 대해 '찬성합니다'라고 말하라

수면이 어떻게 학습을 향상시키는지 알아보기 위해 한 연구는 교육자들이 특별히 관심을 가지는 두 가지 활동인 짧은 낮잠을 자는 것과 대학생들이 시험을 앞두고 밤새워 벼락공부를 하는 것을 살펴보았다.

그 연구 결과에 비추어보면, 낮잠 자는 시간을 유치원을 넘어서까지 확장할 가치가 있다. UC 버클리대학교의 한 연구에 따르면, 90분 낮잠이 정보를 학습하고 기억하는 능력을 극적으로 높이고 회복시킨다. 버클리의 심리학 교수이며 수면 연구자인 Matthew Walker가 이끄는 그 연구팀은 젊은 성인들을 두 집단으로 나누어 비교했다. 정오에 두 집단에게 해마에 부담을 주는 엄격한 학습 과제를 주었다. 오후 2시에 한 집단은 90분 동안 낮잠을 잤고, 다른 한 집단은 자지 않았다. 오후 6시에 두 집단에게 새로운 학습을 시켰다. 그 결과 낮잠을 잔 집단이 과제를 더 잘했고 실제로 그들의 학습 능력이 향상되었다. 낮잠을 자지 않고 계속 깨어 있던 집단의 학습 능력은 저하되었다.

뇌를 활기차게 하기 위해 얼마 동안의 낮잠이 필요한가는 아직 밝혀지지 않았다. 버클리 연구는 90분을 사용했지만 독일 뒤셀도르프대학교의 연구는 기억을 향상시키기 위해서는 6분만 잠을 자도 충분하다는 것을 발견했으나 그렇게 짧은 시간에 어느 정도의 기억 향상이 수면 때문일 수가 있는지에 대한 의문이 제기된다(Lahl, Wispel, Willigens, & Pietrowsky, 2008).

■‖ 수면 부족의 저주

만일 수면이 학습에 그렇게 도움이 된다면 잠을 빼앗겼을 때는 학습 능력에 어떤 일이 일어날까?

학생들이 충분한 수면을 취하지 않고 학교에 오면 학습이 제대로 되지 않는다는 것은 교사들이 직접 관찰을 해봐서 충분히 확신하고 있을 것이다. 뇌영상 연구는 수면 박탈이 기억의 초기 형성—사실에 기반한 정보의 부호화—에 관여하는 뇌의 전전두엽 기능을 방해한다는 것을 보여준다. 동물 연구들은 수면 박탈을 당한 동물의 뉴런에서 특수한 변화가 나타나는 결과를 보여준다(Walker & Stickgold, 2006).

인간 행동에 대한 연구에서도 수면시간이 너무 짧으면 학습에 장애가 나타나는 것을 보여주었다. UC 버클리대학교의 한 연구는 36시간 이상 수면을 박탈당하고 그 후 2일 정상적으로 잠을 잔 학생들이 수면을 박탈당하지 않은 학생들과 비교해서 선언적 기억이 40% 약화되었다고 보고했다.

다시 말해서 깨어 있는 시간이 더 많을수록 학생들의 뇌는 더 부진했다. 이것은 시험 준비를 위해 밤샘해서 벼락치기로 공부하는 고등학교 학생들과 대학생들을 위한 중요한 연구 결과다. 밤샘을 함으로써 그들 뇌에 더 많은 정보를 벼락치기로 집어넣는 것이 아니라 실제로는 중요한 뇌 영역을 폐쇄하는 것이다.

위스콘신대학교의 심리치료 교수이자 수면 연구자인 Tononi와 Cirelli(2013)는 동물과 인간의 뇌의 대부분은 깨어 있으면서 일부가 완전히 차단되는 것을 말하는 **부분 수면(local sleep)**이라고 부르는 현상을 연구했다. Tononi와 Cirelli는 이 현상이 수면 박탈 인간에서도 일어나며 집중적인 학습을 한 후에 더 빈번하게 일어난다는 것을 발견했다. 이런 상황은 전형적인 한밤중 벼락치기가 대표적이다. 그럴 때에 사람들은 깨어 있지만 "뇌의 작은 부분이 모르는 사이에 짧은 잠을 잘 수 있다"고 연구자들은 말한다. 뇌에서의 그런 부분 수면 때문에 얼마나 많은 판단 오류와 바보같은 실수가 발생하는지 모른다고 그들은 지적한다.

■∥ 잠이라고 해서 모두 같은 잠은 아니다

일반적으로 수면은 독특한 방식으로 기억을 강화하는 신경학적 그리고 생리학적 기능을 가지고 있는 여러 단계들로 구성되며 90분 사이클로 진행된다. REM 단계 이외에 특히 '느린 수면 파(slow wave sleep, SWS)'를 나타내는 두 가지 NREM 깊은 수면 단계를 포함하는 네 가지의 NREM 수면 단계가 있다(Walker & Stickgold, 2006).

독일 뷔빙겐대학교의 의학심리학과 행동신경생물학 연구소(Institute for Medical Psychology and Behavioral Neurobiology)의 스위스와 독일팀은 아동의 뇌가 성인의 뇌보다 잠자는 동안 학습한 자료를 반무의식적으로 활발한 지식으로 더 효과적으로 전환하는 것을 발견했다. 실험참가자들이 자는 동안 뇌활동을 측정한 결과 아동이 훨씬 더 많은 '느린 수면 파'를 나타내는 것을 발견했다. "명시적 지식의 형성이 아동기 수면의 특수한 능력으로 보인다"고 연구 책임자인 Ines Wilhelm 박사가 말했다(Wilhelm et al., 2013).

또한 UC 버클리대학교의 낮잠 연구는 잠을 자는 동안 학습의 효과는 깊은 수면과 꿈을 꾸는 수면 사이의 NREM 2단계 수면에서 일어난다고 한다. 버클리 연구자들은 '수면 방추'라고 알려진 뇌파의 분출이 학습이 지나가는 길을 내어서 뇌의 핵심 영역 간의 네트워크를 형성한다는 강력한 증거를 발견했다. 이런 전기 방추들은 NREM 수면 중에 생성되었으며 하룻밤에 1,000번이나 일어날 수 있다. 또한 더 많은 방추가 나온 사람들이 더 좋은 기억을 유지하는 것으로 나타났다.

그 연구의 주저자인 Bryce Mander는 방추가 가장 많은 수면은 하룻밤 중 후반부에 나타난다고 한다. 따라서 6시간보다 적게 자면 그만큼 수면 부족이 된다. 학생들은 방추를 충분히 경험하지 못하게 되고 그만큼 학습할 수 없게 될 것이다(Mander et al., 2011). Mander는 한 대학 신문에서 늦게 자면, 특히 등교 시간이 빠를 경우에 아동과 청소년에게 적절한 수면 시간이 부족하게 된다고 설명했다. Mander의 연구는 특히 많은 학습이 요구되는 학생들에게 수면의 중요성을 강조하고 있다.

■II 어떤 정보가 기억되는가

연구자들은 또한 깨어 있을 때 획득한 정보가 잠자는 동안 잘 기억되는 데 영향을 미치는 요소들을 탐색했다. 아직 밝혀져야 할 것들이 많이 있지만, 좋은 소식은 그것이 무계획적인 전진이 아니라는 것이다.

학습한 후에 빨리 자는 것이 중요하다. 고등학교 학생들을 대상으로 어휘를 기억하도록 하는 두 가지 실험에서, 한 독일 연구팀은 학습한 후 몇 시간 내에 잠자는 것이 선언적 기억을 향상시킨다고 보고했다. 하루 중 언제 잠을 자는지는 중요하지 않고 학습한 후에 빨리 자는 것이 중요했다(Gais, Lucas, & Born, 2006).

경험을 꿈속으로 끌어들이는 것도 도움이 될 수 있다. "꿈에서 최근 경험을 재생할 때 우리의 기억이 향상된다"고 Robert Stickgold와 Erin Wamsley(2011)는 말했다. 그들은 실험실에서 사람들에게 3-D 미로를 탐색하는 비디오 게임을 하도록 했다. 비디오 게임 후에 90분 동안 어떤 참여자들은 낮잠을 자고 어떤 참여자들은 깨어 있었다. 낮잠을 자는 동안 그 게임에 대한 꿈을 꾸었다고 보고한 사람들이 그다음에 게임을 할 때 10배 더 잘했다. 깨어 있으면서 그 게임에 대해 생각하고 있었다고 말한 사람들은 게임의 진전이 거의 없었다.

물론, 수면 연구는 아직 결론에 도달하기에는 갈 길이 멀다. 관심을 가지고 있는 교육자들은 앞으로 많은 연구의 진전을 볼 수 있을 것이다.

■II 수면과 뇌 가소성

과학자들의 핵심 질문 중 하나는 오래 지속되는 뇌구조의 리모델링에 기여하는 잠의 역할이다. 즉 2장에서 논의된 뇌의 가소성이다. UC 데이비스대학교 수면실험실의 연구자들에 의한 10년 종단연구는 잠자는 동안의 신경 가지치기 활동에 대하여 밝히고 아동기부터 성인기까지의 뇌 성장에 대한 중요한 통찰을 제공한다.

느린 뇌파(깊은) 수면 동안 뇌전도(EEG)를 사용하여 그 연구팀은 아동이 나이가 들어가면서 변하는 뇌활동의 수준을 추적할 수 있었다. 이것에 기초해서, 그 연구자들은 피질의 시냅스 밀도가 8세에 정점에 도달하고 그 이후 4, 5년에 걸쳐 그 연결이 천천히 가지치기가 되는 것을 확인했다. 그 아동들이 사춘기가 되면, 그들의 뇌 활동에서 가지치기의 비율은 현저하게 줄어들고 성인 수준의 집행 결정과 사고 처리를 할 수 있을 정도로 단순화된다고 그 연구자들은 말한다(CORE 6b 참조).

10년 동안 같은 아동들의 뇌활동을 측정하고 밤새 계속되는 EEG 기록 3,500개 이상을 수집함으로써, 그 연구는 아동들이 자는 동안 뇌에서 일어나는 발달적 변화에 대한 기록을 처음으로 제공했다고 UC 데이비스대학교 수면실험실 소장인 Irwin Feinberg가 말했다(Feinberg & Campbell, 2012).

그 자료는 관련이 있을 수 있는 알려지지 않은 유전자와 호르몬의 생물표지자(biomarkers)를 찾는 것에 도움이 된다고 심리치료와 행동과학 명예 교수인 Feinberg가 한 대학교 신문에서 전했다. 그는 그 자료가 조현병과 같은 병으로 나타날 수 있는 뇌발달상의 문제점을 찾을 수 있는 기초를 제공한다고 말했다. 이 심각한 뇌장애는 전형적으로 청소년기에 처음 나타나며 전체 인구의 약 1%에 영향을 미친다고 생각된다. 만일 근본적인 과정이 확인된다면, 청소년의 뇌가 정상적으로 발달하도록 하고 이상이 발견되면 치료할 수도 있을 것이다.

운동

■II 아동의 놀이는 놀이 이상이다

와이어트(6세)는 방금 초등학교에 입학했다. 그의 이모는 학교에서 무엇이 가장 좋은지 그에게 물었다. 그러자 그는 주저하지 않고 "쉬는 시간!"이라고 대답했다. 그는 의식하지 못할 수 있겠지만 쉬는 시간에 높은 수준의 신체적 활동을 하는 것은 테더볼 게임[15]을 더 잘하게 하는 것 이상의 효과가 있다. 그것은 새 뉴런의 성장을 자극하고 관계적 기억(relational memory)을 향상시키며, 인지적 처리 속도를 높이고, 학업 수행을 향상시키는 것에 기여한다.

1990년대 이후 많은 연구는 신체적으로 활발한 학령기 아동들이 정적인 아동들보다 학업 성적이 높고 일반적으로 인지능력도 우수하다는 것을 보여준다. 충분한 신체 활동은 비만을 막고 신체를 튼튼하게 할 뿐만 아니라 아동의 인지발달에도 중심적 역할을 하는 것으로 생각된다. 운동은 산소공급, 에너지 공급, 뉴런을 지지하고 보호하기 위한 세

---

15. 기둥에 매단 공을 라켓으로 치고 받는 게임-역주.

포 증식, 그리고 중요한 뇌 화학물질의 생산과 같은 다양한 뇌건강 견인차들과 함께 손잡고 간다(Tomporowski et al., 2008).

운동에 대해 우리가 알고 있는 많은 것들은 쥐 연구에서 나온다. 그러나 최근에는 발전된 영상과 뇌과학 도구들을 사용하여 학령기 아동들을 대상으로 조심스럽게 설계된 실험 연구들이 수행되고 있다. 그런 연구 결과들은 적절한 강도의 신체 활동과 뇌의 구조 및 기능 간에 관계가 있음을 분명하게 보여주고 있다.

▓‖ 신체 단련은 뇌에 중요하다

2013년 미국국립연구위원회는 학생 신체 교육 : 학교에서의 신체 활동과 체육(Educating the Student Body: Taking Physical Activity and Physical Education to School)이라는 제목의 보고서를 발표했다. 그 보고서에서 의학협회/미국국립과학원(Institute of Medicine/U.S. National Academies of Science) 전문가 패널은 신체 활동과 신체 단련 수준이 인지와 뇌건강과 학업 수행에 미치는 영향을 탐색하기 위하여 많은 최근 연구들을 검토했다.

많은 과학적 증거를 인용하면서, 그 보고서는 신체적으로 활발하고 단련된 아동이 활발하지 않고 단련되지 않은 또래보다 단기적으로 그리고 장기적으로 학업이 지속적으로 우수하다고 보고했다. "이 영역에서의 문헌연구 결과들은 신체적 활동에서 얻은 체력이 학업 수행의 기반이 되는 뇌구조와 기능에 긍정적인 영향을 미친다"고 또한 보고했다(National Research Council, 2013).

그 연구는 학교에서 아동들을 위해 신체 활동에 정기적으로 참여하는 것이 특히 작업기억과 문제 해결을 요구하는 과제에 도움이 된다고 했다. 신체 단련과 가장 강한 관계를 나타내는 것은 효율적이고 효과적인 집행 기능을 요구하는 수학, 읽기, 그리고 영어인 것으로 나타났다고 그 보고서는 지적했다.

연구문헌을 검토한 후에 그 전문 패널은 "신체 활동이 더 건강한 신체뿐만 아니라 인지발달과 전 생애 뇌건강에도 관련이 있다"는 결론을 내렸다(National Research Council, 2013, p. 4).

▓‖ 달려라, 쥐야 달려라

운동이 뇌에 정적인 영향을 미친다는 연구 결과가 1990년대 후반에 발표되었다. 소크 생물학연구소(Salk Institute for Biological Studies) 과학자들은 쳇바퀴를 돌리는 운동을 한 쥐들이 새로운 세포를 생산했으며 새로 만들어진 세포 중에는 뉴런이 많았고 기억 만드는 것을 통제하는 해마에서만 발견되었다. 운동을 한 쥐들은 기억 검사에서 움직이지 않은 쥐들보다 더 잘 수행했다.

제기된 질문은 새로 생긴 뉴런이 뇌기능을 향상시키는가 하는 문제다. 1999년 소크 연구소의 Henriette van Praag와 동료들은 다시 쥐를 사용하여 답을 찾으려고 했다. 그 연구는 신체 운동(러닝머신 위에서 달리기)이 해마에 있는 신경 발생(신경세포의 형성과 발달), 시냅스 가소성, 그리고 학습을 조절하는 뇌에 있는 화학물질의 변화를 자극하는 것을 보여주었다(van Praag et al., 1999).

"이전 연구에서 이미 밝혀졌듯이 많은 새 세포가 만들어지는 것을 보았으며 중요한 것은 이 연구에서 우리는 그 세포들 중 많은 것이 뇌에 메시지를 전달하는 종류의 뉴런임을 보여주었다"고 연구책임자이며 소크 연구소 교수인 Fred H. Gage가 연구소 신문에 발표했다.

운동과 관련한 많은 뇌 연구와 마찬가지로 그 연구 결과는 활동과 학습에 대한 상관연구다. 최근 연구들은 직접적인 물리적 증거를 찾고 있다.

신경외과 교수인 Fernando Gomez-Pinilla가 이끄는 UCLA의 한 연구는 운동과 향상된 인지 기능 간의 직접적인 생물학적 증거를 발견했다. 실험실 쥐를 사용하여 신체 운동이 구체적으로, 해마에서 새 뉴런의 성장을 자극하고 통제하는 것으로 알려진, 뇌 화학물질 BDNF(brain-derived neurotrophic factor, 뇌유래신경생장인자)의 수준을 높이는 것을 보여주었다.

"운동을 더 많이 할수록 뇌에서 더 많은 변화가 일어난다. 우리는 운동과 뇌 간의 거의 선형에 가까운 관계를 발견했다"고 Gomez-Pinilla는 보고했다. "만일 우리가 그 BDNF 유전자를 막는다면, 학습과 기억에 도움을 주는 이 운동 능력을 막는 것이다"(Vaynman, Ying, & Gomez-Pinilla, 2004).

그런 연구를 통하여 우리는 운동이 뇌세포의 성장과 생존 및 재생을 촉진하는 화학물질의 생산을 증가시킨다는 것, 그리고 운동이 학습을 위해 중요한 어떤 분자들의 수준을 증가시키고 신경 연결과 시냅스 유연성을 향상시킨다는 사실을 이제 알게 되었다.

■‖ 아동과 아동의 뇌를 중심으로 살펴보기

인간의 뇌와 운동의 관계에 대한 연구들은 성인 인지와 노화하고 있는 뇌의 망각에 초점을 맞춘 연구들이 많았다. 현재는 앞에서 언급했듯이 많은 연구가 구체적으로 아동의 정신 수행에 초점을 맞추고 있다.

예를 들어 일리노이대학교의 두 연구센터는 최근에 아동의 신체 활동과 신경 인지 기능의 관계를 연구하고 있다. 인지 검사에서는 학습이 향상된 것으로 나타났고 영상 연구

뇌 연결을 저글링하기

저글링이 격렬한 유산소 운동은 아니지만 공 3개를 동시에 공중에 떠 있게 하는 방법을 배우는 것은 분명히 뇌에 도움이 된다. 저글링을 하기 위한 신체적 협응과 새로운 것을 배우기 위한 인지적 부담은 새로운 활동과 관련한 뇌에서의 연결을 강화하는 것으로 보인다.

옥스퍼드 뇌 기능성자기공명영상센터(Oxford Center for Functional Magnetic Resonance Imaging of Brain)에서 연구자들은 건강한 성인이 새로운 과제나 기술을 배울 때에도 뇌의 백질에 변화가 일어나는지 알아보기 위한 연구를 했다. 백질은 신경섬유 간에 전기 신호를 전달하고 뇌의 여러 부분들을 연결하는 긴 신경섬유 다발로 구성되어 있다. 그때까지만 해도 회백질의 변화가 학습과 관련이 있다는 것은 알려졌지만 백질의 성장에 대해서는 밝혀진 것이 없었다.

그 연구에서 저글링을 못하는 젊고 건강한 성인들을 각 24명씩 두 집단으로 나누어 한 집단에게만 6주 동안 매주 저글링 훈련을 시키고 매일 30분 연습하도록 부탁했다. 두 집단에게 6주 이전과 이후에 확산 MRI(diffusion MRI) 스캔을 실시한 결과를 2009년 *Nature Neuroscience*에 보고했다(Scholz, Klein, Behrens, & Johansen-Berg, 2009).

6주 후 훈련을 받지 않은 사람들과 훈련을 받은 사람들의 백질을 비교한 결과 훈련을 받은 사람들의 뇌 백질에서 변화가 나타났다. 그 변화가 생긴 곳은 시야에 들어오는 것을 붙잡는 것과 관련된 뇌 영역이었다.

훈련 후에 어떤 지원자들은 유의미하게 다른 사람들보다 저글링을 더 잘했다. 그러나 그것이 중요한 것이 아니었다. 그들의 저글링 재능 수준과 관계없이 모두에게서 백질에 변화가 나타났다. 새로운 운동을 배우기 위해 노력하는 것이 바로 그 핵심인 것으로 보인다.

에서는 체력이 튼튼한 아동의 뇌구조에서 변화가 나타났다.

그 대학의 신경인지 신체운동학 실험실(Neurocognitive Kinesiology Laboratory)에서 Charles H. Hillman이 이끄는 팀은 학령기 아동의 유산소성 체력(aerobic fitness), 학습, 그리고 기억 간의 관계를 조사했다. 그들은 9~10세 아동 48명을 체력이 높은 집단과 체력이 낮은 집단으로 각각 나누어 지도에 나타난 특수한 지역의 이름을 학습하도록 했다. 그 연구팀은 학생들에게 두 가지 상황에서 학습하도록 했다. 하나는 학생들이 공부하는 동안 퀴즈를 보도록 하는 상황이었고, 다른 하나는 학습을 강화하기 위한 퀴즈가 없는 더 도전적인 상황이었다.

그 결과 학습을 강화하기 위해 퀴즈를 사용했을 때는 두 집단 간에 차이가 없었다. 그러나 도전적인 상황에서는 체력이 높은 집단의 아동들이 체력이 낮은 집단의 아동들보다 새로운 정보를 더 효과적으로 습득하고 보유했다. 체력이 높은 집단의 아이들은 지역 이름을 약 40% 정확하게 기억한 반면에 체력이 낮은 집단의 아이들은 25%만 정확하게 기억했다. "우리는 이 새로운 자료가 체력이 아동의 학습과 기억을 향상시킬 수 있다는 것과 체력과 관련된 수행에서 가장 큰 효과가 나타나는 것은 초기 학습이 가장 도전적일 때라는 것을 보여주는 것으로 해석한다. 그런 자료는 교육 실천과 정책 모두를 위한 중요한 시사점을 가지고 있다"라고 연구자들은 말했다(Raine el al., 2013).

이와 관련된 한 연구에서 그 대학과 연계된 베크먼 첨단과학기술연구소는 MRI를 사용하여 9~10세 아동들의 해마의 차이를 살펴보았다. 아동들을 러닝머신 검사 결과에 따라서 고체력 집단과 저체력 집단으로 나누었다. MRI 자료를 분석한 결과 고체력 집단 아동들이 저체력 집단 아동들보다 해마의 부피가 약 12% 더 큰 것으로 나타났다(National Research Council, 2013).

신제 조건이 더 좋은 아동들은 또한 신체 조건이 덜 좋은 또래들보다 관계적 기억(relational memory)—다양한 종류의 정보를 기억하고 통합하는 능력—검사에서 더 높은 점수를 받았다. 연구자들은 고체력 아동들이 해마의 부피도 더 크고 관계적 기억 과제에서 더 높은 수행을 하는 것을 발견했다. 심리학 교수이고 베크먼연구소 소장인 Art Kramer와 공통으로 그 연구를 수행한 대학원생 Laura Chaddock은 일반적으로 해마 부피가 더 큰 아동은 더 좋은 관계적 기억을 가지고 있다고 대학 신문에서 보고했다. 나아가 Chaddock은 만일 해마 부피를 통계적으로 통제한다면 기억 간의 관계가 감소한다고 말했다.

■|| 어떤 종류의 운동을 얼마나 많이 할 것인가

위의 두 연구는 전체적인 신체 단련을 살펴본 반면에, 다른 연구는 인지와 실제 신체 활동 간의 관계를 조사했다. 그 결과 쉬는 시간이나 체육시간에 하는 한 차례의 격렬한 활동이나 장기간의 신체 활동 모두 학습에 좋은 영향을 미치는 것으로 나타났다.

한바탕 운동 후에 학업성취 검사에서 아동들의 수행이 눈에 띄게 좋아졌다고 일리노이 대학교의 Charles Hillman은 *Good Morning America*에서 그의 연구 '강도 높은 유산소 운동 후의 인지(Cognition Following Acute Aerobic Exercise)'를 소개했다(Hillman et al., 2009). 러닝머신, 뇌 모니터, 그리고 다른 도구를 사용하여 Hillman과 그의 동료들은 운동 전과 후에 인지를 측정했다. 그들은 적절한 운동(성인은 30분, 아동은 20분)이 인지를 5~10% 향상시키는 것을 발견했다.

30분 동안 유산소 운동을 한 아동들과 30분 동안 TV를 본 아동들을 비교한 비슷한 연구에서도 운동을 한 아동들이 TV를 본 아동들보다 인지적으로 우수한 수행을 한 것으로 나타났다(Ellemberg & St-Louis-Deschênes, 2010).

운동과 뇌기능에 대한 대부분의 연구는 심혈관 운동을 사용했으며 그것은 학업성취에 가장 큰 영향을 미치는 것으로 나타났다. 하지만 2011년 메타분석 보고서인 학생 신체 교육(Educating the Student Body)은, 신체 유연성 운동만 제외한 모든 유형의 신체 운동이 학업 수행을 향상시킨다고 한다(Fedewa & Ahn, 2011).

교사들은 이 개념들에 대한 문제가 전혀 없다고 반응한다. 그들이 걱정하는 문제는 학교 행정가들과 부모들이 운동의 중요성을 어떻게 생각하고 학교에서의 운동의 필요성을 어떻게 생각하는가 하는 것이다. 예를 들어 아직도 어떤 교사들은 숙제를 하지 않은 학생에게 쉬는 시간을 주지 않는다. 아동에게 쉬는 시간을 빼앗는 것이 좋지 않다는 연구에 대해 교사들이 알고 있지만 수업과제나 숙제를 하지 않은 학생에게 다른 방법으로 도움을 줄 시간이 없다고 말할 수 있다. 만일 다른 조치를 할 수 있다면, 그들은 아이들을 교실에 붙들어두지 않을 것이다.

이럴 때에 교사들은 그들 학교와 전문적인 학습 공동체 속에서 대화할 기회를 가져야 한다. 어떻게 하면 수업 시간에 학생들을 많이 움직이게 할 수 있을까? 연구 결과들에 대해 논의해보면 학교에서 더 많이 활동하게 하는 방법을 찾아낼 수 있을 것이다. 초등학교에서는 수업 시간에 움직이는 게임을 사용할 수 있다. 중학교 수학 수업에서는 경사를 측정하고 각도를 예측하기 위해 복도를 왔다갔다 하고 계단을 오르내리게 할 수 있다. 고등학교에서는 여러 지역에 대한 직접적인 환경 교육을 실시할 수 있다. 계획을 하고 동의를 얻는 것이 간단하지 않고 또한 많은 어려움이 있지만, 마음과 신체 모두를 위한 학습이 멈추어서는 안 된다.

■ǁ 학교에 걸어가는 것이 A를 받는 길이다

뇌를 좋게 하는 운동이 무엇이든 관계없이 중요한 것은 자동차나 버스를 타고 학교에 오는 것보다 자전거를 타거나 걸어서 학교에 오는 것이 수업 중 아동의 집중력을 향상시키는 것으로 보인다. 덴마크에서 이루어진 대규모 연구에 의하면, 아침 운동의 효과가 반나절 유지되고 그 효과는 아침과 점심을 먹는 것보다 더 높은 것으로 나타났다. 매년 열리는 덴마크 과학의 주(Danish Science Week) 행사의 일환으로 다이어트, 운동, 그리고 집중력 간의 연결을 조사하기 위한 'Mass Experiment 2012'라고 부르는 연구에 5~19세 학생들 약 20,000명이 참가했다.

코펜하겐과 오르후스에 있는 대학들의 연구자들이 공동으로 연구한 결과는 그것을 보고한 연구자들에게도 놀라운 것이었다. 학교에 자동차나 버스를 타고 오는 학생들이 걸어오거나 자전거를 타고 오는 학생들보다 집중력 검사에서 집중력이 낮은 것으로 나타났다.

"그 결과는 아침과 점심을 먹는 것이 영향을 미치지만, 그 영향력이 운동만큼은 크지 않다"고 그 보고서의 공동저자인 Niels Egelund가 덴마크 뉴스 서비스 AFP에 말했다. 집중력 증가 효과가 수 시간 지속되는 것이 특히 주목할 만했다. "운동을 한 후에 상쾌한 기분을 느끼는 것은 대부분의 사람들이 알고 있는 일이지만 그 효과가 그렇게 오래 지속된다는 것은 놀라운 일이다"라고 Egelund는 말했다(Vinther, 2012에서 인용).

■|| 엘리트 선수들은 코트 밖에서의 일도 잘한다

운동선수에 대한 일반적인 고정관념과는 달리, 엘리트 선수들은 인지적 과제도 잘 수행하며 특히 변화와 집중력 분산과 관련된 과제에서 뛰어난 능력을 보여준다. 특수한 신체 운동을 오랜 기간 훈련한 사람들은 이런 영역에서의 인지 능력도 향상을 보이는 경향이 있다.

올림픽 배구 메달리스트들을 대상으로 한 연구에서 그 선수들이 그들의 운동 종목뿐만 아니라 코트 밖에서도 뇌가 새로운 정보를 받아들이고 반응하는 데 있어서 뛰어난 것으로 나타났다. 전반적으로 운동선수들은 기억 검사뿐만 아니라 마음속에 두 가지 과제를 동시에 생각하면서 두 과제 간에 빠르게 전환하는 검사에서 조금 더 빨랐다. 그들은 주변 시야에 있는 것들을 더 빨리 알아채고 한 장면에서의 작은 변화를 더 빨리 탐지했다. 그리고 일반적으로 그들은 교란시키거나 관련성이 없는 정보를 무시하면서 과제를 더 잘 수행했다(Alves et al., 2013).

영양섭취

■|| 사고를 위한 음식

교육실습을 방금 마친 한 예비교사는 학습을 위하여 뇌에 힘을 주기 위해서는 다이어트와 영양섭취가 중요하다는 것을 분명하게 알게 되었다. 그녀는 학생들의 주의집중력이 가끔 떨어질 때가 있는데 교사가 건강한 간식을 학생들에게 제공하면 학생들이 다시 집중하는 반응을 보인다고 말했다. 학생들은 제대로 먹지 않으면 집중을 못하고 학습이 되지 않는다. 문제는 그런 학생들이 꽤 많다는 점이다.

신경과학 연구, 인지행동 연구, 교육연구—학습과학의 '세 가지 힘'—에다 영양학 연구를 더하면 좋은 아침식사로 하루를 시작해야 한다는 일반적인 통념을 뛰어넘는 영양섭취와 다이어트에 관련한 뇌의 반응을 상세하게 이해하는 출발점이 된다. 만일 우리 뇌세포가 신체의 다른 세포들에 비해서 2배의 에너지를 소비한다는 간단한 사실에서 출발한다면, 뇌에 힘을 주는 영양섭취와 다이어트의 역동적인 역할이 분명해질 것이다(Franklin Institute Online, 2004a).

뇌는 에너지를 그야말로 많이 잡아먹는다. 남자 성인의 뇌는 약 1.36kg이지만 뇌가 사용하는 에너지는 몸 전체가 사용하는 에너지의 약 25%나 된다(Purves et al., 2008). 갓 태어난 아기가 필요로 하는 뇌의 에너지는 더 많다. 아기의 에너지 중 거의 75%가 학습과 뇌 성장을 지원하기 위해 소비된다(Cunnane & Crawford, 2003).

뇌의 에너지원은 주로 포도당으로, 우리가 먹는 음식에 있는 단순 탄수화물과 복합 탄수화물, 그리고 간에 저장되어 있는 단백질 성분을 포함한 여러 물질로부터 만들어지는 혈당이다. 뉴런은 포도당을 저장할 수 없기 때문에 혈류에 의존해서 지속적으로 제공받는다.

하지만 과학자들은 뇌에 동력을 공급하기 위하여 직접적으로 고당도 과일 음료수나 사탕 같은 끈적끈적한 단 음식을 먹는 것은 좋지 않다고 지적한다. 한 강사가 말했듯이 교사, 부모, 학교 급식을 담당하는 사람들은 고탄수화물 피자, 고과당 디저트, 고당도 과일 주스를 제공하는 것이 학생들에게 도움이 되지 않는다는 것을 알 필요가 있다. 어떤 교사들은 이런 것들이 뇌에 연료를 제공한다고 잘못 알고 있다. 그런데, 학교 공부를 하면서 깊이 생각하거나 특별히 어려운 문제를 푸는 일 때문에 뇌가 특별히 많은 칼로리를 소비하는 것은 아니다. 과학자들은 그 효과가 무시할 수 있을 정도로 작고(Jabr, 2012) 일상적인 깨어 있을 때의 활동이 기본적으로 많은 연료를 필요로 한다. 창문 밖에 있는 새로운 경치를 바라보거나, 방 안을 살펴보거나, 말을 하고 들을 때만 해도 얼마나 많은 일을 뇌가 하고 있는지 생각해보라.

뉴런은 계속 활동을 하고 있기 때문에 많은 에너지를 사용한다. 잠을 자는 동안에도 뉴런은 일한다. 뉴런은 효소와 신경전달물질을 만든다. 신경전달물질은 축색 종말까지 전달되며 어떤 축색의 길이는 수 피트가 되는 것도 있다. 그러나 가장 많은 에너지를 필요로 하는 것은 모든 신경계에서 소통을 하기 위해 사용되는 뉴런의 생체 전기 신호다. 생체 전기 신호는 성인의 뇌가 사용하는 모든 에너지의 1/2을 소비하며 그것은 전체 신체가 사용하는 에너지의 거의 10%에 해당한다(Franklin Institute Online, 2004a).

교육자들, 특히 교실에서 수업을 하는 교사들에게는 뇌의 에너지 사용이 하루 동안 등락을 거듭한다는 점이 흥미로울 수 있을 것이다. 뇌가 사용하는 에너지의 양은 뇌의 영역에 따라 다르다. 인지적 통제와 작업기억을 처리하는 전전두 피질은 포도당을 많이 소비하는 뇌 영역 중 하나다(Howard Hughes Medical Institute, 2012). 일반적으로, 어떤 주어진 시간에 가장 활발하게 활동하는 뉴런들이 조용한 뉴런들보다 더 많은 에너지를 사용하는 것으로 나타났다(Purves et al., 2008).

■‖ 학습을 위하여 뇌에 원동력 제공하기

과학은 우리가 먹는 것이 우리 뇌에 영향을 미친다는 것을 지지하는 점점 더 많은 정보를 제공하고 있다. 단백질, 탄수화물, 좋은 지방이 풍부한 건강 다이어트가 건강한 뇌를 발달시키고, 인지를 강화하고, 뇌기능을 지원하기 위해 중요한 것으로 나타났다.

지방은 뇌의 핵심 재료다. 뇌의 약 2/3는 지방에서 전환된 아미노산으로 구성되어 있으며, 지방의 종류에 따라 역할이 다르다. 지방산 DHA(도코사헥사노익산)와 AA(아라키돈산)는 모두 뇌와 눈의 발달에 결정적인 요소들이다. 오메가 3와 오메가 6 지방산도 뇌신경 발달에 관여하며, 먹는 음식을 통해서만 섭취할 수 있고 우리 신체에서 만들 수 없다.

뉴런의 축색을 둘러싸고 있는 수초는 지방 70%와 단백질 30%로 구성되어 있다. 수초에 가장 많은 지방산은 올레산이며 모유에 많이 포함되어 있다.

단백질을 구성하는 아미노산은 뇌의 연결 조직과 새로운 신경세포를 만들며, 신경전달물질의 핵심 성분이기도 하다. 예를 들어 단백질 트립토판은 기분, 식욕, 수면에 영향을 미치는 신경전달물질인 세로토닌 생성을 돕는다. 식이성 단백질(dietary protein)도 적절한 영양섭취에 중요한 역할을 한다.

무기질과 비타민은 뇌세포 구조를 보호하며 뉴런과 교세포의 에너지 대사, 신경전달물질의 합성과 활동, 신경충격의 전파, 그리고 산화작용으로부터의 신경세포 보호를 위해 지속적으로 공급된다(Drake, 2011).

뇌의 발달과 가능을 위한 영양섭취의 역할을 설명하기 위해, 필라델피아에 있는 프랭클린연구소(Franklin Institute)는 뇌 음식 피라미드(Brain Food Pyramid)를 개발했다. 그 연구소는 뇌에 대하여 다음과 같이 요약했다. "핵심적으로, 지방이 뇌를 만들고, 단백질이 그것을 연합한다. 탄수화물이 뇌에 연료를 공급하고 미량영양소가 그것을 보호한다." 더 똑똑하게 만들어준다고 광고하는 수많은 상품들이 쏟아지고 있지만 직접적으로 '뇌기능 향상'을 과학적으로 보증하는 어떠한 특수한 상품, 보충제, 혹은 처방된 약품도 현재까지는 없다.

■II 생의 초기 영양섭취가 중요하다

'뇌에 좋은 음식'이 무엇인지에 대해서는 아직 논쟁이 계속되고 있지만, 아기들과 어린 아동의 뇌발달을 위해 적절한 영양섭취가 중요하다는 것에 대해서는 의심의 여지가 없다. 단백질은 아동의 뇌가 분명하게 생각하고, 집중하고, 학습하는 것을 돕는다. 가난한 나라의 아동들에게서 흔히 볼 수 있고 충격적이게도 미국 일부 지역에서도 발생하고 있는 영양결핍은 아동의 뇌기능에 심각한 영향을 주며 가끔은 10대의 뇌기능에도 심각한 영향을 미치는 것으로 나타났다.

인도 벵갈루루에서의 5~10세 아동들에 대한 연구는 장기적으로 단백질이 부족한 아동들이 지능과 학교 성적이 낮고, 문제 행동을 보이고, 기억력이 낮고, 그 외 인지적 결함을 보이는 것으로 나타났다. 그 연구자들은 또한 인지 기능이 발달하는 아동기에 단백질 에너지가 부족하면 주의력, 인지적 유연성과 같은 집행 기능, 작업기억, 그리고 시각적 구성과 같은 시각-공간적 기능의 발달이 더 심각한 영향을 받는다고 보고했다.

만성적 단백질 영양부족은 성장장애로 나타난다고 연구자들은 말한다. 단백질 영양부족은 신체 발달에서 볼 수 있는 신체 변화뿐만 아니라 인지장애로 나타날 수도 있다. 그것은 인지처리 과정의 발달 속도가 둔화되는 것을 포함한다. 다시 말해서 아동기의 만성적인 단백질 에너지 부족은 영구적인 인지장애뿐만 아니라 인지 기능 발달의 지체를 가져온다(Bhoomika, Shobini, & Chandramouli, 2008).

미국 인간영양연구센터(Human Nutrition Research Center)의 아칸소 아동영양센터(Arkansas Children's Nutrition Center)는 비만이 학습에 미치는 영향을 알아보기 위한 연구를 수행했다. 그 연구자들은 정상 체중 아동과 과체중 아동에게 영양섭취와 인지 기능 간의 상호작용이 다르게 나타나는지 알아보고자 했다.

미국에 과체중 아동이 많은데도 불구하고 정상 체중 아동과 과체중 아동에 따라 영양섭취와 인지 기능 간의 상호작용에 차이가 있는지에 대한 체계적인 연구가 아직 수행되지 않았다고 그 연구자들은 말했다. 그 연구는 학교에서의 학습과 수행을 최적화하기 위해 학생들의 심리적·신체적 프로파일에 맞는 식단을 추천할 수 있는 기초를 제공할 수 있을 것으로 기대된다.

■II 두뇌 유출 : 언제 먹느냐가 중요하다

기아 상태가 아닌 이상, 뇌가 계속적으로 정상 작용을 할 수 있도록 안정적으로 그리고 충분한 양의 포도당이 자동적으로 뇌에 제공된다고 생각해왔다. 그러나 연구에 의하면 인지적 부담을 지고 있는 뇌 영역에서의 포도당이 고갈될 수 있으며, 포도당 수준이 떨어지면서 연료가 부족해지면 생각하고 기억하는 능력에 영향을 받게 된다. 그렇기 때문에 배고픈 상태로 학교에 오거나 점심을 거르면 학생들의 학습에 직접적인 영향을 미칠 수 있다.

포도당 수준과 인지적 요구에 대한 많은 연구를 주도한 일리노이대학교 심리학 교수 Paul E. Gold에 의하면 식사의 내용과 시간이 잘 조정되어야 학업 효과를 극대화할 수 있다고 한다(McNay, Fries, & Gold, 2000).

쥐의 미로 달리기 능력을 검사한 연구에 의하면 해마에 있는 포도당 농도가 30% 고갈되면 쥐의 학습과 기억이 약화되는 것으로 나타나 해마에서의 기억 처리 과정이 포도당에 의해 제한되는 것을 알 수 있다. 그 연구의 공동저자인 행동신경과학자 Ewan C. McNay는 불충분한 연료는 생각하고 기억하는 능력을 저하시킨다고 대학교 신문에서 기술했다.

또한 Gold는 포도당 사용의 변화는 그 동물이 수행하도록 요구받은 것과 관련된 뇌 영역에만 영향을 미친다고 말했다. 그 연구 결과는 포도당이 안정적으로 뇌에 제공되는 것으로 생각해온 관습적인 사고에 대한 도전이었다. 일리노이 의과대학(어바나 샴페인 캠퍼스)의 Medical Scholars Program의 소장이기도 한 Gold는 새로운 연구 결과들은 풍부한 포도당이 학습과 기억을 지원하기 위해 항상 있는 것은 아니라고 말한다.

■‖ 성적 A의 원천은 Apple입니다

만일 교사들이 학생들의 뇌가 필요로 하는 영양을 섭취하지 않기 때문에 학습에 어려움이 있다는 것을 안다면 교사들의 가슴이 아플 것이다. 학교에서 영양섭취를 잘할 수 있도록 지역적으로나 국가적으로 지원을 하는 것 이외에 교사들은 무엇을 할 수 있을까? 학생들에게 잘 먹는 것의 중요성을 가르치는 것이 교사들이 할 수 있는 한 가지 일일 것이다.

캘리포니아주 센트럴 밸리(세계적으로 과일과 채소를 가장 많이 재배하는 지역 중 하나)에서의 한 파일럿 연구는 EatFit이라고 하는 프로그램을 통해서 학생들에게 질 높은 영양섭취의 중요성을 가르치는 것이 표준화 성취검사로 측정되는 학업 수행을 향상시킬 수 있는 것으로 나타났다. 그 연구를 위해 한 교외에 있는 학교의 6학년생 58%에게 무상의 혹은 할인된 가격의 점심을 제공하는 것이 그 프로그램에 포함되어 있었다. 영양섭취 교육에 초점을 둔 9회로 된 프로그램이 진행된 후에 수학과 영어 점수가 향상된 것으로 나타났다(Shilts, Lamp, Horowitz, & Townsend, 2008). 학생들이 어떤 음식이 그들과 그들 뇌에 좋은지를 배울 때 더 영양분이 있는 음식을 선택하는 것으로 보인다.

학생들에게 영양섭취와 그것이 뇌에 미치는 영향에 대해 교육하는 것에 대한 연구들에는 교사들이 활용할 수 있는 중요한 전략도 포함되어 있다. 교사들이 학생들을 위해 집에 가서 음식을 해줄 수는 없지만 학생들을 위한 전략을 사용하여 교육하고, 설명하고, 모델링을 제시할 수 있다. 교사들을 가르치는 한 교육자가 말하듯이, 이 주제를 논의할 때 교사들은 아동들이 먹는 것을 바꾸어줄 수 없다고 안타까워한다. 그러나 그런 연구들은 교실에서 수업이라는 도구를 통해서 영향을 미칠 수 있다는 것을 보여준다.

결론

우리 신체의 어떤 다른 부분이나 마찬가지로 뇌는 건강한 상태에서 가장 잘 발달하고 기능한다. 우리는 적절하게 휴식하고, 동력을 제공받고, 운동을 할 필요가 있으며 이것들은 뇌가 최대한 잘 기능하기 위해서 특히 중요하다.

연구 결과로 나타나 있듯이 우리가 잠잘 때 뇌에는 많은 중요한 활동이 일어나고 있다. 수면 의존 기억 처리 과정은 효과적으로 학습하기 위한 우리의 능력에 직접적으로 연결되어 있는 독특한 기능이다. 하버드대학교의 Robert Stickgold는 그것을 다음과 같이 유창하게 설명한다—이 과정은 우리가 깨어 있을 때 받아들이는 정보와 경험의 '규칙'과 '요지'를 추려냄으로써 '우리 삶의 의미를 창조'한다.

학교에서 학생들이 보통 수준의 신체 활동을 짧게 한 차례 하는 것이 검사에서 수행이 향상되는 데 도움을 주는 것으로 나타났으며 정기적으로 신체 활동에 참여하는 것이 특히 작업기억과 문제 해결을 요구하는 과제에 도움이 된다. 신체 활동은 더 효율적이고 효과적인 집행 기능과 관련이 있으며, 특히 수학과 글 읽기의 수행과 큰 관련이 있는 것으로 나타난다. 걸어서 혹은 자전거를 타고 등교하는 것만으로도 학교 수업에서 효과가 있는 것으로 나타났다.

마지막으로 우리의 뇌는 학습하는 기계이며 우리가 학습하는 것을 돕기 위해서는 충분한 동력이 제공되고 튼튼한 상태로 최적화되어 있어야만 한다. 어린 아동의 영양결핍은 뇌발달을 방해하고 그 영향이 오래 지속된다. 작동하고 있는 뇌 속의 포도당 고갈에 대한 새로운 연구 결과에 의하면 배고픈 상태로 등교하거나 점심을 거르는 것조차 직접적으로 그날 학습에 영향을 미칠 수 있다.

마무리 시나리오

새로운 지식을 적용하기
신체 조건 : 수면, 운동, 영양섭취

수면, 운동, 영양섭취는 학습에 결정적으로 중요한 요소들인 데 비해 교사들의 관심 밖에 있는 경우가 많다. 물론 부모들도 매우 중요한 역할을 하지만 건강습관은 또한 모든 학생들의 개인적인 책임이기도 하다. 학생들에게 뇌가 더 잘 학습할 수 있게 하는 방법을 이해하도록 도와주는 일이 매우 중요하다.

1. 수면이 학습에 특별한 역할을 한다는 것을 어떻게 소개하겠는가? 그리고 수면은 잘 휴식했다고 느끼는 것 이상이라는 이유는 무엇인가?

2. 잠자는 동안 뇌가 어떻게 학습하는지를 학생들에게 보여주기 위해 당신은 뇌와 수면 연구에서 어떤 중요한 연구 결과를 사용할 수 있겠는가?

3. 잠자는 동안 새로운 경험에 대해 꿈을 꾸고 '재생(replaying)'하는 것은 학습을 향상시킨다. 학생들이 꿈을 꾼 것을 기억하는지 그리고 어떤 것을 기억하는 데 꿈이 도움이 되었는지 학생들에게 물어보라. 이것을 설명해주기 위하여 어떤 과학연구를 소개하겠는가?

4. 청소년들이 SAT나 다른 중요한 시험을 위해 밤샘 벼락치기하는 것에 대해 무엇이라고 말해주겠는가? 운동이 뇌건강에 이롭다는 것에 대해 두세 가지 중요한 점을 말해준다면 어떤 것을 말해주겠는가?

5. 뇌구조의 변화가 신체 활동과 관련이 있다는 것을 학생들이 이해하도록 돕기 위해 당신은 학생들과 어떤 점들을 공유하겠는가?

6. 규칙적인 신체 활동을 하는 것은 어떤 학습 과제에 특히 도움이 되는 것으로 보인다. 이것들은 무엇이며 특수한 학업 영역과 어떤 관련성이 있는가?

7. 건강한 다이어트가 건강한 뇌를 발달시키고, 인지를 강화하고, 뇌기능을 지원하는 체력에 중요한 것으로 나타났다. 무엇을 먹을 것인지에 대한 자신의 결정이 뇌가 얼마나 잘 작용할 것인가와 관련이 있다는 것을 학생들이 알도록 하기 위해 당신은 어떻게 도울 수 있겠는가?

8. 뇌가 얼마나 활동적인지 그리고 뇌가 지속적으로 작용하기 위해 얼마나 많은 연료가 소모되는지에 대해 학생들에게 어떻게 설명하겠는가?

9. 배고픈 상태로 등교하거나 점심을 거르는 것이 얼마나 잘 학습하는가 혹은 오후 수

업 시간에 주어진 문제를 잘 푸는 데 왜 영향을 미치는지 학생들이 이해할 수 있도록 어떻게 설명하겠는가?

참고문헌

Alves, H., Voss, M. W., Boot, W. R., Deslandes, A., Cossich, V., Salles, J. I., & Kramer, A. F. (2013). Perceptual-cognitive expertise in elite volleyball players. *Frontiers in Psychology, 4*(36).

Arzi, A., Shedlesky, L., Ben-Shaul, M., Nasser, K., Oksenberg, A., Hairston, I. S., & Sobel, N. (2012). Humans can learn new information during sleep. *Nature Neuroscience, 15*, 1460–1465.

Bhoomika, K. R., Shobini, R. L., & Chandramouli, B. A. (2008, July). Cognitive development in children with chronic protein energy malnutrition. *Behavioral and Brain Functions.*

Chaddock, L., Erickson, K. I., Prakash, R. S., Kim, J. S., Voss, M. W., Vanpatter, M., Pontifex, M. B., Raine, L. B., Konkel, A., Hillman, C. H., Cohen, N. J., & Kramer, A. F. (2010). A neuroimaging investigations of the association between aerobic fitness, hippocampal volume, and memory performance in preadolescent children. *Brain Research, 1358*, 172–183.

Cunnane, S. C., & Crawford, M. A. (2003). Survival of the fattest: Fat babies were the key to evolution of the large human brain. *Comp Biochem Physiol A Mol Integr Physiol, 136*, 17–26.

Ellemberg, D., & St-Louis-Deschênes, M. (2010). The effect of acute physical exercise on cognitive function during development. *Psychology of Sport and Exercise, 11*(2), 122–126.

Fedewa, A. L., & Ahn, S. (2011). The effects of physical activity and physical fitness on children's achievement and cognitive outcomes: A meta-analysis. *Research Quarterly for Exercise and Sport, 82*(3), 521–535.

Feinberg, I., & Campbell, I. G. (2012). Longitudinal sleep EEG trajectories indicate complex patterns of adolescent brain maturation. *AJP: Regulatory, Integrative and Comparative Physiology, 304*(4), R296.

Frank, M. G., & Benington, J. H. (2006). The role of sleep in memory consolidation and brain plasticity: Dream or reality? *Neuroscientist, 12*(6), 477–488.

Franklin Institute Online. (2004a). Brain energy demand. *Nourish—Carbohydrates Fuel Your Brain.* http://www.fi.edu/learn/brain/carbs.html

Gais, S., Lucas, B., & Born, J. (2006). Sleep after learning aids memory recall. *Learning and Memory, 13*, 259–262.

Hillman, C. H., Pontifex, M. B., Raine, L. B., Castelli, D. M., Hall, E. E., & Kramer, A. F. (2009). The effect of acute treadmill walking on cognitive control and academic achievement in preadolescent children. *Neuroscience, 159*, 1044–1054.

Howard Hughes Medical Institute. (2012, February). Ask a scientist. *HHMI Bulletin.*

Jabr, F. (2012). Does thinking really hard burn more calories? *Scientific American.* http://www.scientificamerican.com/article/thinking-hard-calories/

Lahl, O., Wispel, C., Willigens, B., & Pietrowsky, R. (2008). An ultra short episode of sleep is sufficient to promote declarative memory performance. *Journal of Sleep Research, 17*(1), 3–10.

Mander, B. A., Santhanam, S., Saletin, J. M., & Walker, M. P. (2011). Wake deterioration and sleep restoration of human learning. *Current Biology, 21*(5).

McNay, E. C., Fries, T. M., & Gold, P. E. (2000). Decreases in rat extracellular hippocampal glucose concentration associated with cognitive demand during a spatial task. *Proc Natl Acad Sci, 97*(6), 2881–2885.

National Research Council. (2013). *Educating the student body: Taking physical activity and physical education to school.* Washington, DC: National Academies.

Purves, D., Augustine, G. J., Fitzpatrick, D., Hall, W. C., LaMantia, A.-S., McNamara, J. O., & White, L. E. (2008). *Neuroscience.* Sunderland, MA: Sinauer.

Raine, L. B., Lee, H. K., Saliba, B. J., Chaddock-Heyman, L., Hillman, C. H., & Kramer, A. F. (2013). The influence of childhood aerobic fitness on learning and memory. *PLOS ONE, 8*(9).

Scholz, J., Klein, M. C., Behrens, T. E. J., & Johansen-Berg, H. (2009). Training induces changes in white matter architecture. *Nature Neuroscience, 12*(11), 1370–1371.

Shilts, M. K., Lamp, C., Horowitz, M., & Townsend, M. S. (2008). Pilot study: EatFit impacts sixth graders' academic performance on achievement of mathematics and English education standards. *J Nutr Educ Behav, 41*(2), 127–131.

Tomporowski, P. D., Davis, C. L., Miller, P. H., & Naglieri, J. A. (2008). Exercise and children's intelligence, cognition, and academic achievement. *Educ. Psychol. Rev., 20*(2), 111–131.

Tononi, G., & Cirelli, C. (2013). Perchance to prune. *Scientific American, 309*(2), 34–39.

van Praag, H., Christie, B. R., Sejnowski, T. J., & Gage, F. H. (1999). Running enhances neurogenesis, learning, and long-term potentiation in mice. *PNAS, 96*(23), 13427–13431.

Vaynman, S., Ying, Z., & Gomez-Pinilla, F. (2004). Exercise induces BDNF and synapsin I to specific hippocampal subfields. *J Neurosci Res., 76*(3), 356–362.

Walker, M. P., & Stickgold, R. (2006). Sleep, memory, and plasticity. *Annu. Rev. Psychol., 57*, 139–166.

Wamsley, E. J., & Stickgold, R. (2011). Memory, sleep and dreaming: Experiencing consolidation. *Sleep Med Clin., 6*(1), 97–108.

Wilhelm, I., Rose, M., Imhof, K. I., Rasch, B., Büchel, C., & Born, J. (2013). The sleeping child outplays the adult's capacity to convert implicit into explicit knowledge. *Nature Neuroscience, 16*, 391–393.

뇌의 정서적 기능과 태도

이 장은 CORE 지도원리 5를 소개한다 — 언제 효과적으로 학습하는가 하는 문제는 정서를 포함한 뇌 관련 요인들의 영향을 받는다. 우리가 걸러서 버리는 것은 처리하는 것만큼 중요하다.

학습 요점

1. 과학자들은 부분적으로 뇌의 처리 과정을 통해 정서와 태도가 일어나며, 정서와 태도는 인간 뇌가 효과적으로 기능하기 위해 필수적이라고 믿는다.

2. 정서란 관계의 한 형태이며, 그 기반 위에 우리가 작동하는 뇌 연합이다. 정서는 우리 주변 세계에 대한 표상의 일부다.

3. 다른 정서는 뇌 속의 다른 기능 시스템을 사용하며 그것 자체의 뇌 회로를 가지고 있다. 우리가 학습할 준비가 되어 있을 때, 정서회로는 우리에게 진입하라고 하는 '녹색 불'을 켜는 것 같다.

4. 정서적 정보는 뇌의 의사결정 과정에서 중요하다. 그것은 소위 말하는 사랑이나 슬픔과 같은 느낌과 다르다. 그것은 우리에게 본질적인 의미의 결정이다.

5. 뇌의 처리 과정을 신경전달물질이나 신경조절물질로 불리는 화학물질이 조절함에 따라서 행동이 흥분되거나 억제된다. 신경전달물질에는 도파민과 세로토닌 등이 있다.

6. 뇌의 편도체라고 하는 부분이 정서의 처리 과정을 담당한다. 그것은 무엇을 할 것인지 우리가 결정하기도 전에 우리 행동을 통제할 수 있다. 정서를 통제하는 이 편도체는 학생들의 학습에 관여해서 방해를 할 수도 있다.

7. 학습 저항은 심리학적 그리고 생물학적 뿌리를 가지고 있는 중요한 현상이다. 저항 메커니즘은 뇌의 자연적인 학습 반응에 잠재되어 있다.

8. 기억 보유와 회상은 강한 정서적 상태에 의해 변할 수 있는 것으로 밝혀졌다.

9. 학습자로서 우리 자신을 얼마나 합리적이라고 생각하는지와 무관하게, 정체성 형성과 우리 자신에 대해 어떻게 느끼는가 하는 것이 우리가 누구인가에 영향을 미친다.
10. 관련성을 만들고 연합된 정서적 태도를 자극하는 것이 내재적 동기를 향상시킨다.

들어가기

교사들은 학생들이 학습하는 전략 및 기술과 학생들이 가지고 있는 학습에 대한 정서 반응 간의 연관성에 대해 끊임없이 이야기한다. 한 초등학교 4학년 담임교사는 그녀의 반 학생들은 집중하고, 질문하고, 학습할 열정과 준비태세를 갖추고 학교에 오며 학교 공부를 할 때 정적인 정서 반응을 한다고 말했다. 이 정적 정서는 모든 아이들이 자신들에게 이롭도록 행동을 조정하고 조절하는 데 도움이 되는 것으로 보인다.

그녀의 말이 옳다. 이 장은 우리의 정서적인 내적 삶 그리고 그것과 뇌의 연결 관계를 탐색한다. 또다시, 세 가지 학습과학이 함께하는 힘은 대단하다. 교육자들은 교실에서 정서와 태도가 학습에 미치는 영향을 본다. 인지심리학자들은 정서가 우리가 기능하는 방식에 적응적 가치를 부여하는 것을 본다—우리는 부분적으로 정서에 기초해서 우리의 행동을 변화시킨다. 그리고 신경과학자들은 이 정보가 어떻게 우리가 필요로 하는 항상성(우리 삶에서 비교적 균형을 이루는 안정적 상태)을 유지할 수 있도록 돕는지를 본다(Damasio, 2001). 모두 함께, 이 과학들은 뇌가 추론하고 결정하는 데 중요한 역할을 하는 정서 기능에 대하여 더 잘 이해할 수 있도록 해준다.

뇌는 정서적 입력을 필요로 한다

정서는 뇌기능에 개입한다. 성공, 실패, 기쁨, 당황스러움, 그 외 많은 정서들이 자신을 어떻게 생각하는지와 관련이 있다. 학습 환경에서 이것은 학생들과 교사들에게 모두 적용된다. 예를 들어 교실수업에 테크놀로지를 활용할 계획을 하고 있는 교사의 머릿속에 "음, 지난번에 내가 시도했는데 완전한 실패였지"라는 실패감이 먼저 떠오른다면 꺼릴 수 있을 것이다. 반대로, 새로운 접근이 쉽지 않았지만 성공감을 즐길 수 있었던 교사는 "음, 나는 어려움을 헤쳐 나가는 방법을 알아. 나는 항상 다음 계획을 가지고 있어"와 같이 탄력감(sense of resilience)을 먼저 생각할 것이다.

교사를 포함한 여러 사람들에게 놀라운 사실은 인간 정서가 생물학적인 심장이 아니라 뇌와 마음에 자리 잡고 있다는 것이다. 학습 상황에서, 자신의 정체성을 확립하는 것에서부터 다른 사람들과 상호작용하는 방식까지 정서는 뇌의 처리 과정에서 일어난다.

뇌 연구자 Michael Gazzaniga(2011b)가 말했듯이, 다른 어떤 것이 아니라 바로 뇌에서 우리의 슬픔, 비통함, 낙담뿐만 아니라 즐거움, 환희, 웃음이 나온다. 신경과학이 뇌의 정서적 차원을 밝힘으로써 우리 느낌의 기초를 더 잘 이해하기 시작했다(OECD, 2007, p. 25)(CORE 5a 참조).

과학자들은 정서와 기분은 뇌가 효과적으로 기능하기 위해 아주 중요하다고 믿는 다(Bechara, Damasio, & Damasio, 2000; Dalgleish, 2004; Immordino-Yang, 2007; Panksepp, 1998). 서던캘리포니아대학교의 신경과학자이면서 인간발달심리학자인 Mary Helen Immordino-Yang은 신경과학의 발전은 정서, 사회적 기능, 의사결정 간의 연결을 강조한다고 말했다. 그녀는 학습, 주의, 기억, 의사결정, 사회적 기능 모두가 정서에 의해 큰 영향을 받는다는 신경생물학적 증거가 나타나기 시작했다고 설명한다(Immordino-Yang, 2007). 그녀는 이것을 정서적 사고(emotional thought)라고 부르며, 가끔은 인지적 차원(사고)과 정서적 차원(정서/기분)을 결합시킨 감정적 생각(affective thinking)이라고도 한다. 예를 들면 뇌 네트워크의 영상 연구들에서 그 증거가 나오기 시작했다(Kober et al., 2008).

정서와 태도에 관련하여 뇌를 우선 전체적으로 살펴보면, 느낌이 인간의 진화와 생존에 중요한 역할을 한다고 생각된다(Kandel, Schwartz, Jessell, Siegelbaum, & Hudspeth, 2013, p. 1082). 그것이 위험을 회피하는 것이든 유익한 사회적 조건을 탐색하는 것이든, 과거 경험에 대한 느낌을 가지고 우리 생각을 색칠할 때 복잡한 신호들을 더 잘 처리할 수 있다. 따라서 인간 행동의 적응과 조절을 위해서 정서가 필요하다(Kandel et al., 2013, p. 1082).

뇌는 우리 주변 세상을 표상하기 위해 인지적 아이디어들을 연합해서 사용하듯이, 입력되는 자극에 대한 중요한 정서와 느낌을 확인한다. 학습한 결과에 따라 혹은 선천적으로 정서는 우리의 행동을 수정한다. 그런 수정이 바로 학습의 핵심이다. 우리는 다르게 행동하기 위해 학습해 왔다.

뇌과학의 다소 놀라운 연구 결과는 정서의 붉은 깃발(적신호)―그것이 온정과 사랑이든 분노와 화든―이 우리가 생각하듯이 그렇게 자유분방하지 않다는 것이다. 소위 말하는 정서적 반응과 행동은, 최소한 뉴런과 회로의 수준에서, 무의식적인 냉정한 계산을 한다는 것이다. 정서는 우리 행동의 추진자로서 무게를 추가한다. 어떤 면에서 정서는 매우 합리적이다. 우리의 냉정한 논리는 우리가 어떻게 느끼는지에 의한 정보를 받는다. 느낌과 논리는 함께 간다. 비록 정서적 정보를 우리가 충분히 의식하지 못하고 정서가 어떻게 우리가 추리하는 과정에 들어오는지 알아차리지 못해도, 정서는 관계의 한 형태다―우리가 작동하는 기초가 되는 뇌 연합. 그것은 우리가 우리 주변 세상을 표상하는 방식의 일부다.

학생들이 자신의 학습에 대해 어떤 신념과 주인의식을 가지고 있는가 하는 것이 얼마만큼 노력하고 성취하는가에 영향을 미치는 큰 요인이라고 교사들은 말한다. Geoff Barrett는 위기에 처한 학생들을 가르치기 위해 대안 프로그램을 사용하는 고등학교 교사다.

그가 생각하기에 고등학교 학업에서 가장 필요하지만 가장 부족한 기술은 수학이라고 한다. 그는 많은 학생들이 "나는 수학이 싫어요" 혹은 "나는 수학이 지긋지긋해요"라고 한다고 말했다. 대수 I에서 두 번 실패한 한 학생이 Barrett에게 와서 자신은 수학을 해낼 자신이 없으며 무력감을 느낀다고 했다. 그는 그 학생에게 쉬운 단계에서 어려운 단계로 보충하면서 고수준으로 올라가는 프로그램으로 공부하도록 했다. 그 학생은 거의 매일 힘들어하면서 도움을 청했다. 결국 그 학생은 주에서 인정하는 학력시험을 통과하고 한 지방 신문과의 인터뷰에서 자신은 수학을 못했었지만 실제로는 수학을 잘한다는 것을 알게 되었다고 말했다. Barrett는 지속적인 긍정적 강화가 그 학생의 성공에 가장 중요한 요인이라고 말했다.

정서와 느낌은 다르다

뇌 관점에서 보면 정서(emotion)는 생리적 변화와 함께 종종 자발적으로 일어나는 정신적 상태다. 이것은 혈압, 심장 박동, 땀 분비와 같은 신체적 변화를 측정하는 것이 가능하다. 혹은, 정서는 얼굴 표정이나 보디랭귀지와 같이 더 질적인 형태를 반영한다.

반대로, 느낌(feeling)은 정서에 관여하는 우리의 내적 경험으로 정의될 수 있다. 그것은 주관적인 경험이고, 우리 자신이 내부적으로 느끼는 것이다. 어떤 사람들은 롤러코스터나 무서운 영화를 즐겨 보고 어떤 사람들은 아주 싫어한다. 그 정서는 공포일 수 있지만 그 정서에 대한 느낌과 감각은 매우 개인적이다.

정서는 또한 우리를 사회적 동물로 만든다. 영어 정서(emotion)의 어원은 프랑스어 *émouvoir*이지만 그것이 의미하는 휘몰아쳐진 느낌 이상의 것이다. 우리는 실제 삶에서 정서적 정보를 사용하여 중요한 방향을 판단한다. 정서는 뇌의 의사결정 과정에서 큰 역할을 한다. 그렇기 때문에 교사들은 이런 방식으로 정서적 기능을 생각하고 정서와 교수학습의 관계를 생각해야 한다. 그것은 사랑이나 슬픔을 느끼는 것과는 다르다. 정서는 우리에 대한 본질적 의미의 핵심이다.

과학자들은 정서를 우리가 의미를 평가하는 방식으로 본다. 예를 들어 우리는 얼굴을 인식하고 특별한 정서적 느낌과 특별한 사람을 연합하는 데 많은 에너지를 소비하면서 인생을 살아간다. 종종 사소한 매우 작은 차이에 세밀한 반응을 연합함으로써, 우리의 행동과 결정에 도움이 되는 중요한 단서를 획득할 수 있다. 다시 말해서 우리가 어떻게 행동해야 하는지를 우리는 느낀다.

정서와 뇌에 대한 선구적인 연구자인 Antonio Damasio는 최근까지 뇌과학자들조차 무시한 연구 분야가 정서라고 말한다. 그는 인지와 정서는 완전히 독립적인 것으로 다르게 처리해야 한다고 주장해 왔지만, 정서란 과학적으로 무엇인가에 대해서조차 오랫동안 일치된 의견이 없었다(Damasio, 2001).

과학자의 관점에서 이제 우리는 정서가 뇌에서 몇 가지 중요한 역할을 한다는 것을 안다. 매우 쉽게 말하자면, 정서는 우리가 충분히 생각할 시간이 없는 긴급한 상황에서 반응하도록 자극할 수 있다. 정서는 또한 전반적으로 우리의 결정과 행동에 힘과 미묘한 차이를 더해준다. 그때 정서는 또한 우리가 처리하는 정보에 위기감 혹은 '색깔'을 덧붙인다.

각 정서는 신체에 나타나는 생리적 반응뿐만 아니라 그 정서를 일으키는 신호 혹은 자극에서도 차이가 있다. 정서적 반응을 일으키는 사건의 성질도 또한 각 정서마다 다르다. 그러나 공통점은 정서가 일어나는 것을 우리가 빠르게 경험하는 경향이 있다는 것이다. 그것들은 종종 청하지도 않고 시도하지도 않았는데 우리에게 나타난다. 어떤 정서든 그 한 차례의 지속시간은 비교적 짧다. 정서는 또한 뇌에 의한 어느 정도 자동적인 반응이며, 그것은 일관된 신체적 반응들을 조정한다(Ekman, 1992). 다시 말해서 우리 뇌는 정서 반응이 나타나면 그것을 인식한다.

특정한 정서는 흔히 일관된 신체 반응 패턴과 연결되어 있기 때문에 그것은 특정한 뇌 경로와 관련되어 있다고 생각할 수 있다. 다른 정서는 뇌의 다른 기능 시스템을 사용하고 각각 다른 뇌 회로를 가지고 있는 것으로 보인다(OECD, 2007). 이 회로와 우리가 학습하는 방법과 어떻게 연결되는지는 아직 밝혀지지 않았지만, 한 가지 꽤 분명한 통찰을 얻을 수는 있다. 우리가 학교에서 효과적으로 학습할 준비가 되어 있을 때, 정서에 우리에게 전진하라고 신호하는 '녹색 불'이 켜지는 것으로 생각된다.

과학자들은 정서가 신체의 생리를 변화시키는지 혹은 신체 특성들이 그런 정신적 상태와 느낌을 일으키는지에 대해 논쟁한다. 이 논쟁은 아직 해결되지 않았지만, 교사들이 알아야 하는 중요한 것은 정서와 생리 상태는 인지 시스템 깊이 불가분하게 연결되어 있다는 것이다. 정서적 반응은 뇌를 물리적으로 변화시키는 경험을 통해서뿐만 아니라 우리의 유전자 속에 포함되어 있는 선천적인 부호화를 통해서도 일어난다고 과학자들은 믿는다.

학생들에게 느낌과 정서를 직면할 때 그것을 무시하고 행동하라고 말하는 대신에, 정서적 탄력성을 기르고 어려움을 헤쳐 나갈 수 있도록 하는 것이 중요하다. 학생들은 부정적인 혼잣말을 안 하는 것 그리고 생리적·행동적 영향을 감소시키는 것을 학습할 수 있다(Hayes et al., 2010; Office of Special Education Programs, 2013). 교사는 학생들에게 자신들의 정서적 반응을 충분히 통제하는 것은 불가능하다는 것을 알려주어야 한다. 그렇게 생각하면 자신이 할 수 없는 것을 변화시키려고 하지 않고 자신이 변화시킬 수 있는 것에 집중할 수 있는 여유가 생긴다고 한 강사는 말했다. 그녀는 학생들이 학습내용과 기술을 더 편안하게 생각하도록 가르치는 방법을 찾을 수 있게 되었다. 그녀는 학생들이 특정한 과목이나 학습영역에 대해 가지고 있을 수 있는 부정적인 정서적 경험을 부인하도록 가르치는 것이 아니라, 학생들과 함께 새롭고 긍정적인 경험을 나누는 방식으로 가르칠 수 있다.

학교에서 두려움이나 다른 방해되는 정서를 극복하고 공부를 포기하지 않도록 교사가 할 수 있는 방법에는 학생들을 칭찬하는 것이 포함된다(Hawkins & Heflin, 2011; Kern & Clemens, 2007). 능력이 아니라 노력과 성취에 초점을 둔 칭찬이 도움이 된다. 목적이나 목표를 이루는 행동을 비교하는 것도 중요하지만, 노력에 대한 피드백도 중요하다 ―결과에 대해서 칭찬하는 것보다 더 중요하다.[이 장의 뒷부분 '도전에 대한 반응'에서 논의되듯이 이것은 성장 마음가짐(growth mindset)을 갖도록 하는 데 도움이 된다.]

순간 시간표집법(momentary time sampling)은 교사가 칭찬을 효과적으로 사용하기 위한 기법이다. 교사는 최근 수업에서 충분한 칭찬을 받지 못한 학생들 약 4~5명씩으로 해서 특정한 날에 배정한 명단을 만들어둔다. 그 정해진 날 특정한 시각(예를 들어 매 시간 그 시각)에 미리 정해 놓은 학생이 칭찬받을 만한 노력을 하거나 성취를 나타내는지 지켜본다.

그렇게 하면, 칭찬하는 말을 그 학생에게 해준다. 여기에서 칭찬하는 말의 성격이 중요하다. 교사가 관찰한 구체적인 사실을 인정하는 구체적인 피드백으로 칭찬을 해주어야 한다. 진지하게 관찰하고 자율성, 긍정적인 자존감, 탐색의지, 자신과 타인에 대한 수용을 격려하는 칭찬이 특히 중요하다.

"너의 글은 나의 관심을 끌고 끝까지 읽고 싶게 만드는구나."
"너는 샐리가 도움을 필요로 한다는 것을 알고 그녀가 더 잘 조직하도록 도와주었어."

"너는 그 수학문제에 대해 이미 알고 있는 것을 적어두는 전략을 가지고 그것을 잘 해결해 나갔구나."

순간 시간표집법은 습관 형성이다. 미리 계획한 대로 학생들의 행동을 개별적으로 그리고 집단별로 체크하면 교사들은 매우 바쁜 교실수업 활동 중에도 모든 학생을 칭찬할 수 있는 시간이 있다. 이렇게 하면 칭찬을 받는 학생과 반응하고 지지하는 동료들 모두에게 소속감과 효능감을 높여줄 수 있다. 교육연구에 의하면 이런 종류의 칭찬의 효력이 교실수업에서 크지만 그 활용도가 낮다고 한다.

교실에서 학생들의 스트레스를 낮추고 긍정적인 정서를 고무하는 여러 가지 전략이 8장에서 논의된다.

신경전달물질의 역할

만일 놀라움을 한 종류의 정서적 반응이라고 생각한다면, 놀라움이란 무엇을 의미하는가?

뇌과학자들에게 있어서 놀라움이란 '초경계(all-alert) 태세의' 정서적 각성을 일으키는 화학물질의 방출을 의미한다(LeDoux, 2003). 놀란 상태 속에서 우리는 위협이나 유혹에 대한 단서를 그 상황으로부터 얻을 수 있다.

어떤 뇌 화학물질은 뇌를 조절하고 통제하는 기능을 수행한다. 신경전달물질과 신경조절물질은 뇌의 처리 과정에 따라서 행동을 흥분시키거나 억제시킬 수 있다(OECD, 2007; Society for Neuroscience, 2008). 뇌 전체에 신경전달물질이 몇 개가 있고 종류가 몇 가지인지는 아직 모르지만 100개 이상이 이미 확인되었다(Purves et al., 2008). 연구자들은 중독 메커니즘과 뇌기능과 동기의 상호작용 메커니즘에 대해 설명하는 분자신경약리학에서 통찰을 얻고 있다(CORE 5g 참조).

방출되는 신경전달물질(그림 7.1 참조)의 양과 그것을 받아들이는 수용기의 수는 우리가 반응하는 데 영향을 미칠 수 있다. 뇌 속의 화학물질 피드백 회로는 생존에 필수적인 많은 처리 과정을 통제한다. 어떤 분자들(molecules)은 신경계 발달을 안내하고 프로그램하는 데 도움을 준다(OECD, 2007). 과학자들은 젊음과 노화 그리고 기분에서 기억까지 광범위한 주제에 대한 뇌 화학물질의 단서를 수집하고 있다(CORE 5h 참조).

초기 성인기에는, 예를 들어 성인 기능을 할 수 있게 준비시키기 위해 신경 시냅스의 수를 줄여서 뇌를 재조직한다. 더 효율적인 처리를 할 수 있는 '튼튼한 회로(hard wire)'를 만들기 위해 절연시키고 피복을 입혀서 뇌를 성인 사고를 할 수 있게 성장시킨다.

그런 중요한 발달은 20대 발달 단계에서 종종 일어난다(CORE 5i 참조). 이것은 정서

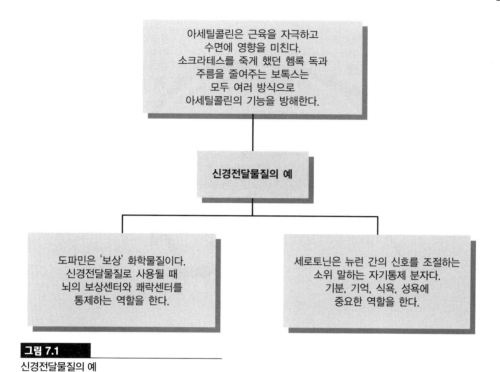

아세틸콜린은 근육을 자극하고
수면에 영향을 미친다.
소크라테스를 죽게 했던 헴록 독과
주름을 줄여주는 보톡스는
모두 여러 방식으로
아세틸콜린의 기능을 방해한다.

신경전달물질의 예

도파민은 '보상' 화학물질이다.
신경전달물질로 사용될 때
뇌의 보상센터와 쾌락센터를
통제하는 역할을 한다.

세로토닌은 뉴런 간의 신호를 조절하는
소위 말하는 자기통제 분자다.
기분, 기억, 식욕, 성욕에
중요한 역할을 한다.

그림 7.1
신경전달물질의 예

조절은 발달 단계에서 비교적 늦게 일어난다는 것을 의미한다(OECD, 2007). 이에 비해서 운동과 감각 기능을 담당하는 뇌 영역은 일찍 성장하는 경향이 있다(Gogtay et al., 2004; Sowell et al., 2003). 교사들이 말하듯이 우리는 처리할 수 있기 전에 먼저 느낀다.

정서는 뇌에서 어떻게 작동하는가

최근 뉴스에서 적절하게 소개되었듯이, 뇌는 뇌 자신에 대한 정보를 마지못해 넘겨준다. 그렇기 때문에 정서가 뇌에서 어떻게 작용하는지에 대해서는 아직 밝혀지지 않은 것이 많다. 뇌는 전부 대뇌 피질로만 구성되어 있는 것이 아니다. 새로운 기억을 응고시키는 역할을 하는 해마와 정서적 반응에 중요한 역할을 하는 편도체를 포함한 여러 구조가 학습에 중요하다(CORE 5e 참조). 편도체는 측두엽 깊이 자리 잡고 있으며 아몬드 모양을 닮았다. 좌뇌와 우뇌에 각각 하나씩 2개의 편도체가 있다. 편도체는 '정서의 본거지'라고 하는 변연계의 일부다(그림 7.2 참조). 그밖에 피질 구조들이 정서를 조절하는데 주로 전전두 피질이 3장에서 논의했듯이 집행 기능에서 '최고경영자(CEO)' 역할의 일부를 담당한다(OECD, 2007).

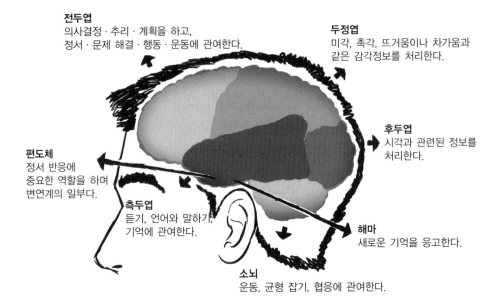

전두엽
의사결정 · 추리 · 계획을 하고,
정서 · 문제 해결 · 행동 · 운동에 관여한다.

두정엽
미각, 촉각, 뜨거움이나 차가움과
같은 감각정보를 처리한다.

후두엽
시각과 관련된 정보를
처리한다.

편도체
정서 반응에
중요한 역할을 하며
변연계의 일부다.

측두엽
듣기, 언어와 말하기,
기억에 관여한다.

해마
새로운 기억을 응고한다.

소뇌
운동, 균형 잡기, 협응에 관여한다.

그림 7.2

대뇌 피질. 대뇌 피질 이외에도 해마와 편도체를 포함한 여러 구조가 학습에 중요하다.

심리학과 뇌과학을 전공하는 심리학자이며 베스트셀러 작가인 Daniel Goleman은 모든 열정은 편도체에 의존한다고 말한다(Goleman, 1995). 심한 뇌손상을 입은 어떤 경우에는 편도체와의 연결이 끊어지고 그 결과는 절망적으로 된다. 편도체의 연결 기능이 상실된 사람은 고통을 당해도 아무런 감정이 없다.

과학자들은 편도체가 없으면 우리는 더 이상 사람과 사건의 중요성에 대한 정서적 판단을 할 수 없다고 한다. 편도체가 없는 것은 어쩌면 정서적 맹인이 되는 것과 같고 우리가 경험하는 것에 대해 어떤 느낌을 가질지 몰라 비틀거리게 된다. 어려운 과제를 성공적으로 해냈을 때의 기쁨이나 혹은 가까운 사람의 죽음에 대해 슬픔을 느끼지 못할 때를 상상해보라. 그래서 편도체는 느낌에 있어서 필요불가결한 역할을 한다(Howard-Jones et al., 2007, p. 23; Society for Neuroscience, 2008).

편도체와 해마는 가까이 위치하고 있다. 그것들은 함께 관여하는 신경회로도 있지만 맡고 있는 기능은 다르다(Giedd, 2008). 해마는 기억 획득, 인출, 보유를 담당하고 편도체는 중요한 특성을 평가한다. 편도체는 소리, 광경, 냄새와 같은 모든 입력 자극들이 포함하는 정보들 중에서 가장 중요한 정서적 특성이 무엇인가를 결정한다.

마찬가지로 뇌는 혈류 속으로 호르몬을 분비하는 내분비계를 통해서도 신호를 보낸다. 뇌는 심장 그리고 간, 콩팥을 포함한 내장기관이 할 일이 있을 때 지시를 한다. 근골격계(musculoskeletal system)도 뇌의 명령에 따라 움직인다. 이것이 대표적인 투쟁 혹은 도피 반응(fight-or-flight response)이며 다른 일상적인 운동도 마찬가지다. 이러한 반응은 우리가 무엇을 즐길 때 혹은 끔찍하다고 생각할 때 활기를 띠거나 활기를 잃는다.

물론 정서적 의미 만들기와 기억 가능성은 밀접하게 연결되어 있다. 해마와 해마의 파트너가 여기에서 작용한다. 편도체는 자극하고 해마는 반응하면서 함께 어떤 경험의 기억을 향상시키는 작용을 한다(Giedd, 2008). 즉 기쁨, 사랑, 두려움은 그 자체의 성질로 우리에게 "이것은 중요하니까 반드시 기억하도록 해"라고 말한다. 반대로 지루함, 무관심, 거부는 우리에게 "그것은 접근할 가치가 없으니 피하도록 해"라고 말한다.

러트거스대학교 분자행동신경과학연구소(Rutgers University Center for Molecular and Behavioral Neuroscience)의 연구자들은 정서가 기억을 향상시키는 방법들을 보여주었다(Popescu, Saghyan, & Paré, 2007). 예를 들어 정서적으로 '각성'되고 나면 어떤 뉴런들의 발화율(firing rate)이 증가한다. 각성이란 뇌가 경계태세를 취하고 주의를 집중하는 것을 의미한다. 이렇게 해서 기억이 강화된다. 좋은 기억이든 나쁜 기억이든 관계없이, 정서가 일어나는 상황에서 우리는 더 많이 기억할 뿐만 아니라 지식을 그 상황과 더 강하게 연결한다. 우리는 연결시키고 그에 따라 행동한다.

정서는 생물학적으로 세 가지 성분으로 구성된다(OECD, 2007). 그 세 가지는 특정한 정신적 상태, 그 상태와 연관된 생리적 변화, 연관된 행동이나 행동하려는 충동이다(CORE 5f 참조). 정신적 상태(mental state)란 입력된 자료에 반응하는 뇌 처리 과정이다. 생리적 변화(physiological change)는 혈압이나 땀 분비와 같은 신체적 기능이 영향을 받는 것을 포함한다. 행동하려는 충동(impulse to act)은 하지 않을 수 없다고 느끼는 행동이다. 이런 충동은 아이를 구출하기 위해 무거운 물체를 들어 올리는 것과 같이 위대하고 극적일 수 있다. 혹은 유치원생이 급히 포옹하는 것과 같이 작고 섬세할 수도 있다.

여기에서 한 가지 질문할 수 있는 것은 어떤 것을 정서라고 할 수 있는가 하는 것이다. Damasio(2001)는 정서를 1차 정서와 2차 정서로 구분하여 설명한다. 1차 정서에는 행복, 불행, 두려움, 분노, 놀라움, 혐오감이 포함되고 2차 정서에는 당혹감과 질투와 같은 사회적으로 관련된 정서가 포함된다고 그는 말한다.

한 교장선생님은 학생들이 경험할 수 있는 정서가 다양하고 그 정서가 학습자로서의 학생들 자신에 대한 믿음으로 나타난다고 말했다. 긍정적으로 지각된 정서는 학생들의 학업적 성공과 연결된다고 그는 말했다. 이와 반대로, 부정적으로 지각된 정서는 실패와 연결될 수 있다. 그 교장선생님은 이 아이디어를 Marzano 메타분석(3장에서 논의됨)과 함께 이해하면 교사들이 정서를 효과적으로 사용할 수 있을 것이라고 했다. 이런 방식으로 교사들은 노력에 대한 보상을 주고 학생들을 인정해줄 수 있다. 어른들이 믿어줄 때빈곤한 배경을 가지고 있는 많은 학생들이 성공할 수 있는 것을 보면서 이 교장선생님은 이것이 결정적인 요인이라고 확신하게 되었다. 그의 말을 빌려서 표현하자면 그 학생들은 그들이 쌓아가고 있는 성공적 기술을 어른들이 인정해주기 때문에 실패를 믿지 않는다.

그 교장선생님은 믿음이 외부에서 학교로 들어갈 수 있는 사례를 지적했다. 그러나 그 믿음은 내부에서 만들어질 수도 있다. 긍정적인 정서는 행복, 학교 환경이나 문화에 연결되고 소속된다는 느낌, 학습 능력에 대한 자부심이나 즐거움을 의미할 수 있다. 부정적인 연합에는 슬픔, 두려움, 당혹감, 지루함, 학습 상황을 회피하고 싶은 느낌, 그리고 자신의 생각만큼 쉽게 배우지 못하고 배울 준비가 되어 있지 않다고 느끼거나 학습이 잘 안 될 때 느끼는 죄책감이 포함될 수 있다.

과학자들은 이제 정서는 과거의 의식적인 인지 처리 과정을 생략할 수 있다는 것을 안다. 인간은 가끔 뇌가 인지적으로 충분히 따지기 훨씬 전에 신속하게 정서적 결론을 내리고 돌진한다. 그렇기 때문에 예를 들어 급하게 피해야 하는 상황에서 우리는 공포심을 갖고 신속한 행동을 할 수 있다. 우리는 특별한 상황의 모든 측면을 충분히 고려하지 않고 잠깐 흘끗 보고 위험으로부터 도망치게끔 하는 회로를 작동시킬 수 있다. 우리가 무서울 때 우리는 무엇을 해야 하는지 안다.

불행하게도 학교에서 그와 같은 정서적 장치가 학생들의 학습에 영향을 미치고 방해를 한다. 학습자는 현재 무엇을 하고 있는지 생각하기도 전에, 순식간에 정서적 판단을 하고서는 "나는 이전에도 이것이 싫었고 지금도 마찬가지일 거야" 혹은 "그때 이것을 못했고 지금도 마찬가지일거야"라고 생각한다. 우리의 정서적 메시지는 우리에게 속삭이고 가끔은 크게 외친다. 그것은 우리에게 무엇을 할 것인지 말해준다.

우리 자신에게 말해주는 "나는 이것을 좋아하고 저것을 싫어해"와 같은 정서적 조언은 어떤 순간에 어느 정도만 우리가 조정할 수 있다.

Damasio는 느낌은 정서적 반응을 의식적으로 구현하지만, 우리는 느낌과 정서만으로 행동하지는 않는다고 말한다(Kandel et al., 2013). Damasio에 의하면 사실 정서는 무의식적인 행동과 인지를 자극한다. 많은 경우에 우리는 정서적으로 충전된 정보에 대해 뇌가 어떻게 반응하는지에 대해 모른다.

인지심리학자들은 오랫동안 지각을 주의(attentive) 단계와 전주의(pre-attentive) 단계로 구성되는 것으로 이야기해 왔다. 전주의 단계에서는, 3장에서 논의했듯이, 감각자극을 대부분 걸러낸다. 주의 단계에서는 남아 있는 자극들에 대해 주의를 집중한다. 그러나 Damasio와 그 외 연구자들의 연구 결과는 이와 다르다. 그들은 무의식적인 뇌 처리 과정이 많은 경우에 레이더 아래에서 작동하고 있어서 초기에 몇몇 입력자극만 걸러내는 것이 아니라고 말한다.

신경과학자 Mary Helen Immordino-Yang은 우리가 인지적으로 잘 지각하지 못하는 사고가 학습 상황에 그만저만한 자원을 배당한다고 말한다(Immordino-Yang, & Faeth, 2009). 혹은 우리는 정서적 정보와 연관해서 행동을 하거나 회피할 수 있다(Damasio, 2001; Gazzaniga, 2011a; Kober et al., 2008). 그러나 시종 우리가 결정하고 있는 것을 의식적으로는 모를 수 있다. 충분히 인식 못하기 때문에 왜 그 행동을 하고 있는지조차 우리는 모른다.

어떤 학생에 대해 무의식적으로 섣부른 결론을 내릴 수도 있기 때문에 교사들은 정서의 작용을 이해하는 것이 매우 중요하다. 예를 들어 표면적인 특징들(예 : 옷, 태도, 언어 등)이 어떤 학생에 대한 교사의 기대에 나쁜 영향을 미치고 결과적으로 성적이 떨어지는 결과로 나타날 수 있다. 예를 들어 고가의 운동장비 앞에 서 있는 학생들 사진과 낡은 운동장비 앞에 서 있는 학생들 사진을 본 교사들이 전자 학생들이 후자 학생들보다 더 실력이 있다고 판단한다는 연구 결과가 있다. 아마도 뇌는 반 무의식적으로 경제수준이 더 높은 학교의 학생들이 공부도 더 잘한다고 생각한다. 그래서 의도적인 편견이 없다고 해도 뇌가 만들어서 일반화하는 연합 때문에 편견이 몰래 다가온다. 교육자들은 이 가능성을 유념할 필요가 있다.

예를 들어 Goleman(1995)은 뇌가 무엇을 지각하는 처음 수천 분의 1초 동안(한 사람이 등장하기 전에 나비가 우리에게 나타난다) 우리는 그것에 대한 호불호를 결정한다고 말한다. Goleman은 우리의 '인지적 무의식'이라고 하는 것이 1초도 안 되는 시간에 우리에게 한 가지 의견을 준다고 했다. 우리의 이성적 사고는 사고 과정에 접근도 못했을 수 있다. Goleman은 이것을 '그것 자체의 마음을 가지고 있는 정서'라고 말했다.

의식이란 지각, 사고, 느낌, 동기, 자의식('나'라는 존재감이라고 말한 학자도 있다)에 대한 개인적인 앎(awareness)이다. 그러나 많은 정신적 과정, 아마도 대부분은, 이 의식 밖에 있다. 우리는 뇌가 처리하는 모든 집행 기능에서부터 정서까지 대부분 의식하지 못한다. 이 의식적/무의식적인 뇌에 대한 발견들은 학생과 교사 모두에게 학습에 대한 대단한 함의를 가지고 있다.

학습 저항을 위한 틀

교육에서 학습이론이란 우리가 어떻게 학습하는지를 기술하는 개념적 틀을 의미한다. 학습이론에 대한 몇 가지 주요 관점은 다음과 같다.

1. 행동주의/경험주의 관점. 외부 세계에 있는 자극을 탐색하는 감각기관(눈, 코 등)에 초점을 맞추고 뇌는 관습적인 패턴에 반응한다.
2. 인지주의/구성주의 관점. 지식은 내적 구조를 가지고 있으며 우리는 뇌 속에 유의미한 연합을 만들고 사용한다. 고순위 사고와 뇌 처리 과정은 우리가 구성하는 지식의 구조를 통해 획득하고, 만들고, 추론하는 것이다.
3. 사회문화적/사회역사적 관점. 학습을 사회적 환경에 적응하고 그것을 변화시키는 사회적 집단이 만드는 것이라는 점을 강조한다.

시간적으로 보면 대략 위에서 나열한 순서대로 이론들이 발달했다고 볼 수 있다. 행동주의/경험주의 관점은 20세기 전반에 나타났다. 이것은 교육적 사고에서 직접 관찰할 수 있는 행동에 대한 큰 새로운 힘을 제공했다. 그런 학습이론은 마음의 복잡한 내적 과정과 고순위 사고를 더 잘 설명하는 1960년대의 인지 혁명에게 자리를 내주게 되었다. 시간이 지나 세 번째 사회문화적/사회역사적 관점은 우리 주위의 더 큰 문화—말하는 방법, 신념 체계, 함께 일하는 방식—를 통합시켰다.

교사들은 종종 "새로운 시대를 위한 새로운 학습이론은 없는가?"라고 질문한다. 어떤 면에서 새로운 학습이론이 있다. 우리가 가지고 있는 최근 이론은 세 가지 관점을 모두 합친 것이라 할 수 있다. 각 접근을 독립적으로 더 이상 생각하지 않게 되었으며, 다른 이론을 배척하고 한 가지만 주장하는 전통은 거의 사라졌다. 이제는 세 가지 관점을 통합시키는 관점이 대세라고 할 수 있다.

학파들은 이제 종종 이 이론들을 인간 인지 시스템의 다른 측면에 둥지를 트는 것으로 본다—대략 낮은 수준의 뇌 처리 과정, 고순위 사고, 인지의 사회적 확충, 하나 속에 다른 하나가 자리한다. 그것들은 함께 전체를 만든다.

세 가지 접근의 뜻이 모아지는 한 가지 중요한 예가 학습 저항에 대한 것이다. **저항이론** (resistance theory)[16]은 학생들이 학습하지 않을 때 어떤 일이 일어나는지를 살펴본다. 많은 사례에서 학생들은 교사, 부모, 학교 행정가들이 기대하는 학습에 대해 적극적으로

---

16. 학교에서의 학생들의 반학교적 반대행동을 기존의 제도교육과 사회질서에 대한 '저항'으로 파악하여 이론화한 것—역주.

저항하는 것으로 보인다.

학습 저항(learning resistance)은 정서적 웰빙과 같은 심리적 뿌리뿐만 아니라 생물학적 뿌리를 가지고 있는 중요한 현상이다. 학습 저항은 때로는 모든 집단에 나타나는 것으로 보이며, 교사들조차도 어떻게 새로운 개념 학습에 저항하는가에 대하여 교육연구에서 논의되고 있다. 어떤 학습개념이나 접근이 아무리 좋다고 해도 학습은 인지적 자원 투입을 함축하고 있다. 이것은 학습하기 위해서는 노력하는 것뿐만 아니라 생리적으로 지식을 뇌 속에 오랜 시간에 걸쳐서 쌓고 보존하기 위해서 실제 뇌 역량을 투입하는 것에 전념해야 하는 것을 의미한다.

우리의 근본적인 기질의 일부로서 저항

저항을 이해하기 위해서는 학습이 변화에 대한 것임을 항상 기억해야만 한다. 그것은 피할 수 없다. 어떤 새로운 학습도 우리 자신에 대한 무엇인가를 변화시키지 않으면 일어날 수 없다. 가소성의 원리(2장)가 이것을 증명한다. 최소한 어떤 작은 방식으로라도 우리 뇌는 학습한 후에 그대로일 수가 없다.

그렇지만 우리가 매번 팔을 벌리고 변화를 맞이하는 것은 아니다. 어떤 종류의 수정이나 새로운 학습에도 잠재적인 저항장애가 따른다. 이것은 우리가 서둘러서 동화를 하지 않도록 해주기 때문에 뇌에 도움이 될 수 있다. 저항 메커니즘은 뇌의 자연적인 학습 반응 속에 잠재되어 있다. 어떤 것이 얼마나 도움이 되는지 확인되기도 전에 너무 서둘러서 가슴으로 받아들이는 것은 해가 될 수도 있다. 따라서 어느 정도의 저항은 좋은 일일 수 있다.

저항에 대한 학습이론은 다음과 같은 기초적인 세 가지 심리적 개념을 제안한다. 첫째는 생존과 안전이다. 둘째는 사랑, 소속, 자신과 타인에 대한 존중감으로 우리는 앞으로 이를 정서적 웰빙(emotional well-being)이라고 부를 것이다. 셋째는 자기실현이다. 자기실현을 위해서는 외부 현실과 유의미하고 관련성 있는 연결을 해서 우리의 더 큰 세상 속에서 편안하고 성공적으로 참여해야 한다.

인본주의 심리학자인 Abraham Maslow가 원래 말했듯이 이 세 가지 요인은 함께 고려되어야만 한다. 그는 인본주의 심리학 분야를 확장시켜서 인간 욕구가 한 개인의 삶에 어떤 영향을 미치는가에 대한 설명이 포함되도록 했다(Maslow, 1943). 교육연구 관점에서 보면, 행동주의자/경험주의자는 변화에 대한 저항에 관련하여 관찰 가능한 현상과 자극과 반응의 경험적 증거를 살펴본다. 인지주의자/구성주의자는 고순위 사고의 결과에 초점을 맞춘다. 사회문화 학자들은 사회적 집단의 이해에 의해 형성된 구성의 차이 효과를 찾는다. 모두 다 학습과 저항에 대한 '변화이론'의 측면을 가지고 있다.

여기에서 기술한 지원 카테고리(생존, 정서적 웰빙, 관련성)을 충분히 숙지해야만 그다음에 논의되는 내용을 이해할 수 있는 것은 아니다. 우리는 이 요인들을 '매개자(vector)' 혹은 경사도를 따라가는 우선 주행권으로 처리할 수 있다. 우리는 관련성의 미묘한 차이에 대해 너무 걱정하기 전에 우선 살아남을 수 있어야 하는 것은 당연하다. 하지만 교사들이 학생들에게서 볼 수 있듯이, 인간의 인지 시스템은 한 곳에 초점을 맞추고 난 후에 다른 곳에 초점을 맞춘 다음 다시 처음 초점을 맞춘 곳으로 이동하는 것을 막을 수가 없다. 따라서 여기에서 우리는 이 요인들을 다소 느슨하게 관심 사항들로 논의한다. 우리는 또한 의도적으로 저항 관점에서 동기라는 주제로 돌아간다. 우리가 의도하는 것은 여러 가지 예 중에서 교사들을 위해 모든 것을 망라하기보다 하나의 중요한 예를 제공하는 것이다.

■‖ 첫 번째 골자 : 신체와 마음의 생존

인간의 관점에서 보면 신체와 마음의 생존이 무엇보다 중요하다. 그렇다. 뇌는 학습하도록 만들어져 있지만 또한 우리가 살아남도록 만들어져 있다. 우리의 배우려는 의지는 순수한 생존 본능에서 시작한다. 특별히 새로운 어떤 것을 학습하는 것이 우리의 생존 능력을 감소시키는가? 만일 그 답이 예라고 하면 우리는 학습에 저항할 것이다. 학습에 대한 저항은 뇌기능에 잠재되어 있다.

뇌는 뇌가 듣는 말뿐만 아니라 특히 반복적으로 경험하는 것을 강화한다. 뇌는 뇌가 효과적으로 사용하는 정보를 가두어둔다. 만일 과거에 성공적이었고 효과가 있다는 많은 증거가 있으면 우리는 이 전략을 고수한다. 그것은 우리에게 이롭고 확고한 '생존(survival)'을 위한 힘을 가지고 있다(뇌와 증거에 대한 더 자세한 논의는 9장 참조). 한편, 우리에게 이롭지 않거나 애써서 획득할 가치가 없다고 판단되는 것에 대해서는 저항이 일어난다.

신체적 생존 욕구와 심리적 생존 욕구는 별개의 것이다. 학습 저항은 우리의 웰빙이 신체적 도전 그리고 심리적 도전을 받을 때 뇌기능에 나타난다. 작업기억의 부담이 그 한 가지 예다. 3장과 5장에서 논의했듯이, 인지적 부담이 과하면 어떤 학습자들은 압도당해서 뇌를 가동하지 않고 정보의 의미를 만들지 못한다.

"지금은 아니야"라고 뇌가 의식적으로 혹은 무의식적으로 말할 수 있다. 정서적 압도(emotional hijacking)라는 용어를 만들어낸 심리학자 Daniel Goleman은 정서가 집중력을 압도할 때 작업기억이 늪에 빠지게 된다고 한다. 약오름, 격분, 놀람, 위협적인 느낌, 불안이나 걱정, 이 모든 정서가 뇌의 정상적인 처리를 방해할 수 있다. 집행 기능이 목표를 설정하고 작업기억을 배당하려고 하지만 부담이 과해지면 우리는 똑바로 생각할 수 없게 된다고 한다(Goleman, 1995). 정서적인 것을 포함한 너무 많은 정보 홍수를 겪으면서 우리는 학습에 대해 부정적으로 조건화된다.

이것과 반대되는 것이 **플로**(flow)다. Goleman은 플로를 어떤 것에 너무나 몰입한 나머지 다른 모든 것을 잊고 자신도 망각하는(self-forget) 상태라고 했다(Goleman, 1995). 완전히 몰입하게 되면 걱정, 비생산적인 반추, 성공, 혹은 실패 등 정서적으로 모든 것이 학습하고 있는 것의 뒷자리로 물러난다. 역설적으로 우리는 걱정하지 않게 되고 최절정 수준에서 수행할 뿐이다. Goleman은 그것을 순수한 쾌락이라고 부른다. 이 정서는 일종의 내재적 동기(intrinsic motivation)다.

우리가 마주하거나 경험할 수 있는 또 다른 종류의 저항은 더 개인적이다. 그것이 도움이 된다는 증거를 직면하고서도, 변화할 필요가 없다고 생각하거나 변하고 싶어 하지 않을 수 있다.

이것을 개념적 틀에서 더 생각하면, 이 학습 저항은 잠재적 위협과 기대되는 이득 간에 균형잡이 혹은 전형적인 위험/보상 구조로 볼 수 있다. 변화시킨다면 어떤 위협이 생기는가? 어떤 이점을 기대할 수 있는가? 다시 말해서, 변화가 우리와 어떤 관련이 있는가? 이것은 우리가 무엇을 원할 수 있는가 하는 큰 그림을 그린다.

학습이론 관점에서, **생존**(survival)이라는 용어는 교육자들이 고려해야 하는 재미있는 정의를 가지고 있다. 그것은 물리적인 신체의 생존(다른 장들에서 언급되는 영양섭취, 수면, 운동)을 의미할 뿐만 아니라 우리의 정체성, 우리의 헌신(commitments), 우리의 생각과 신념을 포함하는 우리 자신(ourselves)의 생존도 의미한다.

그러나 '학습이란 본질적으로 변화시키도록 설계되어 있는 것이 아닌가?'라는 질문을 할 수 있을 것이다. 생각과 신념의 변화를 경험하지 않거나 최소한의 새로운 정체성의 변화가 없다면 우리는 어떻게 학습할 수 있겠는가? 본질적으로 변화는 정서적 반응을 내세우면서 어떤 유형의 생존을 위협한다.

스스로 얼마나 이성적이라고 생각하는지와 관계없이, 정체성 형성과 우리 자신에 대해서 우리가 어떻게 느끼는가 하는 것이 학습자로서 우리가 누구인가 하는 것에 영향을 미친다. 우리는 종종 마치 우리 자신에게 위협이 있는 것같이 우리의 정체성과 신념을 보호하고 방어한다.

■‖ 두 번째 골자 : 정서적 웰빙, '뜨거운 쟁점' 렌즈

우리의 학습 의지가 신체, 마음, 그리고 정체성의 순수한 생존과 관련된 학습 저항을 극복했다면, 그다음에 고려해야 할 것은 우리의 정서적 웰빙과 관련된 학습 저항의 장벽을 낮추는 일이다. 사전의 부정적인 학교교육이나 학습 경험은 교사들이 극복하기 어려운 일반적인 장벽이다.

신체적 안전에 대한 욕구를 옹호하는 교사들은 이런 종류의 정서적 위협이 그들의 권한 내에 있는 것인가 의심할 수 있다. 심리학적인 측면에서 그 답은 '예'이다. 우리는 정서적 정보가 우리의 능력, 욕구, 혹은 학습동기를 방해하지 않을 때 가장 잘 학습한다. 교사들과 함께하는 경제협력개발기구 학습과학(Organisation for Economic Co-operation and Development Learning Sciences) 연구에서, 학습하는 사건이나 정보의 보존과 회상이 강한 정서적 상태, 특별한 상황, 높은 동기, 혹은 고조된 주의집중에 의해 변할 수 있는 것으로 나타났다(OECD, 2007, p. 27).

어떤 아동과 그 가족들의 경우에는 학교에 오는 것조차 학습을 위한 정서적 이슈가 될 수 있다. 가난과 가난이 미치는 영향에 대해서는 3장과 8장에서 논의되었다. 한 가난한 공동체를 위해 봉사하는 한 교장선생님은 학습자의 정서적 웰빙을 처음부터 어떻게 풀어나가는지에 대해 설명했다. 많은 학생들에게 첫 번째 이슈는 항상 출석 문제였다. 그녀는 이 학생들과 그들 부모들이 어릴 때부터 학교와 성공 경험의 부족과 연결된 강한 부정적인 정서를 가지고 있는 것을 발견했다. 그 느낌과 정서는 사라지지 않을 뿐만 아니라 시간이 갈수록 더 강해지고 규칙적으로 학교에 결석하게 만들었다. 그 교장선생님은 그 부정적인 기억을 상쇄할 수 있는 긍정적인 기억이 없다면, 학생들이 그것을 극복하기가 너무 어렵다는 것을 알게 되었다.

그녀가 사용한 접근은 가족들과 학생들 모두가 학교와 학교 스태프들과 관계를 맺도록 하기 위해 여러 가지로 많은 노력을 하는 것이었다. 동시에 학습을 지원하기 위해 프로그램을 수정한 보충수업도 실시했다. 이런 노력을 통해 모든 학생들에게 더 많은 성공 기회를 줄 수 있었다. 그 교장선생님은 긍정적인 정서를 갖도록 하는 여정이 어렵지만 가치가 있다는 것을 발견했다고 말했다. 그 학교 학생들의 출석률이 향상되었고, 그 학생들이 성공적으로 중학교 과정을 마치고 고등학교로 진학할 수 있었다.

이와 같은 예들은 우리 뇌가 어떻게 스스로 조건화하는지를 보여준다. 우리는 우리 경험에 기초해서 정서 유의미성(emotion significance)을 부여하고 어떤 연합에 더 무게를 준다. 이 연합을 학교 상황에 적용하며, 그 연합이 좋을 수도 있고 나쁠 수도 있다. 그것은 미래 학습에 도움이 될 수도 있고 방해가 될 수도 있다. 그러나 한 가지는 분명하다. 우리 뇌는 계속해서 패턴을 탐색하는 일을 할 것이다. 뇌는 기회가 있을 때마다 발견할 수 있는 모든 연합을 끌어내는 일을 잘할 것이다―한 번이 아니라, 두 번이 아니라, 계속해서 할 것이다.

또 다른 교장선생님은 그들 학생들과 비슷한 경험을 한 예를 제시했다. 그는 부정적인 자기상이 종종 학습을 방해하는 정서 상태를 만드는 것을 발견했다. 그래서 그는 학생들에게 등교를 하지 않거나, 수업에 빠지거나, 스포츠 활동에 참여하지 않는 이유를 물어보기 시작했다. 그가 발견한 공통적인 답은 학생들이 재능이 없다고 느낀다는 것이었다. 즉 학생들은 그런 것들을 못한다고 믿었다.

그런 변화는 종종 수년 동안의 경험적 증거를 기초로 해서 자아개념과 과제 수행에 대한 감각에 심리적으로 심각한 위협을 준다. 우리는 너무 이른 동화를 거부할 수 있다. 종종 이것은 학습목표가 분명하지 않을 때 학생들이 유사점과 차이점을 분명하게 모를 때 일어날 수 있다. 혹은 학생들은 가정이나 다른 사회생활 속에서 정서적 그리고 인지적 자원을 고갈시키는 스트레스를 받고 있을 수 있다. 그래서, 만일 인지적 부담이 너무 크게 지각되거나 정서가 고조되고 지원이 불충분하게 제공되면, 정서적으로 '위험' 지역(예 : 교실)으로 처리한다. 그 결과 회피전략이 나타날 수 있다.

새로운 학습이나 오랫동안 활성화하지 않아서 일어나는 망각은 정서적 연합을 약화시키거나 중단시킬 수 있다. 그렇지만 일반적으로 우리는 우리의 자세한 표상 지도(representational map)를 매우 잘 인출한다. 괴로운 생각이든 즐거운 생각이든, 생각을 계속 강화하거나 혹은 기억 흔적이나 부호화를 더 깊이 새기면 더 잘 인출할 수 있다.

우리는 이 기억들을 '느낀다'. 성공적인 인간으로서 우리는 능력에 의해 영광을 얻기도 하고 저주를 받기도 한다. 우리는 정서적 정보에 접근하고 또한 그것의 짐도 진다. OECD 학습과학 보고서가 말하듯이, 학습과 연합된 긍정적으로 지각된 정서는 미래 성공을 촉진할 수 있다. 반대로 부정적으로 지각된 정서는 그 자체를 실패와 연결한다(OECD, 2007, p. 25)(CORE 5c 참조).

때로 학생들은 이것을 스스로 인식하고 그들 자신의 노력을 강화할 수 있다. 이것은 평생학습의 중요한 속성인 학습에 대한 자신감(confidence in learning)을 향상시킨다. 초등학교와 고등학교 교사들이 말하듯이, 이 자신감을 얻기 위해서는 위험을 감수하려고 하고 1등을 하지 않아도 된다고 편안하게 생각하는 것이 중요하다.

■ㅣ 세 번째 골자 : 관련성의 정서적 영향

관련성은 태도를 만든다. 어떤 것이 우리 자신이나 다른 사람들에게 높은 관련성이 있다고 생각하게 되면 우리는 그것에 더 의미를 부여한다. 그것을 더 진지하게 생각하거나 그것에 더 높은 우선순위를 주기도 한다. 그래서 관련성은 동기 요인으로 작용할 수 있다 — 우리는 우리와 관련된 것에 대해 더 생각하는 느낌을 가지고 있다.

관련성과 자신의 학습에 대해 책임감이 학습 저항을 낮추기 위한 세 번째 조건의 핵심 개념이며 그것은 자기실현(self-actualization)이다. 이것은 학습자가 외부 현실과 유의미한 연결을 만드는 것이다. 자기실현은 손을 밖으로 내민다. 그것은 우리가 우리 자신을 이해하기 위하여 그리고 더 큰 세상에 참여하기 위하여 지식, 기술, 능력을 추구하는 것을 의미한다. 우리는 우리와 관련이 있어 보이는 것을 더 탐색하는 경향이 있기 때문에 여기에서 관련성이 중요한 역할을 한다.

심리학의 한 중요한 학파인 자기결정론은 자율성, 유능감, 관계와 같은 우리의 가장 내재적으로 동기화하는 조건을 설명한다(Deci & Ryan, 2000; Ryan & Deci, 2000). 다시 말해서, 배우는 것이 다른 사람에게 너무 의존하지 않고도 우리가 성장하는 데 도움이 된다고 믿을 때, 필요한 실력을 키울 수 있을 때, 그리고 주변 세상과의 관계나 연결에 대한 이해를 높일 수 있을 때 더 배우고 싶어진다. 이것들은 모두 학습에서 관련성의 전제들이다.

인간의 인지 시스템은 관련성이나 가치를 가지고 있는 학습을 매우 중요하게 처리한다. 우리는 더 쉽게 내재적으로 동기화될 수 있다. 그래서 뇌를 만족시킨다는 측면에서 정서는 직접적으로 관련성과 연결되어 있다. 뇌 관점에서 보면, 어떤 학습 상황의 정서적 정보에 작용하는 것은 '관련성'을 충족시키는 문제다.

교육자들을 위해 분명하게 해야 할 중요한 점은 내재적 동기를 어떻게 정의하느냐이다. 내재적이란 뜻이 변하지 않는다는 의미는 아니다. 사람들을 내재적으로 동기화된 집단과 그렇지 않은 집단으로 나눌 수 없다. 뇌가 관련성을 만들면 자연스럽게 내재적으로 동기화되어 학습하는 경향이 있다.

뇌가 하는 일은 외부 세계와 의미 있는 연결을 만드는 것이 전부다. 뇌는 자료를 수집하고 그 자료에서 의미를 찾기 위해 패턴을 찾는 데 시간을 보낸다. 뇌는 도출한 정보를 근거로 활동하고, 외부 세계에 관련한 적절한 행동을 하도록 신체의 능력을 통제한다.

뇌가 자체 계산에 따라 기능하기 때문에, 관련성은 학습에 매우 중요하다. 그리고 관련성은 어느 정도 쓰임새와 마찬가지다. 즉 다른 유의미한 연합과 연결하고 아는 것을 적용하고 왜 그 지식이 필요한지 인지하는 것이다. 그렇다면 생존, 정서와 같은 핵심적인 요구가 충족되는데 무엇 때문에 저항이 일어나는가? 이론적으로 말하면, 의식적으로나 무의식적으로 학습자가 관련성이 부족하다고 인식하면 저항의 깃발을 올린다.

어떤 교사들은 이것에 대한 필요성을 인식하고 그 해결방법을 찾으려고 애쓴다. 한 수학 교사는 학생들에게 수업이 어디를 향해 가고 있는지 제대로 이해시키는 것이 가장 어려운 부분이라고 했다. 그녀는 그것은 관련성으로 돌아가는 문제라고 말했다. "왜 이차방정식의 근을 푸는 공식을 알아야 하나요?"라고 학생들이 질문할 것이다.

또 어떤 교사들이 생각하는 관련성을 갖게 한다는 의미는 분명해 보인다. 관련이 있는 것은 교사(혹은 부모, 학교, 교육청, 혹은 모든 유형의 권위자들)가 관련이 있다고 말하는 것이다.

플로리다 주립대학교 사범대학 학장인 Marcy P. Driscoll에 의하면, 충분한 투자가 되기 위해서는 학습자가 학습하는 것을 개인적으로 활용할 수 있다는 인식을 해야만 한다(Driscoll, 2000, p. 328). 이것을 '뇌의 이득(gain of the brain)' 혹은 관련성 향상에 따른 추가적 이윤이라고 할 수 있다. 가능한 일에는 목표 획득에서부터 웰빙 그리고 호기심 발동(앞 장들에서 논의되었다) 등이 포함한다. 역설적이게도 친숙성도 그 한 부분이 될 수 있다. 만일 우리의 과거 경험이나 기존 지식을 기반으로 새로운 학습을 연결시킬 최소한의 방법을 우리가 가지고 있다면, 이것은 우리 뇌가 판단하기에 연합할 수 있는 '중요한' 정보를 연결한다는 것을 의미한다. 우리 뇌는 패턴을 더 잘 이해하고 증폭시키려고 애쓴다. 우리가 유념해야 할 것은 이 모든 것이 동기의 정서적 추진 요인이라는 점이다. 그것들은 뇌가 더 잘 학습할 수 있도록 한다.

뇌 관점에서, 교수자들은 관련성과 학습의 관계를 다음과 같이 질문할 수 있을 것이다. "학습자의 뇌가 그날 학습내용과 자신들이 관련이 있다고 왜 믿겠는가?"

물론 외재적 동기가 항상 있다. 말하자면, 평가나 시험을 실시함으로써 학습자에게 책임을 주고 공부하도록 할 수 있다. 그러나 의식적 혹은 무의식적으로 뇌가 투자에 대한 확신을 갖지 못한다면 유의미한 학습을 할 가능성이 낮을 것이다. 정보를 숙달하려고 하거나, 정보를 애써서 유지하려고 하거나, 혹은 장기간 정보를 사용하기 위한 방법을 찾으려고 노력하는 경향이 낮게 나타날 것이다.

학습자의 관점에서 보는 관련성은 인지적 관점에서의 동기를 향상시키는 요인이 무엇인가 하는 것이다. 이것은 의심할 바 없이 연령, 경향성, 과거 경험 등과 깊은 관계가 있고, 학습동기 영역에서 활발하게 연구되고 있다. 교사들이 생각하는 관련성과 연결된 요인에는 다음과 같은 것이 있다.

- 쓸모가 있고 사용되는 것
- 자신이나 타인을 표현하는 것

- 쉽게 이해할 수 있는 것
- 호기심을 불러일으키거나 새로운 것
- 우리의 관심사에 맞추어진 것
- 성공했던 과거 경험에 의해 동기화되는 것
- 소셜미디어와 동료 혹은 다른 사회적 관계 형성과 관련된 것
- 사회나 관심을 갖고 있는 공동체에 도움이 되는 것, 다시 말해서 그런 사회나 공동체를 위한 생산적인 일이라고 생각되는 것
- 공부하고 있는 지식, 기술, 능력을 키워서 우리가 관심을 가지고 있는 일을 더 잘할 수 있게 됨으로써 더 많은 기여를 할 수 있도록 성장하는 것

이것에 대한 재미있는 반전 관점을 보여주는 연구가 있다. 영국의 여러 연구소에서 일한 경험이 있는 심리학자 Kevin Dutton은 '초설득(supersuasion)' 혹은 주어진 어떤 상황에서 행동하도록 우리를 설득하는 것에 대해 설명했다(Dutton, 2010). 생물학, 심리학, 뇌과학을 통합하여 그는 관련성과 의사결정을 위한 정신적 필터링 시스템인 그가 인지안전 시스템(cognitive security system)이라고 부르는 것을 '무력화'할 수 있는 모델을 만들었다. 그 모델을 구성하는 다섯 가지 요인은 단순함, 인지된 자기이익, 부조화, 신뢰, 공감이다.

이 요인들은 학습에 대해 교사들이 지적하는 우리의 정서 및 태도와 비슷하다. 단순함은 '쉽게 이해할 수 있는 것'과 마찬가지다. 부조화는 신기성과 비슷하고, 공감은 부분적으로 관계 형성과 같다. 신뢰는 성공과 우리의 사전 경험에 기반을 둘 수 있다.

Dutton이 의미하는 인지된 자기이익은 쓸모가 있고 사용되는 것에서부터 사회 속에서 더 많은 기여를 할 수 있도록 성장하는 것까지 전체를 포괄한다. 교사들은 가르치면서 학생들이 이 모든 것을 위해 노력하고 있는 것을 본다. 공동체 서비스는 예를 들어 고등학교 학생들이 관심을 갖고 있는 중요한 동기 요인이라고 교사들은 지적했다. 의과대학 진학을 준비하는 학생이 응급실 자원봉사를 하거나 친환경 설계와 건축에 관심이 있는 학생이 노숙자들을 위한 집짓기를 하는 것은 우선은 학습 경험이지만, 생산적인 일이라는 생각이기도 하다. 일 그 자체가 의미가 있기 때문에 사람들은 그것에서 얻는 것이 있다. 아마도 우리는 사회적 동물이기 때문에 애써서 이것을 얻으려고 한다. 다른 사람들과 우리 자신을 돕는 일은 학습 경험의 관련성을 강조한다. 이런 방식으로 학생들이 '사리사욕'에 차 있다고 말할 수 있다. 학생들은 내재적으로 동기화되었다고 느끼고 많은 가치 있는 목표를 달성하기 위해 일한다.

교육자들에게는 학생들의 효과적인 사고력과 추리력을 개발하도록 돕는 일이 중요하다. 그들은 뇌가 효과적인 학습을 할 수 있도록 하고 뇌를 거스르지 않고 뇌가 학습하는 방법을 따르고 싶어 한다. '설득자'가 사용하는 효과적인 방법은 교육에서도 적용이 가능하다.

신기성은 앞에 나온 장들에서 언급했듯이 내재적으로 동기화한다. 아기는 새롭거나 기대하지 않았던 것에 매료되기 때문에 연구자들은 연구 방법으로 신기성을 사용한다. 많은 연구자들이 보고하듯이, 아기는 종종 그들에게 새로운 것을 오래 주시한다. 이것은 신기한 것을 선호하는 것을 나타내며, 살아남기 위해 알아야 할 필요가 있는 생존 메커니즘의 일부다(Gazzaniga, 2011b). 우리가 나이 들어가면서 그런 호기심은 우리 사회가 어떻게 작동하는가를 반영하며 우리가 모방하는 것까지 영향을 미친다고 뇌 연구자 Michael Gazzaniga는 말한다. 대부분의 인간 행동은 누군가의 똑똑한 아이디어에서 나왔고, 복사되고 또다시 복사되었다고 그는 말한다. 그는 그의 주장의 근거로 커피숍의 예를 든다. 사람들은 커피를 좋아하고 사회적 경험을 즐긴다. 그래서 전 세계적으로 비슷한 스타일의 카페가 있는 것이다.

흥미 있는 점은 Gazzaniga는 태어나서부터 새로운 것을 오래 쳐다보는 인간에게는 호기심을 나타내고, 만들어내고, 모방하는 것이 일반적이지만, 인간 이외의 다른 동물 왕국에서는 새로운 것을 오래 쳐다보는 행동을 놀랍게도 찾아보기 힘들다고 한다. 따라서 우리는 Dutton이 말하는 뇌의 안전 시스템인 내재적 동기에 대한 추동 요인들을 가지고 있을 뿐만 아니라 어떤 것들은 인간과 영장류에게만 내재되어 있다.

OECD 학습과학 보고서에 의하면, 학습을 위한 그런 내재적 동기의 장점은 매우 많다. 전문가들은 이것은 대단히 중요한 연구 문제이며 앞으로 이 영역에 대한 많은 노력이 요구된다고 지적한다(CORE 5d 참조).

도전에 대한 반응

교사들은 내재적 동기와 정서적 웰빙이 Marzano 메타분석과 Hohn Hattie의 교육연구에서 확인된 몇 가지를 지지하는 것을 교육현장에서 보고 있다. 이 정서적 태도는 집중, 인내, 노력과 밀접하게 연결되어 있다. 예를 들어 더 도전적인 과제 선택과 더 끈질긴 노력은 숙제하기와 연습하는 것에서부터 얼마나 열심히 혹은 자신감을 가지고 정신적 영상을 접근하고, 아이디어를 생성하고 검증하고, 사전지식을 조직하고, 협동학습에 참여하는 것까지 모든 것에 영향을 미칠 수 있다.

학습동기의 선두적 연구자인 Carol Dweck(2006)은 학습자들이 선천적으로 도전에 반응하는 것으로 보인다고 했다. 어떤 아동은 저학년 때부터 위기 상황에 잘 대처하고 전략과 문제 해결 방법을 사용하는 것으로 보인다. 한편 어떤 아동들은 새로운 수학문제 풀기든, 선생님 앞에서 크게 읽기든, 혹은 필기체로 어려운 철자쓰기든 그 어떤 도전을 마주하면 우선 뒤로 물러나는 것으로 보인다. 학생들이 도전에 대응하는 방식은 어릴 때부터 시작해서 시간이 흘러도 유지되는 경향이 있으며 영역들에 걸쳐서도 마찬가지로 나타나는 것으로 보인다.

다른 모든 것이 동등하다면 도전에 어떻게 대응하기로 결정하는가 하는 것이 큰 차이를 만든다. Dweck과 동료들은 어떤 연령에서 그들의 능력과 준비성에 적합한 도전을 받아들이는 학생들은 그것을 회피하는 학생들을 곧 능가하는 것을 발견했다(C. S. Dweck & Leggett, 1988). 시간이 가면서 두 집단 간의 전체적인 학습에 극적인 차이가 나타났다.

또한 Dweck은 학생들이 가지고 있는 자신에 대한 믿음과 도전에 대한 반응 간에 상관이 있는 것을 확인했다. 능력을 가지고 있거나 가지고 있지 않는 것으로 생각하는 것처럼 지능을 고정된 것으로 생각하는 학생들은 도전을 회피하는 경향이 있었다. 어떤 것이 도전이라는 바로 그 사실이 그것에 대응하기 위해 필요한 것을 자신이 가지고 있지 않다는 의미인데, 구태여 그것을 드러내기 위해 노력해서 실패할 필요가 무엇이 있겠는가?

Dweck의 이론은 신념에 대한 것이고, 이 장은 정서와 태도에 대한 것이다. 이 둘 간에는 어떤 관계가 있는가? 수십 년간 심리학자들은 사람이나 사물에 대한 우리의 신념과 태도 간에는 깊은 연관성이 있다는 것을 보여주었다. 거기에는 그것들에 대한 호불호와 정서적 투자가 포함된다(Eagly & Chaiken, 1998; Fazio & Olson, 2003). Dweck의 연구에서 시행착오하고 노력하면서 발전해 나가는 학생들은 기능적 태도를 가지고 도전을 받아들이는 경향이 있었다. '수용자(embracer)'는 도전을 받고 성장하기 때문에 시간이 지나면서 자기충족적 예언을 실현한다. 다른 한편, '회피자(avoider)'는 탄력성과 인내하기 위한 자기도움 기술도 개발하지 못하고 그 과정에서 배울 수 있는 작은 것들도 전혀 배우지 못한다.

학생들은 자신의 뇌에 의해 동기화된다

Dweck은 성장 마음가짐을 강조한다. 그녀는 인간은 태어날 때부터 고정되어 있지 않고 학습하는 것만으로도 간단하게 뇌의 힘을 키울 수 있다는 것을 학생들이 이해하도록 하는 것이 중요하다고 말한다.

학습자에 대한 지적인 측면의 이해는 뇌가 어떻게 작용하는지를 이해하는 데서 나온다는 것을 교사들이 알기 시작했다. 구체적으로, 학생들이 그들의 뇌는 학습하도록 만들어져 있다는 것을 이해하면 동기가 부여된다. 나이가 많든 적든, 학습자들이 뇌는 스스로 어떻게 기능하는지 안다는 것을 이해하면 자신감을 갖는다. 우리는 항상 학습하고 있기 때문에 우리가 해야만 하거나 특별히 잘하는 어떤 것이 있는 것이 아니다.

학교에서 일하는 교사, 사서, 학교 행정가, 그 외 직원들은 학생들이 학교에서 직면하는 정서와 자신감 이슈를 알고 있다. 학생들을 위해 뇌를 풀어헤치는 것만으로도 정서와 자신감 이슈를 해결하는 데 도움이 된다. 학생들을 우리 편으로 데리고 오는 것이 교사들의 목표다. 그리고 학습자들은 너무 어려워 보이지 않는 것을 배우기 좋아하고 원래 그렇게 만들어져 있다.

'신나는 학교(Engaging Schools)'에 대한 미국 국립연구위원회(U.S. National Research Council) 보고서에는 학생들의 학습동기와 관련한 많은 연구들이 포함되어 있다(National Research Council, 2003). 정서를 잘 활용할 수 있는 방법을 짧은 문구로 소개하고 있다. 그것은 '나는 할 수 있다', '나는 하기를 원한다', '나는 속한다'이다.

내재적으로 동기화되어 성취하기 위해서 학생들은 다음과 같은 것을 믿어야만 한다.

- 나는 할 수 있다 : 학생들은 자신의 마음속에 성공적으로 학습할 수 있다는 믿음이 있어야 한다. 자신이 그것을 할 수 있는 능력을 가지고 있고 그것을 할 수 있다고 믿어야 한다.
- 나는 하기를 원한다 : 자신의 뇌 기반 우선순위에 따라서 관련된 무언가를 찾는 학습자들은 의식적으로 혹은 무의식적으로 그것을 하기를 원한다고 어느 수준에서 결정한다.
- 나는 속한다 : 자신의 아이디어나 정서를 희생시키는 너무 많은 경고음 없이, 새로운 요구에 동일시하고 자신이 잘 어울린다고 보는 학생들은 그 활동에 속한다는 정체성을 확립한다.

선생님들은 종종 뇌에 대해 학생들에게 무엇을 말해주어야 하는지 알고 싶어 한다. 록펠러대학교에서 자료 개발 프로젝트에 참여하고 있는 한 집단의 교사들은 아동과 어린 성인들에게 사용할 교육 과정 자료를 만들고 있었다. 교사들은 뇌와 관련된 100챕터 이상의 자료를 조사하고 학생들에게 가장 유익하다고 생각되는 주제들을 선택했다. 그 최종 결과는 영양섭취, 신체운동, 수면, 스트레스와 같은 뇌기능의 신체적 특성들에 초점이 맞추어졌다.

그러나 다른 교사들은 아동들에게 그들이 학습하도록 태어났다는 것을 납득시킴으로써 실제로 동기화할 수 있는 지식을 포함시키는 것을 원했다. 한 소규모 연구는 4~13세의 어린 아동들이 뇌에 대해 무엇을 알고 있는지 조사했다(Marshall & Comalli, 2012). 그 연구 결과는 가장 어린 아동들은 일반적으로 뇌가 '생각한다'는 것을 알고 있고 더 높은 연령의 아동들은 보기, 듣기, 냄새 맡기와 같은 감각 활동에 뇌가 관여한다는 것까지 알고 있는 것을 보여주었다. 연구자들은 뇌에 대한 특별하지 않은 기본 지식만 가지고 있는 초등학교 교사들도 간단한 교실수업과 활동을 통해 학생들의 좁은 관점을 쉽게 넓혀줄 수 있는 것을 발견했다. 이것들은 대부분 록펠러 프로젝트 교사들이 기술했듯이, 뇌와 신체 간의 연결을 강조했다.

하지만 뇌와 학습에서의 뇌기능에 대한 관점을 바꾸기 위해서는 생물학적인 기능 연결 이상의 것이 필요하다고 그 연구자들은 결론 내렸다. 이해부터 기억까지, 정서조절과 획득부터 '총명함(smart)'까지 복잡한 뇌 역할에 대한 학습은 중요한 깨우침을 제공했다.

이것은 교사들의 일에 직접적으로 관련된 교사들을 위한 중요한 정보다. 학생들이 뇌는 무엇인가를 학습하는 과정을 통해서 더 강한 연결을 만들 수 있다는 것을 알게 되면 동기가 더 강하게 유발되고 어려운 도전을 더 기꺼이 인내하려고 한다.

■|| 학생들이 뇌를 알면 동기화된다

뉴욕 브롱스 지역의 열성적인 젊은 교사인 K. Keener는 학생들에게 신경과학에 대해 가르침으로써 학생들이 효과적으로 배울 수 있다는 것을 학생들에게 가르친다.

Keener는 고등학교에서 영어를 가르치지만 거기에서 그치지 않았다. 그녀는 학생들에게 뇌 생리학과 뇌가 어떻게 작동해서 학생들의 학습을 지원하는지에 대해 가르쳤다. 학생들이 뇌와 뇌의 기능에 대해 알게 하는 것만으로도 효과가 있는 것을 그녀는 발견했다.

Keener는 교실수업에 미치는 신경과학의 잠재적 영향에 매료되었다. 그녀는 주중 낮에는 학교에서 학생들을 열심히 가르쳤다. 주말과 저녁은 컬럼비아대학교 정신의학과 신경과학 실험실 그리고 뉴욕주 정신과치료소에서 보냈다. 그녀는 소위 말하는 사회적으로 실패한 쥐가 어려움에 처하면 친구 쥐보다 더 쉽게 포기하는 경향이 있는 것에 대해 연구했다.

Keener는 신경과학 연구를 하면서 학생들에 대한 그녀의 생각이 변했다고 한다. 만일 학생들이 학습을 포기하는 것을 보면, 그녀는 자신에게 '무슨 일 때문에 그들의 탄력성이 감소되었을까'라고 묻는다. 그녀는 몇 가지 가설을 가지고 있다.

브롱스 사운드뷰에 위치한 그녀의 학교는 소위 말하는 편입학교로, 학교에서 뒤처진

10대들을 받아들여서 정상적으로 졸업할 수 있도록 애쓰는 학교다. 졸업률은 도시 학교 평균보다 4% 정도 밑돌고 많은 학생들이 천천히 학점을 채워나간다. Keener는 그 학교의 학생들은 일을 하거나 법정에 나가는 등의 일들 때문에 결석이 많다고 말한다. 그 10대 학생들은 하루 벌어 하루 먹기 위해 아픈 어린 동생들과 함께 가족이 하는 일을 돕거나, 혹은 가족 중에서 그가 가장 영어를 잘하는 경우가 많기 때문에 법정에서 사실상 통역사 역할을 한다.

　Keener는 그런 어려움을 직면하고서도 어떤 학생들은 특별한 종류의 탄력성을 가지고 있는 것을 본다. 그들은 그들의 부정적인 신념이나 경험을 압도하는 전략을 사용하고 또한 그것을 성공적으로 할 수 있다는 것을 안다. 그것을 해야만 한다고 말하는 권위자에 대한 대안모델을 만들기 때문에 탄력성은 열악한 공동체 속의 학생들에게 특별히 도움이 된다고 그녀는 믿는다. 그들은 뇌가 어떻게 작동하는지 이해하는 것을 통해서 그들이 그렇게 할 수 있다는 것을 안다.

　Keener는 이 모든 것이 어떻게 작용하는지에 대해 더 알고 싶어 한다. 그녀의 높은 희망은 과학과 심리학 분야의 미래에 대한 높은 요구가 된다. 그녀는 만일 신경과학이 사람들이 어떻게 배우는가에 대한 논의를 활발하게 하지 않는다면, 그것은 인간이 우주 프로그램을 시작하기도 전에 포기하는 것과 같다고 말한다.

결론

우리 뇌가 효과적으로 기능하게 만드는 기본이 정서적 정보다. 우리는 정서적 무게를 결부시켜서 어떤 행동을 할 것인가를 선택하면서 자극을 걸러낸다. 그렇다면 가장 성공적으로 교실수업을 하기 위해서 교사는 정서의 영향에 주목할 필요가 있다.

　한 교사가 말했듯이, 목표를 달성하면 뇌가 만족감을 등록하기 때문에, 교사가 명시적으로 피드백을 제공하지 않아도, 학생은 문제에 대한 답을 찾을 때 행복감을 느낄 수 있다. 불행하게도, 만일 학생이 시작도 하기 전에 실패할 것 같다고 느낀다면, 그 학생은 문제를 해결할 시도도 하지 않고 배우기를 포기할 수 있다고 그 교사는 말했다.

　교사가 전하는 지식이 항상 분명하게 뇌와 관련성이 있는 것은 아니다. 정서적 기능을 주목하지 않으면, 불행하게도 학습 저항과 인내 실패의 결과가 일어날 수 있다. 학생들을 위해서 정서는 학습에 관여해서 중요성을 표시한다—나는 무엇을 배우는 데 시간을 보내야 하는가, 그리고 그것을 배우면 어떤 느낌을 갖게 될까? 학생들은 사실이나 절차뿐만 아니라 그들이 접하는 모든 것에 대해 어떻게 느끼는지도 배우고 있다.

교육자들은 이것을 자연스럽게 받아들여야 한다. 많은 사람들이 단지 숫자, 개념, 혹은 문학에 관심을 가지고 있기 때문에 교사가 되는 것은 아니다. 오히려 그들은 배우는 것에 대한 정서적 반응, 즉 학습의 기쁨을 경험했다고 할 수 있다. 그들에게 그리고 어느 정도는 모든 학생에게 기쁨은 학습에 뒤따르는 정서적 흔적이다.

정서는 많은 상황에서 일어난다. 다음 장에서는 구체적으로 스트레스가 학습에 미치는 영향을 살펴볼 것이다. 그다음에는 뇌는 어떻게 그리고 왜 피드백과 증거에 반응하는가 하는 중요한 주제로 이동한다.

마무리 시나리오

새로운 지식을 적용하기

뇌에서의 정서적 기능과 태도

이 장에서 설명했듯이 학생들은 사실이나 절차뿐만 아니라 그들이 마주치는 모든 것에 대해 어떻게 느끼는가 하는 것도 학습하고 있다. 뇌의 정서적 반응은 그들이 접하는 정보의 관련성에 의해 결정되며 그것은 내재적 동기의 한 핵심이다. 이제 당신이 최근에 가르쳤던 경험을 생각하고—혹은 교사나 학습자로서 참여했던 경험—뇌 관점에서 정서적 관련성에 대해 그것을 평가해보라.

1. 첫째, 당신이 평가할 경험을 확인하라. 당신은 왜 그것을 선택했는가? 당신은 정서적 태도가 어떤 영향을 미치는지 생각해보았는가?
2. 학습자의 뇌는 왜 이 수업이 그들에게 관련성이 있다고 믿겠는가?
3. 인지적 관점에서 어떤 요인이 동기를 부여하거나 도움이 되겠는가? 예를 들어 어떤 방식으로 학생들에게 도움이 되거나 학생들이 사용할 수 있는가?
4. 그것은 일이나 봉사활동이나 그것을 유의미하게 만들 수 있는 그 외 경험에 연결이 될 수 있었는가?
5. 최대한 뇌가 호기심을 갖거나 신기한 것을 경험하도록 하기 위해 당신은 학습 경험을 어떤 방식으로 제시했는가(혹은 제시할 수 있었는가)?
6. 어떤 학습자들은 그 학습을 숙달하는 데 어려움이 없었겠지만, 어떤 학습자들은 어려워했을 것이다. 힘들어하는 학생들을 위해 당신은 교실 안팎의 과거 경험을 어떻

게 사용하여 학생들이 자신감을 갖고 인내하도록 했는가? 어떤 정서가 자극하기 위해 가장 도움이 되었는가?

7. 정체성 형성과 자신에 대해 어떻게 느끼는가 하는 것이 학습에 대한 정서적 반응에 영향을 미친다. 당신의 학급에서 혹은 더 작은 학생들 집단에서, 학생들의 자기의식이 그 상황 속에서의 그들의 학습에 어떻게 도움이 되거나 방해가 되었다고 생각하는가?

참고문헌

Bechara, A., Damasio, H., & Damasio, A. (2000). Emotion, decision making and the orbitofrontal cortex. *Oxford Journals, 10*(3), 295–307.

Dalgleish, T. (2004). The emotional brain. *Nature Reviews Neuroscience, 5,* 583–589.

Damasio, A. R. (2001). Reflections on the neurobiology of emotion and feeling. In J. Branquinho (Ed.), *The foundations of cognitive science.* Oxford: Clarendon.

Deci, E. L., & Ryan, R. M. (2000). The "what" and "why" of goal pursuits: Human needs and the self-determination of behavior. *Psychological Inquiry, 11,* 227–268.

Driscoll, M. (2000). *Psychology of learning for instruction.* Boston: Allyn & Bacon.

Dutton, K. (2010). The power to persuade. *Scientific American Mind, 21*(1), 24–31.

Dweck, C. (2006). *Mindset: The new psychology of success* (Chapter 1). New York: Random House.

Dweck, C. S., & Leggett, E. L. (1988). A social-cognitive approach to motivation and personality. *Psychological Review, 95,* 256–273.

Eagly, A. H., & Chaiken, S. (Eds.). (1998). *Attitude structure and function* (Vol. Handbook of Social Psychology). New York: McGraw-Hill.

Ekman, P. (1992). An argument for basic emotions. *Cognition and Emotion, 6*(3/4), 169–200.

Fazio, R. H., & Olson, M. A. (2003). Attitudes: Foundations, functions, and consequences. *The Sage handbook of social psychology.* London: Sage.

Gazzaniga, M. S. (2011a). The parallel and distributed brain. *Who's in charge? Free will and the science of the brain* (pp. 43–73). New York: HarperCollins.

Gazzaniga, M. S. (2011b). *Who's in charge? Free will and the science of the brain.* New York: HarperCollins.

Giedd, J. (2008). The teen brain: Insights from neuroimaging. *Journal of Adolescent Health, 42*(4), 335–343.

Gogtay, N., Giedd, J., Lusk, L., Hayashi, K. M., Greenstein, D., Vaituzis, A. C., . . . Thompson, P. M. (2004). Dynamic mapping of the human cortical development during childhood through early adulthood. *Proc Natl Acad Sci, 101,* 8174–8179.

Goleman, D. (1995). *Emotional intelligence: Why it can matter more than IQ.* London: Bloomsbury.

Hawkins, S. M., & Heflin, L. J. (2011). Increasing secondary teachers' behavior-specific praise using a video self-modeling and visual performance feedback intervention. *Journal of Positive Behavior Inter-*

ventions, 13(2), 97–108.

Hayes, J. P., Morey, R. A., Petty, C. M., Seth, S., Smoski, M. J., McCarthy, G., & LaBar, K. S. (2010). Staying cool when things get hot: Emotion regulation modulates neural mechanisms of memory encoding. *Frontiers in Human Neuroscience, 4*, 1–10.

Howard-Jones, P., Pollard, A., Blakemore, S.-J., Rogers, P., Goswami, U., Butterworth, B., . . . Kaufmann, L. (2007). Neuroscience and education, issues and opportunities: A TLRP commentary. http://www.tlrp. org/pub/documents/Neuroscience Commentary FINAL.pdf

Immordino-Yang, M. H. (2007). We feel, therefore we learn: The relevance of affective and social neuroscience to education. *Mind, Brain, and Education, 1*(1).

Immordino-Yang, M. H., & Faeth, M. (2009). The role of emotion and skilled intuition in learning. In D. A. Sousa (Ed.), *Mind, brain, and education* (pp. 66–81). Bloomington, IN: Solution Tree.

Kandel, E. R., Schwartz, J. H., Jessell, T. M., Siegelbaum, S. A., & Hudspeth, A. J. (2013). *Principles of neural science* (5th ed.). New York: McGraw-Hill Medical.

Kern, L., & Clemens, N. H. (2007). Antecedent strategies to promote appropriate classroom behavior. *Psychology in the Schools, 44*, 65–75.

Kober, H., Barrett, L. F., Joseph, J., Bliss-Moreau, E., Lindquist, K., & Wager, T. D. (2008). Functional grouping and cortical-subcortical interactions in emotion: A meta-analysis of neuroimaging studies. *NeuroImage, 42*, 998–1031.

LeDoux, J. (2003). *Synaptic self: How our brains become who we are*. New York: Viking Penguin.

Marshall, P. J., & Comalli, C. E. (2012). Young children's changing conceptualizations of brain function: Implications for teaching neuroscience in early elementary settings. *Neuroscience Perspectives on Early Development and Education, 23*(1), 4–23.

Maslow, A. H. (1943). A theory of human motivation. *Psychological Review, 50*(4), 370–396.

National Research Council. (2003). The nature and conditions of engagement. In Committee on Increasing High School Students' Engagement and Motivation to Learn (Ed.), *Engaging schools: Fostering high school students' motivation to learn* (pp. 31–59). Washington, DC: National Academies.

OECD. (2007). Understanding the brain: The birth of a learning science. Paris: OECD Publishing. doi: 10.1787/9789264029132-en

Office of Special Education Programs. (2013). Effective schoolwide interventions. *Technical assistance center on positive behavioral interventions and supports*. http://www.pbis.org

Panksepp, J. (1998). *Affective neuroscience: The foundations of human and animal emotions*. New York: Oxford University Press.

Popescu, A. T., Saghyan, A. A., & Paré, D. (2007). NMDA-dependent facilitation of corticostriatal plasticity by the amygdala. *Proc Natl Acad Sci, 104*(1), 341–346.

Purves, D., Augustine, G. J., Fitzpatrick, D., Hall, W. C., La Mantia, A.-S., McNamara, J. O., & White, L. E. (2008). *Neuroscience*. Sunderland, MA: Sinauer.

Ryan, R. M., & Deci, E. L. (2000). Self-determination theory and the facilitation of intrinsic motivation, social development, and well-being. *American Psychologist, 55*, 68–78.

Society for Neuroscience. (2008). *Brain facts: A primer on the brain and nervous system*. Washington, DC: Society for Neuroscience.

Sowell, E. R., Peterson, B. S., Thompson, P. M., Welcome, S. E., Henkenius, A. L., & Toga, A. W. (2003). Mapping cortical change across the human life span. *Nature Neuroscience, 6*, 309–315.

스트레스

우리가 가장 잘 배울 수 있는 신체적 조건에 초점을 둔 CORE 지도원리 6이 계속된다. 이 장에서 우리는 스트레스의 복잡한 역할을 탐구한다. 스트레스는 건강과 정서 모두와 매우 복잡한 상호작용을 한다. 교육자들은 학생들을 잘 이해하기 위해서뿐만 아니라 자신의 건강을 유지해서 잘 가르치기 위해서도 복잡한 상호작용을 하는 스트레스를 이해하는 것이 중요하다.

학습 요점

1. 스트레스는 공포감, 좌절, 분노, 혹은 신경과민을 일으키는 사건이나 상황에 대한 신체의 물리적 동원이다.

2. 스트레스는 건강과 정서 모두와 상호작용하기 때문에 특히 복잡하다.

3. 스트레스는 신체와 마음을 각성시켜서 도전에 대처할 수 있도록 하기 위한 일련의 신체적 반응을 나타낸다.

4. 급성 스트레스는 스트레스원(stressor)이라고 부르는 특정한 사건에 대한 단기 반응이다. 짧은 스트레스 반응은 학습에 도움이 될 수 있다.

5. 만성 스트레스는 오랜 환경적, 사회적 혹은 심리적 조건들과 같은 지속적인 스트레스원의 결과이며 건강과 학습에 나쁜 결과를 초래한다.

6. 정서적 정보가 뇌로 들어오면 편도체가 그것을 학습이 진행될 수 있는 전전두 피질로 올려 보내거나 '싸움, 도주, 혹은 정지' 반응이 활성화되고 학습과 기억의 획득 기회가 제한되는 뇌의 아래 부분으로 보낸다.

7. 최근 연구에 의하면 급성 스트레스와 시험과 같은 경쟁 압력 아래에서 어떻게 수행하는가 하는 개인차는 뇌에서 스트레스 호르몬 방출을 통제하는 유전자 변이와 관련이 있다고 한다.

8. 압력이 큰 사건을 우리가 어떻게 지각하느냐에 따라 궁극적으로 우리의 생리적 반응이 조성된다. 사건에 대한 지각을 통제하는 것이 약에서 중 정도의 스트레스원이 일으키는 해로운 결과를 회피하는 데 도움이 된다.

9. 학습시간을 최대한 활용하기 위하여 교사들은 (a) 두려움, 불안, 지루함, 혹은 좌절과 같은 정서적 조건과 (b) 피질로 정보를 전달하는 신경 네트워크를 방해할 수 있는 잡음과 산만함 같은 스트레스원들을 감소시키는 전략을 선택할 필요가 있다.

들어가기

시험 전에 좀 예민해지는 것은 정상이며 집중력을 높이고 수행을 향상시킬 수 있다. 위험에 직면했을 때 약간의 초조함은 정신을 집중시키고 생존을 위한 신체적 행동을 자극한다. 임박한 마감시간에 대한 압박이 늑장 부리는 사람에게는 서두르게 하는 데 도움이 될 수도 있다. 그런 스트레스는 짧은 기간 관리할 수 있는 뇌기능이 있기 때문에 오히려 도움이 된다. 하지만 너무 많은 스트레스와 만성적인 스트레스는 신체를 해치고 뇌에서의 기억과 학습을 방해한다.

스트레스는 특히 교육자들에게 혼란스러울 수 있다. 얼마나 많은 스트레스가 너무 많은 스트레스인가? 스트레스에 대한 정서적·생물학적 반응은 극히 개인적이기 때문에 그 정도를 알기는 거의 불가능하다. 시험을 보게 되면 어떤 학생들은 잘하는데 왜 같은 학급에서 분명히 잘하는 어떤 학생은 실력을 발휘하지 못하고 시험 생각만으로도 얼어버리는가? 교실에서 어떤 학생들은 대처를 잘하지만 어떤 학생들은 집중하지 못하고, 지루해하고, 혹은 두려워하고 배운 것을 거의 기억 못할 때 교사는 어느 정도까지 학생들을 도전하게 해야 하는가?

스트레스는 건강과 정서 모두와 상호작용하기 때문에 특히 복잡하다(CORE 6c 참조). 과학이 개인적인 상황에 모든 답을 제공할 수는 없지만, 스트레스가 생길 때 뇌에서 어떤 일이 일어나는가, 왜 어떤 스트레스는 학습에 도움이 되는가, 사건이나 상황에 대한 개인의 지각이 스트레스에 반응하는 방식에 왜 중요한가 하는 것에 대한 더 분명한 그림을 제공하기 시작했다.

최근에는, 왜 어떤 사람들('전사')은 잠깐 스쳐가는 스트레스에 잘 대처하고 어떤 사람들('겁쟁이')은 특히 중요한 시험을 치를 때 큰 스트레스를 받는지를 결정하는 특수한 유전자의 역할에 대한 연구가 많이 이루어지고 있다. 새로운 연구 결과와 영향력 있는 교육자들에 의한 교실중심의 연구가 학생들이나 교사들 자신이 스트레스를 경험할 때 어떤 일이 일어나고 있는지를 더 잘 설명해주고 있다. 이런 최근에 밝혀진 연구 결과를 통해서 스트레스와 스트레스 상황을 접근하는 방법과 뇌의 스트레스 반응을 긍정적인 행동으로 연결시킬 수 있는 방법에 대한 통찰을 얻을 수 있을 것이다(CORE 6c 참조).

스트레스, 디스트레스, 불안

스트레스에 대해 이야기하기가 어려운 이유 중 하나는 스트레스를 논의하기 위해 사용되는 용어들이 제대로 정의되어 있지 않으며 과학자들에 의해 내려진 정의조차도 일관성이 없기 때문이다. 학습과 뇌에 관련해서는, 급성(혹은 단기) 스트레스와 정신적·신체적으로 해가 되는 만성 스트레스로 구분하는 것이 유용하다. 스트레스와 불안 간의 차이를 인식하는 것도 도움이 된다.

스트레스는 공포감, 좌절, 분노, 혹은 신경과민을 일으키는 사건이나 상황에 대해 반응하는 신체의 물리적 동원이다. 스트레스 전문 과학자들은 스트레스를 신체 기능의 정상적인 평형을 위협하는 외부 자극으로 정의한다. 스트레스를 유발하는 사건을 스트레스원(stressor)이라고 부른다. 더 강력한 스트레스원 중에는 심리적인 것과 심리사회적인 것이 있다. 통제 부족이나 통제 상실과 같은 심리적 스트레스는 생리적인 결과로 나타날 수 있다(Society for Neuroscience, 2008).

급성 스트레스는 신체가 자신을 방어하기 위해 준비하는 상황이다. 이런 종류의 스트레스 반응은 일반적으로 자기조절이 가능하다. 사건이 종결될 때 그 스트레스는 사라진다. 학습 결과와 관련한 급성 스트레스의 예에는 중요한 시험을 앞두고 있는 상태, 새로운 정보에 의해 혼란스러운 상태, 수업에 뒤처지는 상태, 새로운 요구에 압도된 느낌, 큰 잡음과 같은 환경적 요인에 의해 영향을 받는 것이 포함된다(그림 8.1 참조).

다른 한편, 만성 스트레스는 만성적 혹은 지속적인 스트레스원에 의해 일어나며, 오래 지속되는 환경적 혹은 심리적 스트레스다. 내버려두면 만성 스트레스는 해마의 새로운 뉴런 생산을 억압하고, 그 결과 기억을 손상시키고 고혈압, 당뇨, 그리고 많은 건강문제를 일으키는 것으로 미국신경과학회(Society for Neuroscience)가 발표하는 뇌와 신경계에 대한 새로운 온라인 자료에서 보고되었다.

학생들의 학습 환경에 영향을 미치는 만성 스트레스에는 가난이나 가정환경 문제가 포함된다. 3장에서 논의했듯이, 동물연구에서 열악한 환경이 피질의 회백질(gray matter)과 관련이 있는 것으로 나타냈다. 가난한 가정의 어린 아동들이 중산층이나 부유한 가정의 어린 아동들보다 더 높은 수준의 스트레스 호르몬 수치가 나타난다고 한다(Hackman, Farah, & Meaney, 2010; Lipina & Posner, 2012). 스트레스 호르몬은 불안을 증가시키고 학교 학습에 영향을 미친다.

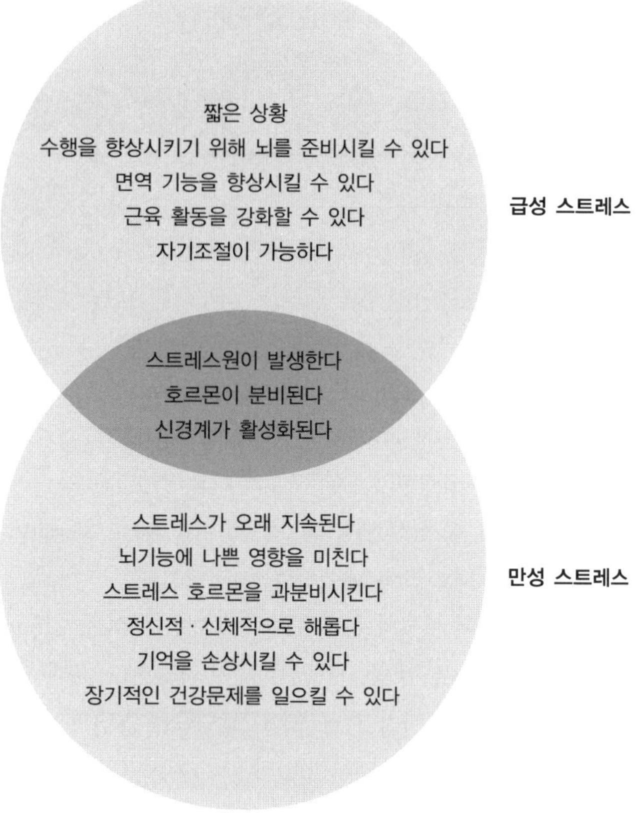

짧은 상황
수행을 향상시키기 위해 뇌를 준비시킬 수 있다
면역 기능을 향상시킬 수 있다
근육 활동을 강화할 수 있다
자기조절이 가능하다

급성 스트레스

스트레스원이 발생한다
호르몬이 분비된다
신경계가 활성화된다

스트레스가 오래 지속된다
뇌기능에 나쁜 영향을 미친다
스트레스 호르몬을 과분비시킨다
정신적·신체적으로 해롭다
기억을 손상시킬 수 있다
장기적인 건강문제를 일으킬 수 있다

만성 스트레스

그림 8.1

스트레스의 그림

급성 스트레스와 만성 스트레스 모두 힘든 상황이나 사건에 의해 촉발된다. 모두 다 스트레스 호르몬이 신경계를 활성화한다. 급성 스트레스는 그 상황이 종료되면 사라진다. 만성 스트레스는 상황이 종료되어도 계속되고 장기적인 효과가 나타날 수 있다.

한 교사가 말하듯이, 교사들은 이런 연구 결과를 이해하기가 쉽지 않다. 많은 교사들은 중산층 출신이고 학교 공부를 좋아했으며 그들이 선택한 직업에 만족할 가능성이 높다. 그렇기 때문이 아동들이 학교를 힘들어하거나 무섭다고 느낄 수도 있다는 것을 교사들이 상상하기가 어려울 수 있다고 그 교사는 덧붙여 말했다. 다양한 학습자들이 학교 경험을 다르게 받아들일 수 있다는 것과 학습 경험을 다양하게 해야 하는 이유를 교육행정가뿐만 아니라 교사들도 반드시 알고 있어야 한다.

불안(anxiety)은 스트레스와 다르게 정의된다. 불안은 일반적으로 공포심, 불편함, 걱정으로 정의된다(그림 8.2 참조). 이 느낌은 그 스트레스원이 사라진 후에도 계속된다. 불

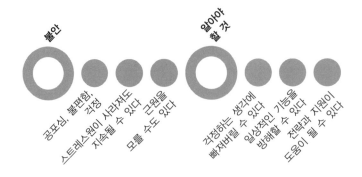

그림 8.2

불안에 대한 생각

안의 근원을 알 수 없는 경우도 있다. 일상적인 기능을 방해하는 두려움, 공황발작, 강박행동과 같은 불안장애는 종종 정신질환으로 확인된다(Owens, Stevenson, Hadwin, & Norgate, 2014; University of Maryland Medical Center, 2011).

불안 증상은 초조함에서부터 부모와 분리되는 것에 대한 어려움, 기우, 강박적 사고와 행동, 혹은 신체적 증상으로 떨림, 고통, 근육긴장까지 다양하다. 많은 아동과 초기 성인들은 때때로 불안을 느끼는데, 교사가 시범적으로 보여주는 간단한 대처 기술이 도움이 되며 이런 대처 기술에는 다음과 같은 것들이 있다.

첫째, 어떤 젊은이들은 걱정에 빠지게 되고 전문적인 중재를 필요로 한다는 것이 언급되어야 한다. 그런 불안장애는 확인되고 효과적인 치료를 받기 위한 세심한 평가가 필요하다. 장애는 학교를 너무 많이 결석하거나 사회적 활동을 회피하는 일반적인 불안에서부터 강박적인 사고와 반복적 행동(OCD), 신체적 그리고 사회적 공포증, 공황발작, 혹은 충격적이거나 폭력적인 과거 혹은 현재 경험에서 오는 외상후 스트레스장애까지 다양하다. 다양한 상황이 나타날 수 있고 복잡하게 상호작용을 하기 때문에 불안은 특별한 도움을 필요로 한다.

아동과 10대들에게서 나타나는 일반적인 유형의 불안감을 위해 실질적인 권고가 스트레스 완화에 도움이 되고 학생들이 더 잘 관리할 수 있도록 하는 데도 도움이 된다. 모든 학습자를 위한 모든 상황에 효과가 있는 방법은 없지만, 교사가 몇 가지 방법을 알면 도움이 된다. 많은 대처전략이 새로운 것은 아니다. 스트레스에 대해 정확하게 이해하면 교사들은 불안전략을 학생들에게 가르칠 수 있을 뿐만 아니라 언제 사용할 것인지에 대해서도 알게 된다.

스트레스를 완화하는 것은 스트레스를 알아차리는 것으로 종종 시작한다. 판단이나 나무람이나 비난 없이 간단하게 말하는 것은 성인이 관심을 가지고 있고 이해하고 싶어 한다는 표현이다. 아동과 10대가 사용하는 말에 귀를 기울이고 도와주면 행동보다 언어로 의사소통을 잘할 수 있다. "그것은 틀림없이 불공평해 보였을 거야.", "그다음에 무슨 일이 있었어?", "그것이 어떻게 될 것 같다고 생각해?" 요동치는 마음을 아동에게 간단하게 표현하도록 하면 도움이 된다. 너무 심각하게 오래 생각하게 만드는 대화는 좋지 않다.

스트레스를 완화할 때, 교사들과 부모들은 학생들의 시간 사용에 대해 생각해야 한다. 예를 들어 중학생과 10대들은 성장함에 따라 자신의 시간 관리도 더 잘할 것으로 기대된다. 학생들은 시간 관리를 어떻게 해야 하는지 아직 모르면서 쉽게 생각한다. 한 가지 간단한 해결 방법은 시간이 어디로 가고 있는지 확인하도록 돕는 것이다. 특히 초기 성인은 가끔 하루가 실제 시간보다 더 길다고 생각할 수 있으며, 특히 식사하고, 잠자고, 휴식하고, 집안일을 하고, 차를 타고, 등·하교하고 그 외 활동을 생각할 때 시간이 많다고 생각한다.

자신의 시간을 어떻게 배정할 것인가를 학생 자신이 정할 필요가 있다. 교사는 학생의 결정에 대해 기다려주고 대신해서 매번 문제를 해결하려고 하지 않도록 부모들 혹은 양육자들을 격려할 수 있다. 또한 학습자들이 적극적으로 역할을 할 수 있도록 해야 대처 기술을 개발할 수 있다. 아동들은 안전하게 지원을 받는 속에서 해결책을 생각해내는 기회를 가질 필요가 있으며, 이렇게 해서 아동들은 좋은 문제 해결력과 평생 사용할 학습 능력인 탄력성을 획득할 수 있다.

자신의 기술을 개발하는 이런 과정과 함께 올 수 있는 걱정을 처리하기 위해 교사들은 부정적인 혼잣말을 긍정적인 내적 메시지로 바꾸도록 격려해야 한다. "이것은 나에게 중요해. 그리고 괜찮아. 최선을 다해서 노력하면 더 배울 수 있어." 학습자들은 그들이 걱정하는 것을 균형 있는 시각으로 보는 방법이 가끔은 필요하다. 다른 사람들과의 관계와 외부 세계와의 관계에 대해서 막 배우기 시작하는 중학교 시절에 특히 그렇다. 내러티브, 즐거움, 감사함이 스트레스와 일시적인 불안을 크게 상쇄한다. 힘들어하는 상황에 대한 초점을 다시 맞추고 '다르게 생각'하면 학생들에게 오고 가는 정상적인 걱정 상황에 '꽂히는' 것에서 벗어날 수 있다.

7장은 정서가 학습에 미치는 영향과 교실에서 학생들에게 도움이 되도록 하는 아이디어와 전략을 다루었다. 6장은 우리의 수면, 운동, 영양섭취와 같은 신체적 준비의 필요성을 설명했다. 이런 신체적 준비가 부족하면 우리의 웰빙에 방해가 되고 스트레스와 불안에 더 취약하게 된다. 신체가 건강해야 건강한 마음을 가질 수 있기 때문에 교사들은 학생들이 이 관계를 잘 이해할 수 있도록 해야 한다. 9장은 효과적인 형성평가가 학생들이 준비가 되었다고 느끼는 것에 어떻게 도움이 되는지를 포함하여, 뇌에 의한 피드백과 증거의 사용을 논의한다. 학생들은 아는 것과 할 수 있는 것을 보여주면서 스트레스를 줄일 수 있고 그들의 개인적인 성장을 지원하는 피드백을 받으면서 긍정적인 경험을 한다.

교사들은 안심과 위안을 제공할 뿐만 아니라 뇌와 신체가 어떻게 필요시에 우리를 다시 집중하도록 하는지를 포함하는 정보를 제공할 수 있다. 아동에게 가르칠 수 있는 진정시키는 전략으로는 시험 전에 불안을 낮추기 위한 영양섭취와 수면 방법, 불안감을 느낄 때 자신의 숨소리에 집중해서 숫자를 세면서 천천히 숨쉬기 등이 있다. 어린 아동들도 뇌가 효과적으로 기능할 수 있도록 뇌를 자유롭게 하는 다른 이완 기법들을 사용할 수 있다.

- 의자에 등을 세우고 바로 앉고, 발바닥을 바닥에 단단히 대고, 천천히 다섯까지 세면서 몸통을 펴서 머리를 '가능한 한 높이' 쳐든다. 학생들에게 머리부터 발끝까지 신체의 모든 근육을 생각하면서 근육의 긴장을 의식적으로 모두 이완하도록 가르친다. 세 번 반복하고 나서 몸을 편하게 하라. 어린 학생들이 따로 습관적으로 배우면 시간이 지날수록 더 잘 인내하고 그들의 대처 기술을 중학교와 고등학교에 가서도 계속 사용할 수 있다. 이것을 어릴 때 배우지 못한 학생들도 어떤 연령에서든 이 기술을 배우면 큰 도움을 받을 수 있다.
- 효과적인 호흡법을 가르치기 위해서는 횡격막[17]까지 깊은 숨을 쉬고 횡격막이 아래로 내려가서 폐가 충분히 부푸는 것을 느낄 수 있도록 해야 하다. 처음에 윗배에 손을 얹으면 내부감각을 쉽고 빠르게 느낄 수 있다. 다시 말하지만, 몇 번 반복하는 것을 잊지 말아야 한다. 얕은 호흡과 근육긴장은 학습에 도움이 되지 않는 스트레스에 대한 신체적 반응이다. 그것들은 우리 몸의 산소를 빼앗아 가고 더 좋은 웰빙 상태를 경험하지 못하게 한다. 학교에서 걱정과 불안이 교차하는 그 순간에 무엇을 경험하든 관계없이 만일 뇌가 걱정과 불안 간에 도움이 안 되는 연합을 한다면, 그 학생들은 미래에 회피행동을 하게 될 것이다.
- 정신적 시각화가 TV에서 보는 노련한 운동선수들만 사용할 수 있는 것이 아님을 아동들에게 가르쳐라. 아동들도 잠시 눈을 감고, 손가락 끝을 가볍게 이마에 올리고 손바닥으로 턱을 받치고 조용한 풍경을 상상할 수 있다. 교사들은 평화로운 장

---

17. 가슴과 배를 나누는 근육으로 된 막으로 횡격막의 위쪽은 가슴, 아래쪽은 배로 구분이 되며 가로막이라고도 한다. 횡격막의 상하운동에 의해 호흡운동이 이루어진다-역주.

소의 그림을 예로 제시하고 아동들에게 자신들의 아이디어를 그림으로 그려보라고 하는 것이 효과적이라는 것을 알 것이다. 이와 같이 자신의 경험을 구성하면 평생 보관할 수 있는 선명한 기억을 만들 수 있다. 시각적인 것과 신체 운동적인 것의 연결은 우리 뇌가 물리적 연합을 발견하고 만드는 것과 마찬가지로 우리에게 매우 도움이 되는 기법이라는 것을 의미한다.

또한 가르치는 일에는 스트레스가 많다는 것을 기억하라. 우리가 교사나 지도자로서 하는 일은 우리 공동체에 어떤 관점을 전달하는 것이다. 이와 같은 대처 기술을 사용하면 우리에게도 좋고 더불어 좋은 역할 모델이 될 수도 있다. 영문학을 가르치는 교사는 Rudyard Kipling[18]의 시 〈만일－〉의 첫 부분에 나오는 구절을 소개하면서 우리에게 열망을 갖도록 가르칠 수 있다－"주위 모든 사람이 이성을 잃고 너를 비난할 때도/만일 고개를 떨구지 않고 당당할 수 있다면…" 학교에서 대처 방법을 찾는다면 적절하고 효과적인 결정을 지지하고, 학생뿐만 아니라 교사와 직원을 위한 긍정적인 분위기를 만들 수 있다. 이것은 뇌와 마음의 웰빙으로 가는 중요한 길이다.

스트레스 반응

스트레스 상황에서 신체의 신경계는 여러 가지 방식으로 활성화된다. 뇌에서는 도파민과 같은 신경전달물질이 부신(adrenal gland)으로 하여금 혈류 속으로 흐르는 호르몬을 분비하라는 신호를 보내 도전에 대처할 수 있도록 몸과 마음을 각성시킨다(Society for Neuroscience, 2008).

스트레스 효과의 중재에 관련된 중요한 뇌 영역은, 우리가 이미 학습했듯이, 학습과 기억에 관여하는 해마와 전전두 피질과 정서적 반응에 관여하는 편도체다(Sandi & Pinelo-Nava, 2007).

중요한 스트레스 호르몬에는 아드레날린(에피네프린이라고도 부른다)과 코르티솔[19](혹은 내인성 글루코코르티코이드)이 있다. 스트레스 호르몬이 투쟁 혹은 도피 상황에서 분비되면 뇌가 수행을 잘 하도록 준비태세가 되고, 면역 기능이 증가하며, 근육 활동이 향상된

---

18. 1965-1936. 인도 출생. 『정글 북』을 비롯한 많은 단편소설을 쓴 영국 소설가 겸 시인. 1907년 노벨문학상을 수상했다-역주.

19. 일반적으로 스트레스와 같은 위험 상황이 오면 몸은 그러한 위협에 대항하기 위해 에너지를 생산해내야 한다. 따라서 신체의 신경계 중 교감신경계가 활동을 시작하고 부신에서 에피네프린, 노르에피네프린, 스테로이드 계열의 호르몬이 분비된다. 코르티솔은 부신 피질에서 분비되는 스테로이드 호르몬으로 포도당의 대사에 영향을 주기 때문에 글루코코르티코이드(glucocorticoid)라고도 한다-역주.

다. 스트레스 상황이 종결되거나 해결되면, 신경계는 신체를 정상상태로 회복시키려고 한다(Society for Neuroscience, 2008).

미국신경과학회는 쥐 실험 연구에서 이 호르몬들이 너무 많으면, 오래전부터 스트레스에 민감하다고 알려져 있는 해마의 신경 기능을 손상시켜서 뇌를 노화시키는 것을 확인했다. 스트레스 상황이 해결되지 않거나 스트레스 정도가 오랜 시간 감소되지 않는 만성 스트레스는 뇌기능에 나쁜 영향을 미치는 스트레스 호르몬을 과다 분비하게 하는 것으로 보이며, 해마에서 새로운 뉴런이 생산되는 것을 억압하고 기억을 방해한다. 과다한 스트레스 호르몬은 또한 면역 기능을 낮추고, 고혈압과 당뇨를 일으키며, 수면 부족과 그 외 건강문제도 일으킨다.

교사들에게 특히 도움이 되는 스트레스 반응에 대한 또 다른 관점이 신경학자, 전 중학교 교사, 캘리포니아주의 교사 교육자, 작가인 Judy Willis 박사에 의해 제시되었다. 그녀는 많은 강연을 하고 있으며 그녀의 강연을 많은 교사들이 경청한다. Willis는 특히 스트레스와 공포와 같은 정서가 변연계의 필터에 영향을 미치는 것을 보여주는 연구 결과에 근거하여 학생의 스트레스에 접근한다. 변연계의 필터는 정보가 기억으로 응고되는 장소에 도착하기 전에 감각기관을 통해 입력된 자료가 반드시 통과해야 하는 장치다(Willis, 2012b).

편도체와 해마는 둘 다 변연계의 일부다. 연구에 의하면 스트레스를 받고 있는 동안에는 생명유지에 필수적이지 않은 입력된 감각정보는 고수준의 처리를 담당하는 대뇌 피질에 도달하지 못하도록 편도체에 의해 차단된다고 Willis는 말한다(Pawlak, Magarinos, Melchor, McEwen, & Strickland, 2003).

스트레스 반응이 뇌 속에서 어떻게 작용하는지 교사들과 학생들의 이해를 돕기 위해 Willis는 편도체를 '개폐소(switching station)'로 설명한다. 새로운 정보가 들어오면, 편도체가 그 정보를 의식적 사고, 논리, 그 외의 인지 기능이 반응할 수 있는 '더 높은 반추적인 전전두 피질'로 보내거나 '싸움, 도주, 혹은 정지' 반응이 활성화되고 학습과 기억을 획득하는 기회가 제한적인 '더 낮은 반응을 하는 뇌'로 보낸다(Willis, 2012a).

학습시간을 최대한 효과적으로 활용하기 위한 교수전략으로 Willis는 학생들의 공포, 불안, 지루함, 혹은 좌절(새로운 정보를 반추적인 뇌로 흘러가지 못하게 차단하는 모든 정서)을 줄이는 것을 주장한다. 생존 목적을 위하여 뇌 센터가 자동적으로 활동할 수 있게 준비시킴으로써 편도체가 신체적 안전을 위협하는 것에 대해 반응하는 것은 논리에 맞다고 그녀는 말한다. Willis는 나아가 교사들이 이미 알고 있는 중요한 것을 지적한다. 그것은 학습하고 있는 동안 학생들에게서 볼 수 있는 바람직하지 않은 반응이다. 예를

"탄력성 교육"

교사를 위한 스트레스 해소 전략

교실수업에서나 시험 칠 때나 학습을 스트레스를 주는 것 혹은 무서운 것이라고 학생들이 생각하지 않도록 돕는 접근법이 Judy Willis의 '탄력성 교육'의 핵심이다(Willis, 2012b).

대부분의 아동들에게 도전은 학습의 일부지만, 안전지대를 벗어나는 것은 아동들에게 스트레스를 느끼게 한다고 그녀는 말한다. 시험은 한 가지 스트레스원일 뿐이다. 다른 스트레스원에는 틀리지 않을까 하는 두려움, 수업 중의 질문 답변에 대한 쑥스러움, 어려운 내용이나 개인적인 관련성의 부족 때문에 생기는 지루함이나 좌절, 혹은 더 높은 수준이나 학년으로 올라가는 것과 같이 학문적 요구가 많아지는 것에 따른 압박감 등이 있다.

그런 시기에 스트레스를 줄일 수 있도록 해서 학생들이 학습을 긍정적인 정서를 가지고 접근할 수 있도록 하는 것이 특히 중요하다. Willis는 그녀의 목적은 신경학적으로 접근해서 학생들이 편도체에서 전전두 피질을 연결하여 더 높은 인지 기능을 할 수 있도록 돕는 것이라고 했다. 그녀는 교사들이 의미 만들기(meaning making)(교수 설계에 대한 3장과 5장 참조)로 알고 있는 아이디어의 응고화를 교사들에게 강조한다. Willis는 또한 어렵게 획득한 지식이 학생들을 대신해서 활성화될 수 있게 장기기억에 정보를 잘 저장하는 것이 중요하다고 말한다. 그러나 그런 과정에서 스트레스에서 오는 부정적인 영향이 없어야 된다고 말한다. 그녀는 성공적인 신경전달을 방해하는 환경이 아니라 뇌가 효과적으로 학습할 수 있는 환경을 조성하는 것이 중요하다고 말한다.

Willis가 추천하는 전략들 중에 그녀가 'SYN-NAPS'[20]라는 기발한 이름을 붙인 것이 있다. 그것은 뇌 화학물질을 보충하고 편도체를 '진정'시키기 위해 교사가 학습 활동을 변화시키는 것을 말한다. 10분간 같은 종류의 활동을 하면 기억과 주의집중을 위해 필요한 신경전달물질이 고갈된다고 그녀는 말한다(Willis, 2012a).

신경과학자 Willis는 전문적인 비평을 할 때는 엄격하고 정확하게 표현하지만, 교사들과 이야기할 때는 따뜻하고 알기 쉬운 말을 사용한다. 교육자들과의 효과적이고 신중한 소통가로서 그녀는 관계자들과 청중에게 다가가서 연구한 것을 전달하는 새로운 과학자 전형을 보여준다. 그녀는 그녀가 의도한 메시지가 잘못 전달되는 것을 원하지 않는다.

Willis는 또한 교사들에게 직접적으로 관련될 수 있는 조건-행동 짝(5장 참조)의 유형들을 찾으려고 애쓴다. 교사들이 이해하기 쉽고 과학지식이 요구되지 않는 방법 중에 지루함과 좌절을 회피함으로써 스트레스를 예방하는 '성취 가능한 도전(achievable challenge)' 설정하기를 Willis는 추천한다. 그녀는 성취 가능한 도전을 "학습자에게 야심 찬 목적을 달성하기 위해 필요

---

20. syn-naps. 합성하고-낮잠자고. 즉 공부하고-쉬고의 의미-역주.

한 역량(혹은 그 역량을 개발할 수 있는 기술)이 있는 도전"이라고 정의한다. 너무 어려운 도전은 절망감으로 이어지고, 너무 쉬운 도전은 지루함을 만든다. 가능성이 있는 학습 도전은 편도체가 새로운 정보를 전전두 피질까지 통과시키고 학습과 기억 획득이 진행되도록 한다고 Willis는 말한다.

그 밖에 Willis는 뇌가 어떻게 작동하는지를 학생들에게 가르쳐서 Carol Dweck이 '성장 마음가짐(growth mindset)'(교수 설계에 대한 5장 참조)라고 한 것을 학생들이 개발할 수 있도록 해야 한다고 주장한다. 학생들에게 뇌와 관련하여 특히 신경 가소성과 스트레스가 뇌의 고등 사고에 미치는 영향과 같은 것을 가르치면, 학생들이 더 열심히 공부하고 어려움이 있어도 포기하지 않는다고 Willis는 말한다.

들어 시험이나 평가를 위협으로 지각하는 학생들은 강하고 만성적인 정서적 스트레스 반응을 나타내고 이것이 시험불안을 일으킨다. 그래서 이미 많은 학교들이 학생들의 시험불안을 낮추기 위해 노력하고 있다. 이런 연구를 위해 뇌과학, 인지심리학, 교육연구의 세 학습과학 간의 연합이 매우 중요하다. 예를 들어 1980년대로 돌아가면 시험불안에 대한 상관, 원인, 효과, 처치에 대한 많은 교육연구가 발표되었다(Hembree, 1988). 학생 학습에 대한 귀중한 정보 수집은 또한 학생들의 학업성취 향상과도 연결되기 때문에 학교교육을 위한 중요한 이슈다(9장 '뇌에서 피드백과 증거' 참조).

어느 정도까지의 스트레스는 도움이 된다

스트레스가 인지적 수행에 어떻게 영향을 미치는지에 대한 연구는 1908년까지 거슬러 올라간다. Robert Yerkes와 John Dodson은 처음으로 스트레스와 수행 간의 분명한 관계를 발견했다. 그들의 연구 대상은 춤추는 쥐들이었고 그 스트레스 검사는 실험실에서 특수한 과제를 해결하는 것이었다. 그 연구자들은 쥐들에게 간단한 과제를 주었을 때 스트레스 수준(각성 수준이라고 불렀다)이 증가하는 것과 함께 수행이 향상되는 것을 발견했다. 과제가 더 어려워지고 스트레스 수준이 올라갈 때조차, 쥐들의 수행은 계속해서 향상되었다. 그러나 최고 각성 수준에서는 쥐들의 수행이 〈그림 8.3〉에서 보여주듯이 약화되었다.

간단히 요약하면 Yerkes-Dodson 법칙은 급성 스트레스는 인지 수행에 도움이 되지만 어느 수준까지만 도움이 된다는 개념을 확립했다. 그 연구자들의 연구는 수십 년간 스트레스 수준과 뇌기능 및 행동 수행의 관계를 탐색하는 기반을 구축했다.

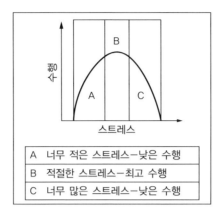

그림 8.3

Yerkes-Dodson 곡선

오늘날은 스트레스가 학습과 기억 과정에 큰 영향을 미친다는 것이 널리 인정받고 있다. 신경생물학과 심리학이 함께 참여함으로써, 그 과정들의 연결에 대해 더 자세하게 알게 되었다. 스트레스가 인지 수행에 도움이 되는가, 해가 되는가, 혹은 그저 그렇게 중요하지 않은가 하는 문제는 여러 광범위한 요인에 달려있다. 자주 연구되는 요인들로는 뇌에 분비되는 스트레스 호르몬의 수준, 스트레스의 원천, 스트레스원의 지속기간, 스트레스원의 강도, 기억 단계에서의 스트레스원의 타이밍, 그리고 학습 유형이 있다(Sandi & Pinelo-Nava, 2007). 예를 들어 스트레스가 내재적일 때—다시 말해서 직접적으로 학습 상황과 관련될 때—에는 기억에 어떤 영향을 미치는가? 내재적 스트레스는 외재적 스트레스와 비교된다. 외재적 스트레스는 갑자기 물건이 깨지는 큰 소리와 같이 의도되지 않은 학습 환경에 원인이 있는 스트레스를 의미한다. 이것들에 대한 활발한 연구가 현재 진행되고 있다.

그밖에, 스트레스가 기억 응고 단계에 더 영향을 미치는가 혹은 인출 단계에서 더 영향을 미치는가 하는 것도 중요한 연구문제다. 어떤 연구는 스트레스원이 부호화 단계에서 종종 기억의 생생함에 도움이 되는 것을 보여준다. 마치 신체가 "이것을 기억해!"라고 말하는 것처럼 아마도 인간 생존 메커니즘으로서, 스트레스와 연합된 순간의 기억을 생생하게 저장하는 것으로 보인다. 반대로 우리가 기억에 접근하려고 할 때 가끔은 스트레스가 방해하는 것으로 보인다. 일반적으로 집중을 분산시킴으로써 스트레스가 기억과 회상을 손상시킨다(Diamond, 2005; Sandi & Pinelo-Nava, 2007).

짧은 스트레스는 뉴런을 성장시킨다

UC 버클리대학교의 연구자들은 짧은 급성 스트레스가 뇌를 더 잘 수행할 수 있도록 한다는 것을 정확하게 밝혀냈다. 통합생물학(integrative biology) 부교수인 Daniela Kaufer는 그 대학의 Helen Wills 신경과학연구소는 그녀의 팀과 함께 수행한 연구에서 쥐를 대상으로 짧은 스트레스 사건이 쥐의 뇌에 있는 줄기세포를 증식시키고 2주 후에는 뇌의 정신적 수행이 향상되는 것을 발견했다.

간헐적 스트레스 사건은 뇌를 더 각성시키는 데 도움이 된다고 Kaufer(Kirby et al., 2013에서 인용)는 한 대학 신문에서 설명했다. 우리는 각성되어 있을 때 더 잘 수행한다. Kaufer는 급성 스트레스와 만성 스트레스가 기억에 미치는 영향에 대해 특히 관심을 가지게 된 이유를 설명했다. 많은 연구들이 만성 스트레스가 해마에서 새로운 뉴런 생산을 억제하는 글루코코르티코이드 스트레스 호르몬의 수준을 높이고 따라서 기억을 손상시킨다고 보고했다. 그러나 뉴런 생산에 미치는 단기 스트레스의 효과에 대한 연구는 없었다. 그래서 그녀를 포함한 연구팀은 쥐를 몇 시간 동안 우리 속에서 움직이지 못하게 함으로써 급성 단기 스트레스를 받도록 하는 연구를 했다. 그 결과 스트레스 호르몬 수준이 만성 호르몬 수준까지 올라갔지만, 몇 시간으로만 제한되었다. 약간의 스트레스는 해마의 새로운 뇌세포를 2배로 증식시켰으며, 특히 성인의 새로운 뇌세포를 만드는 뇌에 있는 두 영역 중 하나인 배후 치아 이랑(dorsal dentate gyrus)에서 많이 증식되었다. 배후 치아 이랑은 글루코코르티코이드 스트레스 호르몬에 고도로 예민하다.

연구자들은 스트레스를 받은 쥐들이 스트레스 사건 2주 후의 기억 검사에서는 기억이 향상된 것으로 나타났지만, 2일 후의 검사에서는 효과가 나타나지 않는 것을 발견했다. 특수한 세포표지기법(cell-labeling technique)을 사용한 연구에서 급성 스트레스에 의해 자극받은 신경세포와 2주 후에 새로운 과제를 학습하는 신경세포가 같은 것으로 나타났다.

생존 용어로 말하면, 신경세포 증식이 스트레스 후에 곧바로 도움이 되지 않는다고 Kaufer는 설명한다. 세포가 성장한 기능 신경세포가 될 필요가 있다. 그러나 자연 환경 속에서 급성 스트레스는 꾸준히 일어난다. 그래서 쥐들은 더 주의 깊게 환경을 탐색하고 실제로 어느 것이 위험하고 어느 것이 위험하지 않은지 살핀다. 그녀의 궁극적인 메시지는 낙관적인 것으로 스트레스가 우리에게 더 유익할 수 있다는 것이다. 문제는 스트레스가 얼마나 큰지, 스트레스가 얼마나 오랫동안 지속되는지, 그리고 우리가 스트레스를 어떻게 해석하는지다.

시험을 보는 전사와 겁쟁이

어떤 학생은 실력을 충분히 발휘해서 시험을 보는데 왜 어떤 학생은 분명히 잘 알고 준비가 되어 있는데도 시험 생각만으로도 얼어붙는가? 급성 스트레스에 대처하는 방법은 정서와 생물학의 복잡한 상호작용에 의해 결정된다. 그러나 스트레스와 경쟁적 압박 아래에서의 수행은 전전두 피질에서의 도파민 제거 속도를 조절하는 유전자와 관련이 있는 것으로 보인다. 도파민은 스트레스 호르몬의 분비를 신호하는 신경전달물질이다. 브리티시컬럼비아대학교 발달인지신경과학 교수인 Adele Diamond는 도파민이, 마치 엔진에 과부하가 걸리듯이, 전전두 피질에 밀려들면 문제 해결과 추리 기능을 방해할 수 있다고 설명한다.

도파민 청소를 조절하는 유전자를 COMT[21] 유전자라고 부른다. COMT는 두 가지 변형을 가지고 있다. 하나는 스트레스 상황에서 뇌에 흘러 들어오는 도파민을 천천히 제거하는 효소[22]다. 다른 하나는 도파민을 빨리 제거하는 효소다.

급속작용 변형은 가능한 한 큰 수행이 필요한 위협적인 환경에서 특히 도움이 된다고 과학자들이 생각하고 있으며, 따라서 '전사 유전자'란 이름으로 알려지게 되었다. 도파민을 천천히 제거하는 변형은 '겁쟁이 유전자'로 불리게 되었으며 기억과 주의집중이 필요한 과제 수행을 하는 복잡한 환경에서 특히 도움이 되는 것으로 생각된다. COMT 유전자는 또한 충동, 불안, 그리고 그 외 인간 행동에 관여한다. 두 가지 변종은 상황에 따라서 전사 전략과 겁쟁이 전략이 모두 장점을 가지고 있다는 것을 의미한다고 연구자들은 말한다(Stein et al., 2006).

그렇다면 학습과 관련해서는 둘 중에 어느 것이 더 이로운가? 그 답은 상황에 따라 다르다고 연구자들은 말한다. 다시 말해서 급성 스트레스가 없는 보통 상황에서는 완속작용 변형을 가지고 있는 사람이 작업기억과 주의집중 과제에서 인지적 이점을 가지고 있고 그 이점은 교육 수준이 올라가면서 더 커진다. 그러나 시험 볼 때와 같이 스트레스 자극하에서는 집중력과 문제 해결 능력이 더 요구됨에 따라서 급속작용 효소를 가지고 있는 사람에게 인지적 이점이 있다. 반대로, 급성 스트레스에 대한 노출은 겁쟁이 유전자를 가지고 있는 사람의 수행을 방해한다.

---

21. 카테콜오메틸트란스페라제(Catechol-O-methyltransferase). COMT로 줄여서 쓴다. 모노아민옥시다제(MAO)와 함께 아드레날린, 노르아드레날린 등 카테콜아민의 대사효소이며 혈중에 존재한다-역주.

22. 효소(酵素, enzyme)란 생명체 내 화학 반응의 촉매가 되는 여러 가지 미생물로부터 생기는 유기화합물이다. 모든 생물의 세포 속에는 여러 종류의 효소가 있으며, 효소의 촉매 작용에 의해 생명이 유지된다. 즉 효소는 세포 안에 널리 분포되어 생명체의 화학적 반응에 관여한다-역주.

타이완 연구자들은 중학생 기초 능력 검사(Basic Competency Test for Junior High School Students)를 보는 학생들을 대상으로 높은 스트레스 환경에서 유전자의 효과를 탐색했다. 최근까지 그 검사는 중학생 20만 명 중에서 누가 고등학교에 입학할 수 있는가 그리고 그중에서도 누가 가장 좋은 고등학교에 입학할 수 있는가를 결정했다.

누가 어떤 COMT 유전자 변형을 가지고 있는지 알기 위해 그 시험을 본 학생들 약 800명의 혈액을 검사한 결과 국립타이완사범대학 과학교육연구소의 연구자들은 고수준 수행 학생들 중에서 급속작용 효소를 가지고 있는 학생들보다 완속작용 효소를 가지고 있는 학생들이 평균 8% 더 낮은 점수를 나타내는 것을 발견했다. 연구자들은 그 결과를 A 학생들과 B 학생들이 시험 시간에 따라서 그 자리를 바꾸는 것으로 보인다고 *New York Times*에 발표했다.

모든 학생에게 중학교까지 의무교육이 실시됨에 따라서 타이완에서 국가시험은 이제 과거지사가 되었다. 그러나 교육책무성에 대한 요구가 커지고 있기 때문에 아직까지는 학생들과 교사들에게 중요한 표준화검사에 대한 압력이 크다. 이 연구가 보여주듯이 평상시 조건에서 높은 성취를 나타내는 학생과 시험 압력하에서 높은 성취를 나타내는 학생이 다를 수 있다.

또 다른 연구에서, 영국 연구자들은 시험 스트레스에 대한 작업기억의 역할에 초점을 맞추었다. 그들은 작업기억이 잘 작동하지 않을 때는 높은 스트레스가 낮은 시험점수와 상관이 있는 것을 발견했다. 작업기억이 잘 작동할 때는 스트레스가 더 높은 시험점수와 상관이 있었다.

그 연구에서 몇몇 학교의 12~14세 학생 96명을 대상으로 컴퓨터 검사로 스트레스와 작업기억을 측정하고 그다음에 학생들의 인지능력과 수학성취도를 검사했다. 그 연구는 구체적으로 언제 스트레스가 검사에 부정적인 영향을 미치는지에 대한 우리의 이해를 높여준다. 그 연구 결과는 또한 작은 스트레스는 학생들을 성공하도록 동기화할 수 있는 때도 있다는 것을 제시한다고 케임브리지대학교 연구자인 Matthew Owens 박사가 말했다(Owens et al., 2014).

지각이 중요하다… 많이

스트레스와 인지의 역할에 대해서 아직 모르는 것이 많지만, 교사와 부모들은 학생들이 불안과 공포를 느낄 때는 공부할 마음의 준비가 안 되어 있다는 것을 알고 있다. 그리고 비록 유전자와 생물학의 역할을 무시할 수는 없지만, 압력이 큰 사건을 우리가 어떻게 지각하는가 하는 것이 궁극적으로 우리의 생리적 반응을 조성한다. 사건에 대한 당신의 지각을 통제하는 것이 당신이 압력에 직면했을 때 어떻게 수행하는지를 결정한다. 만일 어떤 사건이나 상황을 스트레스가 아닌 것으로 본다면, 약에서 중 정도 수준의 스트레스원에 대하여 여러 가지 방법으로 대처할 수 있다고 미국신경과학회(2008)는 보고한다.

마음가짐을 변화시키는 것이 학생들의 스트레스 대처 능력에 도움이 된다는 연구들 중에 로체스터대학교 Jeremy Jamieson의 연구가 있다(Jamieson, Mendes, & Nock, 2013). 그의 연구에 의하면 스트레스가 실제로 수행을 향상시킨다고 들은 대학생들은 통제집단의 대학생들보다 평균 6% 더 높은 점수를 받았다. Jamieson의 연구는 대학원 입학자격시험(GRE)을 본 학생들의 스트레스 지각 효과에 초점을 맞추었다. 하지만 운동 코치, 연기자, 긴급구조요원들도 모두가 스트레스 상황을 도움이 되는 방향으로 돌릴 수 있는 방법을 가지고 있으며 최소한 스트레스가 수행에 부정적인 영향을 미치지 않게 하는 방법을 가지고 있는 것으로 나타났다.

결론

스트레스는 현대사회에 너무나 광범위하게 퍼져 있어 교사들에게 교실에서 스트레스를 언급하도록 부탁하는 것이 부당하거나 또는 불가능한 것처럼 보이기도 한다. 그러나 스트레스가 어떻게 영향을 미치는지에 대해서 알면 학습에 도움이 될 수도 있고 교사 자신의 스트레스를 완화할 수도 있다. 뇌 처리 관점에서 보면 어떤 종류의 스트레스는 학습에 도움이 되고 어떤 스트레스는 부정적인 영향을 미친다.

아마도 가장 중요한 점, 비록 유전자와 생물학의 역할이 중요하지만, 종종 압력이 큰 사건을 어떻게 지각하는가 하는 것이 궁극적으로 스트레스에 대한 우리의 신체 반응을 조성한다. 교사는 학생들을 돕기 위해 자신의 스트레스 지식을 사용하여 교실에서 스트레스의 원인이 될 수 있는 조건을 줄여줄 수 있다. 교사와 학생에게 과학은 사건이 덜 스트레스를 주는 것으로 우리의 인식에 통제하는 것을 배움으로써, 우리는 많은 해가 되는 결과를 회피할 수 있고 뇌가 학습을 향상시키는 연결을 만드는 것을 도울 수 있다.

마무리 시나리오

새로운 지식을 적용하기

스트레스

이 장에서 살펴보았듯이 스트레스는 학습 상황에서 뇌의 반응과 직접적으로 연결될 수 있는 신체적 변화를 일으킨다. 비록 짧은 스트레스는 때로 도움이 되지만, 유념해야 할 것은 어떤 종류의 급성 스트레스와 거의 모든 종류의 만성 스트레스가 학습을 방해한다는 점이다. 아래의 연습 활동에서 교사들은 스트레스원을 확인하고 그것을 제거하거나 감소시키기 위한 활동을 제안해보기 바란다.

1. 당신이 일하는 학습 환경과 직접적으로 관련하여 학생들, 동료, 혹은 자신이 받고 있다고 생각하는 급성 스트레스의 원인을 확인하라.
2. 당신 학교에서 학생들이 경험할 수 있는 만성적인 혹은 장기적인 스트레스의 원인은 어떤 것인가?
3. 당신이 배우거나 일하는 물리적 환경이 일으키는 스트레스에 대해, 당신은 그 원인을 제거하거나 약화시키기 위해 무엇을 할 수 있는가?
4. 스트레스는 사람들에게 다르게 영향을 미치기 때문에 정의하기가 어렵다. 학생들이 스트레스를 느낀다는 것을 당신은 어떻게 확인할 수 있는가(혹은 과거에 어떻게 확인할 수 있었는가)?
5. 수업 시간에 크게 소리 내어 책을 읽어보라고 지명을 받은 학생들이 불안해하는 것을 당신이 눈치챘다고 가정하자. 이 스트레스를 줄여주기 위해 교사는 어떤 전략을 사용할 수 있는가?
6. 시험은 많은 학생들에게 스트레스원이 될 수 있다. 수업을 설계하고 시험을 준비시킬 때 교사는 이 스트레스를 줄여주기 위해 특별히 무엇을 할 수 있는가?
7. 지루함이나 좌절감도 학습을 방해하는 스트레스를 일으킬 수 있다. 학습자와 학습자의 뇌에 활기를 주기 위해 교사는 어떤 행동이나 접근을 할 수 있는가?
8. Judy Willis와 그 외 교사 교육자들은 학생들이 학습이 뇌에 어떻게 영향을 미치고 특히 스트레스가 학습에 어떻게 해가 되기도 하고 도움이 되기도 하는지를 이해할 때 더 인내하고 실패해도 더 잘 회복하는 것을 발견했다. 이 장의 내용 중에서 학생들에게(혹은 동료들에게) 도움이 된다고 생각하는 스트레스와 관련한 세 가지 점은 무엇이고 그 이유는 무엇인가? 교실에서 혹은 전문가 집단 논의에서 당신은 이 정보

를 어떻게 제시하겠는가?

참고문헌

Diamond, D. M. (2005). Cognitive, endocrine and mechanistic perspectives on non-linear relationships between arousal and brain function. *Nonlinearity Biol Toxicol Med., 3*(1), 1–7.

Hackman, D. A., Farah, M. J., & Meaney, M. J. (2010). Socioeconomic status and the brain: Mechanistic insights from human and animal research. *Nature Reviews: Neuroscience, 11*(9), 651–658.

Hembree, R. (1988). Correlates, causes, effects, and treatment of test anxiety. *Review of Educational Research, 58*(1), 47–77.

Jamieson, J. P., Mendes, W. B., & Nock, M. K. (2013). Improving acute stress responses: The power of reappraisal. *Current Directions in Psychological Science, 22*, 51–56.

Kirby, E. D., Muroy, S. E., Sun, W. G., Covarrubias, D., Leong, M. J., Barchas, L. A., & Kaufer, D. (2013). Acute stress enhances adult rat hippocampal neurogenesis and activation of newborn neurons via secreted astrocytic FGF2. eLIFE. http://www.nebi.nlm.nih.gov/pmc/articles/PMC3628086

Lipina, S. J., & Posner, M. I. (2012). The impact of poverty on the development of brain networks. *Frontiers in Human Neuroscience, 6*, 238. http://www.ncbi.nlm.nih.gov/pmc/articles/PMC3421156/

Owens, M., Stevenson, J., Hadwin, J. A., & Norgate, R. (2014). When does anxiety help or hinder cognitive test performance? The role of working memory capacity. *British Journal of Psychology, 105*(1), 92–101.

Pawlak, R., Magarinos, A. M., Melchor, J., McEwen, B., & Strickland, S. (2003). Tissue plasminogen activator in the amygdala is critical for stress-induced anxiety-like behavior. *Nat. Neurosci., 6*, 168–174.

Sandi, C., & Pinelo-Nava, M. T. (2007). Stress and memory: Behavioral effects and neurobiological mechanisms. *Neural Plasticity, 2007*, 1–20.

Society for Neuroscience. (2008). *Brain facts: A primer on the brain and nervous system.* Washington, DC: Society for Neuroscience.

Stein, D. J., Newman, T. K., Savitz, J., & Ramesar, R. (2006). *CNS Spectr., 11*(10), 745–748.

University of Maryland Medical Center. (2011). Stress and anxiety. *Medical Reference Guide: Medical Encyclopedia.* http://umm.edu/health/medical/ency/articles/stress-and-anxiety

Willis, J. (2012a). *Engaging the whole child: Teaching for cognitive, social and emotional learning.* Paper presented at the Learning and the Brain Conference, San Francisco, CA.

Willis, J. (2012b, February 16–18). *Neurological distressing of test taking.* Paper presented at the Learning and the Brain Conference, San Francisco, CA.

Yerkes, R. M., & Dodson, J. D. (1908). The relation of strength of stimulus to rapidity of habit-formation. *Journal of Comparative Neurology and Psychology, 18*, 459–482.

뇌에서 피드백과 증거

CORE 지도원리 7이 이 장에서 소개된다—뇌는 피드백을 통해 학습 과정을 조정하는 놀라운 패턴 포착 기제다. 이런 피드백에는 교사가 학습자로 하여금 메타인지(자신의 학습을 조절하거나 조성하는 학습자의 능력)를 효과적으로 활용할 수 있도록 지원해주는 다양한 방식이 포함된다.

학습 요점

1. 뇌는 피드백을 통해 학습 과정을 조절하는 놀라운 패턴 포착 기제다. 이것은 가장 작은 생물학적 과정부터 가장 복잡한 집행 사고(executive thinking)까지 여러 수준에서 일어난다.

2. 효과적으로 사고하기 위해 우리는 설명하고, 예측하고, 다음에 무엇을 할지 계획하는 데 도움이 되는 뇌의 피드백과 증거의 처리 과정에 의존한다. 어떤 과학자들은 그런 예측을 하는 일이 신피질의 주된 기능이고 지능의 기반이라고 믿는다.

3. 확실한 것이 거의 없기 때문에 뇌는 확률을 기반으로 해서 작용한다. 뇌는 학습하는 것을 사용하여 우리가 무엇을 보고, 느끼고, 듣게 될 것인지 그리고 그것을 어떻게 해석할 것인지 끊임없이 예측한다.

4. 학습할 때 이해가 잘 되지 않으면, 도움을 줄 수 있는 입력이 필요하다. 교사들이 효과적인 피드백을 사용하여 가르치면 유의미하게 학습 성과가 있는 것으로 나타났다.

5. 성공적인 피드백은 학습자가 스스로 학습을 조절하거나 조성하는 능력을 지원한다.

6. 교사들을 위한 한 가지 핵심적인 개념은 피드백이 곧 교수(instruction)라는 것이다.

7. 뇌는 학습목표가 무엇인지, 목표를 향한 어떤 지점에 서 있는지, 목표에 얼마나 가까이 와 있는지 모르면 효과적으로 자기조절을 할 수 없다.

8. 피드백을 줄 때에는 효과적인 피드백이 학습활동에 녹아들어 있어야 하고 피드백을 주는

기회가 너무 늦지 않아야 한다. 그렇지 않으면 피드백의 가치는 사라질 수 있다.

9. 학습활동 중에 반응정보를 충분히 제공하지 않으면, 틀리거나 적절하지 않은 해결 방법과 행동에 대한 기억 흔적을 강화해 학생들이 실패하는 원인이 될 수 있다.

10. 뇌는 관련성이 있는 피드백과 기대하지 않은 피드백에 반응한다. 기대했던 예측이 반전되는 것은 학습에 좋은 일이 될 수 있다.

들어가기

"가끔은 사람들이 많이 가지 않은 길에는 가지 않은 이유가 있다"고, 눈보라 때문에 뉴욕으로 가는 비행기 운행이 정지되었을 때 코미디언 Jerry Seinfeld가 장기 방영된 TV쇼 2번째 시즌에서 말했다.

"내가 비행기 타는 것을 무서워하는 것이 아닙니다." Seinfeld는 빠르고 코믹하게 계속 말했다. "인간은 날 수 없는 존재이기 때문에 인간이 비행을 두려워하는 것은 당연하다고 생각해요. 인간이 날기를 두려워하는 것은 물고기가 운전하기를 두려워하는 거나 마찬가지예요. 물고기를 운전하게 하고 가보세요. 이건 옳지 않아요. 이건 아니라고 생각해요."

Seinfeld는 물론 아무렇지 않은 듯 말하지만 불안해한다. 그렇지만 그의 유머에는 우리(우리 뇌) 행동에는 다 이유가 있다는 뜻이 잘 담겨 있다. 우리는 증거(추운 겨울에는 버펄로에 가지 마라)와 정서적 피드백(비행기 타는 것은 나와 안 맞아)과 같은 정보를 합쳐서 우리의 운명을 정한다. 이것이 우리가 가는 길이다.

동시에 우리는 피드백을 좀 수집하고 일의 진행 상황을 보면서 행동을 계속해서 조정한다. 특히 학습 중에 이해가 잘 되지 않을 때, 피드백과 증거는 사고를 조성하는 핵심 요인이다. 우리가 옳은 방향으로 가고 있는지 아직 모르기 때문에 우리를 안내하는 데 도움이 되는 입력이 필요한 것이다.

정보, 평가, 의견을 제공하는 것이 모두 피드백이다. 증거는 행동한 후에 일어나는 사건과 결과에서도 오는 것이지만, 동료, 부모, 교사와 같은 주변 사람들로부터도 온다. 교사가 학생들과 함께 학습의 증거를 효과적으로 공유할 때 교수와 학습에서 가장 유의미한 성과가 나타난다. 이제 알게 되겠지만, 학습하는 뇌는 피드백 위에 성장한다.

교실에 피드백은 아주 많다

피드백은 교실 어디에나 있다. 교사들은 피드백이 강력한 학습도구가 될 수 있다는 것을 알고 있으며 학습에서 피드백이 중요하다는 것은 일반적으로 인식되고 있다. 점수와 평가는 가장 전통적이며 중요한 피드백 형태다. 그러나 많은 다른 반응들(머리를 끄덕여서 격려해주기, 충고 한 마디, 에세이에 대한 짧은 조언, 수학문제에 대한 논의)도 학생들이 받는 유익한 피드백 방식이다(Rabinowitz, 1993).

교사들은 또한 피드백을 제공하기 위해서는 시간, 창의성, 혹은 시간과 창의성 모두 필요하다는 것을 알고 있으며 종종 그렇게 노력할 만한 가치가 있을까 고민한다. 뇌과학과 교육연구는 그렇다고 말해주고 있고, 피드백을 핵심적인 학습과 동기의 도구로 사용하는 교사들도 동의한다.

예를 들어 교실에서 학생들이 집단으로 학습할 때 교사는 노력과 성취에 대해 흔히 말로 표현한다. 이것을 그래프, 차트 혹은 그림으로 시각적인 표상을 통해 전달할 수 있다. 차트나 그래프로 나타난 결과가 즉각적인 피드백이 된다고 그 교사는 말했다. 학생들이 시각적으로 그들이 노력한 것을 볼 수 있기 때문에 특히 동기를 유발하는 것으로 나타났다.

또 다른 교사는 다른 방법으로 피드백을 제시한다. 그는 학생들과 개인적인 상호작용을 하는 것을 좋아하며 학생들이 교실에서 하는 역할에 세심한 초점을 맞춘다. 그들은 자신감을 가지고 리더십을 발휘할 수 있을까? 그들은 자신감이 없어서 가지고 있는 아이디어를 가두어 두고 결코 펼치지 못할까? 그는 초등학교와 중학교 교실에서 학생들을 적극적인 학습자가 되도록 준비시키는 것에 집중하여 가르친다. 그는 손쉽게 기록하기 위하여 학생들 이름 옆에 체크할 수 있도록 표를 만들어 클립보드에 꽂아서 손에 들고 교실을 돌아다닌다. 어느 학생이든 수업 중에 참여하는 활동이 눈에 띄면 아무리 작은 활동이라도 간단하게 기록한다. 하루에 몇 분간만 투자해도 몇 주가 지나면 그가 관찰한 상세한 모습을 학생들(그리고 부모들)에게 전해줄 수 있다. 이 교사는 각 학생의 포트폴리오 차트에 이름표를 붙이고, 간단하게 관찰해서 기록했던 것들을 모아서 개인별로 정리한다. 이것은 그 교사의 계획에 따라 학부모 모임에서 부모들과 공유할 수도 있고, 학생들이 어떻게 공부하고 있고 성장하고 있는가에 대한 지속적인 참고 자료가 될 수도 있으며, 교사들이 그 학생과 가족과 더 잘 소통하기 위해서도 사용할 수 있다. 피드백은 자연스럽게 전개된다.

피드백과 증거를 교사들에게 뇌 개념으로 가르치기

대학 교수들에게 인지과학 과목의 한 단원으로 피드백과 증거를 포함시켜 달라는 요구가 증가하고 있다. 이전에는 주로 연구방법, 학습이론, 평가와 같은 과목에 한정적으로 그 주제가 포함되어 있었다. 그러나 뇌가 증거를 어떻게 사용하는가에 대하여 많은 것이 밝혀지면서, 피드백과 증거를 교실에서 어떻게 사용할 것인지에 대한 중요성이 깊어져서 결국 그 주제가 인지과학 분야에서 중요한 자리를 잡게 했다.

사실 피드백은 교육학습이론에서 많이 연구된 개념이다. 7장에서 논의되었듯이, 행동과학(정적·부적 강화)에서 구성주의 관점과 사회문화적 개념까지, 증거에 대한 학습이론들은 서로 관점을 보완한다. 역사적으로 보면 이전 이론들이 학습에 대해 제대로 설명하지 못하는 점을 비판하고서 새 이론이 등장하기는 했지만, 각 이론은 이전의 다른 이론을 부정하기보다는 우리의 지식을 확장했다고 볼 수 있다.

이제는 이 보완 관점을 학습에 관련한 여러 과목에서 가르치고 있으며, 다음 장에서 설명하겠지만 인지과학이 더 확장되었다. 여러 이론에서 다음과 같은 연결을 찾아볼 수 있을 것이다.

- 인지주의/구성주의 관점 : 예를 들어 학습한 것을 실제로 적용하는 문제점을 가지고 있는 학생을 지도할 때, 혹은 고순위 사고를 정교화하고 확장하기 위해서 뇌가 어떤 효과적인 피드백을 필요로 하는지를 논의할 때.
- 행동주의/경험주의 관점 : 목적과 목표에 초점을 맞춘 특수한 피드백에 대해 구체적으로 논의할 때, 강화 활동에 있어서 신기성의 장점을 논의할 때, 뇌의 화학물질이 행동주의의 보상/강화 패턴과 비슷한지에 대해 논의할 때.
- 사회문화/사회역사 관점 : 학습자와 학습 공동체를 중심으로 교실에서 일어나는 피드백의 목적을 분석하고, 증거와 관련한 담론에 의미를 부여하려고 할 때.

교육자들은 이 장을 공부하면서 사전지식으로 많은 다른 연결을 할 수 있을 것이며, 계속 더 연결해 나가기를 기대한다.

뇌에서 피드백과 증거는 어떻게 작용하는가

피드백은 뇌기능 관점에서는 내적이고 또 외적인 과정이다. 외적으로 다양한 정보가 감각 입력을 통해 들어온다―"저 사람이 방금 뭐라고 말했지?"부터 "아야! 소파에 부딪쳤어"까지 모두 우리가 지각하는 것이다. 피드백(feedback)은 우리가 행동하거나, 말하거나, 생각하거나, 혹은 믿는 것에 대해 직접적으로 들어오는 모든 반응으로 정의된다. 반대로, 증거(evidence)는 우리가 나중에 평가하고 수행하기 위해 사용할 수 있는 모든 종류의 입력되거나 저장된 정보로 더 넓게 정의된다(그림 9.1 참조). 따라서 피드백은 일종의 중요한 증거다. 우리 뇌는 다른 종류의 증거도 저장한다. 증거는 반드시 사건 혹은 특별

피드백
우리가 행동하거나, 말하거나, 생각하거나,
혹은 믿는 것에 대한 직접적인 반응으로 들어오는 모든 것

예
- 감각적 그리고 환경적 : 목마름, 배고픔, 온도, "아야, 찔렸어."
- 칭찬받기 : 수업 중에 인정받기, 자신감을 높여주는 관심
- 확실한 보상 : 좋은 점수, 금별, 특별한 기회

증거
우리가 나중에 평가하고 수행하기 위해 사용할 수 있는
모든 종류의 입력되거나 저장된 정보

예
- 기억에 저장된 정보
- 뇌 조절에 영향을 미치기 위해 우리 신경 네트워크를 바로 통과하는 정보

피드백은 어떻게 행동하고, 수정하고,
혹은 조치를 취할지에 대한 증거를 뇌에게 제공한다.

그림 9.1
뇌에서 피드백과 증거

한 일의 결과에 대한 직접적인 피드백이어야 하는 것은 아니지만, 그럼에도 불구하고 어느 날 유용한 것이 될 수 있다―우리가 다양한 결정을 성공적으로 할 수 있었던 조건을 기억하면 부정적인 증거도 도움이 된다. 예를 들어 뇌는 우리에게 "무엇을 하든 이것은 피하라" 혹은 "조심해! 그것 하지 마!"와 같이 신호한다.

내적으로, 우리 뇌는 과거에 저장해 두었거나 현재 신경 네트워크를 통과하고 있는 많은 증거를 기초로 예측하여 뇌를 조절하거나 변화시킨다. 우리는 일반적으로 이런 방식으로 생각하지 않지만, 피드백은 종종 좁은 범위 내에서 지속적으로 중요한 생리적 처리를 한다. 여러 가지 생체기능 중에서 피드백 회로와 관계되는 중요한 생체기능으로 세포 분열, 에너지 대사, 분자 합성, 세포 신호 등이 있다고 신경과학자들은 말한다(Kandel, Schwartz, Jessell, Siegelbaum, & Hudspeth, 2013).

조절 시스템의 개념은 간단해 보이지만 과학자들이 사용하는 몇 가지 언어를 먼저 이해하는 것이 중요하다. 노벨상을 수상한 신경학자 Eric Kandel과 그의 동료들은 간단한 급수관 조립을 사용하여 조절에 대한 좋은 예를 보여준다(Kandel et al., 2013). 물은 급수관에서 탱크로 들어와서 배수관을 통해 나간다. 이 예에서 물은 조절되는 물체다. 탱크 안에 있는 부낭(float)은 물의 높이에 대한 증거 혹은 피드백이다. 수위가 너무

신경신화 : 잘못된 것으로 밝혀진 뇌에 관한 속설

신경신화에 대한 피드백과 증거

기본적인 이해 기반의 중요성

이 장은 피드백과 증거에 초점을 맞추고 있으므로 이제 뇌과학 전문가들이 밝히는 중요한 피드백 몇 가지를 소개할 때가 된 것 같다. 때로는 조금 아는 지식이 위험할 수 있다. 교육자들이 공식적으로 학습의 신경생물학적 기초에 대해 더 많이 배워야 한다는 의견이 많아지고 있다. 또한 교사, 부모, 정책입안자들이 잘못된 해석과 오해, 왜곡되거나 오래된 연구에 기초한 뇌에 대한 정보를 접하고 있다는 염려도 많이 있다(CORE 7i 참조). 짧게 말해서, 전문가들은 신경신화라고 부르는 뇌에 대한 잘못된 일반상식에 대해 우려를 표한다.

Society for Neuroscience Brain Facts 블로그에서 소개하는 일반적인 신경신화 몇 가지를 소개하면 다음과 같다(몇 가지는 이미 앞에서 간단하게 소개되었다).

- 신경신화 : 우리는 뇌의 10%만 사용한다.
  사실 : 신경영상 기술은 이것이 거짓이라는 것을 결정적으로 보여주었다. 우리는 뇌 전체를 사용한다. 모든 뇌가 동시에 활성화되지는 않지만 fMRI는 어떤 활동을 하든, 어떤 기능이 필요한지에 따라서, 뇌의 여러 영역이 작용한다는 것을 보여준다.
- 신경신화 : 신체에 있는 다른 세포와는 달리, 뇌세포는 새로 만들 수 없다.
  사실 : 뇌는 끊임없이 새로운 세포를 만들고 연령이 증가하면서 계속 적응한다. 대부분의 뇌세포, 혹은 뉴런은 우리가 태어나기 전에 만들어진 것들이다. 그러나 성인기까지 새로운 기억이 형성되는 해마(hippocampus)라고 부르는 뇌 영역에서 새로운 뉴런이 탄생한다. 세포가 만들어진 후에는 기존의 뇌 영역에 통합된다.
- 신경신화 : 사람들을 '좌뇌형' 혹은 '우뇌형'으로 나눌 수 있고 그에 따라서 가르치는 방법도 달라야 한다(CORE 7j 참조).
  사실 : 성격이나 기술과 관계없이 우리는 일상 과제를 수행하기 위해 뇌의 좌반구와 우반구 모두를 사용한다. 비록 특정한 기능들(말하기, 손재주, 얼굴 인식 등)은 뇌의 한쪽이 지배하는 경향으로 많은 사람들에게서 나타나지만, 대부분의 과제는 양 반구에서의 병렬 입력을 필요로 한다. 좌뇌와 우뇌 간의 입력은 뇌량(corpus callosum)에 의해 통합된다. 뇌량은 신피질[23]의 양쪽 반구를 연결하는 신경섬유 다발이다.

좌뇌/우뇌 신화는 초기 연구들에서 자세한 설명이 생략되면 어떻게 잘못 해석되고 잘못 사용될 수 있는지 그리고 왜 최신 뇌 연구 결과를 놓치지 않아야 하는지를 잘 보여준다.

좌뇌/우뇌가 각각 독립적인 특수한 기능을 가지고 있다는 것은 1940년대에 처음으로 급진적

---

23. 대뇌 피질 중 가장 최근에 진화된 부위. 6개의 세포층으로 구성되어 있다-역주.

인 뇌수술을 받은 소수의 뇌전증 환자에 대한 매우 특별한 연구에서 나왔다. 그 수술은 뇌전증 환자의 심한 발작을 줄여주기 위한 것이었다. 뇌량을 절단하는 수술 때문에 언어, 의식적 사고, 운동 조절의 중심인 양쪽 신피질이 분리되었다.

뇌 스캔 기술이 개발되기 수십 년 전 이 환자들은 신경과학자들에게 뇌기능을 연구할 수 있는 드문 기회를 제공했다. 이런 분리뇌 환자들의 협조를 받아서, 뇌과학자들은 두 반구의 활동을 살펴볼 수 있었고, 각 반구가 어떻게 독립적으로 그리고 다르게 기능하는지 알게 되었다. 예를 들어 종종 사진이나 이미지 형태의 정보를 한쪽 반구에 제시하면 다른 한쪽 반구는 그것을 인식하지 못했다.

초기의 중요한 뇌분할 연구로 신경생물학자이자 신경심리학자인 Roger Sperry는 노벨 생리의 학상을 받았다. 추후 연구들에 의해 신경과학자들은 좌뇌는 일반적으로 말하기와 언어를 처리하고, 우뇌는 시공간 처리와 얼굴 인식에 중요하다는 것이 밝혀졌다. 동시에 그들은 뇌의 각 영역의 기능도 중요하지만 뇌의 활동적인 여러 영역들의 연결도 그만큼 중요하다는 결론을 내렸다.

불행하게도, 초기의 뇌에 대한 좌반구/우반구 연구는 좌뇌형 인간과 우뇌형 인간이라는 잘못된 통속심리학 용어와 의심스러운 개념을 만들었다. 성격과 인지 유형을 두 가지로 나누어 '좌뇌형 인간'은 더 논리적이거나 체계적이며 '우뇌형 인간'은 더 창의적이고 직관적이라는 잘못된 용어와 개념이 생겼다.

오늘날, 뇌영상 기술을 사용하는 연구는 사람들이 지배적으로 좌반구나 우반구를 사용한다는 증거가 없다는 것을 보여준다. 어떤 사람들은 자신을 '직관적 학습자' 혹은 '시각적 학습자'라고 생각할 수 있지만, 어떤 질병을 가지고 있는 사람을 제외하고는, 인간은 거의 항상 양쪽 뇌를 함께 사용한다.

신경신화가 얼마나 많고 오래 지속되고 있는지를 감안하면, 미국 국립연구위원회(U.S. National Research Council)가 교육자들에게 과학적 가치가 없는 것으로 판단되는 일시 유행하는 개념을 받아들이거나 선전하지 않도록 조심하라고 특별히 안내하는 것은 놀라운 일이 아니다.

사실, 이것이 최근에 생겨난 **신경윤리학**(neuroethics)이라고 부르는 학문의 핵심 영역이다. 이것은 뇌가 어떻게 학습하는지에 대한 잘못된 아이디어를 없애기 위해 충분한 기본 지식을 가지는 것이 교육자들의 윤리적 책임이라고 말한다. 미국신경과학회는 나아가 교육자들을 위한 신경윤리학에는 학습, 자기개념, 개인적 책임, 자유의지, 사회적 행동, 정서적 웰빙과 관련된 최근에 발표되고 있는 인지적 기초 지식이 포함되어야 한다고 제안한다(National Research Council, 2000a, p. 117). 몇몇 대학교의 교사 교육 프로그램에서는 이런 신경윤리학에 대한 예비교사와 현직교사들의 책임을 다루고 있다.

신경신화를 다루는 한 가지 방법은 교육자들이 관심을 가질 수 있는 신경과학 연구 문제를 강조하는 것이다(Society for Neuroscience, 2008, pp. 34-35). 이것은 모두의 이익을 위해 교육, 심리학, 뇌과학과 같은 학습과학 분야들의 학제 간 협동연구의 성격을 정의하는 중요한 시작 단계가 될 수 있다(CORE 7k 참조). 하버드 교육대학원에 있는 마음, 뇌 그리고 교육(The Mind, Brain, and Education) 석사 프로그램의 한 가지 목표는 교육자들을 위해 연구 결과를 해석해줄 수 있고 교육이 필요로 하는 것을 연구자들에게 전달할 수 있는 교육과 신경과학에 대한 고도의 지식을 갖춘 교육신경과학자를 길러내는 것이다.

유럽에서는 경제협력개발기구(OECD) 책임 교육분석가인 Bruno della Chiesa가 일반인들이 신경과학연구의 똑똑한 소비자가 될 수 있도록 돕기 위해 교사들을 훈련시켜서 미디어에서 발표하는 내용에 대한 날카로운 비평을 할 수 있도록 하는 방법을 제안했다. 한 가지 접근은 연구자들과 교사 훈련 프로그램의 책임자들을 초청해서 그들의 정책 결정과 실천에 새 빛을 던져줄 수 있는 지식을 공유하도록 하는 것이라고 그는 말했다.

높으면 그 부낭 증거는 부정적인 피드백을 제공한다. 즉 그것은 물의 유입을 느리게 한다. 부정적인 것이란 간단히 혐오적 자극을 의미하며 흐름을 저지하는 것이다. 만일 부낭이 너무 낮으면 긍정적 피드백이 더 많은 물을 흘러 들어오도록 한다. 긍정적인 것이란 강화물을 의미한다. 즉 물이 잘 흘러 들어오도록 한다. 또는 조절 시스템이 어떻게 설정되어 있느냐에 따라서, 피드백은 배수구 구멍을 넓히거나 좁히는 일을 할 수 있다. 예를 들어 긍정적 피드백을 주거나 부정적 피드백을 주는 것을 통해서 작용한다. 습관화는 특정한 자극에 대한 반응이 감소하는 것을 말한다. 즉 특정한 자극에 대해서 이미 고려했기 때문에 더 이상 그것에 대해 조정할 필요가 없다.

개념적으로, 뇌에서 비슷한 유형의 기본적인 조절이 일어난다. 뉴런, 회로, 네트워크, 혹은 전체 뇌 영역 등 무엇이라고 말하든, 그것은 모두 증거/피드백 반응에서 역할이 있다. 어떤 뇌 성분들은 빠르게 발화 피드백을 교환하면서 서로 소통한다—마치 '부낭(float)' 역할을 하듯이. 다른 성분들은 긍정적인 혹은 부정적인 방향으로 반응하면서 피드백을 받거나 해석한다. 예를 들어 회로 수준에서 한 회로 혹은 그 일부가 피드백 신호를 보내고 다른 회로의 기능에 영향을 미칠 수 있다. 이것은 피드백 고리 혹은 서로 영향을 미치는 두 부분 간의 사이클을 자극할 수 있다.

물론 뇌의 피드백은 하나의 고리보다 훨씬 더 복잡하다. 사실, 빗발치듯이 피드백이 일어나고 있다. 감각, 혹은 더 내적으로 생성되는 피드백과 증거가 끊임없이 물밀듯이 뇌에 들어온다. 뇌는 많은 기능을 조절하기 때문에, 입력정보에 반응하여 지속적으로 작은 조정이 일어난다. 그래서, 이런 면에서 피드백은 뇌 속에서 그리고 마음과 외부 세계 간에, 결과나 효과에 기초해서 처리 과정을 수정하면서 일어나는 일종의 대화와 같다.

교사 관점에서의 피드백과 증거

마치 뉴런에서 이동하여 더 높은 수준으로 올라가, 예를 들어 집행 기능이 뇌 협응을 지시하는 것과 같이, 더 넓은 관점에서 보면 교사들에게 피드백은 친숙한 면이 있다.

여기에서도 그 원리는 마찬가지다. 뇌는 학습하는 것을 사용하여 보고, 느끼고, 들을 것이 무엇인지 그리고 그것을 어떻게 해석할 것인지에 대해 끊임없이 예측한다(CORE 7a 참조).

뇌의 핵심적인 통제 특성은, Kandel과 공동저자들(2013)이 지적하듯이 기아, 목마름, 안전, 정서적 웰빙과 같은 동기적 상태다. 뇌에 도달하는 피드백에는 이 상태들을 설명하는 데 도움이 되는 다양한 세세한 정보들이 포함되어 있다. 여기에는 물론 환경에서 오는 감각 증거도 포함되지만, 또한 얼마나 목표를 달성하고 있는지, 내재적 동기를 충족시키고 있는지, 칭찬을 받고 있는지, 그리고 보상을 확보하고 있는지를 포함한다. 이것들은 모두 피드백과 증거 유형으로 제공된다. 피드백 중의 효과적인 칭찬에 대해 7장에서 논의하였다.

요점은 그 어떤 메커니즘에 의해서든, 뇌는 피드백을 어떻게 행동하고 어떤 교정조치를 할 것인가에 대한 증거의 한 형식으로 처리한다는 것이다(OECD, 2007, p. 32). 우리는 무엇이 일어날 것 같은지에 대한 사전 증거에 기초해서 기대감을 갖는다. 예측은 상황에 따라 맞을 수도 있고 맞지 않을 수도 있다. 이것은 우리의 믿음을 업데이트하는 새로운 장을 만들어준다. 우리는 잠재적으로 행동을 수정하고, 종종 무의식적으로 새로운 예측을 하고, 그다음에는 어떻게 되는지 보기 위해 기다린다. 뇌는 매우 바쁘다. 몇몇 정서적 보상과 동기적 보상은 그 예측이 어느 정도 잘못된 것이고 갱신할 필요가 있다고 해도, 예측을 하는 것에서 나온다.

어떤 과학자들은 그렇게 예측하는 것이 신피질의 기본 기능이고 지능의 기반일 수 있다고 믿는다(Hawkins & Blakeslee, 2004, p. 86). 사실, 증거에서의 피드백이 사람들의 뇌를 각각 다르게 만드는 중요한 한 요인이라고 생각된다(CORE 7b 참조). 우리는 모두 같은 행동을 하지 않으며, 그래서 같은 피드백을 받지도 않는다. 비록 그랬다고 해도, 우리는 피드백을 다르게 해석하거나 다른 수준에서 반응하거나 조정한다. 따라서, 사람마다 경험하는 것과 사용하는 정신적 영상이 다르다는 것은 뇌 조건이 사람마다 다르다는 것을 의미한다. 여러 가지 방식에서 각 사람의 뇌는 독특하다. 우리가 받아들이는 개인적 피드백이 뇌를 그렇게 만든다.

효과가 있는 피드백 : 증거는 무엇을 말하는가

5장에서 논의한 유명한 심리학자이자 교수 설계 선구자인 Richard Gagné는 교수 설계의 목적을 학습자 지도, 수행 평가, 피드백 전달이라고 했다.

어린 아동들조차 가정이나 놀이터와 같은 비공식적인 학습 환경 속에서 자신의 성공과 실패를 통해 직접적인 피드백을 받는다(Haskell, 2001). 피드백은 칭찬, 수정, 격려와 같은 특수한 구조와 전략에 의해서뿐만 아니라 행동모델을 제공하는 부모와 동료들에 의해서도 중재된다. 이런 것들로는 사전지식과 연결하기, 그리고 다음에 무엇을 할 것인지에 대해 아동과 이야기하기가 있다. 모두가 뇌를 위한 귀중한 증거의 유형들이다. 학습 전이에 대한 교재를 쓴 심리학자 Robert Haskell은 증거가 학습문화를 지지하는 것을 잘 보여주는 예가 아동이라고 말한다.

피드백이 충분히 제공되지 않으면 실제로 교사와 학생들이 획득하기를 바라는 결과와 반대되는 결과를 낳을 수 있다. 앞 장들에서 보았듯이, 연습은 기억 획득과 보존에 큰 영향을 미친다. 불행하게도, 나쁜 방식으로 어떤 것을 연습해도 습관을 만드는데 그 습관은 나쁜 습관이다. 학생의 사고가 충분히 조성되지 않고 길을 잘못 들면, 뇌는 신호를 받는다. 그 신호는 지각된 오류나 고쳐야 할 필요가 없기 때문에 그 학습자가 통과해도 좋다고 말한다. 다시 말해서 내적인 예측에 수정할 부분이 없기 때문에, 뇌는 훨씬 더 강한 틀린 기억 흔적을 만든다.

교육에서 피드백은 (1) 학습자를 도와주고 (2) 교사의 전문성과 능력을 향상시키는(그림 9.2 참조) 두 가지 측면을 가지고 있다. 유명한 교육연구자 John Hattie(2008)는 두 가지를 모두 설명하면서, 두 가지는 다르지만 학습 결과를 향상시킨다는 점에서는 같다고 말했다.

피드백과 증거에 대한 효과적인 접근은 학습 결과에 큰 영향을 미치는 것으로 교수 · 학습 메타분석 연구 결과에서 나타났다. 이것은 학생과 교사 모두에게 해당되는 결과였다. Hattie(2008)는 교수 설계 프로그램 그 자체에 대한 형성평가를 제공하는 것이 교수

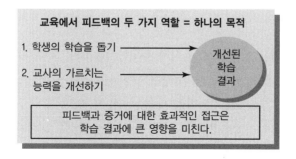

그림 9.2

피드백의 두 가지 역할

영역들 중에서도 가장 효과가 있는 것을 발견했다.

Hattie(2008)는 학습에 가장 큰 영향을 미치는 요인은 교사들에게 그들이 수업하고 있는 교실에서 어떤 일이 일어나고 있는가에 대한 피드백을 제공하는 것이라고 주장한다. 사실상, 이 피드백은 교사가 더 잘 가르칠 수 있도록 돕는다. 가끔 피드백이 아니라 **피드 포워드(feed forward)**라고 부르는 이것은 교사들이 수업을 진행해 나가도록 도와주는 증거다. 이 효과 크기(effect size)는, 형성평가가 잘 사용되었을 때는 형성평가가 사용되지 않았거나 매우 제한적으로 사용되었을 때보다 거의 1표준편차 정도 차이가 날 정도로 크다고 제안한다.

Hattie는 그래프나 그림과 같은 시각적 자료나 증거와 함께 교사의 판단이 학생들의 학습에 큰 작용을 한다고 말했다. 마찬가지로 중요한 것은 학습 결과에 효과가 있는 상위 5개 전략 중 3개는 학생들 자신이 증거를 어떻게 사용하는가에 관련된 것이다. 그것은 다음과 같다.

- 학생들에게 직접적으로 피드백을 제공하라.
- 학생들이 자신의 증거에 대해 어떻게 반추하는가를 배울 때 메타인지전략을 사용하라.
- 상호적 교수법을 사용하라. 상호적 교수법이란 동료 대 동료(peer-to-peer) 교수 설계를 말하며 학생들이 번갈아가면서 교사 역할을 하고 교수, 피드백, 증거를 서로 제공한다.

상위 5개 전략 중 나머지 2개는 다음과 같다.

- 분산연습 대 집중연습을 사용하라. 이것은 5장에서 뇌를 지지하는 전략으로 논의되었다.
- 학습장애를 가지고 있는 학생들을 위한 종합적인 중재를 사용하라(이것은 피드백을 포함하지만 이 하나에만 제한되지 않고 범위가 더 넓다).

교사의 직접적인 피드백은 학습을 위해 유용한 증거라고 교육자들이 이해하기가 쉽다. 그러나 메타인지전략—특히 자기반성을 사용하는 전략—은 항상 가치 있는 증거로 이해되지는 않는다. 자신에게 피드백을 제공하는 것이 자기반추의 과정이다. 동료 학습자에게 그것을 제공하는 것이 동료 대 동료 접근이다. 이것은 교사가 직접 제공하는 피드백보다 교사들에게 덜 익숙한 개념으로 보일 수 있다. 즉 학생들 자신이나 동료 학생들이 신뢰할 만한 피드백을 제공할 수 있는 충분한 전문지식을 가지고 있는가? Hattie의 연구 결과가 보여주듯이 종종 생각하고 논의하는 간단한 과정만으로 지식을 표면화하고 학생들의 이해를 다지는 데 도움이 된다. 따라서 학업이 뒤처지는 학생들을 포함한 모든 학생들의 학업성취에 도움이 된다.

피드백의 중요한 역할에 관심을 가지고 있는 교육연구자는 Hattie만이 아니다. 3장에서 그의 메타분석 연구에 대해 소개한 교육연구자 Robert Marzano도 피드백 접근의 힘을 이야기한다. 그의 연구에 의하면 피드백 접근이 큰 효과가 있는 것으로 나타났다 (Marzano, 2003).

- 첫째, 노력을 강화하고 인정해주어라. 이것은 태도에 중점을 둔 증거의 한 유형으로서 확인해주는 말이다. 예를 들어 Marzano는 칭찬은 노력의 중요성을 가르치는 것이어야 한다고 말한다. 그런 칭찬을 받는 학습자들은 성공을 획득할 수 있는 목표라고 생각하게 된다. 그들은 성공을 선천적인 특성으로 생각하지 않고 그들의 통제하에 있다고 보게 된다. 이런 생각은 학습자로 하여금 계속해서 과제 관련 행동에 초점을 맞추도록 한다. 피드백으로서 인정을 사용할 때는 정확한 행동에 대한 특수한 세세한 사항보다는 적절한 행동을 하고 있는 것에 대해 인정해주는 것이 중요하다.
- 둘째, 목표를 설정하고 피드백을 제공하라. 이것은 학습목표와 관련성이 있는 구체적인 피드백을 주는 것을 의미한다. Marzano는 피드백은 잘 정의된 목표와 직접적으로 관련성이 있어야 한다고 강조한다. 목표를 정확하게 설정함으로써, 학습자는 분명한 방향 의식을 가질 수 있다. 목표와 관련한 피드백을 제공함으로써 학습자는 그가 어디에 서 있는지 그리고 무엇을 더 배워야 하는지 알 수 있다.

연구 관점에서 이동해서 적용하는 예로 이동하면, 한 특수교육 교사는 학생들이 자기 조절(self-regulation)에 어떻게 반응하는지 알아보려고 했다. 그녀는 학생들이 선호하지 않는 글쓰기를 가르치면서 글쓰기에 영향을 미치는 요인에 대해 기록했다. 그중 하나가 노력에 대해 자주 칭찬하는 것이었으며 그녀는 2분마다 한 번씩 칭찬했다. 그 교사는 학생들이 25분 수업시간 내내 학생들이 계속해서 글쓰기를 하려고 노력하는 것을 발견했다. 하지만 5분에 한 번씩 칭찬을 덜 자주 했을 때, 학생들은 더 많은 도움을 청했고 글쓰기를 끝까지 못하는 경우가 많았다. 긍정적 강화를 전혀 받지 못했을 때는 상대적으로 글쓰기를 절반밖에 마치지 못했다. 시간이 지나면서 학생들이 글쓰기를 어렵지 않게 생각하고 긍정적인 느낌과 연결할 때, 그 교사는 칭찬을 약화했다. 여전히 학생들은 글쓰기를 끝까지 했다. 그녀는 그 팀이 어려운 과제를 가르치기 시작할 때 학생들과 상호작용하는 방법을 재설계하는 데 이 정보가 매우 중요한 영향을 미쳤다고 했다.

인정하기와 실질적인 피드백을 합친 교수전략들도 있다. 정지 – 지도 – 칭찬(pause, prompt, and praise) 접근은 우선 교사가 한 학생이나 한 집단의 학생들이 작업하는 것을 정지시킨다. 그다음에 교사는 학생들이 과제를 개선하거나 확장하도록 지도한다. 이것은 학습목표에 초점을 둔 일종의 교정적인 피드백이다 ─ 학생들이 생각을 할 때마다 목표에 더 가까이 접근한다. 그 후에 교사는 새로운 시도에 대한 적절한 인정을 해준다. 인정은 자신감을 불러일으킨다.

한 학교상담자는 학업성취를 촉진하기 위해 학교에서 사용할 수 있는 두 가지 효과적인 접근을 제안했다. 첫 번째는 긍정적 행동 중재와 지지(Positive Behavioral Intervention and Supports, PBIS)를 활용하는 정적 강화다. 두 번째는 학생들을 위한 지시문(rubrics)과 상세한 피드백을 사용하는 방법이다. 여기에서 우리는 그녀가 말하는 두 가지 기준이 학습목표에 대한 실질적인 피드백과 함께 인정 혹은 확인 증거를 통해 지지하는 Marzano의 아이디어와 비슷한 것을 알 수 있다. 그 상담자는 학생들이 자존감을 세우도록 하기 위해서는 학생들과 관계를 맺고 그들의 노력과 성공을 인정해야 한다고 말했다. 그녀는 학생들이 성공감을 느끼도록 도와주고 지시문과 논평(comment)을 사용하여 분명한 피드백을 주는 것을 함께 사용한다. 성공감은 학생들에게 더 열심히 노력하라는 격려받는 느낌을 주고, 분명한 피드백은 학습목표 달성의 모습을 분명히 보여준다. 그 결과 학생들은 학업성취를 위해 그들이 어느 방향으로 나아가야 할 것인가에 대한 분명한 그림을 그릴 수 있다고 그 상담자는 말한다.

피드백과 주의

학생들의 주의를 집중시키는 것은 피드백과 관련이 있다. 정보 처리 분야의 전문가인 Dale Schunk는 학습 결과는 피드백과 증거 후에 인지적 자원을 어떻게 배당할 것인가에 대한 결정의 결과라고 할 수 있다고 주장했다(Schunk, 2012). Schunk는 주의를 배당하는 개념을 덧붙인다. 주의는 3장에서 논의했듯이 핵심적인 인지 자원이며, 뇌에 의한 주의의 배당은 다양한 범위에 영향을 미친다. 주의를 통해 동기, 사전학습, 자기조절, 그리고 지각된 과제요구와 같은 요인들이 역할을 할 수 있다. 하지만 주의 그 자체는 제한된 뇌 자원이다. 그것은 그 배당 효과에 대한 피드백을 기초로 해서 배당된다고 Schunk는 말한다. 실수를 인식하는 것조차 주의를 집중하는 것이 필요하다(Reif, 2008).

앞에서 논의했듯이, 기술을 독립적으로 사용하기 위해서는 지원이 궁극적으로 사라져야 한다. 이것이 바로 교수법의 예술이 역할을 하는 지점이다. 교사들은 학생들이 피드백과 같은 명시적인 지원 없이도 지식과 기술을 가지고 성공적으로 지점에 도달하도록 도와줄 책임이 있다. 학생들은 잘못할 때마다 교사의 지원을 기대할 수는 없다. 학생들은 스스로 자기조절이나 역량을 개발해야 하며, 그렇지 않으면 완전히 숙달되지 않아서 스스로 하지 못하는 것을 볼 때 교사와 학생 모두가 좌절감을 겪는다. 교사들은 학생에 대한 지원을 세심하게 거두어들이는 것이 학습 과정의 중요한 부분이라는 것을 유념해야 한다.

피드백인가, 교수법인가

모든 교사들이 말하듯이 피드백을 주기 위해서는 시간이 걸린다. 가정에서 한 아이나 몇 명의 아이를 동시에 돌보는 부모들도 있지만, 미국 초등학교 교사는 일반적으로 복도나 운동장에서 그리고 점심시간과 방과후 활동에서는 물론 매일 교실에서 30~40명의 학생들을 만난다. 중학교와 고등학교 교사들이 매일 만나는 학생들은 150명 이상이 될 수도 있다. 많은 학생들과 많은 상호작용을 하지만 그중에서 몇몇 중요한 상호작용을 하는 동안에만 피드백을 제공한다고 해도 상당한 시간을 투자해야 한다.

그래서 어떤 교사들은 이 문제를 교수를 제공할 것인가 피드백을 제공할 것인가 하는 시간의 거래로 생각한다. 그들은 피드백을 제공해야 하나 하지 않아야 하나, 혹은 교수와 피드백을 어떤 비율로 해야 하느냐의 문제로 고민한다. 그러나 피드백과 교수를 교사의 시간을 두고 경쟁하는 반대되는 개념으로 생각하는 것은 의미가 없다. 피드백이 바로 교수다.

피드백은 수업 시간에 광범위하게 일어나는 잘못된 개념을 지적하는 것이 될 수도 있고 더 개인적인 것일 수도 있다. 중요한 것은 교사가 선택하는 교수 설계에는 특수한 형태의 피드백이 포함되어 있어야 하며 피드백을 주기 위한 충분한 시간을 허락해야 한다.

형성평가를 효과적으로 만들기

형성평가(formative assessment)는 학습이 일어나는 '형태'를 잡아주기 때문에 그렇게 이름이 붙여졌다. 그것은 교수 경험을 조성한다. 형성평가를 통해 교사가 다른 접근을 선택할 수 있고 학생들은 학습 중에 뇌를 지원하기 위해 필요한 피드백과 증거를 받을 수 있다.

영국의 교육연구자들인 Paul Black과 Dylan Wiliam은 형성평가에 대한 메타분석을 하고 많은 교실평가 접근의 결과들을 살펴보았다(Black, Harrison, Lee, Marshall, & Wiliam, 2002, 2003; Black & Wiliam, 1998). 그들은 누적된 연구들을 기초로 해볼 때 보통 학생이 상위 1/3로 이동할 수 있을 정도로 형성평가의 효과가 크다고 말한다.

그 연구자들은 또한 교사들이 이미 알고 있는 여러 가지 방법이 효과가 있다는 것을 발견했다. 핵심은 분주한 학교 활동의 회오리 속에서 피드백을 할 시간이 없거나 생략할 때가 많다는 점이다. Black과 Wiliam은 형성평가가 효과적이기 위해서는 세 가지 요소를 충족시켜야 하며 학생들이 그 세 가지를 알아야 한다고 말했다. 그 세 가지 요소는 다음과 같다.

- 학습목표가 무엇인가
- 그들은 그 목표를 향한 어느 지점에 서 있는가
- 그 차이를 어떻게 메울 것인가

이 세 가지 요인을 포함하고 있는 피드백과 증거는 물론 이 세 가지를 포함하는 다른 접근들도 효과가 있는 것으로 나타났다. 이런 예들로는 모바일 도구와 상호작용적인 수업 자료 전시와 같은 최신 기술부터, 학생들로부터 중요한 질문을 효과적으로 이끌어내는 방법과 같은 전통적 해결 방식까지 다양하다. 피드백을 어떻게 주었는가 하는 것은 피드백을 실제로 주었는가 주지 않았는가 하는 것만큼 중요하지 않았다. 중요한 것은 피드백이 제공되는 것이고 또한 학생들에게 세 가지 요소(목표 확인, 학생이 서 있는 지점, 개선 방법)가 잘 전달되는 것이다.

교사들은 종종 학생들에게 수업 목표를 확인시키고 그들이 그 목표를 향한 어느 지점에 서 있는지를 알도록 하는 것은 비교적 쉽다고 생각한다. 그런데 학생들에게 그 간격을 좁히기 위한 피드백을 제공하는 일은 어렵다고 교사들은 말한다. 그들은 이 문제가 도전이라고 말한다.

심리학자 Robert Haskell은 이 문제에 대한 해결 방법을 제시한다. 그가 제시하는 가장 효과적인 접근들 중 하나는 학생들이 공부하는 것을 모범 사례나 훌륭한 사례와 비교하는 것이다(Haskell, 2001). 그는 미국의 유명한 출판업자, 과학자, 정치가인 벤저민 프랭클린에 대한 이야기를 해준다. 프랭클린은 종종 그가 좋아하는 책 속의 잘 쓰여진 문구를 선택한 다음에 그 구조와 형식을 알아보고, 그러고 나서 자신의 방법으로 그 글을 다시 써보았다. 중요한 단계는 자신의 글과 원래의 것을 비교하는 단계였다. Haskell이 말하듯이 이렇게 두 가지를 비교하면서 유사점과 차이점의 증거를 확인하는 것이 중요하다. 프랭클린은 이런 방식으로 사고를 조직하는 것을 배웠으며 나아가 중요한 아이디어들을 세상 사람들에게 설득할 수 있었다고 했다.

2012년 평가에 대한 미국 국립연구위원회의 한 워크숍에서, 교육자들은 이것을 **평가를 동사로**(assessment as a verb) 사용하기라고 했다. 평가를 시험, 퀴즈 혹은 학생의 산출물로 생각하기보다는 평가를 처리 과정으로 보아야 한다는 것이다.

▣‖ 소거가 바람직할 때

학습에서 새로운 어떤 것을 숙달하는 것과 반대로, 소거(extinction)라고 부르는 과정이 피드백의 바람직한 목적이다. 소거란 특별한 접근이나 전략의 사용을 잊어버리게 하거나 약화시키는 것이다. 소거는 뇌가 관여하는 다소 전략적인 망각으로서 항상 자발적으로 일어난다. 잘 사용하지 않게 되면 기억 흔적과 습관이 약화된다. 어떤 해결 방법이 의도한 목적을 반복적으로 달성하지 못하면 뇌에서 약화가 일어난다.

교사가 직접적으로 사용하는 부적절한 행동을 소거하는 방법의 한 예로 타임아웃이 있다. 타임아웃은 어떤 아동이 부적절한 행동을 할 경우에 그 행동을 멈추도록 하고 그 활동이나 그 집단에서 격리시켜서 강제적으로 쉬는 시간을 갖게 하는 것이다. 어떤 교사들은 토큰, 보상, 혹은 특권을 주거나 취소하는 방법을 사용한다. 학생들이 새롭고 더 만족스러운 습관을 배우면, 자신에게 해가 되거나 부적절한 학습 패턴이 사라지는 경향이 있다(Driscoll, 2000).

▣‖ 피해야 할 피드백과 증거 함정

교사들은 '학생들은 교정 피드백을 받고서 어떻게 간격을 메울지, 어떻게 정보를 통합할지, 어떻게 그 지식을 새로운 도전에 적용할지 알고 있는가?'라고 자신에게 물어보아야 한다. 뇌는 그런 정보를 가지고 작용한다. 학습활동은 학생이 피드백을 받는 것으로 끝나지 않는다. 뇌는 받아들이는 증거를 충분히 인식하고 곧 다시 적용하는 것을 필요로 한다. 교사들은 이런 피드백 사이클을 거치기도 하지만 그렇게 하지 못하는 경우가 종종 있다. 피드백과 증거의 사용을 회피하게 하는 몇 가지 일반적인 함정을 소개하면 다음과 같다.

- 연구에 의하면 교사들에게 한 가지 함정은 피드백과 증거가 효과가 있다고 하지만 그들이 가르치는 학생들에게는 적용되지 않는다고 생각한다는 점이다. 왜 그렇게 생각할까? 이 교사들은 열심히 공부하는 학생들에게는 피드백과 증거가 효과가 있지만, 대부분의 학생들에게는 도움이 안 된다고 생각한다. 하지만 연구 결과에 의하면 그렇지 않다. Black과 Wiliam이 수행한 연구와 같은 많은 메타분석 연구에 특별

한 집단의 학생들만 참여한 것이 아니다. 그런 연구에는 우리 교실의 학생들을 포함한 다양한 학생들을 대상으로 한 연구 결과들이 포함되어 있다. 뇌는 본질적으로 패턴 포착 장치이기 때문에 뇌는 노출된 패턴들을 붙잡으려는 경향이 있다. 따라서, 효과적인 피드백 사용은 학습을 향상시키는 데 많은 도움이 된다. 유념해야 할 점 : 인간의 뇌를 결코 포기하지 마라.

- 피하기 어려운 또 다른 함정은 교육적 증거들을 오로지 학교의 외적 감시에만 투자하는 것이다. 학교 시스템을 감시하고 변화를 일으키는 평가는 굉장히 중요할 수 있지만, 이것은 우리가 여기에서 이야기하는 피드백과 증거의 유형이 아니다—그것은 뇌가 학습에서 사용하는 피드백 종류가 아니다. 오로지 감시하기 위한 평가정보는 학교에 너무 늦게 제공되기 때문에 보통 교실에게 즉각적으로 피드백이나 증거로 사용할 수 없다. 또한 그것은 Black과 Wiliam이 기술하는 종류의 정보를 거의 담고 있지 않다. 따라서 그것은 뇌가 추구하는 메타인지적, 조절하는 특성이 있는 정보가 아니다.

- 모든 교사가 경험한 적이 있는 치명적인 함정은 학생들의 활동에 대해 충분히 효과적인 피드백을 제공할 수 있는 시간이 부족하다는 점이다. 모든 종류의 과제를 수행하는 과정에서 학생들은 기억 흔적을 강화하고 있다는 것을 교육자들이 이해하는 것이 중요하다. 뇌의 관점에서 보면, 학생들은 올바른 방법으로 배우고 있다고 믿는다. 학생들이 노력을 한 결과가 잘못되었음에도 수정 없이 계속하면, 실패를 연습하는 것과 마찬가지다. 학자들은 이것을 일종의 **잘못된 학습(mislearning)**이라고 부른다. 교정 피드백 없이 획득한 잘못된 개념은 연습과 훈련에 의해 시간이 흐르면서 더 단단해진다.

- 마지막으로 언급할 함정은 교실에서 관찰할 수 있는 가장 애석한 일들 중 하나로, 효과적인 피드백이 제공만 되고 활용되지 않는 일이다. 학생들이 쓴 보고서를 읽고 상당한 시간을 투자해서 비평을 해주는 한 교사가 있다고 생각해보자. 그런데 그 보고서를 돌려받은 학생은 잠시 점수를 확인하고 기뻐하거나 실망스러운 표정을 짓고는 바로 책가방에 넣어버린다. 그다음에는 서둘러 다음 수업을 받기 위한 교실로 가버린다. 그 학생은 그 보고서에 상세하게 제공된 피드백을 안 볼 뿐만 아니라 당연히 추후 개선을 하거나 적용을 하는 일도 없다. 학생들이 피드백 기회를 최대한 활용하지 않으면 그것은 실제로 교수 설계의 실패다. 피드백을 효과적으로 사용하기 위한 기회가 학습활동에 직접적으로 포함되어야 한다. 이 함정을 피하기 위해서 교사들은 학생들로 하여금 그 정보를 가지고 추후연습을 하도록 할 필요가 있다. 뇌

문제 : 퀴즈가 학습에 도움이 될 수 있을까?

학생들이 새로운 정보를 획득하는 과정에서 교사들이 간단한 시험과 간헐적인 퀴즈를 사용하는 것이 학습을 향상시킬 수 있다는 증거가 있다. 어떤 연구자들은 **시험효과**(testing effect)라고 알려진 이 효과가 초등학생부터 대학생까지 나타나며 더 잘 인출되도록 해주는 전략 부호화와 관련이 있다고 주장한다(Rohrer, Taylor, & Sholar, 2010).

총괄시험이 있기 전에 단 한 번이라도 퀴즈를 실시하면 시험효과가 있는 것으로 나타남에 따라서, 연구자들에 의하면, 이제 질문의 방향은 어떤 종류의 시험이 가장 효과가 있는가 하는 것으로 돌아갔다고 한다. 전체적으로, 선다형을 포함한 모든 유형의 시험과 퀴즈가 유의미한 효과가 있는 것으로 연구 결과들에서 나타났다. 뇌가 학습하는 데 도움이 된다고 연구에서 확인된 방식—시각 자료의 사용, 짧은 답 만들기, 그리고 새롭거나 혹은 원래 제시되었던 자료와 아주 조금만 다르게 해서 전이(transfer)가 되도록 하는 방식—을 사용하도록 만들어진 시험이 특히 효과가 있는 것으로 나타났다(Rohrer et al., 2010).

세인트루이스에 있는 워싱턴대학교의 연구자들은 중학교 2학년을 대상으로 한 단원을 공부하는 과정에서 3회에 걸친 선다형 퀴즈를 실시하고 피드백을 주었을 때 퀴즈를 보는 것이 과학과 사회 과목 시험 점수를 13~25% 향상시키는 것을 발견했다. 다른 연구에서 그 연구자들은 퀴즈를 실시하는 시기를 변화시켜서, 어떤 단원에 대하여 강의를 하기 전에, 강의 직후에, 그리고 그 단원에 대한 평가시험을 보기 전에 복습으로 퀴즈를 실시했다. 그 결과 복습으로 퀴즈를 실시하는 것이 평가시험의 수행에서 가장 큰 증가를 보여주는 것으로 나타났다. 퀴즈 실시의 효과는(퀴즈를 실시하지 않는 것과 비교해서), 학기말 그리고 학년말 평가시험에서도 나타났다고 그 연구자들은 보고했다(McDaniel, Agarwal, Huelser, McDermott, & Roediger, 2011).

연구에서 장점이 있는 것으로 밝혀졌고 사용 방법이 비교적 쉬운데도 불구하고, 학업 향상을 위한 퀴즈가 많이 사용되지 않고 있으며, 특히 강의를 듣고 책을 읽는 수업에서 퀴즈가 사용되지 않고 있다고 연구자들은 말한다.

또 다른 연구에서는 사실을 숙지하는 것보다 추리와 사고를 요구하는 법과대학 입학시험을 연습하는 간단한 활동이 뇌의 여러 영역들 간에 연결이 많이 되도록 하는 것으로 나타났다(Mackey, Whitaker, & Bunge, 2012). UC 버클리대학교의 Helen Wills 신경과학연구소 연구자들은 대학생과 최근에 졸업한 학생들 24명의 확산텐서영상(diffusion tensor imaging, DTI) 스캔을 사용한 연구를 수행했다. 매우 어려운 LSAT[24] 공부가 사고와 추리를 담당하는 뇌 회로를 강화할 수 있으며 뇌의 좌반구와 우반구 간의 연결을 강화하는 것으로 보인다고 그 연구자들은 보고했다.

---

24. 미국 법학대학원 입학시험(Law School Admission Test)—역주.

에서 피드백에 의해 정보의 조절이 일어나지만, 효과적인 피드백이 되기 위해서는 제공된 후에 추후 행동이 따라야만 한다(Hawkins & Blakeslee, 2004).

목표 설정과 피드백에 대한 반추

뇌는 관련성이 있으면서 기대하지 않은 피드백에 가장 주의를 집중하는 것으로 나타났다. 예측했던 것이 반전될 때, 그것은 학습을 위해서는 좋은 일이 될 수 있다. 우리는 더 세심한 주의를 한다. 예를 들면 뇌가 예측하는 가장 그럴듯한 시나리오에 기초하여 어떤 뉴런들은 입력되고 있는 감각에 대비를 한다. 그러나 그것들은 활성화되지 않고 기대에 어긋난다. 그러면 뇌는 예상 밖의 일이 일어나고 있다는 경계 태세를 취하고, 주의가 그 오류에 집중된다(CORE 7c 참조). 결국 이 추가된 주의가 그 상황을 탐색하고 예측을 개선한다. 즉 일어나고 있는 것을 더 잘 학습하고 이해하도록 한다. 이렇게 해서 우리의 사고가 조정된다(Hawkins & Blakeslee, 2004, p. 86).

앞에서 논의했듯이, 많은 인간 행동은 고도로 목표 지향적이다. 어떤 것이 기대했던 것과 더 많이 다를수록, 그 목표를 달성하기 위한 방향으로 더 많은 주의가 집중된다. 사실, 우리 인간은 큰 인형 안에 작은 인형이 겹겹이 들어 있는 러시아 인형[25]같이, 하위목표설정(subgoaling)이라고 부르는 목표 안에 겹겹의 층을 이루는 목표들을 설정하고 있다.

아주 작은 피드백조차 학생들의 목표 설정을 강화하는 것을 교사들은 자주 본다. 개별화교육 프로그램(individualized education program, IEP)을 받고 있는 학생들과 같이 학교교육 시스템에 적응하기 어려워하는 학생들에게서도 그런 현상을 볼 수 있다고 한 교사는 말했다. Hattie 연구가 강조하는 목표 설정과 증거를 활용하는 방법을 그녀가 사용한 결과 특별한 요구를 가지고 있는 학생들에게 효과가 있었다. 그 교사들은 매주 학생들과 함께 그들의 IEP 목표를 검토하고 그들에게 자신의 발전해나가는 모습을 확인할 수 있도록 하는 것이 학습동기를 유발하고 목표를 향해 성장하도록 하는 것과 강하게 연결되어 있는 것을 발견한다. 그녀는 학생들에게 자신의 결과를 간단하게 그래프로 그려 보도록 하는 것이 빠른 속도로 그들을 성장시키는 것을 보고 놀랐다.

---

25. 마트료시카(Matryoshka) 러시아 인형-역주.

예측과 증거

어떤 과학자들은 뇌는 무엇을 보게 될지, 듣게 될지, 느끼게 될지에 대하여 감각 입력 수준에서 끊임없이 낮은 수준의 예측을 한다고 가정한다(CORE 7d 참조). 어떤 순간에도 개인의 뇌는 그 사람이 다음에 무엇을 경험할 것인가 예측하려고 한다(Hawkins & Blakeslee, 2004). 사람은 이상한 냄새, 새로운 얼굴, 혹은 기대하지 않은 소리를 접하면 알아챈다.

교사들도 마찬가지이며 교사들은 학생들의 학습을 돕기 위해 그것을 사용한다. 한 교사는 이것의 예와 비예를 거의 매일 본다고 했다. 기대를 활용하기 위해 설정한 시스템을 예로 들어보자. 그는 학생들이 그들의 노력을 인정받고 있다고 생각할 때는 수행을 잘하는 반면에, 그들의 노력이 인정받고 있다는 증거가 없을 때는 게으름을 피우는 경향이 있는 것을 알게 되었다. 그래서 그는 매일 수업이 끝날 때 학생 일정표(student planner)에 그날 그 학생이 획득한 퍼센트 점수를 기록해주었다. 이 새로운 방법에 대해 특히 학생들이 기대했던 점수보다 더 높거나 더 낮은 점수를 받았을 때 반응하는 것을 그는 발견했다. 이것은 학생들이 피드백을 추구하는 기회를 열었다. 그 기대는 학생들의 점수가 가정에서 확인될 때 더 강화되었다.

그 교사는 부모들과의 협응이 그의 교실 관리 시스템을 더 효과적으로 만드는 것을 발견했다. 학생 일정표가 지속적으로 매일 저녁 확인될 때 학생들의 노력이 향상되었다. 이것은 부모들을 학생들과 함께 공부하는 문화 속으로 끌어들이기 위한 부모들과 협력할 수 있는 구체적이면서 간단한 전략이 되었다.

미국 국립연구위원회가 지적하듯이(National Research Council, 2000b), 기존 지식의 한계를 인식하고 성장하기 위한 방법을 추구하는 것이 모든 연령의 학습자들에게 매우 중요하다(CORE 7e 참조). 이것은 메타인지 혹은 자기지식을 감시하는 능력이다.

다른 한 교사는 학생들에게 가장 놀랐던 것들 중 하나는 학생들이 자신이 가장 잘 배울 수 있는 방법에 대해 생각하지 않는다는 것이라고 했다. 그녀는 몇몇 사례에서 슬프게도 자신의 학습에 대해 생각할 수 있는 기술이 없기 때문에 그들이 그들 자신의 가장 나쁜 적이었다. 이 교사는 학생들을 도울 수 있는 가장 좋은 방법 중 하나가 그들에게 스스로 도울 수 있는 방법에 대해 생각하도록 가르치는 것임을 발견했다.

많은 교육 접근들은 명시적으로 학생들에게 '학습하기 위한 학습' 방법에 대한 기술을 가르치지 않는다. 다시 말해서 학생들은 더 효과적인 학습을 할 수 있는 자기조절 전략에 대해 모른다.

한 교장선생님은 학생들에게 이런 기술을 가르치고 자기주도적 학습을 장려하는 것이 수업에서뿐만 아니라 복도, 화장실, 그리고 운동장에서도 도움이 된다고 말한다. 그녀는 이것은 학생들을 위한 중요한 기술이라고 말했다. 그리고 그녀는 교사들이 학생들에게 이런 기술을 가르치는 것을 적극적으로 지원한다고 말했다.

의사결정을 위한 증거 누적

뇌는 작동하면서 많은 양의 증거를 수집한다. 인간 뇌가 작동하기 위해서는 많은 처리 과정을 필요로 한다. 당신은 통계 처리 방법을 모른다고 생각할지 모르지만 당신의 뇌는 어떤 면에서 이미 통계 처리를 하고 있다. 분명한 것들이 거의 없기 때문에 뇌는 확률적으로 일해야만 한다(Hawkins & Blakeslee, 2004, p. 90).

우리가 하는 모든 행동에 대해, 우리는 지속적으로 많은 감각 증거를 함께 입력하고, 처리하고, 의식적으로 혹은 덜 의식적으로 예측하고, 그리고 어떤 결론에 도달한다. 놀랍도록 정확할 때도 많다. 우리의 이런 능력이 인간의 지능을 가능하게 한다.

뇌가 어떻게 계산하는지 아직 정확하게 모르지만, 어림법(heuristics)이라고 부르는 시행착오 방법에 의해 우리는 비형식적인 학습 방법을 어느 정도 사용한다. 어림법은 "저번에 그 방법이 효과가 있었으니 또 그 방법을 쓸거야" 혹은 "다른 사람들이 모두 길을 건너니까 나도 건널 수 있어"와 같은 방법이다. 통계 기술은 뇌가 과거 경험으로부터 정보를 빌려오는 방법을 우리가 탐색하도록 해서 예측 메커니즘을 통해 새로운 결정을 할 수 있도록 도와준다(CORE 7f 참조).

예를 들어 뉴런이 정보를 어떻게 누적하는지 생각해보라. 대부분의 경우에 뉴런은 하나의 증거 조각에 기초해서 활성화하거나 발화하지 않는다. 전형적인 경우에 뉴런은 하나의 신호를 전달할 것인지 결정하기 위해 입력정보를 통합한다. 수집된 어떤 정보는 뉴런으로 하여금 발화하도록 하고 어떤 정보는 억제하도록 한다(CORE 2i 참조). 한 자료에 의존하기보다 정보의 표본을 수집하는 것과 같이, 그것은 통계학자가 대표적인 정보를 구하려고 하는 것과 비슷하다. 그들의 분석을 타당화하기 위해, 여론조사에서 투표자들의 적절한 대표성이 있어야 하고, 출현하고 있는 질병을 감시하기 위해 충분한 의료 기록이 있어야 하는 것과 마찬가지로, 사용할 수 있는 충분한 양의 들어오는 감각정보가 있어야 한다. 모든 것들이 일어나고 있는 현상의 더 큰 그림을 그릴 수 있는 잠재적으로 가치 있는 증거다.

통계학자가 자료에 접근하는 방법과 인지가 작용하는 방법 간에는 재미있는 차이가 있다. 증거를 처리하는 과정에는 많은 오류가 있다. 통계학자와 뇌는 모두 실수하지 않으려고 노력한다. 긍정 오류와 부정 오류라는 두 종류의 오류에는 전형적인 문제점이 따른다. 긍정 오류(false positive)는 참이 아닌데 참이라고 믿는 것을 말한다. 통계학자들은 특히 긍정 오류를 피하기 위해 노력한다. 그들은 어떤 주장이 참이라는 확신이 없는 이상 그것을 받아들이려고 하지 않는다. 반대로 인간의 생존 본능은 위험을 확인하지 못하는 실수, 즉 부정 오류(false negative)를 범하지 않으려고 한다. 부정 오류는 참인데 참이 아니라고 믿는 것이다. 예를 들어 우리는 어떤 식물이 먹으면 안 되는 독성을 가지고 있는지 혹은 어떤 동물이 위험한지 알아야 하고, 만일 확인하지 못한다면 우리의 생존이 위험하게 된다.

생존을 최우선으로 보장하기 위해, 우리 뇌는 중요한 것을 놓치지 않으려고 한다. 그런 부정 오류를 방지하기 위한 한 가지 방법은 증거를 받아들이는 역치를 너무 높이지 않는 것이다. 그래서 사람과 동물은 미신학습(superstitious learning)을 할 때도 가끔 있는데, 이것은 반응과 보상 간의 관계가 아주 약하거나 전혀 무관할 때조차도 조건형성을 하는 것을 말한다.

이것은 교사들이 교실에서 볼 수 있는 어떤 이상한 행동을 이해하는 데 도움이 된다. 특히 교사들이 익숙하지 않은 배경이나 경험을 가지고 있는 학생들에 대한 비상계획(contingency planning)[26]은 여러 형식을 취할 수 있고 기대하기가 어려울 수도 있다. 학생이 어떻게 무의식적으로 인식하고 해석하는가에 따라서, 교사가 방향을 다시 정하고 목표를 달성하도록 도와주어도, 그 학생은 부적절한 전략을 개발할 수 있다. 이것은 많은 것을 설명한다고 어떤 교육자가 말했다. 좋은 이유가 있어서 우리는 이렇게 부적절한 전략을 개발하도록 만들어져 있다는 것을 그는 이해하게 되었다. 그것은 마치 우리 삶에 번개 같은 것이 내려치면, 그 이유를 생각해보는 것이 좋다. 우리가 보는 패턴에 대해 우리는 끊임없이 '원인'을 생각한다.

깊게 생각하면서 틈을 채우기

7장에서 정서에 대해 소개했듯이, 뇌가 예측을 할 때에 우리는 대부분 그것을 의식하지 못한다(CORE 7h 참조). 거의 지속적이고 만연한(Hawkins & Blakeslee, 2004, pp. 86-87), 이 무의식적인 예측은 우리에게 커다란 영향을 미칠 수 있다. 그것은 다음에 무엇이

---

26. 위기 상황에 대처하기 위해 미리 준비하는 계획-역주.

일어날지 우리가 예상할 수 있게 해준다. 이것은 놀라움과 대조가 되고 필요하다면 새로운 학습을 고려할 수 있게 해준다. 그러나 또한 우리 뇌는 기본적으로는 우리가 가장 잘 짐작하는 것으로 빈 공간을 메우면서, 입력 자료를 뇌가 가능하다고 믿는 만큼 '자연스럽고' 완전하게 만든다(Hawkins & Blakeslee, 2004, p. 94).

예를 들어 무의식적이거나 다소 의식적인 뇌 처리 과정에 대한 이 개념은 다양한 연구에서의 갈등적인 연구 결과를 설명하는 데 도움이 된다. 한 아동의 그림에 대한 실험에서 그림의 배경을 가난한 지역의 놀이터 혹은 부자 지역의 놀이터로 했을 때 그 배경에 따라서 아동에 대한 교사의 반응이 다르게 나타났다. 명시적으로는 교사의 신념에 반드시 편견이 있는 것은 아니었다. 교사들은 모든 아동은 배울 수 있다고 말할 것이다. 하지만 뇌는 사전 경험을 통해 알고 있는 것을 기초로 자료를 무심코 그 그림에 연결시킨다. 우리 뇌는 예측하는 과정을 처리한다. 통계 프로그램이 자료를 조사하듯이, 우리는 과거에 본 것을 기초로 그 자료에서 관계를 찾는다.

그밖에, 교사의 기대에 대한 연구에서 학생과의 초기 상호작용에서 얻은 교사의 신념이 학생의 학업성취에 영향을 미칠 수 있는 것으로 나타났다. 초기 연구들은 교실에서 누가 학업성취가 높을 것인가 그리고 누가 낮을 것인가와 같이 학생들에 대한 배경을 임의적으로 교사들에게 제공했을 때, 그런 특성이 학생들에게 나타나는 결과를 보여주었다(Rosenthal & Jacobson, 1968). 추후 연구들은 낮은 사회경제적 배경(Ready & Wright, 2011), 다문화 가정(Tapia, 2004), 제2언어 학습자들(de Courcy, 2007)과 같은 여러 조건을 가진 학생들의 능력을 교사들이 저평가하는 것을 발견했다.

무엇보다도 우리는 주변의 증거를 믿을 수 있을 때 더 편안한 것으로 보인다. 우리의 지식을 유의미하게 강화하려는 일념에서 우리는 발명이라는 큰 비약을 할 수 있다. 그러므로, 비록 인간 뇌는 강력한 예측력을 가지고 있지만 우리는 경계를 할 필요가 있다. 뇌의 선천적인 예측 메커니즘과 함께 이성적이고 깊이 있는 사고(mindful thinking)를 하는 것이 우리에게 필요하고 또 중요하다.

뇌는 '베이지언 로직(Bayesian logic)'이라고 부르는 로직을 사용하는 것으로 생각할 수 있다. 베이지언 로직은 1700년대에 살았던 Thomas Bayes의 이름에서 나왔다. 수학자이자 목사인 Bayes는 뇌나 사고에 대한 연구를 했던 사람이 아니고 확률에 대한 유용한 수학의 틀을 만든 사람이다. 베이즈 법칙이라 불리는 한 정리(theorem)는 만일 과거에 일어났던 것에 대한 사전 지식이 있다면, 이것은 우리에게 미래에 무엇이 일어날지 예측할 수 있는 단서를 제공한다는 것을 수학적 용어로 진술한다. 베이즈 법칙(Bayes' law)이라는 용어가 뇌 관련 문헌에 자주 등장하고 있으며, 따라서 이 개념의 핵심을 이해하는 것이 교

증거 : 과학자들은 뇌 속을 어떻게 보는가?

신경과학자들은 증거를 수집하기 위해 여러 종류의 정보 제공 기술을 사용한다. 뇌 사진과 그래프를 통해 뇌가 직접적으로 혹은 간접적으로 어떻게 작용하는지를 보여주는 뇌 스캔이나 영상부터 세포나 조직 속의 전압 변화와 전류를 측정하는 전기생리학 자료까지 다양하다.

또한 유기체의 행동 연구와 뇌기능에 대한 이론적 모델도 있다. 종종 이 기술들이 결합해서 어떤 일들이 일어나고 있는지 서로 알려주고 더 잘 알 수 있게 해주는 다중 렌즈 역할을 한다.

예를 들어 MRI와 양전자방출단층촬영(PET 스캔)과 같은 영상 기술은 뇌 네트워크가 어떻게 기능하는지를 기록한다(CORE 7g 참조). 그것들은 우리가 어떻게 주의를 집중하고, 정보를 처리하고, 기억하고, 느끼고, 결정하고, 학습하는지에 대한 정보를 제공할 수 있다(Howard-Jones et al., 2007; National Research Council, 2000b; OECD, 2007). 각 세포는 전기생리학 기술을 통해 뉴런의 전기 활동을 볼 수 있다.

영상은 뇌가 활동하는 동안 혈류가 증가하는 모습으로 얻을 수 있다. 영상을 통해 뇌의 어느 부분이 기능하고 있는지 알 수 있다. 이런 영상은 수술이나 다른 높은 수준의 외과적 기술 없이 얻을 수 있다. 많은 새로운 기술이 신경과학 분야에 빠르게 도입되고 있으며, 앞으로 그 분야에 대한 많은 정보를 얻을 수 있을 것으로 기대된다.

사들에게 도움이 된다. 베이즈 법칙은 어떤 학생들이 다른 학생들과 다른 행동을 하는 이유를 이해하는 데 도움이 된다. 경험이 뇌 예측에 영향을 미치기 때문에 경험이 다르면 뇌 예측도 다를 수 있다.

결론

증거는 뇌에서 두 가지 방식으로 영향을 미친다. 증거를 목표 설정과 우선순위를 정하기 위해 사용하고, 행동을 한 후에 올바르게 했는지 다시 확인하기 위해 사용한다. 다시 말해서 우리는 피드백을 추구한다.

피드백은 뇌에서 여러 수준에서 일어난다. 뇌는 가장 미세한 생물학적 처리부터 광범위한 집행 사고까지 뇌가 활동한 결과를 추구한다. 교수학습 연구들에 의하면 예측, 계획, 그리고 처리 과정의 조절 등 여러 방면에서 피드백이 큰 영향을 미친다.

우리는 교수, 자기조절, 동료와의 상호작용에서 피드백을 받고 학습할 수 있다. 매 순간 우리가 하는 행동의 결과에서도 많은 양의 증거를 얻을 수 있다.

학습활동 중에 충분한 반응이 제공되지 않으면 학생들이 실패를 연습하게 만드는 결과를 초래할 수 있으며, 반응정보가 부족하면 학생들의 연습이 실패하는 결과를 낳을 수 있고, 틀리거나 부적절한 해결 방법과 행동의 기억 흔적을 강화할 수 있다. 뇌는 학습목표가 무엇인지, 학습자가 그 목표를 향한 어느 선상에 있는지, 그리고 그 차이를 어떻게 메울 것인지를 모른다면 효과적으로 자기조절을 할 수 없다. 따라서 피드백과 증거는 교사나 학교 관점에서는 학생들의 성취를 위해 감시하는 일이지만 뇌의 관점에서는 풍부한 패턴을 형성하는 일이다.

이 장은 학습에서 증거의 사용에 관한 여러 가지 좋은 방법과 함정을 논의했다. 그중에서 가장 중요한 것은 피드백을 효과적으로 사용해야 한다는 것이다. 피드백을 받은 후에 학생들이 적극적으로 피드백에 따라 처리하도록 하는 시간이 교수 설계에 포함되어 있어야 한다. 불행하게도 많은 교실활동에 이것이 포함되어 있지 않다. 교육연구와 많은 교사들의 경험에 의하면 교수 설계에 피드백 후속처리를 포함시키는 것이 학습을 지원하는 뇌 처리 과정을 강화한다는 것을 보여준다.

마무리 시나리오

새로운 지식을 적용하기

뇌에서 피드백과 증거

학습할 때 이해가 잘 되지 않으면 당신을 안내해줄 유용한 입력정보가 필요하다. 교사들은 효과적인 피드백을 학생들에게 제공한 결과 큰 효과가 있는 것을 경험했다. 피드백이 곧 교수라는 것을 유념하고, 방금 학습한 것을 실천해보기 바란다.

1. 첫째, 당신이 집중적으로 피드백을 사용할 수 있는 학습기회를 선택하라. 피드백을 사용하는 목표를 확인하라. 만일 이전에 이런 수업을 한 적이 있다면, 그 수업이 얼마나 효과적이었는가? 어느 부분에서 새로운 방법으로 피드백을 사용하는 것이 가장 큰 효과가 있겠는가? 당신이 얼마나 성공적으로 수행했는지 어떻게 판단하겠는가?
2. 학생들이 뇌가 어떻게 피드백을 사용하는지에 대해서 알게 되면 학습에 도움이 된다. 그렇다면, 이 새로운 학습 경험에서 당신이 피드백에 초점을 두는 이유를 학생들에게 어떻게 설명하겠는가? 뇌가 피드백을 기초로 해서 성장한다는 것을 학생들

에게 구체적으로 어떻게 보여주겠는가?

3. 연구에서 밝혀진 효과적인 형성평가를 위한 핵심적인 세 가지 요인을 확인하라. 이 것들을 학생들에게 어떻게 전달하겠는가?

4. 학습 활동 속에 피드백을 어떻게 포함시키겠는가? 학생들이 어떻게 그리고 언제 피 드백을 사용하도록 하겠는가? 그리고 학생들이 그 피드백을 관련성이 있는 다른 교 과목에 전이해서 사용하도록 어떻게 도와줄 수 있겠는가?

5. 뇌는 특정한 종류의 피드백에 특히 잘 반응한다. 그것은 어떤 피드백인가? 당신은 학생들을 가르치면서 이 요인들을 어떻게 통합하겠는가?

6. 마지막으로, 충분한 피드백이 없으면, 뇌는 처리하는 과정을 변경할 증거가 없기 때 문에 틀린 것을 계속 강화한다. 학생들이 목표를 향한 경로에서 벗어나는 것을 당신 은 어떻게 알아챌 수 있겠는가? 그리고 올바른 트랙에 올려놓기 위해서 당신은 피드 백과 증거를 어떻게 사용하겠는가?

참고문헌

Black, P., Harrison, C., Lee, C., Marshall, B., & Wiliam, D. (2002). *Working inside the black box: Assessment for learning in the classroom.* London: King's College.

Black, P., Harrison, C., Lee, C., Marshall, B., & Wiliam, D. (2003). *Assessment for learning: Putting it into practice.* Buckingham: Open University Press.

Black, P., & Wiliam, D. (1998). Inside the black box: Raising standards through classroom assessment. *Phi Delta Kappan, 80*(2), 139–148.

de Courcy, M. (2007). Disrupting preconceptions: Challenges to pre-service teachers' beliefs about ESL children. *Journal of Multilingual and Multicultural Development, 28*(3), 188–2013.

Driscoll, M. (2000). *Psychology of learning for instruction.* Boston: Allyn & Bacon.

Haskell, R. E. (2001). *Transfer of learning: Cognition, instruction, and reasoning.* San Diego: Academic Press.

Hattie, J. (2008). *Visible learning: A synthesis of over 800 meta-analyses relating to achievement.* New York: Routledge.

Hawkins, J., & Blakeslee, S. (2004). A new framework of intelligence. In *On intelligence* (pp. 85–105). New York: Times Books.

Howard-Jones, P., Pollard, A., Blakemore, S.-J., Rogers, P., Goswami, U., Butterworth, B., . . . Kaufmann, L. (2007). Neuroscience and education, issues and opportunities: A TLRP Commentary. http://www.tlrp. org/pub/documents/Neuroscience Commentary FINAL.pdf

Kandel, E. R., Schwartz, J. H., Jessell, T. M., Siegelbaum, S. A., & Hudspeth, A. J. (2013). *Principles of neural science* (5th ed.). New York: McGraw-Hill Medical.

Mackey, A. P., Whitaker, K. J., & Bunge, S. A. (2012, August 22). Experience-dependent plasticity in white matter microstructure: Reasoning training alters structural connectivity. *Front. Neuroanat.*

Marzano, R. J. (2003). *Classroom instruction that works.* Alexandria, VA: ASCD.

McDaniel, M. A., Agarwal, P. K., Huelser, B. J., McDermott, K. B., & Roediger, H. L. (2011). Test-enhanced learning in a middle school science classroom: The effects of quiz frequency and placement. *Journal of Educational Psychology, 103*(2), 399–414.

National Research Council. (2000a). 5. Mind and Brain. *How people learn: Brain, mind, experience, and school: Expanded edition* (pp. 114–128). Washington, DC: The National Academies Press.

National Research Council. (2000b). *How people learn: Brain, mind, experience, and school: Expanded edition.* Washington, DC: The National Academies Press.

OECD. (2007). Understanding the brain: The birth of a learning science. doi: 10.1787/9789264029132-en. Paris: OECD Publishing.

Rabinowitz, M. (Ed.). (1993). *Cognitive science foundations of instruction.* Hillsdale, NJ: Erlbaum.

Ready, D., & Wright, D. (2011). Accuracy and inaccuracy in teachers' perceptions of young children's cognitive abilities: The role of child background and classroom context. *American Educational Research Journal, 48*(2), 335–360.

Reif, F. (2008). *Applying cognitive science to education.* Cambridge, MA: MIT Press.

Rohrer, D., Taylor, K., & Sholar, B. (2010). Tests enhance the transfer of learning. *Journal of Experimental Psychology, 36*(1), 233–239.

Rosenthal, R., & Jacobson, L. (1968). *Pygmalion in the classroom.* New York: Holt, Rinehart and Winston.

Schunk, D. H. (2012). Cognition and instruction. In *Learning theories: An educational perspective* (pp. 278–323). Boston: Pearson.

Society for Neuroscience. (2008). *Brain facts: A primer on the brain and nervous system.* Washington, DC: Society for Neuroscience.

Tapia, J. (2004). Latino households and schooling: Economic and sociocultural factors affecting students' learning and academic performance. *International Journal of Qualitative Studies in Education, 17*(3), 415–436.

민감기

10장에서는 CORE 지도원리 6이 계속되면서 민감기가 소개된다. 과학자들은 특정한 부분의 뇌가 특정한 시기에 더 잘 학습할 준비가 된다는 것을 발견한다. 우리는 특수한 유형의 지식, 기술, 그리고 능력을 어떤 시기에 특히 잘 배우는 것으로 생각된다. 뇌가 연합된 요인들의 중요한 변화를 일으키고 재조직을 한다. 이것은 무엇을 말해주는가?

학습 요점

1. 뇌가 발달하는 동안에 특정한 종류의 기술과 지식을 학습하는 데 특히 적절한 민감기가 있는 것으로 보인다.
2. 뇌 영역에 따라 학습 준비가 되는 시기가 다르며, 이 시기는 연령과 관계가 있다.
3. 민감기에는 뇌가 연합된 요인들을 변화시키고 재조직하기가 쉽기 때문에 특정한 유형의 지식, 기술, 능력을 특히 잘 학습할 수 있는 것으로 보인다.
4. 민감기는 시각, 감각 강화(sensory enrichment), 언어, 운동, 정서와 사회성 발달을 포함한 여러 영역에서 발견되었다.
5. 이 중요한 시기에 뇌는 특수한 종류의 기술과 관련된 뇌의 구조와 기능을 발달시키고 장기적으로 유지하기 위하여 특정한 유형의 외적 자극을 사용한다.
6. 이 단계에서 개인의 경험과 어떤 외적 자극에 대한 노출(예 : 소리, 시각 자극, 촉각, 느낌, 냄새)이 뇌발달에 매우 중요한 요인이고 뇌가 어떻게 변할 것인가에 매우 큰 영향을 미친다.
7. 인지적 유연성 때문에 발달하고 있는 뇌는 뇌가 필요로 하는 것에 따라서 독특하게 조직하는 것이 가능하다. 민감기에는 학습이 더 빠르게 일어나고 학습 결과의 변화가 더 뚜렷하다.

8. 민감기 동안, 인간의 일반적인 발달 단계에 따른 비슷한 패턴의 특징들이 많은 학생들과 많은 문화에서 나타난다.

9. 민감기라는 개념은 교사들에게 관심의 대상이기도 하지만 논쟁의 대상이기도 하다. 민감기는 교육 과정의 개발과 교과내용의 시기에 대한 중요한 질문을 제기한다.

10. 그렇지만 민감기 동안에 인간의 인지 시스템이 어떻게 반응하는가에 대해 알려진 것이 너무 적기 때문에, 많은 연구자들은 형식적인 교육 과정 설계에 반영하기에는 민감기에 대한 연구가 아직 준비되지 않은 상태라고 생각한다. 교육자들은 초기 연구를 과해석하지 않도록 조심해야 할 뿐만 아니라 더 많은 것이 밝혀질 때까지는 너무 쉽게 연구 결과를 받아들이는 것도 조심해야 한다.

들어가기

샌프란시스코에서 행정직원으로 일하는 메리는 그녀가 한때 스와힐리어[27]를 쉽게 말했다는 것을 알고 놀랐다. 그녀는 인도에서 출생했으며 어릴 때 그녀의 여동생을 포함한 그녀의 가족은 케냐로 이민을 갔다. 메리는 아프리카에서 잠시 생활한 것을 기억하지만 상세한 기억들은 없었다. 그녀의 가족은 다시 영국으로 이사했고, 그녀는 지금 미국에서 수년간 살고 있다. 케냐에서 잠시 사는 동안에 그녀의 아버지가 찍은 가족 동영상을 보고서야 그녀와 그녀의 여동생이 스와힐리어를 말하면서 케냐 아이들과 놀았다는 것을 알게 되었다. 어린아이일 때 그들은 형식적인 훈련 없이 새로운 언어를 쉽게 말할 수 있었다. 메리는 이제 그 언어를 잊어버렸을 뿐만 아니라 그것을 배운 적이 있다는 것조차 잊어버리고 있었다.

지금, 만일 메리가 다른 새로운 언어를 배우고 싶어 한다면 그녀가 어렸을 때만큼 쉽지 않을 것이다. 어릴 때에 뇌가 특히 언어 학습에 긍정적으로 반응하기 때문에 일찍이 언어에 노출하는 것이 좋다고 연구 결과에서 나타났다. 그렇게 일찍 노출하면 문법, 구문, 리듬, 억양과 같은 언어의 많은 형식적 속성들을 최고로 쉽게 숙달할 수 있다(Newport, 2006; Newport, Bavelier, & Neville, 2001).

과학자들은 인간 발달에서 뇌가 가장 잘 학습하는 특히 반응을 잘하는 기간(기회의 창)의 존재를 오래전에 이론화했다. 2000년에 미국 국립연구위원회(NRC)는 많은 연구들이 전 생애에서 학습 경험이 가장 크게 뇌발달에 영향을 미치는 특별한 시기가 있다는 것에 동의하는 결과를 보여준다고 하면서 민감기가 존재한다고 발표했다.

---

27. 동부 아프리카에서 널리 사용되는 언어-역주.

이 장은 2장에서 시작했던 가소성에 대한 전반적인 논의를 하지만 그 배경에 대해 더 자세하게 논의한다. 신경과학자들은 어떤 유기체의 뇌의 영역이나 기능이 특정하게 제한된 기간에 경험의 영향을 특히 많이 받을 때, 그 시기를 민감기(sensitive period)라고 말한다. 민감기의 존재가 행동으로 나타나지만, 행동은 실제로 우리 신경회로의 발달 특성에서 생긴다고 연구자들은 말한다(Knudsen, 2004). 경험에 대한 민감성이 고조된 시기에는 신경회로가 특별히 유연해진다. 신경회로가 유연하면 뇌가 그 유기체에 더 적합하도록 정보를 표상할 수 있다.

민감기는 뇌 가소성의 특별한 측면을 나타낸다. 민감기는 특별한 지식, 기술, 능력을 특히 잘 배울 수 있는 연령이나 시기이며, 뇌가 이런 특성들과 관련된 뇌구조를 물리적으로 변화시키고 재조직하기가 쉽기 때문이다. 이 장에서는 매우 논쟁적인 주제인 뇌발달에서 민감기의 역할을 탐색한다. 과학자들은 뇌의 영역에 따라 학습을 위해 더 잘 준비가 된 특정한 시기가 다르다는 것을 발견했지만, 교육자들에게 주는 함의가 어떤 것인지에 대해서 분명하게 밝혀진 것은 아주 적다.

민감기는 교육자들을 위한 완벽한 주제로 보이지만, 여기에는 함께 소개할 몇 가지 이슈가 있다. 민감기가 시작되는 정확한 시기와 기간과 관련하여 다른 동물들에 대해서는 밝혀졌지만 인간에 대해서는 아직 정확하지 않다. 이것은 일반적인 개념을 증명하는 데 도움이 되고 과학자들에게 많은 정보를 제공하지만, 교사들에게는 원숭이올빼미[28]의 청각이 어떻게 발달하는지 그리고 명금[29]이 언제 노래하는 것을 배우는지에 대한 확실한 증거가 있어도 관심이 없다. 대신에, 교사들은 다음과 같은 것에 대해 알고 싶어 한다.

- 인간 발달에서 밝혀진 민감기의 구체적인 내용은 무엇인가?
- 아동과 10대의 어떤 단계들이 '민감'한가? 그리고 구체적으로 어떤 행동, 뇌 네트워크, 회로가 조정되고 있는가?
- 사람들 간에 어느 정도의 편차가 있는가?
- 이 편차는 어느 정도 확인된 조건들과 관련이 있는가?

그러므로 이 장은 이런 질문들에 대한 정확한 답을 얻지 못하고 실망할 것이라고 미리 말해두는 것으로 시작할 필요가 있다.

신경과학, 인지심리학, 교육연구가 각각 독립적으로 정보를 제공해 왔기 때문에 여기에서는 인간 발달 연구와 확인된 민감기에 대한 아직 제한된 뇌 연구의 조합이 필요하다. 상세하게

---

28. 올빼미류의 새로 청각과 시각이 매우 발달해 있다. 숲이나 사바나 지역에 살며, 둥지는 나무의 빈 속이나 낭떠러지의 굴 속, 건물 틈새 등에 만든다-역주.

29. 고운 소리로 우는 새-역주.

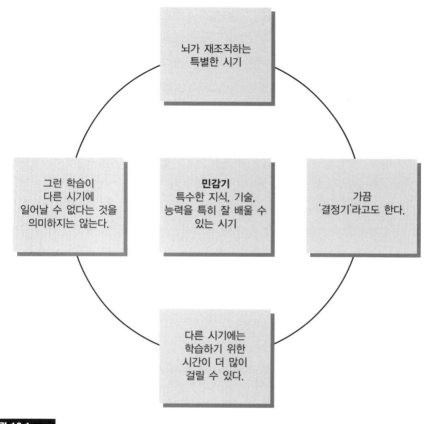

그림 10.1
민감기의 여러 측면

답을 하기에는 연구되어 있는 것이 너무 부족하다고 우리는 생각한다. 따라서 비록 교육자들을 위한 어떤 자료들은 분명하게 시기를 명시하고 꽤 상세한 주장을 하는 것으로 보이지만, 우리는 교사들이 민감기에 대한 더 일반적인 이해를 하는 것이 좋다고 생각한다. 즉 민감기가 무엇이고 왜 신경과학에서 큰 관심을 가지고 있는지 이해하는 것이 중요하다(그림 10.1 참조).

민감기인가, 결정기인가

여기서 잠시 민감기 그리고 이와 비슷한 **결정기**(critical period)라는 용어를 구분할 필요가 있다. 교사들은 문헌에서 두 가지 용어를 모두 볼 수 있을 것이다. 이것들은 가끔 서로 바꾸어 사용되기도 하고 어떤 경우에는 그 기간의 강도에 다른 무게를 두는 의미로 구분해서 사용하기도 한다. 하지만 결정기는 만일 특수한 창 속에서 학습이 일어나지 않으면 다른 시기에는 어떤 기능을 개발하는 것이 불가능하다는 의미를 내포할 수 있기 때문에, 최근 연구 결과에서도 말해주듯이 이 시기에 뇌의 여러 영역이 학습할 준비가 더 잘 되어 있다는 의미를 전달하는 민감기라는 용어가 더 적절하다고 본다(CORE 6d 참조).

OECD의 학습과학 보고서가 설명하듯이(OECD, 2007, p. 30), 만일 민감기 학습이 이 '기회의 창' 시기에 일어나지 않는다면, 학습이 전혀 일어날 수 없다는 것이 아니라, 시간과 인지적 자원이 더 많이 필요하고 종종 비효과적이라는 것이다(CORE 6f 참조).

이 두 용어에 대하여 그 보고서가 강조하는 것은, 교사들에게 중요한 것은 결정적이라는 용어가 교사들이 사용하기에 너무 강한 표현일 수 있지만, 어떤 특정한 시기에 어떤 영역의 학습이 일어나는 경향(inclination)이 있는 것을 과학자들이 발견했다는 것이다. 따라서 너무 과도한 해석을 피하기 위해 이 책에서는 그런 기회의 창을 민감기라고 부르기로 한다. 우리는 교육자들이 이것을 두 가지 가능성으로 구분하거나 가능성의 스펙트럼으로 해석하지 않기를 부탁한다. 민감기라는 용어를 사용하는 것은 현재까지의 제한적인 연구 결과에 대한 이해를 반영한 것으로, 더 많은 것들이 밝혀지면 달라질 수도 있기 때문에 조심스럽게 해석할 필요가 있다.

뇌의 재조직이 잘 되는 시기

앞에서 본 메리의 스와힐리어를 배운 경험과 같이, 입력되는 소리정보를 우리가 인식하고 조직하는 것—언어 학습에서 음소 지각(phonemic perception)이라고 부르는 것—은 생애 초기의 민감기와 관련이 있다. 그것은 인간 인지의 기본적인 특성으로, 어린 아동이 성인보다 더 많은 소리를 구별할 수 있다(National Research Council, 2000). 하지만 아동이 만일 그가 사용하는 언어 속에서 의미 있는 것으로 그것을 경험하지 않는다면, 그런 소리를 구분하는 능력을 빨리 잃어버린다.

뇌가 처리하는 말소리의 수가 감소하는 것은 유아기와 초기 아동기에 크게 일어난다(CORE 6e 참조). 그런 시기에, 연결되는 수가 감소하게 되고 변화가 덜 일어난다. 없어지지 않고 남은 것들은 더 강하고, 더 신뢰할 수 있고, 더 정확하다(Society for Neuroscience, 2008). 그러므로 과학자들이 민감기라고 하는 기간 동안에 특별한 뇌기능, 네트워크, 정보 처리나 운동 영역이 발달과 재조직을 위해 여분의 주의를 받을 수 있다.

민감기 동안에 인간의 일반적인 발달 단계에 따른 비슷한 언어 학습과 그 외 패턴들은 많은 학생들과 문화에서 비슷하게 나타나는 특징이다. 비록 아직 충분히 밝혀지지는 않았지만, 민감기는 최소한 뇌 재조직이 잘 되는 시기라고 말할 수는 있다.

경험과 노출의 역할

민감기는 개인의 전 생애에서 특수한 시기에 일어나는 특수한 뇌발달의 시기다. 뇌는 구조와 기능의 발달을 일으키고 유지하기 위해 소리, 보이는 것, 피부에 닿는 것, 느낌, 냄새와 같은 뇌에 들어오는 외적 자극들을 사용한다. 이 단계에서 개인의 경험과 노출이 뇌가 어떻게 발달하는가에 커다란 영향을 미치는 지배적인 요인이다.

인간 인지 시스템의 민감기는 주로 시각, 청각, 언어, 운동, 정서를 담당하는 뇌 영역 발달과 관련하여 제안되었다(CORE 6g 참조). 〈표 10.1〉에 민감기를 보여주는 영역들이 소개되어 있다. 이 예들을 통해 민감기에 대한 일반적인 연구 방향을 교사들이 잘 이해할 수 있을 것이다. 우리는 여기에서 더 깊이 들어가서 설명하지는 않을 것이다. 뇌의 여러 영역들과 학습 유형의 관계에 대한 신경과학 분야와 인간 발달 분야를 연결하는 연구들은 일치된 의견도 부족하고 제한적이기 때문이다.

대표적인 언어 획득에 대한 예를 가지고 설명해보자. 유아와 걸음마 아기들은 주변에서 많이 듣는 모국어를 접하면서 특히 의미 있는 언어 처리와 소리 형성에 매료된다. 이것을 더 구체적으로 설명하기 위해 영어에서 'r'과 'l' 소리를 생각해보자. 두 가지 소리 모두 영어 단어와 구절에서 많이 나타나지만, 일본 아동과 여러 아시아 국가의 아동들은 그렇게 구별되는 두 가지 소리를 접할 기회가 흔하지 않다(National Research Council, 2000, pp. 10-11). 그런 차이를 자주 듣는 영어를 말하는 사람들은 자연스럽게 그 소리의 차이를 유지하지만, 일본어를 말하는 사람들은 그 소리의 차이가 그들 언어에서 많이 사용되지 않기 때문에 자연스럽게 무시된다. 생애 초기에 경험하지 않는 소리에 대한 감각적 처리는 또한 생의 후기에 쉽게 회복되지도 않는다.

발음과 음소 조합에 대한 비슷한 예들은 많은 언어에 나타나며 이 예들은 뇌의 일반 원리를 설명해준다. 그것은, 일상생활에서 반복적으로 사용되고 자주 경험하는 것에 인지적 자원이 투자된다. 반대로 의미가 덜한 것으로 보이는 것은 경시된다.

인지적 유연성 덕분에 발달하고 있는 뇌는 뇌가 필요로 하는 것을 찾아서 독특하게 조직할 수 있다. 인지적 유연성은 특히 초기 아동기와 학령기 동안 지능발달에 큰 영향을 미친다. 민감기는 뇌의 요구를 만족시키기 위해 작동한다. 뇌는 학습을 통해 재조직함으로써 늘 '최고의 뇌'를 만들려고 한다. 민감기에는 학습이 더 빠르게 일어나고 변화된 결과가 더 뚜렷하다.

〈그림 10.2〉에 나타나 있듯이 학습이란 경험/자극에 의한 비형식적 학습과 형식적 학교 학습 모두를 의미한다. 이것은 교사들이 반드시 기억해야 하기 때문에 앞에서도 이미 말

표 10.1　민감기의 예	
영역	예
언어 획득	태어나서 첫 몇 해 동안 유아와 걸음마 아기는 모국어로 사용되는 언어를 처리하고 소리를 유의미하게 만드는 것에 대해 특히 수용적이다. 다소 다른 발달 창이 조음(phonic articulation), 구문, 문법, 어휘발달을 포함하는 다른 유형의 언어 처리 과정과 연관이 있을 수 있다.
청각 처리와 감각 심화	아동의 초기 환경에서의 소리가 청각 피질의 구조적 발달과 반응에 영향을 미친다. 예를 들어 아주 흔한 잡음이 어린 연령에서는 문제가 될 수 있는 반면에 의미 있는 청각 패턴은 반복된 노출이나 감각 심화 뒤에 세밀한 차이를 지각할 수 있게 되는 것과 같이 뇌 지각에 영향을 미칠 수 있다.
시각	시각 신경 발달은 초기 아동기에 큰 영향을 받는다. 시각에 문제가 있으면 뇌 네트워크가 정상적으로 형성되지 않기 때문에 백내장을 가지고 태어난 아기는 일찍 치료를 받을수록 시력 회복이 용이하다. 3D 시각화와 공간적 방위(spatial orientation)와 같은 더 복잡한 처리 과정은 중학생 정도의 연령에서 발달된다.
부모 유대와 각인	부모와 형제자매를 인식하고 유대를 맺는 것 — 신경 각인(neural imprinting) — 은 초기 연결에 민감하다.
정향 주의	정향 네트워크는 유아기와 초기 아동기에 나타나는 반면에 집행 주의 네트워크는 2~7세 정도에 늦게 발달하기 시작한다. 두 가지 네트워크 모두 경험과 훈련에 노출될 때 더 잘 기능한다.
운동 기술	초기 아동기에는 큰 운동 기술(걷기, 물체 탐색, 놀이 활동)을 담당하는 소뇌와 운동 피질이 발달한다. 그다음에 운동 기술이 더 많이 발달하고 더 세밀하게 조정된다. 운동 기술 발달을 위한 연령에 적합한 노출, 자극, 훈련 등이 관심을 받고 있는 연구 영역이다.
자기조절	자기조절은 아동기에 증가하며 목표 달성 및 생활 기술과 연관이 있다. 학자들은 중재가 단지 제한된 기간에만 도움이 되는지 혹은 더 일반적인 효과가 있는지 연구하고 있다.
사회적 행동	학자들은 3~6세 아동들의 사회성 발달에 대한 민감기는 아동이 모델링, 강화, 연습을 통해 관찰한 행동을 개인적으로 따라하는지 확인한다. 그리고 후기 아동기와 초기 청년기에는 동료, 짝, 팀과 같은 집단 속에서의 상호작용과 사회성 발달을 확인한다.

표 10.1　민감기의 예(계속)

제2언어 획득	사춘기 전 연령의 아동이 연령이 더 높은 학습자들보다 제2언어를 획득하는 동안 유창성 획득이 더 높은 것으로 나타났다. 특히 발음과 적절한 구문과 같은 표현력이 민감하다.
집행 기능	계획, 목표 설정, 그 외 집행 처리 과정은 주로 청소년기와 성인 초기에 성장한다. 학자들은 경험, 관찰, 전략적 성과 기회의 역할에 관심이 있다.
도전, 도덕성 발달, 공감, 의사결정	몇몇 발달 측면들은 핵심적인 시기에 인간 행동을 중재한다. 그것들에는 도전, 도덕성 발달, 공감, 그리고 사회적 소속에 대한 느낌과 행동이 있다.

했지만 이 책에서 계속해서 언급할 것이다. 어떤 경우에는 학교, 스포츠팀, 직장과 같이 사회가 의도적으로 학습을 구조화하려고 한다. 그러나 인간의 인지 시스템은 또한 형식적인 교육과 관계없이 모든 종류의 경험으로부터 지식을 얻는 데 매우 능숙하다. 이 비형식적 경험은 종종 민감기를 논의할 때 중요한 역할을 한다. 우리의 마음은 뇌발달 시기를 육성하기 위해 최선을 다해서 마음이 필요로 하는 것을 추구하고 있는 것 같다.

〈표 10.1〉의 예에서 이미 보았듯이, 시각 신경 발달도 초기 아동기에 큰 영향을 받는다. 백내장을 가지고 태어난 아기는 선천적으로 수정체가 흐린데, 만일 치료를 일찍 받으면 늦게 받는 아이보다 시력을 더 잘 회복한다. 두 사례 모두에서 눈 자체는 비슷하게

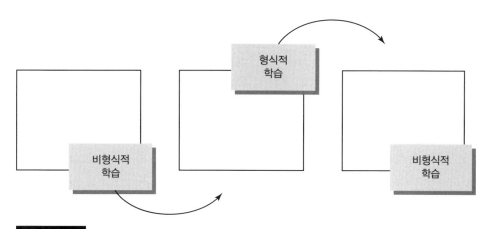

그림 10.2

학습하기 위한 두 가지 방법. 학교 수업과 같은 형식적 학습과 놀이, 상호작용, 가족 간의 대화와 같은 비형식적 학습이 다른 시기에도 마찬가지듯이 민감기의 뇌 재조직에 영향을 미친다.

반응하지만 시각이 오랫동안 기능하지 않으면 뇌 네트워크가 시각이 기능하는 것과 다르게 조직된다.

언어 처리 과정의 예와 매우 흡사하게 뇌발달은 학습자에게 어떤 자극이 제시되느냐가 매우 중요하다. 〈표 10.1〉이 보여주듯이 민감기는 감각과 운동 기술 발달뿐만 아니라 전반적인 인간 발달에도 관련된다. 부모 및 형제자매와의 유대부터 다른 사람들과의 사회적 발달까지, 노출에 반응하여 학습된 어떤 특징적인 패턴이 특정한 연령에서 일어날 수 있다. 예를 들어 약 3~6세 아동들은 주변의 친구들이나 더 나이 많은 아동들의 행동을 자세하게 관찰하고 본 대로 따라서 행동한다. 그들은 관찰한 특성을 연습하고 개인 행동에 대해 이해를 강화한다. 그 아이들이 아동기 후기와 사춘기 초기가 되면 더 큰 집단 속에서 공부하고 놀면서 많은 시간을 보낸다. 이 시기에 둘에서 셋, 집단, 팀으로 상호작용을 하면서 사회성을 발달시킨다. 중학생 시기는 학생들이 말썽을 많이 부리기도 하지만 사회적 연결을 맺는 중요한 발달시기이다.

언어, 시각, 사회성 발달도 민감기의 또 다른 재미있는 특성을 보여준다. 즉 다양한 기술 발달을 수용하는 여러 다른 창이 있다. 언어를 예로 들면 조음, 구문, 문법, 어휘 발달과 관련된 어느 정도 독립적인 창들이 있는 것으로 보인다. 시각은 3D 시각화(3D visualization)와 공간적 방위(spatial orientation)와 같은 더 복잡한 과정들이 중학교 시기에 노출되는 것과 관련이 있다. 학생이 더 큰 지식 기반과 주변 세계를 더 잘 이해하는 기술을 획득함으로써 학습을 더 잘할 수 있는 것으로 보인다.

조기 음악 훈련과 뇌 : 한 가지 예

학습에 민감기가 존재한다는 것에 대해 많은 교육자들은 자연스럽게 받아들인다. 그들은 아동들이 특정한 연령에서 특정한 기술을 더 쉽게 배운다는 것을 오래전부터 알고 있었다. 무엇을, 언제, 어떤 순서로 가르칠 것인가를 의미하는 교육 과정 범위와 계열에 대한 오래된 기본적인 개념은 교사들의 경험에서 나왔다. 교사들은 많은 학생들이 특정한 시기에 특정한 경험에 노출되었을 때 가장 잘 학습한다는 것을 매일 목격하고 있다.

민감기를 설명할 수 있는 뇌 원리는 최첨단의 새로운 과학 분야이며 교사들이 큰 관심을 가지고 있다. 어떤 인지가 민감기와 관련이 있고 어떤 인지가 민감기와 관련이 없는가 하는 것에 대해 교육자들을 위해 확인된 미국 국립연구위원회의 보고가 없다.

뇌발달의 민감기에 대한 기존의 연구들은 대부분 아기들의 언어발달이나 운동발달과 같은 교실 밖에서 일어나는 비형식적인 학습에 대한 것들이다. 형식적 교육 영역에서 특별한 관심을 받은 영역은 아동기 음악 훈련이다.

　음악 훈련은 과학자들이 민감기가 뇌발달에 미치는 영향을 탐색할 수 있는 유용한 모델을 제공한다. 분명히, 어린 아동들은 악기 연주를 배울 수 있다. 중요한 것은 이런 조기 훈련이 나이가 더 들어서 훈련하는 것보다 뇌구조에 더 큰 영향을 미치는가 하는 문제다. 다시 말해서, 성공적인 음악가가 되기에 특별히 도움이 되는 기회의 창이 있는가? 한 연구가 기회의 창이 있다는 증거를 제공했다.

　조기 음악 훈련과 뇌 백질의 양이 관련이 있다는 것을 보여주는 연구들이 많이 있다. 백질은 뇌에서 효과적으로 소통하기 위해 필요하다. 하지만 한 가지 중요한 질문은 '뛰어난 음악가들—예를 들어 요요마 혹은 파블로 카잘스와 같은 신동—은 조기 훈련 때문에 뇌구조가 변해서 성공했을까, 아니면 어릴 때부터 훈련을 시작해서 전체적인 훈련 시간이 길기 때문에 성공했을까?'하는 것이다.

　Christopher J. Steele이 이끄는 캐나다와 독일팀에 의한 2012년의 한 연구는 이 문제를 연구하고 조기 음악 훈련이 행동과 뇌 모두에 지속적이고 장기적인 변화를 일으킨다는 주장을 지지하는 증거가 있다고 결론 내렸다. 뇌 영상법을 사용하여 그들은 두 대뇌 반구를 연결하는 뇌량(corpus callosum)이라고 부르는 신경섬유 다발을 조사했다. 악기 연주를 위해서는 두 손의 협응이 필요한데 뇌량이 그것을 맡고 있다. 연구자들은 뇌 백질의 양을 측정했을 뿐만 아니라 뇌의 조직이 매우 어릴 때 악기 연주를 배운 음악가와 나이가 더 들어서 배운 음악가 간에 차이가 있는지 조사했다. 훈련과 경험을 한 햇수를 비교함으로써, 그들은 어릴 때 훈련을 받은 음악가들의 뇌량이 더 큰 것을 발견했다. 그들은 7세 이전에 받은 훈련이 백질의 연결을 변화시킨다고 제안했다. 이것을 비계로 해서 후속 경험이 축적된다고 그들은 결론 내렸다(Steele, Baily, Zatorre, & Penhune, 2013).

　아동기 음악 수업은 그 이후로 음악 수업을 더 이상 받지 않은 경우에도 장기적인 좋은 효과가 있을 수 있다. 2013년 The Journal of Neuroscience에 발표된 신경과학자들에 의한 연구에 의하면 어릴 때 음악 수업을 받았던 성인들이 어릴 때 음악 수업을 받지 않았던 성인들보다 말소리를 더 빨리 처리할 수 있다. 이 연구 결과는 나이가 들면서 신경 시스템 기능의 저하가 특히 잡음이 많은 환경 속에서 말을 이해하기 어려운 결과로 나타날 수 있다는 점에서 중요하다. 그 연구자들은 소리와의 상호작용 단계가 조기 음악 훈련에 의한 영향을 받을 수 있다고 제안했다. 그 결과는 중추청각핵(central auditory nuclei)에서 신경 처리 과정이 예리해지는 것이다. 이 결과는 나이가 많이 들어서까지 잘 유지되는 것으로 보인다고 그들은 말한다. 그 연구의 대상들은 어릴 때(4~14세) 음악 훈련을 받았지만 그 후 수십 년간 악기를 연주하지 않은 사람들이었다(White-Schwoch, Woodruff

Carr, Anderson, Strait, & Kraus, 2013). 모든 학습 유형이 음악 훈련과 같이 시기와 분명한 상관관계를 나타내는 것은 아니지만, 이 연구가 보여주듯이 적절한 시기에 적절한 자극에 노출되는 것이 학습 결과에 영향을 미치고 영구적으로 인지적 능력이나 감각적 능력을 향상시키는 데 도움이 될 수 있다.

따라서, 인간의 민감기와 언제 학습이 일어나는가에 대한 이해가 앞으로의 뇌 연구가 나아가야 할 방향으로 보이며, 연령과 관련된 인간의 인지발달 시기에 대해 더 많이 밝혀질 것으로 기대된다.

민감기의 프론티어 연구들

2장에서 논의했듯이 민감기에 대한 새로운 개척 연구 분야는 시냅스 가지치기와 관련이 있는 중요한 뇌발달이 학령기와 20대 초반까지 계속된다는 연구 결과에 의해 이미 문이 열렸다. 그런 가지치기는 민감기 동안 어린 시기에 발견되는 뇌 재조직과 비슷한 메커니즘에 의존하기 때문에, 어떤 과학자들은 민감기가 청소년기 그리고 그 후에도 나타날 수 있다고 생각한다(CORE 6h 참조). 이런 민감기에는 고순위 추리, 정서 이해, 의사결정과 같은 것들이 포함될 수 있다. 성인기에서의 목표 설정이 이 범주에 포함될 수 있다. 따라서, 뇌발달에 관련한 이른 나이에서의 민감기와 마찬가지로 늦은 나이에서의 민감기도 연구 주제로 관심을 받고 있다.

또 하나의 예는 대수 학습에 대한 연구다. 뇌과학 연구 결과는 대수를 배우는 많은 10대들은 성인들과 다른 뇌 영역들을 사용하거나 활성화한다고 지적한다. 그렇다고 하면 특정한 시기에 일어나는 뇌의 재조직을 초기 청소년기에서 성인기까지 확장하는 것이 가능하다고 추리해볼 수 있다(Luna, 2004; Qin et al., 2004). 그 차이는 특정한 기간 동안 활발한 뇌의 재조직을 하는 기억 처리 과정이나 장기적인 저장과 관련이 있을 것이다. 특정한 시기에 특정한 양적 추리에 노출시킴으로써 어느 정도 뇌 재조직이 일어날 수 있는가 하는 것은 아직 밝혀지지 않았다. 앞으로 중요한 뇌 변화에 대한 이해가 표면화되겠지만 아직까지는 밝혀진 것이 부족하다.

교사들은 후성유전학과 같은 분야가 또한 중요한 최신 아이디어를 내놓고 있다는 것을 들었을 것이다. 후성유전학은 연령이 증가하면서 일어나는 유전자와 환경의 상호작용을 연구한다. 후성유전학 연구에서 밝혀진 것은 환경적 노출이 유전자가 실제로 어떻게 발현하는가에 영향을 미칠 수 있다는 것이다. 그 분야의 연구자들은 연령과 관련된 환경에 민감한 단계가 있을 수 있다고 지적한다. 그렇다면 우리의 유전자 자체가 '민감'

학생들은 얼마나 일찍 뇌에 대해서 배울 수 있을까?

교사들은 학생들이 특별히 뇌의 기능에 대해 잘 학습할 수 있는 특별한 시기가 있을까 생각한다. 뇌 연구가 아직 그 질문에 정확한 답을 할 수는 없지만 고무적인 이야기들은 많다. 존스홉킨스대학교 소아신경외과 과장인 Ben Carson은 그가 처음으로 뇌과학에 매력을 느낀 때에 대해 이야기했다(Carson, 2010).

가난한 집안에서 자란 Carson은 초등학교에서 공부가 힘들었다. 약 10세 때에 뇌는 계획하고, 전략을 짜고, 환경을 통제하도록 만들어져 있다는 것을 알게 되었다. 그게 사실일까? 그는 깊이 생각했다. 그는 많은 과학 서적을 읽기 시작했다. 2년도 채 안 되어서 그의 학교 성적이 바닥에서 꼭대기로 올라갔다.

"이 학업성적의 변화는 너무나 극적이어서 뇌 이식을 받아야 그런 일이 가능하지 않을까라고 의심할 정도였다"라고 그는 *Parade Magazine*에 실은 자신에 대한 소개글에서 농담으로 말했다. "실제 변화는 나의 지각과 기대에 일어났다. 나는 희생자에서 주인 계획자가 되었다."

할 수 있는 것으로 보인다. 어떤 경우에는 우리가 특정한 시기에 어떤 것에 노출되느냐에 유전자가 다르게 작용할 수도 있다.

연구 결과의 과한 해석에 대한 주의

이 장의 서두에서 지적했듯이, 교육자들과 부모들에게 민감기는 감질나기도 하고 다소 당황스럽기도 한 개념이다. 민감기 발달의 잠재적인 장점을 최대화하고 싶어 하지 않는 사람이 어디 있겠는가? 또한 특별히 바람직한 기술이나 행동과 연합된 학습 창을 잃어버릴 가능성에 대해서 누가 걱정하지 않겠는가?

유념해야 할 중요한 점은 미국을 포함한 많은 나라의 과학자들이 민감기와 관련된 뇌발달의 메커니즘과 함의를 이해하기 위해 활발하게 연구하고 있지만 그 성과는 아직 유아기에 머물러 있다는 것이다. 민감기 동안에 인간의 인지 시스템이 어떻게 반응하는가에 대하여 알려진 것이 거의 없기 때문에 교사들은 신중해야 한다. 교사들은 흥미로운 새로운 연구 결과에 관심을 갖기도 해야 하지만, 또한 초기 연구 결과를 과해석하지 않도록 하고 더 많은 것이 밝혀지고 그 분야가 정립될 때까지는 너무 쉽게 주장을 받아들이지 않도록 해야 한다.

성급하게 결론 내리는 것은 학생들에게 도움이 되지 않는다고 정책입안자들은 United Kingdom Learning Sciences에 보고하고 있으며, 그들 중에는 현 단계에서 민감기 연구를 언급하는 것은 매우 조심해야 한다고 말하는 사람도 있다(Howard-Jones et al., 2007). 예를 들어 그 분야의 연구자들은 '지금 하지 않으면 기회는 없다'라는 생각은 잘못된 것이라고 우려한다. 과학자들은 만일 학습이 어떤 확인된 기회의 창 기간에 일어나지 않는다고 해서 학습이 결코 일어날 수 없다는 것을 의미하는 것이 아니라고 말한다. 시간이 더 걸리고 더 많은 인지적 자원이 사용되고 아마도 덜 효과적일 수 있지만, 아직 그것을 측정할 수 있을 정도로 알려진 것은 거의 없다. 민감기를 외적 환경에 의해 조성되는 뇌의 능력에 있어서 약간의 차이가 있는 시기로 생각하는 것이 가장 좋다고 연구자들은 말한다.

나아가, 그 영국 보고서는 민감기를 교실 기반 학습에 직접적으로 적용할 수 없을 수도 있다고 말한다. 오늘날까지 기회의 창은 주로 기본적인 감각, 운동, 혹은 기억 기능에 대해 확인되었다. 그 영국 보고서 저자들은 이런 것은 일반적으로 일상의 혹은 비형식적인 학습 환경—가정, 운동장, 가족과 친구들 속에서와 같은—에 의해 자연적으로 조성된다고 주장한다. 따라서 교사가 설계하는 학교 학습과 의도적인 수업에는 민감기가 잘 적용이 안 될 수 있다. 하지만 민감기와 관련하여 이렇게 형식적 학습과 비형식적 학습으로 구분하는 것은 아직 이론적인 것일 뿐이며 앞으로 연구되어야 할 주제로 남아 있다. 영국 보고서는 민감기에 대한 연구가 비록 매력적이기는 하지만 아직까지는 의미 있게 형식적인 교육 과정 설계에 공헌할 준비가 되어 있지 않다고 기술한다(Howard-Jones et al., 2007, p. 4).

따라서 너무 서둘러서 지식의 적용을 실천으로 옮기는 것은 문제가 될 수 있다—틀린 것이 아니라 우리가 아직 충분히 모른다는 것이다. 교사를 위한 많은 자료들은 교육자들이 최소한 학습의 이런 측면을 알고 있어야 한다는 점에 동의한다. 교사들은 최소한의 기본적인 개념과 연구 동향을 이해해야 한다. 오늘날의 교사들은 교육 활동을 해나가면서 이 연구들을 분명히 훨씬 더 많이 볼 수 있을 것이다. 그리고 교사들은 교과내용과 학년 수준의 전문가로서 민감기를 포함한 발달상 적절한 학습에 대한 최근 연구들에 대해 알고 있어야 할 것이다.

그밖에, 연구가 어떤 방향으로 나아가든 교사, 교육 과정 개발자, 정책입안자, 그리고 교수와 학습에 관여하는 모든 교육자들은 분명히 학교에 제공되는 많은 새로운 산출물들을 접할 것이다. 이것들은 정도의 차이는 있겠지만 모두 뇌 연구에 기반을 두고 있는 것들이다. 물론 '신경'이라는 제목이나 다른 그럴듯한 말만 붙여서 상업적으로 이용하는 것들을 학교에서 무조건적으로 적용해서는 안 된다.

민감기인가, 박탈기인가

이 장에서의 논의는 건강한 조건에서의 뇌기능에 초점을 맞추었다. 발달지연, 특수한 언어장애, 자폐증, 그 외 조건들에 대해 민감기와 관련이 있을 것이라고 지적하는 연구들이 나타나기 시작했지만, 여기에서는 이런 조건들에 대해 논의하지 않는다. 예를 들어 최근에 나온 소뇌 영역에 대한 연구에 의하면 내적인 뇌 소통의 민감기가 박탈되면 자폐증 특성이 나타날 수 있다고 한다. 일반적으로 과학자들은 많은 유기체에 대한 연구에서 민감기에 나타나는 부상이나 박탈이 민감기가 아닌 시기에 나타나는 부상이나 결핍보다 더 큰 영향을 미친다는 것을 발견했다. 이것은 이 시기에 발달하는 회로의 가소성이 더 크기 때문인 것으로 생각된다(Society for Neuroscience, 2008).

마지막으로 질병, 상해, 혹은 건강을 해치는 조건은 다른 메커니즘으로 발달에 영향을 미칠 수 있다(CORE 6i 참조). 어떤 상해도 정상적으로 기대되는 인간 발달이 아니다. 과학자들은 나이가 적든 많든 관계없이 전 연령에서 나타나는 대부분의 심각한 인지력 감퇴는 질병, 발달장애, 혹은 부상 프로세스를 반영한다고 믿는다. 그것들은 발달의 정상적인 과정이 아니다.

결론

요약하면, 민감기에 대한 연구 결과들은 분명히 호기심을 불러일으킨다. 교사들은 민감기에 대한 연구 결과들이 더 잘 가르치는 방법을 보여줄 수 있을까? 혹은 연구 결과들이 읽기, 미술, 수학, 제2언어, 어떤 교과목이나 주제를 일찍 가르쳐야 하는지 혹은 늦게 가르쳐야 하는지 말해줄 수 있을지 궁금해할 것이다. 예를 들어 초등학교 5학년이 특별한 교육 기준을 달성하기 위해 중대한 시기인가, 아니면 고등학교까지 기다려서 가르치는 것이 좋은가? 우리는 아직 우리가 무엇을 모르는지 알지 못한다. 그리고 우리는 신경과학 연구에 어떤 변화가 일어날지 알 수가 없다. 그런 연구가 활발하게 수행되고 있어서 매우 흥미로운 결과가 틀림없이 나오겠지만 아직까지 우리가 확실하게 결론 내릴 수 있는 부분은 거의 없다. 그렇지만 교육자들은 관심을 갖고 결과를 지켜보아야 할 것이다.

한 교사 교육자가 기술하듯이, 대부분의 교사들은 발달의 민감기에 대해 발표되고 있는 연구 결과를 보면서 그것에 '최적화'하지 않기도 어렵다는 것이다. 그녀는 교사들에게 많은 연구들이 쏟아지고 있으며 충분한 증거가 필요하다는 것을 이해시키고 있다. 결국 이것이 인간 뇌가 일반적으로 작동하는 방법이다. 종종 우리는 알려진 것을 저울질하고 나서 결론을 내린다. 민감기를 둘러싼 증거들은 성장하고 있는 중이지만 과해석되어서는 안 된다. 인간의 뇌는 놀라운 회복력과 학습역량을 가지고 있다.

마무리 시나리오

새로운 지식을 적용하기

민감기

교육 과정을 개선하기 위한 아이디어를 모으기 위해서 한 지역 교육청 모임을 가졌다. 학습 민감기에 대한 많은 뉴스와 논의가 최근에 보도되었다. 뇌가 어떤 주제를 학습하기 위해 더 잘 준비된 시기가 있다는 것을 기초로 해서, 특정한 연령에 맞추어 특정한 교과목 내용을 가르쳐야 하는가 하는 문제를 그 모임에서 논의하라는 요청을 받았다.

1. 뇌발달의 민감기에 대해서 그 집단의 모든 사람이 동의할 수 있는 정의를 어떻게 내릴 수 있겠는가?
2. 연구자들은 뇌발달에서 민감기가 존재한다는 것을 어떤 영역에서 발견했거나 혹은 존재한다고 생각하는가?
3. 어떤 종류의 자극이 이 기회의 창에서 뇌를 자극하는 것으로 밝혀졌는가?
4. 장기적으로 지속되는 뇌발달의 민감기가 있는 것을 보여주는 연령과 관련된 학습의 예에는 어떤 것들이 있는가?
5. 민감기는 흥미로운 주제다. 하지만 우리가 알고 있는 지금까지 밝혀진 것을 기반으로 해서 무엇을, 언제 가르칠 것인가를 결정해야 하는가? 어떤 점에 가장 유념해야 한다고 그 모임의 보고서에 포함시키겠는가?
6. 뇌의 민감기에 대한 연구 결과를 교육 과정 개발 및 교과내용 교수 방법에 어떻게 적용할 것인가에 대한 찬반 논쟁을 어떻게 요약할 수 있겠는가?

참고문헌

Carson, B. S., Sr. (2010). *Cerebrum 2010: Emerging ideas in brain science.* New York: Dana Press.

Knudsen, E. (2004). Sensitive periods in the development of the brain and behavior. *Journal of Cognitive Neuroscience, 16*(8), 1412–1425.

Luna, B. (2004). Algebra and the adolescent brain. *Trends in Cognitive Sciences, 8,* 437–439.

National Research Council. (2000). 5. Mind and brain. *How people learn: Brain, mind, experience, and school: Expanded edition* (pp. 114–128). Washington, DC: The National Academies Press.

Newport, E. L. (2006). Critical periods in language development. *Encyclopedia of cognitive science: Wiley Online Library.* Retrieved from http://onlinelibrary.wiley.com/doi/10.1002/0470018860 .s00506/full

Newport, E. L., Bavelier, D., & Neville, H. J. (2001). Critical thinking about critical periods: Perspectives on a critical period for language acquisition. In E. Dupoux (Ed.), *Language, brain and cognitive development: Essays in honor of Jacques Mehler.* Cambridge, MA: MIT Press.

OECD. (2007). Understanding the brain: The birth of a learning science. doi: 10.1787/9789264029132-en: OECD Publishing.

Qin, Y., Carter, C. S., Silk, E. M., Stenger, V. A., Fissell, K., Goode, A., & Andersen, J. R. (2004). The change of the brain activation patterns as children learn algebra equation solving. *Proceedings of the National Academy of Sciences of the United States of America, 101,* 5686–5691.

Society for Neuroscience. (2008). *Brain facts: A Primer on the brain and nervous system.* Washington, DC: Society for Neuroscience.

Steele, C. J., Bailey, J. A., Zatorre, R. J., & Penhune, V. B. (2013). Early musical training and white-matter plasticity in the corpus callosum: Evidence for a sensitive period. *The Journal of Neuroscience, 33*(3), 1282–1290.

White-Schwoch, T., Woodruff Carr, K., Anderson, S., Strait, D. L., & Kraus, N. (2013). Older adults benefit from music training early in life: Biological evidence for long-term training-driven plasticity. *The Journal of Neuroscience, 33*(45), 17667–17674.

교육 과정에 관한 통찰

CORE 지도원리는 특수한 교과목 영역에 적용된다. 우리는 양적 추리와 뇌의 관계에 대해서 무엇을 알고 있는가? 언어와 문식(literacy)은? 추리와 창의적 표현은? 이 장은 큰 주제들을 짧게 훑어보고, 교사들이 그다음 단계를 준비할 수 있도록 도움을 준다.

학습 요점

1. 교사들이 교과목 영역에 따라 조직하는 것과 달리, 인지신경과학은 특수한 유형의 정보 처리에 따라 뇌 연구를 조직한다.

2. 과학자들은 유치원부터 고등학교 교사들에게 뇌과학 지식을 어떻게 적용할 것인가에 대해 직접적으로 잘 설명해주지 못한다. 그러므로, 중요한 기초적인 연구 결과를 이해하고 교수·학습 연구에 연결시키기 위해서는 교육자, 인지과학자, 그 외 유치원에서 고등학교까지 교수·학습에 관여하는 사람들이 함께 노력할 필요가 있다.

3. 뇌가 기능하는 방식의 수학 접근이란 뇌가 어떻게 양적 정보를 해석하고 추론하는가를 생각하는 것이다.

4. 다른 교과목과 마찬가지로 수학은 뇌의 광범위한 영역을 사용한다. 뇌의 다른 영역들은 다른 기능들을 위해 활성화된다. 어떤 영역들은 숫자(digits)를 위해 활성화되고, 어떤 영역들은 숫자를 언어로 나타낼 때 활성화된다. 어떤 영역들은 비교할 때 또 다른 영역들은 실수를 찾아내고 수정하기 위해 활성화된다.

5. 의미 있는 연결이 되지 않을 때, 그 정보를 적용할 수 있는 관련성이 있는 상황이 제시되지 않을 때, 혹은 정서와 태도에 문제가 있을 때는 어렵게 획득한 사실과 중요한 양적 문제 해결이 빠른 속도로 사라진다.

6. 최소한 네 가지 뇌 영역이 듣기, 보기, 소리내기, 생성하기의 언어 처리를 담당하고 있

다. 학습과학자들은 이것들을 언어를 가르치고 평가하는 방식에 반영되기 시작하고 있는 다른 '상위기술(meta-skills)'로 간주한다.

7. 뇌에게 쓰기란 증강된 기억 시스템의 한 유형이라고 할 수 있다. 뇌는 스토리와 내러티브를 다른 사람들에게 가치가 있거나 흥미진진했던 경험을 반추하는 근거 혹은 '사회적 증거'로 본다.

8. 학습자들이 과학 탐구와 그 외 영역에서 가설을 설정하여 사용하는 것은 그들의 뇌가 작업하는 방식을 따라하는 것이다. 그들은 개념을 획득하고 관련된 속성에 대한 잠정적인 아이디어를 설정함으로써 인지를 활성화하고 그 후에 검증한다.

9. 사회교육은 뇌가 다양한 관점에서 효과적으로 추론하도록 돕는 기회를 제공한다. 사고를 전이하고 실세계에서 사용함으로써 학습자들은 복잡한 상황을 더 잘 표상할 수 있는 더 유연한 지식 구조를 만들 수 있다.

10. 표현하고 작품을 감상하는 예술교육에서 학생들은 뇌에 다양한 감각적 경험을 제공하는 과정 속에서 생각과 느낌을 공유하고 타인의 생각과 느낌을 지각한다. 예술교육의 많은 긍정적 속성들 중에서, 효과적인 관점의 이동은 뇌 습관화의 위험에서 벗어나는 데 도움이 된다.

들어가기

2009년 미국신경과학회(Society for Neuroscience)의 과학교육자상을 수상한 Janet Dubinsky는 유치원~고등학교 교사들과 뇌과학을 공유하는 것이 매우 중요하다고 말했다. 교사들은 더 훌륭한 교사가 되기 위해 뇌가 어떻게 작용하는지 알 필요가 있다고 이미 생각하고 있으며 뇌에 대한 배경지식과 최근 연구 결과들에 대한 관심 수준이 높다고 그녀는 말했다(Dubinsky, 2010). 그것은 교사 전문성의 문제라고 그녀는 믿는다.

Dubinsky는 교사들의 뇌과학을 이해하려는 열의가 높기 때문에 강연이나 교육용 상품, 연수가 폭발적으로 성장하고 있다고 한다. 너무나 많은 것들이 신경과학에 기초를 두고 있다고 주장하지만, 신경과학자 Dubinsky는 그 범위가 너무 넓다고 말했다. 어떤 강연이나 발표는 중요한 연구 결과를 전해주지만 확인되지 않거나 의심스럽기까지 한 산출물을 상업화하기 위해 그들의 연구 결과를 크게 왜곡하고 있어서, 교육자들이 밀과 겨를 구분하기 어렵게 해 역효과를 일으키고 있다. 또 다른 강연들은 인정된 과학적 지식과 동료평가를 받은 연구들을 전달하지만 교육과 연결되지 않는다. 그들은 교사의 질문에 답을 못하거나 교실수업을 위한 특수한 전략 모델을 제공하지 않는다고 그녀는 말했다. 이것은 전혀 다른 방식으로 도움이 되지 않는다 — 교사들은 그 지식을 관련성이 없는 것이라고 무시하는 경향이 있다. 교사들은 연결성을 찾아보려고 했지만 좌절하고 만다.

Dubinsky에 의하면, 신경과학자와 인지심리학자들은 유치원생에서 고등학교 학생들에게 적용할 수 있는 구체적인 지식을 충분히 가지고 있지 못하다. 유치원에서 고등학교 학생들에게 적용할 수 있고 도움이 되는 연구 결과가 있다고 해도, 그들이 대학교 수준 이하에서 적용할 수 있는 접근을 하기 위한 그 연령 집단에 대한 이해가 부족하다.

교사들이 가르치는 구체적인 영역에 뇌과학 지식을 적용하는 방법이 교사들에게는 중요한데, 신경과학과 인지과학 교육에서는 제공되고 있지 않다. 그렇기 때문에 1장에서 논의했듯이 교수 · 학습 연구와 실천에 대한 전문성을 가지고 있는 교육자들이 그 적용 방법을 제공해야 한다.

이 장에서 사용하는 적용(applying)이라는 용어는 CORE의 틀과 앞 장들에서 다루었듯이, 교육자들이 근본적인 뇌 연구가 그들이 가르치는 학년 수준 그리고 내용 영역과 어떻게 상호작용하는지에 대한 생각을 돕는 것을 의미한다. 여기에서는 새로운 CORE 지도원리 틀이 소개되지 않는다. 앞 장들에서 소개된 여러 빅 아이디어들이 '생각을 돕는 칠판'으로 제공된다.

다시 요약하면, 10장을 끝으로 이 책에서의 기본적인 CORE 개념에 대한 설명이 끝났다. 1장에서 소개된 모든 지도원리와 빅 아이디어들을 2장부터 10장까지 계속 탐색하면서 상황과 배경을 소개했다. 10장까지 각 장은 상황과 배경에 대한 기회를 받았다. 이 장과 다음 장에서는 교사들이 알아야 할 추가적인 '뇌에 대한 사실'이나 새로운 CORE 개념을 소개하지 않고, 이미 제시한 CORE 아이디어에 대하여 적용하고, 공고화하고, 반추하는 기회를 제공한다. 이 장은 교육 과정과 관련하여 CORE 아이디어가 특수한 교과 영역에 어떻게 영향을 미칠 수 있는가에 대하여 세 부분으로 나누어 통찰한다. 이어서 12장에서는 교사들이 할 수 있는 더 큰 활동을 탐색한다. CORE 개념을 더 깊이 이해하고 교사와 교육자들이 학교와 공동체의 발전을 위해서 함께 힘을 합쳐 어떤 일들을 할 수 있는지 생각해본다.

교육자들의 공통적인 요구는 교실에서 직접 적용할 수 있는 구체적인 교수법을 포함한, 이 장에서 언급되고 있는 많은 전략들에 대한 더 많은 모델링을 제공해달라는 것이다. 이것은 두 가지 이유로 제공하지 않기로 했다. 첫째, 그렇게 하려면 이 장으로는 부족하고 책 한 권의 지면이 필요하다. 둘째, 중요한 것은 CORE 아이디어와 교사들이 이미 알고 있는 교수법 간의 많은 연결을 보여주는 것이기 때문이다.

교사들이 이런 가르칠 수 있는 연결을 제공할 수 있다. 모두는 아니라도 여기에서 논의된 대부분의 전략들은 이미 교육연구와 교사 핸드북이나 교사 전문성 개발 자료에 잘 기술되어 있다. 여기에서 교과 영역들과 CORE를 연결시켜 제시한 것들은 새로운 전략이나 교수 설계를 위한 완전히 새로운 요인들을 제공하기 위한 것이 아니다. 목표는 학습과학을 가장 좋은 실천을 확인하고 강화하기 위한 방법으로 깊이 생각하도록 하는 것이다. 물론 새로운 연구 결과가 발표되면 새로운 방향을 제시할 것이고, 교사들은 새로운 아이디어에 열의를 가지고 반응할 것이지만, 이 장은 교사들에게 새로운 공구벨트를 제공하지 않는다. 분명히, 많은 다른 전략들이 선택되고 기술될 수 있었을 것이다. 다시 말해 여기에서 설명하는 주제들이 익숙하지 않은 사람들은 교수 방법에 대한 추가적인 자료의 도움을 받을 수 있을 것이라고 생각한다.

인지신경과학이 뇌 연구를 특수한 유형의 정보 처리로 조직하는 방식은 교사들이 그들의 교과목 영역에 대해 생각하는 방식과 다소 다르다. 그렇기 때문에 신경과학, 심리학, 교육학이 함께 연구해야 할 필요성이 제기된다.

예를 들어 뇌는 읽기 피질이 아니라 시각 피질을 가지고 있다. 학교 학습은 연구 주제와 항상 깔끔하게 대응되는 것은 아니다. 뇌가 생각하고 배우는 방식(Griffin, McGaw, & Care, 2012)은 종종 전통적인 학교 교과목들과 교차한다. 이 장은 양적 사고, 언어와 문식, 그리고 추리에 대해서 탐색한다.

뇌에서의 양적 사고

경제협력개발기구(OECD) 학습과학 보고서에서 수학과 양적 사고는 모든 학생이 배워야 하는 핵심이라고 발표한 것에 대해서 놀라는 사람은 아무도 없을 것이다(OECD, 2007). 유치원~고등학교 학생들을 가르치는 많은 수학 교육자들은 두 자릿수 곱셈을 어떻게 하면 잘 가르칠 수 있는가 그리고 몇 살이 되어야 수학적 정당화를 할 수 있는 뇌 수준이 되는가와 같은 질문을 한다(Lee, 2005; National Council of Teachers of Mathematics, 2007).

이런 질문에 대한 답을 하기 위해서는 양의 개념이라는 더 근본적인 문제부터 접근해야 한다. 양적 사고—산수나 기하를 어떻게 가르칠 것인가 하는 문제가 아니라—가 여기에서의 주제다. 인지과학자 Michael Posner가 지적하듯이 뇌 처리 과정과 관련하여 생각하기 위해서는 뒤로 한 걸음 물러날 필요가 있다(Posner & Rothbart, 2007). 우리가 질문할 것은 뇌가 양적 정보를 어떻게 해석하고 어떻게 추론하느냐 하는 것이다. 추론은 숫자 인식, 수학적 조작, 문제 해결과 같은 영역에서 사용될 수 있다. 핵심적인 수 아이디어는 뇌가 어떻게 수학을 학습하는가 그리고 뇌가 어떻게 수학적 개념과 기술을 사용하는가 하는 것이다.

아동기의 개념적 변화(*Conceptual Change in Childhood*)를 쓴 하버드대학교 교수 Susan

Carey는 수학적 계산은 동물왕국 어디에나 있는 재능이라고 한다. 박쥐는 바이오소나(biosonar)[30]로 반사되는 수학적 빈도를 해석한다. 꿀벌은 편광 광선으로 방향을 읽는다. 전기어(electric fish)는 진동의 유무를 탐지한다. 사실 계산력이 없는 동물은 찾아보기 어렵다고 Carey는 말한다. 양과 그것을 해석하는 방법은 놀라운 전문성으로써 유기체가 계산을 할 수 있는 신경 기계를 가지고 있다는 것을 보여준다고 그녀는 말했다(Carey, 2001, 2008).

박쥐나 그 외 동물들과 달리 인간의 수학은 더 형식적이다. 벌은 타고난 계산력을 사용하여 벌집으로 돌아오는 길을 찾는데 걸음마 아기는 발걸음을 떼고 넘어지지 않기 위해 그것을 사용한다. 그러나 비틀거리는 첫 걸음마 후에 인간은 더 야심 찬 인지적 활보를 하고 계산력을 사용하여 강풍의 힘을 계산하고 최대 하중을 판단해서 강을 가로지르는 다리를 건설한다. 그것은 모두 계산이다.

우리는 패턴, 증명, 문제 해결의 믿기 힘들 정도의 아름다움에 놀란다. 한 중학생이 표현했듯이 세상에 있는 그렇게 많은 것들이 수학원리에 따르고 있다는 것이 '지긋지긋할 정도로' 놀랍다. 우리는 뇌 속에 있는 수학 계산을 하는 도구에 접근할 수 있을 뿐만 아니라 그것을 가지고 추론할 때 의식하는 의미에도 접근할 수 있다. 우리는 그것을 사용할 수 있고 또한 이해할 수 있다.

편광 좌표를 사용하여 벌집을 찾아서 되돌아가는 벌꿀과 마찬가지로, 우리는 자연적으로 그리고 종종 무의식적으로 뇌 속에서 많은 양적 처리를 한다. 의식하지 못하는 순간에도 우리는 수, 방향, 지속시간, 측정, 간격, 그리고 순서를 결정하기 위해 끊임없이 수학적 탐구를 한다. 우리는 의사결정을 위한 계산을 하고 사례에 기반을 둔 추리를 한다. 우리의 작은 동작 하나도 세밀한 수학으로 구성되어 있다. 우리 뇌는 항상 수학을 사용한다. 우리는 수학 없이 기능할 수 없다.

교사들은 이런 예들을 사용하여 학생들이 수학 공부를 하는 방법을 이해하도록 가르칠 수 있다. 수학을 못한다고 말하는 학생이 있다면, 교사는 "으음, 너의 뇌는 수학을 매우 잘해. 이제부터 뇌가 어떻게 수학을 잘하는지 설명해줄게"라고 반응할 수 있을 것이다.

■‖ 인지적 직관 따르기

사실, 인간의 지각과 추리는 주먹구구식, 단순화, 말장난, 증명되지 않은 가정으로 가득하다고 캘리포니아대학교 샌디에이고 캠퍼스 명예교수이며 철학자인 Patricia S.

---

30. 동물에게 있는 일종의 음파 탐지 장치-역주.

Churchland가 한 저서에서 말했다(Churchland, Farber, & Peterman, 2001). 그 책의 저자들은 우리의 인지 시스템은 사고의 실수 가능성을 모두 탐지하기에 적절하지 않다고 했다. 기계로서 우리 뇌는 '진실'을 추구하지 않으며 수학적으로 정확하지 않다. 우리는 기꺼이 직관을 따른다.

이것은 일부 지식을 기초로 해서 신속하게 적절한 행동을 할 수 있게 해주는 훌륭한 설계다. 인간은 문제점을 고려하면서 불완전한 정보를 놀랍도록 잘 사용한다. 이런 면에서 생각하면 우리는 원래 정확성이 아니라 가능성이나 확률을 기초로 해서 행동한다.

인간은 일찍이 양적 사고가 발달하기 시작한다. 유아기의 아기들도 여러 사물의 수치를 구별한다. 아기들은 0과 1, 1과 2, 2와 더 많은 수의 차이를 안다. 어떤 것에 익숙하게 만든 후에 그것에 변화를 줄 때 그 차이를 인지하는지를 알아보는 '습관화' 연구들에 의하면 아기들에게 화면 뒤에 물건 하나가 숨겨졌다고 생각하도록 학습한 후에 2개 이상의 물건이 나타나는 것을 보여주면 아기들이 놀란다. 이런 연구들은 우리에게는 매우 어릴 때부터 사물과 양의 개념이 모두 있다는 것을 보여준다.

이 세상의 모든 언어가 순서대로 셀 수 있는 숫자를 가지고 있는 것은 아니다. Pirahã라는 한 브라질 종족은 2 다음을 나타내는 숫자가 없다. 2 다음은 '많다'이며, 학생들이 처음 그들의 수를 배울 때 분명히 그것을 인식한다. 그러나 과학자들은 여러 문화에 기초적인 '수 개념'이 있다는 것을 발견했다. 셀 수 있는 숫자가 없어도 '하나', '또 하나', '적은' 그리고 물론 '많은'과 같이 상대적인 양을 표현할 수 있는 숫자나 소리가 있다(Carey, 2001, 2008).

숫자나 상직적 표시가 어떤 양을 나타내는 것과 연결되어 있다는 생각도 꽤 일찍 생긴다. 학령 전 아동들도 종종 이런 연결을 할 수 있다. 원숭이도 특정한 숫자와 보상의 크기를 연결하는 훈련을 시킬 수 있다. 예를 들면 더 많은 포도를 달라는 표시로 더 큰 숫자가 놓여 있는 지렛대를 누르도록 훈련시킬 수 있다. 지렛대 위치를 바꾸어도 포도가 먹고 싶은 원숭이들은 가능한 숫자들 중에서 가장 큰 수를 선택할 것이다. 예를 들면 4보다 6을 선택한다. 이것은 원숭이들이 양의 개념을 가지고 있으며 다른 상징을 사용하여 더 많거나 더 적다는 개념을 연합할 수 있다는 것을 보여준다(Posner & Rothbart, 2007).

원숭이나 사람이나 양과 상징을 연합하기 위해서는 꽤 많은 훈련이 필요하다. 이런 순서의 개념을 포함하는 숫자의 개념을 획득하기 위해서는 1년 이상의 훈련이 필요하다. 한 숫자가 다른 숫자보다 더 많거나 적다는 것을 안다고 해서 전체 숫자를 순서대로 배열하거나 숫자에 숫자를 더해서 새로운 숫자의 계산을 빠르고 정확하게 할 수 있다는 것을 의미하지 않는다. 교사들은 아동들이 합이나 차이에 대한 개념을 획득하기 위해서는 시간과 노력이 필요하다는 것을 알고 있다.

■‖ 우리의 정신적 숫자 선

인간은 수의 순서에 대한 개념을 이해하기 위해 인지적 표상을 사용하는 것으로 생각된다. 계산할 때 우리는 과학자들이 정신적 '숫자 선'이라고 부르는 것을 참고한다. 이것은 우리 머릿속에 가지고 있는 양에 대한 하나의 1차원적인 아날로그 지도다. 숫자 선은 유용한 수의 속성을 제공한다. 그것에는 순서가 있다. 다시 말해서 한 방향으로는 숫자가 증가하고 반대 방향으로는 숫자가 감소한다. 그것에는 또한 간격이 있다ㅡ그 선 위에 떨어져 있는 같은 거리에 대한 일정한 단위가 있다고 해석한다는 것이다. 다시 말해 1인치는 어디에서나 1인치이다. 1인치의 길이는 그 선의 어디에서든 변하지 않는다.

　이런 유형의 숫자 선은 일관성이 있다. 그것은 거리를 사용해서 시각적으로 그리고 빠르게 차이를 예측할 수 있게 해준다. 우리 뇌는 이것을 잘 사용하지만 그 시스템에는 특이한 결함이 있다. 예를 들어 뇌 연구에 의하면 어린아이들에게 한 숫자가 다른 한 숫자보다 더 큰 혹은 작은지 판단하라고 할 때 두 숫자가 더 가까울수록 더 어려워한다. 다시 말해서 5가 2보다 큰지 혹은 작은지 비교할 때보다 5가 4보다 큰지 혹은 작은지 비교할 때 시간이 더 오래 걸렸다.

　아동의 마음에 2는 5보다 분명히 아래에 있기 때문에 2의 자리를 잡기는 쉽다. 4의 자리를 잡기 위해서는 조금 더 생각해야 한다(그림 11.1 참조). 나이가 더 많은 아동이나 성인은 그들의 숫자 선 계산기를 사용할 필요가 없다. 그들은 이 양들을 너무 자주 경험했기 때문에 다 외웠다. 그들은 정신적 이미지를 사용하는 위험을 감수하지 않는다.

　형식적인 수학 훈련을 받지 않아도 아동들은 패턴을 유의미한 양으로 변환할 것이다.

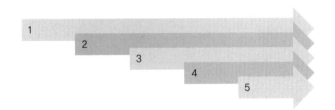

그림 11.1

시각적 숫자 선

아동의 마음에 2는 5에서 분명히 떨어져 있어서 쉽게 위치시킬 수 있다. 그러나 4는 5와 더 가까이 있기 때문에 생각을 더 많이 해야 한다.

예를 들어 그들은 4개보다 5개가 더 많다는 것을 인식할 수 있을 것이고 동그라미 4개와 동그라미 5개를 가지고 동그라미가 더 많은 집단과 더 적은 집단으로 나눌 수도 있을 것이다.

이런 뇌의 수학 능력을 알고 나면 교육자들은 종종 정확하게 뇌의 어디에서 이 모든 단순한 수학 작용이 일어나는지 알고 싶어 한다. 그러나 그것은 전혀 간단하지 않다. Posner는 숫자가 제시되면 뇌의 시각 센터가 먼저 활성화된다고 말한다. 흥미로운 것은 숫자가 알파벳 글자로 제시될 때와 숫자로 제시될 때 활성화되는 뇌의 영역이 다르다는 점이다. 비교를 하기 위해서는 또 다른 뇌의 영역이 활성화된다. 그리고 또 다른 영역이 오차평가(error assessment)와 수정을 위해 활성화된다. 따라서 우리가 '수학'으로 생각하는 것은 뇌의 여러 영역이 작용하며 다양한 정보 처리를 필요로 한다.

왜 이것이 교사들에게 중요할까? 많은 교사들에게, 특히 수학만 가르치는 것이 아니라 여러 과목을 가르치는 초등학교 교사들에게 뇌를 위해서 여러 종류의 양적 추리를 할 수 있도록 가르치는 것이 중요하다는 점을 말해주기 때문이다.

난산증(dyscalculia)은 수학에서의 학습장애다(Howard-Jones et al., 2007). 어린 아동의 뇌 특성 이해에 대한 진전이 있기는 하지만, 양적 추리에 어려움이 있는 난산증을 가지고 있는 학생들이 읽기에 어려움이 있는 난독증을 가지고 있는 학생들만큼 많다는 사실은 아직 잘 알려져 있지 않다(Moursund, 2012). 난산증과 관련한 새로운 뇌의 연구 결과들이 이제 알려지기 시작하고 있기 때문에 학교에서 난산증 학생들에 대한 관심이 아직 많지 않다. 그러나 읽기에 있어서 초기의 발견과 중재만큼 수학에 있어서도 그런 초기의 발견과 중재가 필요하다는 것은 이미 충분히 알려져 있다.

웨스턴온타리오대학교 심리학과의 수 인지 실험실(Numerical Cognition Laboratory) 소장인 Daniel Ansari는 양적 처리의 이례적 혹은 발달적 이슈의 이해에 대한 경계를 넓히는 연구를 하고 있다. 발달적 난산증에 대한 연구에서 그는 IQ와 수학 성적 간에 차이를 나타내는 학생들에 관한 중요한 지적을 했다. 이런 연구들은 난산증 학생들을 특수교육 프로그램에 배정하는 것으로 종종 결론을 내렸다. Ansari는 난산증 학생들이 같은 연령의 통제집단과 비교할 때 크기의 비교는 잘하지만 숫자의 비교는 잘하지 못한다고 한다.

Ansari는 또한 발달적 난산증으로 더 많이 나타나는 수학 공포증을 가지고 있는 학생들도 연구하고 있다. 발달상의 문제가 없는 학생들에게도 수학 불안이 나타난다. 이것은 수학문제를 해결하는 동안 고도의 침투적 사고(intrusive thoughts)와 반추를 하는 특징을 가지고 있다. 이 생각들은 복잡한 정신적 처리에 집중하는 것을 방해한다. 인지적 부담(cognitive load)이 문제가 되는 것은 학생들이 수학에서 숙달할 필요가 있는 것이 수 비교를 표상하는 것만이 아니라는 것이다. 중학교와 고등학교로 올라가면 중요하고 또한 분명히 다른 사고방식들을 연결해야 하는 수학문제를 만날 때 많은 학생들이 어려워한다. 그래프와 언어 문제로 되어 있는 저 등식을 어떻게 연결할 것인가? 이런 문제를 풀기 위해서는 다른 뇌 처리 과정이 필요하며 학생들은 종종 이 아이디어들을 조합하여 하나로 만들기 위한 도움을 필요로 한다.

이것은 수학이 뇌 속에서 연속적이거나 직선적인 단계로 진행한다는 것을 말하는 것이 아니다. 반대로, 뇌는 시간 효율적이라고 Posner는 지적한다. 뇌는 많은 익숙한 부호들을 병렬적으로 살펴보는 경향이 있고 과제를 여러 수준에서 처리한다. Posner는 어린 아동에게 양을 사용하는 특별한 훈련을 시키면 학교에서 성공할 수 있다는 희망적인 지적을 한다. 이런 접근에는 수학적 개념을 생각할 수 있도록 아동의 손으로 쉽게 조작할 수 있는 작고 물리적인 사물을 사용하는 것과 같은 신경감각 방법들이 있다. 사물을 보고 만지고 느끼는 수학적 조작활동을 통해 양과 패턴에 집중할 수 있다.

가상도구도 도움이 된다. 어린 아동들이 숫자 선 사고를 연습할 수 있는 컴퓨터 게임도 있다. 그러나 그것보다 더 간단하게 이해를 강화하는 방법이 있다. 집에서 아이에게 책을 읽어주는 것이 글을 읽고 쓰는 데 도움이 되는 것과 마찬가지로 양과 수 세기의 아이디어를 통한 생각을 함께 함으로써 산술 능력도 향상시킬 수 있다.

Posner는 숫자 선의 양을 비교하는 것과 같은 기본적인 기능을 하는 뇌 영역은 5세에서 성인까지 변하지 않지만 그 속도가 빨라진다고 보고한다. 과제에 대한 반응 시간이 평균적으로 5~9세까지 거의 1/2로 빨라지고 성인기까지는 1/3로 빨라지는 것으로 Posner의 연구에서 나타났다. 재미있게도 그것은 어린 아동들에게는 그들이 생각하는 것을 조직적으로 표현하는 것이 어렵기 때문이라고 Posner는 생각한다 ― 아동들이 그 문제를 이해하고 답을 조직해서 표현하는 시간만 해도 더 걸린다.

물론 형식적인 교육에서는 수학 개념을 종종 논리적 절차에 따라 가르친다. 그러나 문제는 절차를 배워도 이해를 못할 수 있다는 것이다. 우리는 그 절차에 따른 의미도 알아야 한다. 우리가 어떤 것을 하는 방법을 안다고 생각할 수 있고, 또한 암기한 절차에 따라서 직접적인 관련이 있는 문제를 풀 수도 있다. 그러나 그 기술을 독립적으로 다른 곳에 적용하지는 못할 수도 있다. 그래서 교사와 학생 모두 좌절감을 갖게 된다.

더 높은 수준의 수학은 어떨까? 영국의 학습과학자들은 수학 교육자들이 뇌와 관련하여 수학 교육을 이해하기 위해서는 '수학 교육'이 어떤 의미를 가지고 있는지에 대해 다른 시각으로 볼 필요가 있다고 지적한다. 구체적으로 말하자면, 수리(양과 수)와 공간인지(장소, 크기, 거리, 방향, 모양, 연결, 중첩 등) 간의 상호작용은 현대 수학에서 근본적인 함의를 가지고 있다. 영국의 한 보고서는 뇌가 공간과 패턴을 어떻게 이해하는가에 대하여 더 깊이 알게 되면 앞으로의 교수 방법은 물론 아마도 수학 교육 과정에도 영향을 미치게 될 것이라고 했다(Howard-Jones et al., 2007).

예를 들어 시각화를 사용하면 뇌 속에 새로운 아이디어를 저장하는 데 도움이 될 수 있다. 그러나 수학에는 더 근본적으로 작용하는 어떤 것이 있다. 궁극적으로 공간, 기능, 빈도, 운동, 패턴과 같은 개념들은 수학이다. 공간적 추리는 수, 양, 조작, 알고리즘과 함께 수학의 근본적인 개념이다. 그렇지만 뇌의 공간적 처리 시스템은 각각 다르며 수학적 사고를 위해 그 자체로 훈련시킬 필요가 있다. 그것은 마치 발음과 시각적 단어가 합쳐져서 글 읽기를 할 수 있는 것과 마찬가지다.

■ ll 숙달하기 위한 접근법

뇌과학의 한 분야는 공간·시각정보를 예측하고 조작하는 방법뿐만 아니라 공간 지각과 양적 기억을 탐색한다. 예를 들어 한 연구는 런던의 택시 기사가 런던 시내의 어떤 곳이든 효과적으로 찾아가는 것과 같이 복잡한 공간문제를 숙달할 때 뇌가 어떻게 구조적으로 변하는지를 보여준다.

어렵게 배운 수학적 사실과 중요한 양적문제 해결 방법은 다음과 같은 경우에 빨리 사라진다.

- 뇌에서 접근할 수 있는 유의미한 연결을 만들지 못했다.
- 관련성이 있는 것을 빈번하게 사용하지 못했다.
- 정서와 태도가 방해를 했다.

스탠퍼드 인지와 시스템 신경과학 실험실(Stanford Congnitive and Systems Neuroscience Laboratory) 소장인 Vinod Menon은 최근에 뇌의 기억 시스템이 개별적인 문제 속성을 넘어서 일반화에 어떤 중요한 역할을 하는지에 대한 연구를 했다(Menon, 2014). 측두엽에 연결된 시스템들은 장기기억 형성과 관련이 있다. 양적 사고에 대한 의미를 만드는 것은 전이와 문제 해결 방법과 잠재적으로 연결되어 있는 것으로 큰 관심을 받게 되었다.

수학과 인지에 집중적인 초점을 맞춘 2권의 책이 미국 국립학술원 출판사(National Academies Press)에서 발표되었다. 그것은 바로 학생들은 역사, 수학, 과학 수업에서 어떻게 배우는가(*How Students Learn: History, Mathematics, and Science in the Classroom*)(Lee, 2005)와 아동의 수학 능력 향상시키기(*Adding It Up: Helping Children Learn Mathematics*)(Kilpatrick, Swafford, & Findell, 2000)이다. 두 권 모두 뇌가 어떻게 메타인지를 사용하

는지 그리고 어떻게 지속적으로 이해하고, 반추하고, 자신과 다른 사람들에게 설명하기 위한 적절한 추리를 개발하는지에 대해 중점적으로 설명한다. '수학 학습을 위한 신경학적 기초(The Neural Foundation for Learning Math)'(Peterson, 2012)는 피드백과 내재적 동기뿐만 아니라 적극적인 학습(engaged learning)의 중요성을 기술한다. 학생들이 수학 문제를 절차에 따라 풀 수 있다고 해도 만일 뇌가 그 절차가 무엇을 위해 왜 적절한 것인지 이해하지 못한다면 문제가 생긴다. 학생들은 반추 전략과 자기 피드백 전략을 개발하지 않는다[뇌 성장을 위한 피드백(Lee, 2005)에 대해서는 9장 참조].

뇌의 사용 빈도와 기회의 중요성을 고려한다면 다른 과목들과 수학을 통합하는 것이 좋다. 교사들이 역사, 경제, 영어, 체육, 미술 수업에서 학생들의 양적 추리 능력을 자극하는 것이 좋다. 한 사회 과목 교사는 바로 그렇게 실천했다. 그는 만일 프랑스가 마리 앙투아네트가 말했다고 하는 "빵이 없으면 케이크를 먹게 해요"라는 말을 실행했다면 왕실 재무부가 떠맡았을 그 어마어마한 비용이 얼마나 될 것인지 학생들에게 계산하도록 했다. 교사들 주변에는 양적 추리를 할 수 있는 많은 것들이 있다. 역사적으로 가장 유명한 과학자 중 한 명인 아이작 뉴턴의 역사를 생각해보라. 얼마나 많은 학생들이 영국 조폐국 국장으로서의 그의 '다른 삶'을 알고 있는가? 그는 금본위제를 제도화하고 모든 주화를 일정한 무게로 만들었다. 그리하여 주화 끝부분을 갈아내는 것을 막고 그 사회의 사회적 정의를 세웠다. 수학과 컴퓨터 과학 교육자인 Dave Moursund는 '인지신경과학, 컴퓨터, 그리고 수학교육(Cognitive Neuroscience, Computers, and Math Education)'(Moursund, 2012)에서 컴퓨터 과학과 같은 직접 체험하는 수업은 학생들로 하여금 수학문제를 혁신적인 방법으로 해결하도록 하고, 뇌에 오래 유지되는 연결을 만든다고 한다.

이 예들은 읽기 수업 밖에서 읽기를 할 필요가 있고 또한 여러 교과목 수업에서 읽기를 지원할 필요가 있듯이, 수학도 이와 마찬가지 방법으로 지원할 필요가 있음을 보여준다. 여러 과목에서 수학을 지원하는 것이 중요한데 학교에서 현재 관심을 받지 못하고 있는 실정이다.

학교에서 많은 학생들이 경험하는 정서적으로 힘든 문제는 수학을 공부하면서 낙담하고 헤매는 순간을 경험하는 것이다. 흥미롭게도 이 현상은 단지 한두 차례 수업을 빼먹은 결과로 종종 일어나며 그 이유는 사소해 보이지만 실제로는 핵심적인 개념을 놓쳤기 때문이다. 따라서 교사들은 이것을 탐지하고 학생들이 헤매고 뒤처지지 않도록 그 핵심 개념을 이해시키는 것이 매우 중요하다.

학생들이 수학을 어떻게 배우는가에 대한 미국 국립학술원출판사의 한 출판물(Lee,

2005)에 의하면 양적 사고에 대한 비호의적인 성향을 가지고 있는 것은 학생의 등 뒤에 원숭이를 업고 있는 것과 같은 부담이 된다고 한다. 수학에 반감을 가지는 것만으로 학생들의 실제 능력과 관계없이 그들 학습에 부정적인 영향을 미친다. 도전하지 않고 포기하면 숙달 전략이 약화된다.

교사들이 할 수 있는 일은 무엇일까? 한 교사가 말하듯이, 학생들은 주위 친구들로부터 창피함을 당할까봐 어려운 수학문제나 복잡한 언어 분석에 도전하는 것을 주저하는 경우가 있다. 그는 교사들이 학생들의 노력을 강화하고 긍정적이면서 정보적인 피드백을 제공함으로써 학생들이 성공을 경험하게 함으로써 그런 사회적 두려움을 약화시킬 수 있다고 했다. 그 결과 학생들의 수학에 대한 자신감을 높일 수 있다.

교사들이 사용할 수 있는 CORE의 뇌과학에 기반을 둔 다른 전략에는 다음과 같은 것들이 있다.

- 좋은 예를 사용하라[수학 연구에서 '효과적인 예(worked examples)'라고 부르는 것]. 과제의 수학적 추리 과정을 분명하게 보여주고, 학생들이 이해할 수 있고 흥미를 가질 수 있는 유익한 피드백을 줄 수 있는 예를 사용하라.
- '수학 사고(math think)'를 가르쳐라. 1980년대에 중학생과 고등학생의 수학적 탐구와 문제 해결을 위해 반복적으로 사용할 수 있도록 만들어진 도입 → 전개 → 정리(Entry, Attack, and Review)와 같이 몇몇 학생이 아닌 모든 학생을 위한 수학적 탐구 기술 수업을 형식적 교육에 포함시켜라(Mason, Burton, & Stacey, 1985). 학생들은 재미있고 도전적인 상황 속에서 추측하고, 다이어그램을 만들고, 양적 사고를 배운다. 기본적으로 그들은 '수학 사고'를 개발하는 방법을 배운다. 흥미롭게도, 그 전략적 접근은 뇌의 문제 해결 센터를 자극하고 내적으로 동기화한다. 이것은 수학 올림픽(Math Olympics)과 수학경진대회 등에서 종종 볼 수 있다. 불행히도 학교에서 모든 아동과 청소년을 대상으로 그것을 가르치지 않는다. 특히 수학을 잘 못하는 학생들이 제외되고 있다. 이 학생들에게 수학에 흥미를 갖게 하고 수학을 좋아하도록 가르치면 가장 큰 효과가 나타날 수 있다.
- 수학을 '친구(friend)'같이 생각하도록 도와주어라. 수학 전문성을 키우고 수학 분야와 같이 할 수 있도록 하라. 예를 들어 학교에서 학생들은 알고 싶은 마음이 더 생길수록 더 열심히 공부하고 반대로 부정적이거나 실패하는 경험을 할수록 공부를 더 회피한다고 한 교장선생님이 강조했다. 그 교장선생님은 이것을 학생들이 학업을 포기하는 것과 연결시키면서 이 현상은 수학 수업에서의 경험이 특히 큰 영향을 미치는

중학교에서부터 나타난다고 한다. 초기의 많은 부정적인 경험과 부족한 성공 경험은 가족 구성원들의 정서에 큰 영향을 미친다고 그 교장선생님은 말했다. 가족들을 조사하면서 그녀는 부모들이 기억하는 부정적인 정서가 자식들이 가지고 있는 부정적인 정서와 비슷한 것을 발견했다. 학교에 대한 경험을 실패라고 생각할 때 그 신념을 바꾸는 것은 어려운 일이라고 그녀는 말했다.

- 유연한 사고(flexible thinking)를 할 수 있도록 하라. 어떤 교육자들이 말하듯이 '학생들이 알 때까지는 교사가 다 가르친 것이 아니다'라는 것을 유념하라. 영향을 미치고, 전이하고, 유지되는 방법을 찾는 것이 중요하다. 수학 교사들은 교실에서 가르친 것과 직접적인 관련성이 없거나 교실이 아닌 다른 상황에서도 학생들이 양적 사고를 수행할 수 있는 것을 확인할 필요가 있다. 그러기 위해서는 어떻게 해야 할까? 놀랍게도 수학에서 간과되고 있는 학습에 대한 중요한 발달 관점이 있다. 즉 학생의 관점에서 하나의 옳고 그른 답이 없다. 학생들이 공부하는 것을 상세하게 살펴보면, 일반적으로 부분적인 정확성에서 전체적인 정확성으로 혹은 학습하는 과정 속에서 진전하는 전반적인 추리를 나타낸다. 뇌의 메타인지 기능을 고려할 때, 모든 학생들은 목표를 향해 나아가면서 각자 자신이 어떤 지점에 서 있고, 어떻게 발전할 수 있고, 성공할 수 있는지 알 필요가 있다.

문식, 읽기 그리고 뇌에서의 언어 표상

'제인에 대한 뇌(The Brain on Jane)'라는 이름이 붙은 한 연구에서 스탠퍼드대학교 연구자들은 제인 오스틴의 소설을 문학 형식에 대해 비판적으로 읽으라는 지시를 했을 때와 편안하게 재미로 읽으라고 했을 때를 비교한 결과 독자들은 매우 다른 뇌 영역을 활성화시키는 것을 발견했다(Goldman, 2012). 연구자들은 문학작품을 읽으면 뇌가 잘 훈련된다는 결론을 내렸다—제인 오스틴 혹은 다른 작가들의 작품을 학교에서 공부하는 것은 도움이 된다고 많은 영어 교사들이 동의한다.

뇌의 언어 표상을 이해하기 위한 연구는 교사들에게 중요한 주제다. 그것은 언어의 상징, 의미론, 구문론에서부터 이해와 작문(복잡한 내러티브 글과 설명하는 글과 같은)까지 범위가 넓다.

여기에서도 범위를 좁혀서 핵심적인 주제를 확인하기 위해, 이 책의 1장 뒤에 나오는 CORE의 틀에 기반을 두고 설명할 것이다. 앞에서 먼저 소개한 양적 사고에서와 마찬가지로 CORE의 기본적인 개념을 뛰어넘어 더 깊이 설명하기보다는 교사들을 위한 새로운 연구와 아이디어를 소개할 것이다.

OECD 학습과학 보고서(OECD, 2007)에 기초해서 여기에서는 뇌의 관점에서 언어를 (1) 한정된 수의 상징들, (2) 의미론적 원리들, (3) 구문론적 법칙, 모두가 합쳐져서 의사소통 시스템을 형성하는 것으로 정의한다. 인간의 의사소통 시스템은 갑자기 발전한 것이 아니다. 그것은 사회문화적 요구와 언어발달을 통해서 오랜 시간에 걸쳐서 발전해 왔다고 생각된다. 상징들은 물론 의사소통 시스템에 따라 차이가 있으며, 상징들은 대상, 개념, 정서, 아이디어, 사고를 나타낸다(OECD, 2007).

다양한 언어를 처리하는 데 있어서 뇌가 대처해야 하는 것들은 다음과 같다.

- 음소(phoneme)는 bet, pet에서 'b', 'p'와 같은 소리의 최소 단위다(National Research Council, 2000).
- 문자소(grapheme) 혹은 상징(symbol)은 영어에서 'b', 'p'와 같은 글자의 최소 단위로서 의사소통의 그래픽 표시다(OECD, 2007).
- 제스처 혹은 행동과 움직임은 수화에서도 물론 사용되지만 표준화된 표현과 반응의 움직임이 비공식적으로 널리 사용된다.
- 현재 인터넷에 퍼지고 있는 전산화된 시각 자료, 애니메이션, 사운드 바이트, 수시로 만들어지고 있는 소위 '알(meme)'[31]이라고 하는 것들도 언어다. 이렇게 문화적으로 만들어져서 인식되는 것들—웃는 얼굴을 나타내는 이모티콘이나 구글해(Google it)![32]와 같은 문장—은 초등학교에 들어오고 있는 '디지털 원주민(digital native)'[33] 아동들과 함께 학교로 빠르게 들어오고 있다.

뇌 연구의 일반적인 결론은 어린 아동들이 성인들보다 더 많은 음소를 구분한다는 것이다(National Research Council, 2000). 10대 초반만 되어도 모국어에서 일반적으로 사용되지 않는 소리를 구분하는 능력을 잃어버리기 시작한다(10장 '민감기' 참조).

언어에는 특별한 음소 혹은 차별적인 소리가 포함되어 있다. 많은 소리 중에서 여러 언어에서 공통적으로 나타나는 것들도 있고 그렇지 않은 것들도 있다. 뇌에 대한 많은 책을 쓴 Robert Sylwester 박사에 의하면 인간의 언어는 일반적으로 약 50개의 음소를 가지고 있으며 그것은 놀랍게도 인간을 제외한 영장류가 사용하는 '신호음'의 수와 거의 같

---

31. 우리나라 인터넷상에서 '짤'이라고 한다 - 역주.

32. 우리나라의 예로는 '네이버에 물어봐!' - 역주.

33. 컴퓨터, 휴대전화 등 디지털 기기에 둘러싸여 성장한 세대 - 역주.

다. 그러나 그런 동물들은 한 신호를 가지고 어떤 전체적인 것에 대한 의미로 사용한다고 Sylwester는 말한다. 예를 들어 한 신호는 '지평선상에 먹을 것이 있다' 혹은 '위험하니 조심해'라고 전달할 수 있다. 반대로 인간의 언어에서 한 음소는 의미가 없을 수 있다. 예를 들어 'd'는 영어에서 어떤 특별한 대상이나 사건을 의미하지 않을 수 있다―그러나 다른 소리들과 함께 의미를 전달하는 단어를 만들 수 있다.

■∥ 언어 분석

언어교육자들은 종종 언어―수학도 아니고 과학도 아니고 기술도 아닌―가 대뇌와 관련이 있다는 것을 보여줌으로써 처음으로 뇌가 어떻게 기능하는지를 알 수 있게 되었다는 설명을 들으면 기뻐한다(OECD, 2007). 초기 연구는 의사소통 능력에 장애가 있는 실어증을 가지고 있는 사람들을 대상으로 수행되었다. 실어증의 한 가지 유형은 말을 할 수는 있지만 이해할 수 없는 수수께끼 같은 말을 하는 것이다. 두 번째 유형은 말을 듣고 이해를 못하는 유형이다. 다른 뇌손상에 따른 다른 유형의 문제를 연구함으로써 19세기 유럽의 Pierre-Paul Broea와 Carl Wernicke 두 과학자는 언어 처리와 관련한 뇌의 부분들을 확인하기 시작했다. 뇌가 시각, 청각, 미각, 후각, 촉각과 같은 지각의 하위영역들을 처리하는 다른 시스템들을 가지고 있듯이(CORE 2k; Society for Neuroscience, 2013 참조), 언어를 분석하는 특수한 뇌 영역들이 있다. 단어를 예로 들어 설명하자면 단어를 듣고, 보고, 말하고, 혹은 생성하는 것을 담당하는 뇌의 영역들이 다르다. OECD 학습과학자들은 이 네 가지 '메타기술(meta-skills)'을 중요하게 생각하고 미국 공통핵심학력 기준(U.S. Common Core State Standards)에 반영시켰다(Common Core State Standards Initiative, 2010; OECD, 2007).

이 네 가지 메타기술은 자연스럽게 함께 사용되는 것 같지만, 뇌에서 각각 독립적인 다른 종류의 하위 과정에서 처리된다. 그것들이 뇌에서 표상되고, 저장되고, 처리되는 과정이 각각 다르기 때문에, 미국 국립연구위원회는 학생들이 그 기술들을 조직할 수 있도록 돕는 것에 대해 교사들이 생각할 필요가 있다고 한다. 그것들은 교사들이 생각하는 만큼 밀접하게 연결되어 있지 않을 수 있다(National Research Council, 2001). 우리는 글을 쉽게 읽는다고 해도 의미를 생각하면서 적극적으로 들어야 하고, 말을 잘한다고 해도 적절한 단어를 애써서 찾아야 한다.

교사들은 종종 드라마, 음악, 그림과 같은 대안적인 방식(뇌가 정보를 처리하는 방식)을 사용하여 언어 기술과 문식력을 지원한다. 한 숙련 교사는 노래 속에 포함되어 있는 정보를 비계로 사용함으로써 학생들이 문학 작품을 이해하도록 돕는다고 했다. 예를 들어 에밀리 디킨슨의 시나 아서 밀러의 희곡 〈시련(The Crucible)〉을 가르칠 때 이 교사는 리듬이나 줄거리를 설명하기 위해 음악을 사용했다. 그는 학생들에게 〈오디세이〉의 주제를 생각하거나 〈베어울프〉의 주요 갈등과 연관시켜서 그들 자신의 노래를 만들어보도록 했다. 강력한 방식으로 의미를 강화함으로써, 그 접근이 학생들과 연결되고 오래 지속되는 것을 발견했다고 그 교사는 말했다.

말하고, 의사소통하기 위해 몸짓을 하고, 언어를 이해하는 것은 인간의 선천적 혹은 생물학적 본능이라고 생각된다. 하지만 글쓰기를 숙달하기 위해서는 많은 의식적인 노력이 필요하다. 그리고 정직하게 말해서, 인간의 몸은 글쓰기를 잘하도록 만들어져 있지 않다(Sakai, 2005). 뇌에 대한 한 작은 비밀은 비록 언어 획득이 인간의 가장 기본적인 특성들 중 하나지만, 읽기와 쓰기를 위해 우리가 사용하는 기계는 원래 그 목적을 위해서 만들어진 것이 결코 아니다. 새롭고 기대하지 않았던 목적을 처리하기 위해 우리는 뇌의 오래된 도구들을 이용한다고 과학자들은 믿는다.

*Reading in the Brain*에서 심리학자이자 인지신경과학자인 Stanislaus Dehaene는 우리 눈이 문자 판독기로는 전혀 훌륭한 것이 아니라고 한다(Dehaene, 2009). 눈 뒤편에 있는 빛에 민감한 세포막인 망막의 중심부만이 읽기에 충분한 해상도를 가지고 있다. 그 영역은 수용기로서 너무 작아서 글을 읽을 때는 그 페이지 위에서 눈을 움직이면서 읽어야 한다. 우리는 1초에 약 4~5차례 초점을 다시 맞추어 여러 장의 스냅촬영을 하면서 글을 읽는다.

읽을 때 우리는 또한 불변성 문제(invariance problem)라고 부르는 것을 마주한다. 즉 글자의 모양이 다양하게 변해도 우리는 어떻게 글자를 읽어낼 수 있을까? 우리는 인쇄체와 필기체, 대문자와 소문자, 그리고 다양한 폰트 모양을 처리해야 한다. 사람들이 쓴 글자는 그들의 언어가 무엇이든 관계없이 마치 셰에라자드의 **천일야화**와 같이 '1,001'개의 재미있고 우여곡절이 많은 모양을 가질 수 있다.

그렇기 때문에 뇌가 잘 학습할 수 있도록 교사들은 항상 가장 간단하고 읽기 쉬운 폰트로 작성된 자료를 학생들에게 제시해야 한다는 것이 타당해 보인다. 하지만 프린스턴 대학교와 인디애나대학교 연구자들은 최소한 어느 정도까지는 그 반대가 진실이라는 것을 발견했다. 클리블랜드의 고등학생 200명 이상을 대상으로 한 실험과 또 다른 한 실험에서, 여러 과목과 학년에 걸쳐서 무작위로 쉬운 폰트와 어려운 폰트로 된 자료를 배당했다. 그 결과 읽기 어려운 폰트로 된 자료를 읽은 학생들이 쉬운 폰트로 된 같은 자료를 읽은 학생들보다 수업 평가에서 더 잘했다. 그 연구자들은 활자체가 더 읽기 어렵기 때문에 학생들이 그 더 읽기 어려운 자료를 학습하기 위해 더 집중한다는 결론을 내렸다.

그들은 이것이 반유창성(disfluency)의 개념 —하기 어려운 어떤 것에 대해 사람들은 정보를 더 깊이 처리하는 경향이 있다—과 일치한다고 했다. 이 연구자들은 아직 더 많은 연구가 필요하다고 했다. 또한 너무 애매하고 읽기 불가능할 정도로 어려운 폰트 모양은 역효과를 일으키거나 이미 어려움을 가지고 있는 학생들에게는 등을 돌리게 할 수도 있다고 경고했다(Diemand-Yauman, Oppenheimer, & Vaughan, 2011).

Dehaene(2009)는 읽기는 진화역사에서 보면 아주 최근에 일어난 일이라고 지적한다. 언어와 사회화의 역사는 한참 과거로 돌아갈 수 있기 때문에 진화적 기초를 가지고 있는 것 같다. 그러나 읽기는 수천 년밖에 되지 않는 짧은 역사를 가지고 있으며 생물학적인 용어로 눈 깜짝할 시간이다. 따라서 과학자들은 인간의 읽기 능력은 다른 목적으로 사용하기 위해 존재한 것들이 재활용되어 만들어졌다고 본다. 만일 그렇다고 한다면, 읽기 능력으로 재활용되기 전에 그것들은 원래 어떤 능력들이었을까?

그 질문에 대한 답을 얻기 위해서 과학자들은 다른 영장류에게 예리한 눈을 돌린다. 원숭이와 유인원은 읽을 수 없지만 인간의 뇌 회로와 비슷한 많은 뇌 회로를 가지고 있다. 원숭이와 유인원은 우리가 읽기 위해 사용하는 그 능력을 가지고 무엇을 하고 있는가?

연구자들은 다양한 이미지, 물건, 얼굴, 여러 시각 자료를 짧은꼬리원숭이 앞에 놓았다. 인간을 제외하고 가장 널리 퍼져 있는 영장류인 짧은꼬리원숭이는 서로 맞추어 춤을 추거나 위계에 따라서 누가 어떤 딸기를 먹을 것인가를 결정하는 것과 같은 사회적 행동을 한다. 연구자들은 짧은꼬리원숭이의 뇌가 형태의 부분들에 반응하는 것을 발견했다. 정육면체의 세 가장자리가 함께 나타나는 'T' 형태가 자극하는 신경의 발화가 나무 몸통이 땅에 넘어져서 나타나는 'L' 형태가 자극하는 신경 발화와 마찬가지였다. 이것은 숫자들에서도 일어났다. 머리를 꼿꼿이 세운 고양이 머리와 몸통이 나타내는 8자 형태와 둥그스름한 형태의 O같은 윤곽이 같은 신경 발화를 보여주었다. Dehaene(2009)가 묘사하듯이, 과학자들은 원숭이 뇌에서 우연히 한 알파벳을 발견했다.

연구자들은 이와 같은 회로가 인간의 뇌에 존재하며 모든 뇌 장비들과 함께, 읽기를 담당하는 기계로 변했다고 믿는다. 이것은 읽기 과정을 안내하는 집행 기능과 긴밀한 협응을 포함한다. 글 읽기는 뇌 속에서 파닉스(phonics) 경로와 상징 모양을 처리하는 시각적 기억의 경로 간의 긴밀한 협응으로 일어난다. 그런 협응 요소는 다음과 같은 것을 포함한다.

- 글자부터 우리의 심적 어휘 목록에 저장되어 있는 단어와 그것의 의미까지 포함한다. 심적 어휘 목록이란 우리의 일상용어 사전과 같다.

- 잘 모르는 단어에 대해서는, 글자에서 그 글자의 소리로, 그리고 그 글자들이 표상한다고 우리가 생각하는 의미를 이해할 수 있다면 해독한다.

그런 다음 이해를 한다. 우리의 뇌는 글자, 단어, 문장, 혹은 전체 주제나 내러티브를 발견하는 상황 속에서 정보를 끌어들임으로써 글 읽기에 큰 도움을 얻는다. 또다시 말하지만 우리는 미완성 정보를 매우 잘 활용한다. 맥락 속에서, 우리는 더 많은 뇌 부호화 혹은 그 아이디어와 신경 연결을 하고, 우리가 탐지하고 있는 것의 의미에 대한 더 좋은 예측을 할 수 있다. 이것은 원숭이 뇌가 우거진 수풀 속에서 나뭇가지가 교차하는 것을 바라보는 것이나 아동이 '큰 책' 그림 페이지 위의 글자를 알아맞히는 것에도 적용된다.

▣‖ 의미

당연히 의미를 이해하는 능력은 언어와 문식(literacy)을 위해 매우 중요하다. 의미를 이해하는 능력에 대한 교사들을 위한 교수와 학습에 대한 연구 자료는 많이 있지만, 뇌와 관련한 이야기는 이제 막 펼쳐지기 시작하고 있다. 따라서 교사들은 앞으로 더 많은 연구 결과들을 기대하고 계속 지켜볼 수 있을 것이다.

지금까지 우리 뇌가 효과적으로 처리하는 기능에 초점을 맞추었다. 우리 눈이 근육을 세밀하게 조정해서 렌즈를 제자리에 고정시키거나 노폐물을 제거하면서 영양분과 산소를 망막에 제공하는 것과 같은 복잡한 일을 잘 처리하지만, 많은 것들이 쉽게 잘못될 수도 있다. 시스템은 너무나 복잡하다. 예를 들어 우리는 불빛이 약한 곳에서 흑백 시력을 가지고 많은 정보를 얻는다 — 이른 새벽이나 땅거미 질 때는 검은색과 흰색만 보인다. 만일 믿기지 않는다면 한번 시도해보라. 우리는 충분한 빛이 있을 때만 색을 볼 수 있다. 빛이 충분하지 않으면 빨강, 초록, 파랑, 모든 색들이 회색조로 보인다.

우리는 정확하게 연결되어 들어오는 정보 처리에 익숙한데, 언어를 이해하는 조건들은 그렇지 않은 경우가 많다. 읽기, 쓰기, 말하기, 혹은 다른 형식의 표현이나 수용 형식의 의사소통에서, 오래전에 매우 다른 용도로 사용하던 것을 최근의 새로운 용도로 재활용하는 '연약한' 처리 과정에서 뇌 회로의 아주 경미한 실수만 있어도 사고가 생긴다고 Dehaene(2009)는 말한다.

이 사고들 중에서 세간의 이목을 가장 많이 끌고 가장 많이 알려진 것이 난독증이며, 난독증이 있는 아동은 다른 것은 잘하는데 읽기를 비정상적으로 어려워한다(Howard-Jones et al., 2007; Society for Neuroscience, 2013). 만연한 난독증은 근본적으로 신경생물학적인 원인이 있다(OECD, 2007). 난독증은 일반적으로 다음과 같은 특징을 나타낸다.

- 단어 인식에 있어서 정확성과 유창성이 부족하다.
- 맞춤법에 맞게 글자를 쓰지 못한다.
- 언어의 음운부(phonological component)에 어려움이 있다.
- 언어의 소리 요소와 관련한 비정형적인 피질 특성을 가지고 있다.
- 특히 일찍 발견하여 집중적으로 중재하면 개선할 수 있다.

오늘날 과학자들은 이런 유형의 대부분의 난독증 사례들은 기본적인 소리 단위인 음소 처리에 문제가 있다는 데 일반적으로 동의한다. 난독증은 가족 내력인 경향이 있으며 따라서 어떤 강한 유전 성분이 있을 것으로 생각된다(Dehaene, 2009). 유전자 속의 어떤 작은 변칙이 어떤 뉴런이 태아 뇌의 어디로 이동할 것인가를 결정해서 회로를 다르게 작동시키는 것으로 보인다. Dehaene와 그밖에 다른 학자들은 새로운 중재 전략과 읽기 방법이 난독증이 있는 사람들에게 신선한 희망을 가져다주고 있다고 한다(Dehaene, 2009; B. A. Shaywitz et al., 2004; S. Shaywitz, 2003).

초기 중재의 효과를 알아보기 위하여 신경과학자들은 아동들의 유치원 때의 뇌발달 차이가 초등학교 3학년 때의 읽기 능력 차이를 예측하는지를 조사하고 있다(Myers et al., 2014). 음소를 처리하는 특수한 뇌 영역의 백질(white matter) 용량의 변화가 훗날의 읽기 능력에 대한 민감한 표지이며, 더 나아가 읽기장애의 초기 중재의 중요성을 나타낸다고 연구자들은 말한다. 유치원 시기보다 더 이전의 시기를 조사하는 것도 가능할 것이다. 난독증에 대한 세대 간의 차이를 비교하는 영상 연구들이 진행되고 있으며, 성 특정적인(sex-specific) 전이 패턴들이 확인되기 시작했다(Hoeft, 2014).

물론, 언어 문식(language literacy)은 모국어를 사용한 표현적·수용적 기술을 포함할 뿐만 아니라 우리가 추가적으로 획득하는 언어를 사용하여 의사소통하기 위한 기초가 될 수도 있다. 수화(signing)와 제2언어 획득을 위한 문식 전략은 CORE에서 제시하는 것들에 귀를 기울인다. 예를 들어 제2언어로 스페인어를 가르치는 한 숙련 교사는 학생들이 학습하고, 보유하고, 회상하고, 학습한 것을 적용할 수 있도록 돕기 위해 그림과 그 외 시각적 자료를 사용하는 것이 중요하다고 했다. 그림은 학생들의 사전 지식을 자극하는 데 도움이 되고 사전 경험을 활성화해서 지금 배우는 과제와 관련시켰으며, 학생들은 그들이 이미 가지고 있는 것과 새로 배우는 어휘를 연결시킬 수 있었다. 그다음에 그 교사는 학생들이 시각 자료에서 보는 그들의 경험을 비교하고 대조하도록 하고 공통적으로 이해할 수 있는 사회문화적 측면을 지적했다.

뇌와 관련한 언어에 대한 문제는 우리에게 다음과 같은 더 철학적인 질문을 던진다. 읽기, 쓰기와 관련하여 인간의 뇌가 어떤 관련성이 있기에 우리는 뇌가 유익하게 기능하도록 애쓰는가? 여기에서, 우리는 언어의 '무엇'과 '어떻게'에 대한 질문에서 '왜'라는 질문으로 이동한다. 철자, 상징, 구문론―이것들은 모두 꽤 복잡하다. 유튜브와 인스타그램 시대를 살고 있는 오늘날 비디오 자습서는 어디에서나 볼 수 있다. 글을 통한 의사소통이 우리에게 어떤 도움을 가져다주는가에 대해 충분히 이해하기는 어려울 수 있다. 그러나 유구한 세월을 따라 지식을 전달하는 것은 상징을 사용하여 정보를 기록하는 우리의 능력에 달려있다. 글은 한 사람에서 다른 사람으로, 한 세대에서 다음 세대로 흘러가는 더 큰 흐름을 만든다.

뇌에게, 글쓰기는 증폭된 기억 시스템의 한 유형이다. 작고한 노벨문학상 수상자 Czelaw Milosz[34]는 제2차 세계대전 동안 폴란드 수도 바르샤바에서 탄압을 받았으며 자유롭게 글을 쓰기 위해 공산주의 폴란드를 떠나 미국에 정착했다. 그는 우리의 생각이나 기억보다 책이 오래 남는다고 하면서 생각과 기억은 흩어지고 사라져버리지만 책은 서가에 언제나 존재할 것이라고 썼다.

■‖ 숙달을 지원하기 위한 접근

Milosz와 그 외 많은 훌륭한 작가들의 문학 작품에서 우리는 뇌가 처리하는 또 다른 측면인 내러티브의 중요성을 볼 수 있다. 스토리와 내러티브는 뇌가 학습하는 대표적인 방법이다. 뇌는 스토리와 내러티브를 사람들의 경험을 해석하는 데 중요한 영향을 미치는 '사회적 증거(social proof)[35]'로 본다.

뇌가 그렇듯이, 일반적으로 우리는 의식적으로나 무의식적으로 그 스토리가 우리와 어떤 관련성이 있는가에 관심을 갖는다. 내러티브는 즐거움을 주기도 하지만 또한 무엇을 회피하고, 무엇을 최대한 활용하고, 혹은 무엇을 경계해야 할 것인가에 대하여 뇌가 판단하기 위한 틀을 짜는 데 도움이 된다. 내러티브를 통해서 입력되는 정보는 독립적으로 지각하고 해결 방법을 찾지 않아도 많은 것을 알아낼 수 있다. 스토리텔링, 글, 영화, 드라마, 혹은 노래는 모두 우리의 주의를 집중하도록 만든다. 그림은 천 마디 말의 가치가 있을 수 있고 스토리는 인간이 역사 이래로 최고의 가치를 가진 예술 형식으로 인정받고 있다. 그리고 그것은 지식, 원리, 그리고 문화를 전달하는 주요한 방법이기도 하다.

언어 내러티브는 전통적으로 문학에 뿌리를 두고 있지만, 오늘날에는 듣기, 보기, 말

---

34. Czelaw Milosz(1911-2004). 제2차 세계대전 중에 반나치 활동을 한 저항시인. 1980년 노벨문학상을 수상했다―역주.

35. 남들의 행동에 따라 자신의 행동에 대한 옳고 그름을 판단. 자신의 가치관이나 주관보다 다른 사람들이 행동하는 것을 보고 따라하는 심리적 현상―역주.

하기, 그리고 언어 생성(generating language)이라는 언어와 관련된 네 가지 메타기술을 지원하기 위한 비디오, 오디오, 프레젠테이션 소프트웨어로 만들어질 수 있다. 그것들은 또한 여러 교과목에 걸쳐서 뇌 기반 융합 원리를 지원하는 데도 매우 효과적이다(Rabinowitz, 1993).

이 네 가지 언어 메타 영역들 중 하나에 내러티브를 사용함으로써, 교사들은 양적 사고, 과학적 · 사회적 추론, 혹은 미술이나 음악이나 율동 수업과 같은 창의적 표현을 끌어내는 주제에 학생들이 집중하도록 실제 교육 과정에 적용할 수 있다. 물론, 이런 융합 교육을 하기 위해서는 예를 들어 언어를 가르치는 교사가 양적 추론을 사용하는 문학 지문을 가르치는 것에 어느 정도 동의할 것인가와 같은 문제점을 학교에서 해결해야 할 것이다.

이것은 수학 교사들이 언어나 사회학을 수학과 관련지어 가르치려고 할 것인가 하는 문제와 마찬가지다. 수학 교사들은 그들이 수학만 안다고 생각하고 가장 편하게 느끼는 수학 영역에서의 문제 해결에 초점을 맞출 것이다. 언어 교사들은 전통적인 문학 자료에 자연적으로 초점을 두고 숫자, 증명, 과학적 사고, 혹은 사회적 추론을 언어발달과 내러티브 수업에서 제외하기가 쉽다. '여러 과목들에 걸친 읽기'는 아직은 찾아보기 쉽지 않지만, 그 방향으로 향하고 있는 것은 분명하다.

교사들이 언어를 가르치는 수업에서 CORE 뇌 아이디어를 활용하여 뇌기능을 지원하고 싶다고 생각하지만 쉽게 머리에 떠오르지 않는 전략들을 소개하면 다음과 같다.

- 요약하는 방법과 노트하는 방법을 가르치고 사용하라. Marzano와 여러 연구자들은 요약하고 노트하기는 교사들이 직접 지도할 수도 있고 효과도 큰 기술이라는 것을 발견했다(Marzano, 1998, 2003, 2009; Smith & Ragan, 1999; Weinstein & Mayer, 1986). 윤곽잡기(outlining)는 주개념과 부연설명에 초점을 맞춘다. 요약할 때 학생들은 새로운 정보를 자신이 알고 있는 개념과 연결시켜서 이해하고 자신의 단어로 의역한다(Weinstein & Mayer, 1986). 효과적으로 노트하는 방법을 학생들에게 가르치는 데 더 이상 많은 시간을 소비하려고 하지 않는 학교들이 많지만 AVID Cornell Notes[36]와 같은 프로그램은 많은 학교에서 실시되기 시작했다. 그와 같은 프로그램을 학생들이 처음에는 어려워하지만 자신의 내용에 대한 이해력이 증가하는 것을 느끼면서 거의 마술같이 내재적으로 동기화된다고 교사들은 보고하고

---

36. 코넬대학교가 개발한 노트하기 시스템—역주.

있다. 그러나 다시 강조하지만, 영어수업에서뿐만 아니라 다른 수업에서도 요약하고 노트하는 방법을 가르쳐야만 한다. 그렇지 않으면 그 기술은 죽은 지식이 되고 미래에 제한적으로만 그 기술을 접근할 수 있게 된다. 정말 요약하고 노트하는 것이 효과가 있을까? 이 전략 하나만으로도 교실 분위기를 변화시킬 수 있다고까지 교사들은 말한다.

- 국어와 제2언어 수업에서는 채점기준표, 준거, 혹은 학생들이 도달해야 하는 수업 목표 등이 도움이 된다. 예를 들어 성적 평가를 위해 평가기준표를 사용하고 학생들과 공유하면 학생들은 목표가 무엇이고, 자신이 어느 지점에 서 있고, 목표와 벌어진 거리를 어떻게 줄일 것인가를 알 수 있다. 이것은 모두 학습 성과에 큰 효과가 있는 형성평가의 핵심들이다. 교사들에게는 '표준 평가'가 효과적일 수 있다. 표준 평가 시스템은 교사들이 협력하여 그들의 전문지식을 반추하고, 정교화하고, 확장할 수 있는 자연스러운 장치를 제공할 수 있다.

- 반드시 피드백을 사용하도록 하라. 교사가 학생의 보고서 과제에 대해 피드백을 줄 때는 학생이 그 피드백을 접목해서 과제를 하도록 해야 한다. 교사는 학생들이 피드백을 받아 자세히 읽고 그 피드백을 적용하여 과제를 완성하도록 해야 한다. 피드백을 무시하고 공부한다면 그 피드백을 해도 소용이 없다. 그러므로 효과적인 교사는 피드백을 교수 과정 속에 포함시켜야 한다.

- 때로는 '코치'가 되어라. 필요할 때마다 글로 피드백을 제공하는 것 이외에도 '코칭(coaching)'은 모국어나 제2언어 획득에서 효과적이다. 운동선수의 훈련 방식을 모방해보자. 코칭은 축구나 배구에서와 마찬가지로 학생들의 읽기와 쓰기에 큰 효과가 있다. 하지만 코칭은 칭찬하는 것만을 의미하지 않는다(Wilson & Cole, 1996). 코칭이란 학생들이 과제를 완성하는 과정을 관찰하는 것을 의미한다. 그것은 개인 학습자에게 적절한 안내를 하고 도움을 주는 것을 의미한다. 훌륭한 코치는 자신을 감시자, 동기 유발자, 비평과 피드백 제공자, 그리고 더 정확하고 정교화하고 발전하도록 하는 촉진자로 생각한다(Jonassen, 2001).

- 목표 설정의 힘을 사용하라. 이것은 말과 글 훈련 그 자체가 될 수 있다. 한 교사는 수업 시간에 그 과제에 대한 노력과 성취가 무엇을 의미하는가 하는 것을 학생들이 어떻게 설계하고 설정하는가를 말해주었다. 학생들이 팀으로 함께 공부하는 동안 그 교사는 학생들이 서로 칭찬하고 지지하기 위해 사용하는 공통적인 언어를 들을 수 있었다. 그는 학생들이 공통 목표에 대한 노력, 동기, 집중이 증가하는 것을 보았다. 그 교사는 "그런 과정 속에서 양적 추리를 통합하는 것을 잊지 말라"고 덧붙

여서 말했다. 목표를 이야기하고 결과를 차트나 그래프로 나타내면 즉각적인 피드 백 자료가 된다(그리고 다른 과목들에서 수학을 공부하는 데 도움이 된다).

뇌 속에서의 추리

컬럼비아대학교에서 학부모, 교사, 아동들을 대상으로 신경과학을 소개하는 뇌 엑스포 행사에서 빨간색 벨벳 드레스를 입고 크레용을 손에 쥐고 있는 한 작은 소녀가 참가했 다. 그 4살 여자아이는 어머니와 함께 뇌 색칠하기 부스에서 열심히 색칠을 하고 있었다. 그 어머니는 딸이 색칠하는 것을 지켜보면서 "와우! 운동 피질—오, 초록색으로 예쁘게 그렸구나" 하고 말했다. "두-정-엽"이라고 크고 또렷하게 말하면서 "그건 무슨 색으 로 할까? 오렌지색. 아니 빨간색? 와우! 주황색과 빨간색. 정말 멋진 뇌를 만들고 있구 나!"라고 했다.

잠시 후에 그 어머니는 아이가 그린 그림을 접어서 테이프로 붙이고 모자를 만들어서 머리 위에 씌워주었다. 예쁜 옷을 입은 그 아이는 '뇌 모자'까지 갖추게 되었다. 그 작은 소녀가 좋아서 뛰어다니니까 그녀 머리 위에 흔들거리는 색칠한 뇌 그림 모자가 마치 생 일 파티 모자같이 보였다. "이것이 우리 뇌 행사에서 가장 인기가 있는 것 같습니다"라 고, 많은 참여자들이 이 부스에서 저 부스로 바삐 움직이면서 뇌에 대한 관심을 나타내 는 것을 흐뭇하게 쳐다보면서 색칠하기 부스를 지키고 있는 담당자가 말했다. "부모들도 좋아하고 아이들도 좋아합니다. 모든 사람들이 우리 뇌 속에서 일어나는 추리에 대해 생 각을 하고 있기 때문에 관심을 많이 보이고 있습니다."

추리는 신경과학계에서 큰 관심을 받고 있는 주제다. 추리는 우리의 가장 궁극적인 인 간적 특성—매우 복잡한 방식으로 생각할 수 있는—이기 때문에 학자들은 추리에 대해 더 잘 이해하고 싶어 한다. 우리는 정보와 경험을 받아들이고 통합하고, 그것들을 기초 로 결정을 할 수 있다. 추리를 가지고 씨름하는 것은 까다롭다. 도대체 추리(reasoning)란 무엇인가?

만일 논리적 추리의 신경학적 기초에 대한 책을 쓴 인지과학자 Vinod Goel의 추리에 대 한 정의를 따른다면, 추론을 끌어내는 뇌활동을 의미한다. 다시 말해서, 뇌는 우리가 마 음속에 가지고 있는 증거(evidence) 혹은 전제(premise)에 기초해서 결론을 내린다(Goel, 2005).

앞에서 보았듯이, 뇌는 끊임없이 이런 종류의 추리를 한다(Fugelsang & Dunbar, 2005; Mercier & Sperber, 2011). 추리하는 과정에서 뇌는 합리적 이해를 반영할 때도 있고 그렇지 못할 때도 있다. 우리는 전혀 의식하지 못하고서도 정서적 증거와 생존에 직결된 전제를 사용하여 결론에 도달하기도 한다(예 : 뛰어! 호랑이다!).

■∥ 추리 기계로서의 뇌

학생들은 세상에 대한 새롭고 더 정확한 모델을 만들고, 사고 과정에 정보를 제공하고, 기술과 능력을 향상시키기 위하여 추리를 사용한다. 우리가 창의성이라고 부르는 뇌 융통성을 확장하기 위해서도 추리를 사용한다. 과학, 사회, 예술, 건강, 복지, 특히 기억하기보다는 지식을 실제로 적용하는 것을 강조하는 수업에서 학생들이 추리하고 새로운 것을 생각하는 것을 볼 수 있다.

여기에서는 교육에서의 세 가지 유형의 뇌와 관련된 추리에 대해 알아볼 것이다. 그 세 가지는 과학교육에서의 가설 설정, 사회교육에서의 다양한 관점 도출, 그리고 미술교육에서의 창의성에 대한 뇌의 개념화다.

첫째, 가설 설정이다. 기술적으로 들릴 수 있겠지만 가설 설정이란 뇌가 어떻게 질문을 하고 그 질문에 대해 어떻게 증거를 가지고 탐색하는가에 대해 우리가 생각하는 것을 말한다. Marzano와 다른 연구자들은 이 접근을 사용한 교수 설계법이 학생들의 학습 결과에 큰 정적 효과가 있는 것을 발견했다. 50년 전으로 돌아가 교육에서의 가설검증(hypothesis testing in education)에 대한 심리학자 Jerome Bruner와 그의 동료들의 정의에 의하면, 어떤 개념을 획득하기 위해 학습자들은 그 개념과 관련된 속성들에 대한 잠정적인 아이디어를 내놓고 이 가설에 비추어 특수한 예들을 검증한다(Bruner, Goodnow, & Austin, 1956).

형식적으로는 가설을 제안할 수 있고 그 가설을 사고와 학습 과정 속에서 분명하게 작용시킬 수 있다. 그러나 비형식적으로 그리고 특히 어린 아동들에게는 질문을 하고 증거에 기반한 답을 탐색하는 사고를 하는 것은 학생들의 사고력을 발전시키는 기회가 된다. 학생들은 그들이 이미 가지고 있는 개념이나 신념과 연결하여 생각한다. 교육에서 과학적 사고(scientific thinking)란 과학 내용과 과학적 방법의 기본인 추리 과정 모두를 말한다. 미국 차세대과학표준(Next Generation Science Standards, NGSS)의 기초가 되는 유치원~고등학교 틀은 이것을 '불가분한 융합'이라고 표현한다. 그 틀은 미국 학생들의 과학교육에서 내용과 추리 과정이 항상 융합되도록 장려한다(National Research Council, 2013).

뇌의 관점에서 보면 이 융합은 인지적 활성화를 일으키는 것이다. 귀납법, 연역법, 귀추법, 실험설계, 인과추리, 개념 형성, 그리고 추리의 여러 측면 모두가 가설 검증과 관련되어 있다.

UC 버클리대학교 교수 Alison Gopnik과 공저자들은 아기침대 속의 과학자 : 마음에 대하여 초기 학습은 무엇을 말해주는가(*The Scientist in the Crib : What Early Learning Tells Us about the Mind*)라는 책에서 아기 때부터(특히 아기 때에) 우리 모두는 자연적인 학습 통로로써 가설검증을 한다고 지적한다(Gopnik, Meltzoff, & Kuhl, 2000). 우리가 2장에서 처음 만났던 Gopnik은 가설검증을 통해 어린 아기가 세상을 발견한다는 것, 그리고 어린 아기의 인지능력이 우리가 한때 생각했던 것보다 훨씬 대단하다는 것을 보여준다. 그녀가 연구한 매력적인 아기들을 그녀는 우리를 웃게 만들고 또한 생각하게 만드는 '추파를 보내는(flirtatious)' 아기들이라고 *Seattle Times*에서 소개했다. Gopnik의 연구는 매력적이면서도 인간의 지식과 기술 획득에 대한 진지한 연구 결과를 보여준다. 그녀와 그녀의 동료들에 의해 계속되는 연구에서 아기들과 어린 아동들이 연구와 개발에 적극적으로 참여하는 것을 발견했다. 아기들은 과학자들과 마찬가지로 학습한다—가설을 설정하고, 검증하고, 개선해나간다. 그밖에, 매우 어린 아기들도 다른 사람의 경험을 상상할 수 있고 원인과 결과를 이해할 수 있는 것으로 나타났다.

아기들은 말로써 의사소통을 할 수 없기 때문에 아기들을 대상으로 연구하기는 매우 어렵다. 그런데 이 연구에서 Gopnik은 특별히 인상적인 브로콜리라는 비법같은 도구를 사용했다. 어린아이들에게 생 브로콜리가 들어 있는 그릇 하나와 맛있는 금붕어 모양 크래커가 들어 있는 그릇 하나를 주고 살펴보면 그들의 마음속에서 어떤 일이 일어나는지 알아볼 수 있다.

자연식품을 사랑하는 버클리에서도, 아기들은 채소보다 금붕어 크래커를 더 좋아한다고 Gopnik은 지적한다. 한 가지 특별히 눈을 사로잡는 연구에서, 그녀는 배우들을 등장시켜서 18개월 아기들에게 생 브로콜리를 좋아하고 크래커는 싫어하는 것을 보여주는 단막극을 보여주었다. 그런 후에 그 배우들은 아이들에게 두 그릇 중에서 한 그릇에 담긴 먹을 것을 달라고 부탁했다.

18개월 아기는 브로콜리를 달라는 배우에게 쉽게 브로콜리를 집어서 주었는데 15개월 아기는 그렇지 않았다. 3개월 더 어린 아기들은 누군가가 채소를 더 좋아한다는 것을 믿을 수가 없다는 듯이 쳐다보고만 있다가 크래커를 집어다 주었다. 이 연령의 아기들은 아직 어느 것을 선택해야 할지 해결하려고 애쓴다. 이 아기들은 사람들이 모두 같은 것을 좋아하는 것이 아니라는 가설을 아직 설정하지 않았기 때문에, 추리 과정에서 사람들 간에 차이가 있다는 것을 말해주는 증거를 발견하고서는 순간적으로 정지 상태에 머문다. 그들 자신의 추리를 선호하는 행동을 나타내는 것은 당연해 보인다.

놀라운 것은 단 3개월 후에 그 아기들의 반응이 완전히 역전된다는 것이다. 그들은 의사소통 다리를 건너 다른 편으로 이동한다. 이제 이 연령의 아기들은 다른 사람이 원하는 것이 무엇인가를 생각할 수 있다. 이것은 인간의 사회화 과정을 위한 큰 발전이다.

Gopnik의 연구에서 보여주듯이, 충분한 증거가 있으면 어린 아동들이 그들의 아이디어를 조정하는 데는 시간이 오래 걸리지 않는다. 반대로 성인들의 경우에는 아이디어를 조정하는 데 더 많은 시간이 걸릴 수 있는데 그 부분적인 이유는 반대되는 사전 경험을 더 많이 가지고 있기 때문일 수 있다. 앞서 CORE에서 강조했듯이, 우리는 현재 나타나 있는 증거뿐만 아니라 과거의 많은 경험에 비추어 우리의 신념을 업데이트한다. 과학에서 필수적인 기술은 질문을 하고 그 질문에 답하는 능력이다. OECD 학습과학 보고서(Learning Sciences report)에 의하면, 발견은 지식과 기술을 사용하고 축적하는 과정에서 나온다.

과학교육에서 한 가지 주의할 점은 기초학습, 연습, 학습한 것을 보존하기 위한 충분한 피드백뿐만 아니라 관통개념(cross-cutting concepts)에도 실제로 학생들이 이해하게 하는 활동 또한 필요하다는 것이다. 스탠퍼드대학교 과학교육 교수 Jonathan Osborne은 과학 수업에서 체험 활동이 반드시 학습 효과로 나타나지는 않는 것이 놀랍지 않다고 말했다. 많은 과학 체험 활동들이 어떤 면에서는 활동으로만 끝난다. 만일 인지적 활동도 없이 적절한 피드백도 제공되지 않는다면, 인지적 결과를 기대할 수 없다고 그는 말한다. 예를 들어 많은 학교에서 큰 폭죽 소리나 높이 솟는 불꽃으로 학생들에게 깊은 인상을 주고 있지만, 그 요란한 활동이 뇌로 하여금 공부하는 것을 반드시 처리하도록 해 주지는 못한다. 만일 과학 원리가 분명하게 제시되지 않고 그 원리를 유의미하게 이해할 수 있도록 처리할 수 있는 시간이 허락되지 않는다면, 학생들이 깊은 사고를 할 여지가 없다.

학생들이 가설을 설정할 때 비계 설정(scaffolding)을 사용하여 학생들이 생각하도록 돕는 것이 중요하다. 학교의 정해진 교육 과정 속에서 학생들에게 무제한적으로 탐색할 시간을 제공하기가 어렵기 때문에 비계 설정을 사용하기가 쉽지는 않다. 한 숙련 교사는 문제 기반 학습에 비계 설정이 효과가 있다고 말했다. 비계 설정을 사용하기 위한 방법으로는 과제 모델링, 충고, 코칭 등이 있으며, 비계 설정을 효과적으로 사용하면 학생들은 스스로 문제 해결 방법을 찾는다고 그는 말했다. 교사들이 가설 설정을 통한 CORE 아이디어를 적용할 수 있는 전략에는 다음과 같은 것들이 있다.

- **시각적으로 학습할 수 있도록 지원하라.** 말로만 가르치는 방법을 뛰어넘어라. 어떤 주

제를 가르치든 Netflix, YouTube, 혹은 NOVA와 같은 과학 사이트에서 동영상 자료를 찾아 학생들에게 제시한다고 한 교사는 말했다. 학생들이 그 비디오에 나오는 중요한 개념들을 반드시 이해할 수 있도록 그는 관련된 어휘, 학생들이 숙달해야 하는 '큰 개념(big idea)', 재미있다고 생각되는 그 외 것들이 포함된 개요를 준비했다. 학생들은 그 개요를 보고 중요한 정보에 초점을 맞출 수 있고 모든 정보를 다 이해하지 않아도 된다고 생각하기 때문에 편안함을 가질 수 있다.

- 하나 이상의 예를 제시하라. '학생들이 알고 있는 것을 알기(Knowing What Students Know)'의 공동저자이고 많은 교육학과 심리학 저서를 발표한 Jim Pellegrino(Committee on the Foundations of Assessment, 2002-2003에서 인용)의 말을 빌리자면, 만일 정말로 학생들이 깊이 이해하기를 원한다면, 학생들에게 반드시 하나 이상의 예를 제시해야 한다. 학생들이 추리를 일반화하기를 바란다면 한 번으로는 부족하다. 우리 뇌는 한 번 스쳐갔다고 반드시 기억을 보장하지는 않으며 인간의 인지 시스템은 성급하게 동화하지 않게 선천적으로 감시하도록 만들어져 있다. 따라서 계속해서 패턴을 뇌에 제공해야 한다.

사회문제를 활발하게 논의할 수 있도록 적절하게 수업에 포함시켜라. 우리가 아이디어를 검정할 때는 새로운 상황에 전이시켜보는 것이 중요하다. 적극적으로 사회적 논쟁에 참여하면 개인적으로 의미있는 실천을 할 수 있다. 그런 과정을 통해서 지식을 전달하는 학습 경험에서 개념을 둘러싼 의미를 개발하는 학습 경험으로 이동할 수 있다고 한 상담교사가 말했다. 학생들이 스스로 개념을 이해하는 과정을 표현하는 기회를 가지고 논쟁함으로써 학생들의 내재적 동기가 더 향상되는 것을 그 교사는 관찰했다. 이것은 모두 의미를 만드는 것에 대한 것이다(Restak & Kim, 2010). 의미 만들기의 아이디어에서 자연스럽게 우리는 뇌가 다양한 관점을 어떻게 효과적으로 끌어내 이용하는가 하는 주제로 옮겨 갈 수 있다.

인간의 뇌기능에서 가장 중요한 것은 인지적 융통성이다. 이것은 사회, 역사, 경제, 그리고 그 외 분야에서 학생들을 다양한 관점에 노출시키는 것이 사건, 동향, 사례를 더 잘 이해하는 데 도움이 된다는 것에서도 나타난다.

만일 교사가 학생들이 새 지식을 구성하는 것뿐만 아니라 이미 가지고 있는 정보를 재조직하는 것을 도울 수 있다면, 그들의 신경 구조와 신경 연결을 변화시켜서 정신 구조가 변화될 것이다. 이런 방식으로 학습자들은 효과적으로 정교화하고 확장하며 그들의 생각을 실세계에 전이시켜 사용하는 능력을 나타낼 수 있다. 이런 과정을 통해서 학습자들은 더 정교하고 유연한 지식 구조를 만들고 결과적으로 복잡한 상황을 더 잘 표상할 수 있다.

앞 장들에서 보았듯이, 실세계와 관련시켜서 사회과목 수업을 할 때 학생들은 직접적인 관심을 가질 수 있다. 우리 인간은 우리를 둘러싼 세상과 연결되어 있는 문제에 대해 높은 본질적인 동기를 표출한다. 만일 정신적으로 학교라는 벽을 허물어 버린다면, 학생들은 그들이 학습하는 것이 뇌 속에서 중요한 관련성 깃발을 올리고 있는 인간 목표와 연결되어 있는 것을 더 잘 볼 수 있을 것이다.

그런 조건하에서 특히 어린이에서 벗어나기 시작하는 중학생과 고등학생들은 자신을 개발하기 위해 노력한다고 성인 초기 학생들에게 다른 문화에 대한 이해를 공동체 서비스와 연결시켜서 가르치는 한 교사가 말했다.

■‖ 문화 간 역량을 향하여

문화적 다양성을 고려하는 교수전략은 당연히 매우 중요하다. 종종 학생들은 여러 다른 문화의 구성원들로 이루어져 있다. 그들은 다양한 민족과 인종 배경을 가지고 있을 뿐만 아니라 경제적 경험, 지리학적 지역, 종교, 자녀에 대한 부모의 기대도 다양하다 (Driscoll, 2001). 결정적으로, 학생들이 가정이나 온라인에서 얻을 수 있는 정보의 종류가 다르고 접속할 수 있는 가능성에서도 차이가 있으며, 이것들은 모두 세상을 바라보는 그들의 관점에 영향을 미친다. 그 결과 학생들은 그들의 경험을 다르게 이해한다.

이것은 상황 학습(situated learning) 이론가들의 관점과 비슷하다. 즉 새로운 지식은 그 지식이 잘 이해될 수 있게 상황적(일관적이고, 구체적이고, 조직적인)이어야 하고 또한 학습자도 상황적이어야 한다. 다시 말해서, 특히 사회과 수업을 할 때 우리가 배우고 있는 것에 대한 바로 그 시스템 속에 우리가 자리를 잡아야 한다. 다른 사람의 다양한 관점을 가지도록 교수 설계를 하면 더 풍부하게 배울 수 있다(Driscoll, 2000).

어떤 연령에서든 다른 학생들보다 다양한 관점을 잘 끌어내고 여러 상황에 일반화를 잘하는 학생이 있으며, 이런 학생을 교사들이 잘 판단하지 못할 수도 있다. 예를 들어 암기 학습에서는 뛰어난 학생이 추리, 가정, 종합을 요구하는 학습에서는 잘하지 못할 수 있다. 어떤 변화가 나타날 수 있는지 살펴보자. 학생들은 기계적으로 외우는 사실이나 아이디어를 질문하는 대신에 3장과 5장의 교수 설계에 기술되어 있듯이 아이디어와 기술을 유연하게 사용할 수 있는 숙달을 보여줄 수 있다. 사회 과목을 공부하는 학생은 역사 속에서 한 사건을 아는 것뿐만 아니라 그 사건이 미친 영향을 평가하고 그 사건과 관련이 있다고 가정하는 다른 사건을 확인할 수도 있다. 과학 수업에서, 학생들은 자신들이 수집한 증거에 기초한 결론을 추리하거나 두 가지 트렌드를 종합해서 가능한 결과를 예상해볼 수 있다. 간단하게 사실을 외우고 기억하는 것에 흥미가 없는 학생들에게 비판적 사고를 하도록 요구하면 그들은 학교 경험이 자신들에게 유익하다고 생각한다.

그렇다면 비판적 사고(critical thinking)의 정의는 무엇인가? 그것은 어떻게 사용하느냐에 따라 다르다. 좁은 의미로는 어떤 주장의 진위나 정당성을 판단하는 것을 의미할 수 있고 넓은 의미로는 모든 종류의 추리와 관련된 것들을 의미할 수도 있다.

뉴욕주립대학교의 유명한 교수였던 심리학자 Jack Meacham은 교사들이 비판적 사고에 대하여 가장 중요하게 생각해야 할 점은 학생들이 자신의 사고를 비판할 수 있도록 하는 것이라고 말했다. 많은 학생들은 다른 사람의 아이디어를 비난하는 것은 잘한다. 교육에서 중요한 것은 학생들이 자신의 아이디어를 비판적으로 반성할 수 있느냐 하는 것이다. 학생들이 가지고 있는 자신의 신념을 뒷받침할 수 있는 증거를 제시할 수 있는가? 그리고 증거가 확실할 때 자신의 사고를 수정하고 그것으로부터 배울 수 있는가?

이런 종류의 비판적 사고—우리 자신의 사고에 대한 비판적인 사고—를 개발하는 데 있어서 우리는 소위 말하는 '주도자(agency)'의 역할을 한다. 우리는 다른 사람의 사고를 판단할 때 증거를 중요하게 생각하듯이 우리 자신과 우리 자신의 사고에 대해서도 마찬가지로 생각할 필요가 있다.

■‖ 숙달을 지원하기 위한 접근법

우리의 뇌 네트워크는 자기반성(self-reflect)하는 능력을 가지고 있다. 만일 선택적으로 어떤 아이디어들을 똘똘 뭉쳐 있게 하고 그 외 모든 것들을 가볍게 일축시킨다면, 뇌는 뇌가 가지고 있는 기능을 정당하게 작동시키지 못할 것이다. 우리는 뇌의 추리 능력에 합선을 일으킨다.

4장에서부터 우리는 사회 과목을 포함한 여러 영역에서 기억 강화는 하나의 신경 흔적을 강화하는 것 이상이라는 것을 알고 있다. 우리는 그 흔적이 관련되어 있는 더 큰 표상이나 스키마를 구성하고 있다. 사회, 경제, 그리고 역사 수업에서 우리는 이것을 종종 인과관계(causal)라고 부른다. 즉 우리는 종종 학생들에게 인과관계 혹은 인지과학자들이 인과모델(Anderson, 2000)—무엇이 무엇을 발생시켰고 그 이유는 무엇인가—이라고 부르는 방법으로 추리하도록 요구한다.

교사들에게 도움이 되는 몇 가지 접근법에는 다음과 같은 것들이 있다.

- 인지적 도제 방법을 사용하라. 이것은 학생들이 함께 다양하고 실제적인 사례를 가지고 추리하여 문제를 해결하도록 하는 접근법이다(Brown, Collins, & Duguid,

역사와 지리를 통한 추리

뉴욕대학교의 교수이고 만일 A이면 B를 하라 : 세상은 어떻게 로직을 발견했나(*If A, Then B: How the World Discovered Logic*)의 공동저자인 Michael Shenefelt는 *Chronicle of Higher Education*에서 "그리스를 왜 공부합니까?"라는 수필을 썼다. 그는 초기 역사에서 그리스가 왜 그렇게 중요하게 되었는지를 설명했다. Shenefelt의 답은 지도를 살펴보라는 것이었다.

그리스 지도를 보면 두 가지가 눈에 띈다. 첫째, 지형이 울퉁불퉁하다. 산과 호수가 섬들을 여러 독립적인 지역으로 분리하고 있다. 또한 해로가 많다. 거친 지형이 육지를 여러 개의 작은 공동체로 나누었다. 이것이 새로운 사고가 일어나도록 했다. 해로를 따라 아이디어들이 퍼져나갔다. 인과 추리를 사용하여, Shenefelt는 그리스의 지형이 그리스 디아스포라(diaspora), 혹은 그리스로부터 사고가 바깥세상으로 퍼져나가는 결과를 가져왔다고 주장한다.

이와 같은 인과 추리는 기억 흔적을 위한 강력한 스키마 강화가 될 수 있다(Davidson, 2012). 반대로 연결되지 않은 아이디어들은 뇌와 무관해 보인다. 역사에 초점을 맞추어, Schenefelt는 많은 사실들과 날짜들을 조직하여 핵심적인 아이디어를 주장한다.

1989; Collins, Brown, & Newman, 1989). 이것은 생각과 반추를 통한 실무 경험일 수 있지만, 실제로 일하는 것과 같이 집중해야만 한다. 연구자들의 표현에 의하면 '마음의' 도제는 학생들이 전문가처럼 생각하고 추리하는 데 도움이 될 수 있는 지식의 레퍼토리를 쌓게 해준다(Schunk, 2012). 비계 철거(fading)는 학생들이 독립적인 사고가로 일하기 위해 노력하는 과정 속에 자연스럽게 포함되어 있다.

- 소크라테스식 대화법을 시도하라. 이것은 문답법을 사용하여 그날 수업에서 의문이 생기거나 관련되거나 설명할 필요가 있는 문제들에 대해 논쟁하도록 하는 방법이다. 사회 과목에서 소크라테스식 대화법은 소크라테스를 기리기도 하지만 CORE 원리들과 놀랍도록 비슷하다. 그것은 학습자들에게 스스로 질문하고 자신의 사고를 비판하도록 요구함으로써 비계 설정과 비계 철거를 자연스럽게 하는 일종의 사회적 증강(social augmentation)이라고 할 수 있다.

- 반추하고, 반추하고, 반추하라. 사회과 교사들은 학생들이 반추하기 위해서는 그들이 수행한 것을 보고, 분석하고, 그리고 동료와 교사를 포함한 다른 사람들이 수행한 것과 비교할 필요가 있다는 말을 들을 필요가 없다. 그것은 충분한 피드백과 다양한 관점을 공유하는 것을 말한다. 물론, 교사들은 학생들이 제자리걸음을 하거나

습관화의 한 예

습관화와 관련한 대표적인 예로 ABC World News 현장(field) 프로듀서인 Arash Ghadishah를 들 수 있다. The Weekly Standard 블로거 Matt Labash는 2003년 이라크 전쟁 당시에 사이렌이 울릴 때 한 호텔에서 Ghadishah를 처음 만났다고 했다. 그는 Ghadishah와의 첫 만남에 대한 글을 썼다. 미사일 공격 경고음이 울린다. Labash는 어떻게 해야 할지 다급하게 Ghadishah에게 물었지만, Ghadishah는 심드렁했다고 한다. 그는 전쟁터에서 사이렌 소리를 너무 많이 들었기 때문에 거의 동요하지 않았다. 그는 습관화되었던 것이다. "마스크를 하고 지하로 급히 피신하는 당신의 모습을 찍어도 되겠습니까?"라고 반농담으로 Arash는 말했다.

더 깊은 오해에 빠지지 않도록 해야 한다(예 : 뇌가 실패하는 것을 연습하지 않도록 하기). 긍정적인 결과를 낳기 위해서는, 특히 의미 있는 패턴과 조직적인 원리를 사용하여 강력한 아이디어가 생성될 수 있을 때, 학생들이 기억 흔적을 효과적으로 강화하도록 도와줄 필요가 있다.

마지막으로, 예술과 관련한 예를 살펴보기로 하자. 예술은 다소 다른 방식으로 뇌와 연결된다. 뇌에서 추리를 할 때 여러 관점이 연결되면 많은 긴장이 일어난다. 인간의 뇌는 습관화되는 강한 경향이 있다. 습관화란 어떤 자극이 같은 관점과 접근에서 여러 번 반복적으로 제시되면 그것에 대한 반응이 감소하는 것을 의미한다. 그런 자극에 대해서 우리는 한 가지 입장을 취하게 되고 결국 반응을 멈추는 경향이 있다. 우리 주변에서 일어나는 다소 극적인 자극이라고 해도, 그것에 대해 어떻게 반응할 것인지 이미 알고 있다고 생각한다. 다시 말해서 뇌는 일종의 습관화를 형성한다.

그렇다면 습관화는 예술과 어떤 관계가 있는가? 인간의 창의적 기술의 표현은 강력하다. 회화와 사진과 같은 시각예술은 뇌의 시각중추에 새로운 정보와 관점을 전해준다. 영화와 무용은 여러 가지 감각을 사용한다. 새로운 유형의 감각운동 매체(kinesthetic media)에 촉감이 연결되고, 요리 문화에 후각과 미각이 양육되고, 그리고 음악이 청각중추에 중요한 기능을 한다. 이것들은 인간의 예술과 표현의 몇 가지 형태일 뿐이다. 예술 표현을 창조하고 감상함으로써 뇌 속에 다양한 감각 활동이 일어나고 우리는 생각과 느낌을 공유하고 다른 사람들의 생각과 느낌을 인식한다.

예술과 학습의 관계에 대해서 할 이야기가 많지만, 이 습관화 하나만으로도 교육자들이 받아들일 것이 많다. 교사들은 아이들에게 전달이 잘 되지 않으면 좌절한다. 하지만 만사를 제쳐두고, 단순하게 날이면 날마다 매일 똑같은 것을 뇌가 처리하도록 하면 뇌는 습관화되고 결국 반응하지 않게 되기가 쉽다.

그러나 우리가 지각하고 창조할 수 있을 때, 새로운 것을 경험하고 생성할 수 있을 때, 뇌는 새로운 자극에 의해 다시 깨어난다. 우리는 과학이라는 용어를 사용하면 예민해진다(sensitized). 그것은 마치 '똑바로 앉아서 귀를 기울일 시간이다'라고 뇌에게 말하는 것 같다. 교사들이 똑같은 강한 시그널을 보내기만 하는 것은 효과가 없다. 그 사이렌은 꺼지고 무시되어 버린다. 그러나 예술작품의 표현과 감상을 통해 뇌에 다양한 감각 경험을 제공하고 학생들은 생각과 감정을 공유하고, 다른 사람들의 생각과 감정을 지각할 수 있다. 예술교육이 가지고 있는 많은 긍정적인 속성 중 하나는 관점의 효과적인 이동을 통해 뇌 습관화의 함정을 피할 수 있다는 점이다.

반복적인 경험은 학생을 타성에 빠지게 한다. 진정으로 '교육적인' 경험은 타성에 빠지지 않도록 해야 하며, 성장과 학습욕구를 동기화하고 뇌가 추구하는 것을 돕는다. 예술은 학습욕구를 높이는 데 도움이 된다.

방금 예술 수업을 마친 한 학생의 말이 이것을 잘 표현한다. 그 수업을 받기 전에는 예술작품은 박물관이나 큰 전시관에만 존재한다고 생각했는데 그 수업을 통해서 예술을 더 넓게 보는 것을 배웠다고 그는 말했다. 예술이 마음을 사로잡았고 생각하게 만드는 흥미있는 작품들을 알게 되었다고 그는 말했다.

이 영역에서 교사들을 위해 제안된 몇 가지 효과적인 접근에는 다음과 같은 것들이 있다.

- 일상적인 수업에서 교수 설계의 방향을 생각할 때 민감화 개념과 습관화 개념을 동시에 고려하라. 창의적인 표현은 뇌가 반응하지 않으려는 경향성을 '재설정(reset)'하는 데 도움을 준다.
- 수업 시간에 학생들이 '그것은 이미 들은 거야'라고 말하면서 집중하지 않는 것을 예방하고 뇌가 새로운 자극에 반응하도록 자극하라. 교사가 미술 수업에서 직접적으로 예술을 가르치지 않아도, 어떤 수업에서든지 예술을 강력한 도구로 끌어들일 수 있다.
- 여러 과목에 걸쳐서, 예술로 표현되는 창의성에 대해 뇌가 어떻게 생각하는지 고려하라.
- 뇌 입장에서 보면 예술은 관점의 다양성을 획득하는 한 예다. 그래서 영국 학습과학 보고서가 설명하듯이, 예술이 교육 과정에 포함되면 추리력과 표현력 모두에 도움

이 된다(Howard-Jones et al., 2007).

- 다른 영역에서의 제안들과 마찬가지로, 이것은 교사들이 다양한 형식으로 예술과 더 친숙해질 필요가 있다는 것을 의미한다. 교육자들은 자신들이 관심을 가지고 있는 영역들을 생각할 수 있을 것이다. 그들은 자신들이 이해하고 활동하는 예술을 이런 영역에서 조금씩 연결시키고 싶을 것이다.

결론

이 장에서는 CORE 뇌 원리들을 몇몇 교과목 영역에 적용해서 살펴보았다. 신경과학자 Janet Dubinsky의 BrainU 연구에 대한 소개로 이 장을 시작했듯이, 의도한 바는 신경과학이 교수법에 대해 어떤 정보를 받아쓰도록 전달하는 것이 아니라 유익한 실천을 얻도록 하는 것이다. 자신의 교과목과 학년 수준 영역에서 고도로 숙련된 전문가들과 마찬가지로, 많은 아이디어와 씨름하는 교사들은 그들의 업무와 연결시킨다.

BrainU 워크숍 기간 동안 매일 워크숍 마지막에 교사들이 그날의 워크숍 내용과 활동이 그들이 하는 일에 어떻게 적용되는가에 대해 논의했다고 Dubinsky는 말했다. 이런 방식으로 교사들은 신경과학 지식과 그들의 교실에 적용되는 방법을 연결시킨다고 Dubinsky는 말했다. 문제 해결이든 역할극이든 혹은 탐구학습이든 강의식 교수법이든 관계없이, 인지 활성화 방법을 탐구했다. Dubinsky는 이것이 교사가 해결하는 것을 강화하는 데 도움이 되는 것을 발견했다. 그들은 탐구 결과를 이해하고, 이해를 바탕으로 빠르게 생각을 덧붙여서 마침내 그들에게 실제 결과물로 나타나게 만들었다.

뇌와 우리가 어떻게 배우는가에 대한 더 많은 것이 알려지면서, 특수한 영역들에 대한 더 효과적인 처치와 예들이 나타날 것으로 기대된다. 이 현상은 몇몇 분야에서는 이미 찾아볼 수 있으며, 읽기 분야에서는 여기에서 제시된 기초적인 CORE를 뛰어넘는 수준의 글들을 볼 수 있다. 그와 같은 최근 자료들은 뇌에 대한 기초 지식을 이미 획득했고 더 많은 뇌 지식을 얻고 싶어 하는 교사들의 관심을 끈다. 그들은 더 많은 지식을 얻기 위한 준비가 되어 있으며 특히 더 많이 원하는 것은 그들의 전문 영역에 적용하는 것이다. 앞으로 뇌가 어떤 일을 하는가에 대한 지식이 급속도로 성장하면서 더 자세한 것들에 대해 알 수 있을 것이다.

영국 학습과학 보고서는 새싹이 트고 있는 뇌에 대한 지식이 여러 특수한 영역에서 새로운 교육적 통찰이 나타날 것을 기대하게 한다고 보고한다. 그 통찰이 현실로 나타나기 시작하고 있으며, 복잡한 환경 속에서 뇌가 어떻게 기능하는지에 대한 신경과학자들의 관심이 더 많아지고 있어서 앞으로 더 많은 연구 결과들이 나타날 것이라고 한다. 교실, 학교 운동장, 공동체, 그리고 가정 모두가 대표적인 학습의 중심지다. 형식적인 혹은 비형식적인 학습에서 많은 흥미있는 도전이 인지신경과학을 기다리고 있다.

마무리 시나리오

새로운 지식을 적용하기

교육 과정에 대한 통찰

많은 신경과학자와 인지과학자는 특수한 교육 상황에서 학습과학을 어떻게 적용할 것인지를 교육자들에게 구체적으로 설명해주기에는 교수법에 대해 충분히 모르기 때문에, 교사들은 스스로 그 문제를 해결해야 한다. 혼자서 이 모두를 할 수 있는 교사는 거의 없다. 교사들이 힘을 합쳐 함께 한다면 성공할 확률이 높아질 것이다. 그래서 이 마무리 시나리오에서, 이상적으로는 여러 연령의 그리고 여러 다른 교과 영역의 전문가들로 작은 집단을 구성하여 아래에 제시하는 통합적 질문에 대한 답을 찾아보기 바란다. 여러분이 할 일은 CORE에 제시되어 있는 것과 같은 기본적인 뇌과학 연구 결과를 기초로 실제로 적용할 수 있거나 도움이 되는 교수 접근 모델을 만드는 것이다. 힌트 : 9장에서 논의한 신경신화에 관련된 것은 적극적으로 피하고 뇌와 인간 인지에 대해 밝혀진 것에 초점을 맞추도록 한다.

1. 사고를 전이하고 실세계에 적용함으로써 학습자들은 더 유연한 지식 구조를 만든다. 사회과 단원, 체육이나 건강 수업, 그 외 한 과목을 선택하여 실제로 적용할 수 있는 교수 방법을 제시하라.
2. 가설을 설정하고 확인하고 조정함으로써 학생들이 학습하는 방식은 우리 뇌가 학습하는 방식을 모방하는 것이다. 이런 접근이 성공적이기는 하지만 모든 영역에 통합적으로 사용하기에 항상 쉬운 것은 아니기 때문에, 이 방법을 두 가지 교과목에 적용하기 위해 다른 사람들과 함께 협동하라. 초등학교에서 한 학년을 선택하고 고등학교에서 한 학년을 선택하여 각 교과목에 적용해야 한다.
3. 뇌는 스토리텔링과 내러티브를 일종의 증거 혹은 다른 사람에게 가치가 있거나 흥미로운 경험을 반영하는 '사회적 증거'로 본다. 뇌과학의 이 연구 결과를 글쓰기 숙

제나 미술 숙제에 그리고 수학 수업이나 과학 수업에 적용하라.

4. 뇌 학습은 모두 인지적 유연성에 대한 것이다. 이것은 학생들을 여러 관점에 노출시
키면 사건이나 동향이나 사례를 더 잘 이해할 수 있다는 의미라고 일반적으로 생각
한다. 초등학교에서, 중학교 역사 과제에서, 그리고 고등학교 경제 수업에서 이것을
어떻게 사용할 수 있는지 기술하라.

5. 마지막으로, 이 연습을 통해 경험을 쌓은 여러분은 학습과학을 교실수업에 연결하
고 싶어 하는 동료 교사나 그 외 다른 사람들에게 어떤 조언을 해주겠는가?

참고문헌

Anderson, J. R. (2000). Acquisition of memories. *Learning and memory: An integrated approach* (pp. 185–225). New York: Wiley & Sons.

Brown, J. S., Collins, A., & Duguid, P. (1989). Situated cognition and the culture of learning. *Educational Researcher, 18*(1), 32–42.

Bruner, J. S., Goodnow, J. J., & Austin, G. A. (1956). *A study of thinking.* London: Chapman & Hall.

Carey, S. (2001). The representation of number in natural language syntax and in the language of thought: A case study of the evolution and development of representational resources. In J. Branquinho (Ed.), *The foundations of cognitive science* (pp. 23–53). Oxford: Clarendon.

Carey, S. (2008). Math schemata and the origins of number representations. *Behavioral and Brain Sciences, 31*(6), 645–646.

Churchland, P. S., Farber, I., & Peterman, W. (2001). The view from here: The nonsymbolic structure of spatial representation. In J. Branquinho (Ed.), *The foundations of cognitive science* (pp. 55–76). Oxford: Clarendon.

Collins, A., Brown, J. S., & Newman, S. E. (1989). Cognitive apprenticeship: Teaching the crafts of reading, writing, and mathematics. In L. B. Resnick (Ed.), *Knowing, learning, and instruction: Essays in honor of Robert Glaser.* Hillsdale, NJ: Erlbaum.

Committee on the Foundations of Assessment. (2002–2003). J. W. Pellegrino, N. Chudowsky, & R. Glase (Eds.), *Knowing what students know.* Washington, DC: National Academy Press.

Common Core State Standards Initiative. (2010). *Common core state standards for mathematics.* Washington DC: National Governors Association Center for Best Practices and the Council of Chief State School Officers.

Davidson, C. N. (2012). *Now you see it: How technology and brain science will transform schools and business for the 21st century.* New York: Penguin.

Dehaene, S. (2009). *Reading in the brain: The new science of how we read.* London: Penguin.

Diemand-Yauman, C., Oppenheimer, D. M., & Vaughan, E. B. (2011). Fortune favors the bold (and the italicized): Effects of disfluency on educational outcomes. *Cognition, 118,* 111–115.

Driscoll, M. (2000). *Psychology of learning for instruction.* Boston: Allyn & Bacon.

Dubinsky, J. M. (2010). Neuroscience education for prekindergarten–12 teachers. *The Journal of Neuroscience, 30*(24), 8057–8060.

Fugelsang, J. A., & Dunbar, K. N. (2005). Brain-based mechanisms underlying complex causal thinking. *Neuropsychologia, 43*, 1204–1213.

Goel, V. (2005). Cognitive neuroscience of deductive reasoning. In K. J. Holyoak & R. G. Morrison (Eds.), *The Cambridge handbook of thinking and reasoning.* Cambridge: Cambridge University Press.

Goldman, C. (2012, September 7). This is your brain on Jane Austen, and Stanford researchers are taking notes. *Stanford Report.* http://news.stanford.edu/news/2012/september/austen-reading-fmri-090712.html

Gopnik, A., Meltzoff, A. N., & Kuhl, P. K. (2000). *The scientist in the crib: What early learning tells us about the mind.* New York: William Morrow.

Griffin, P., McGaw, B., & Care, E. (Eds.). (2012). *Assessment and teaching of 21st century skills.* Dordrecht and New York: Springer.

Hoeft, F. (2014). Intergenerational imaging of reading networks. http://www.bcbl.eu/activities-and-seminars/fumiko-hoeft-intergenerational-imaging-of-reading-networks/

Howard-Jones, P., Pollard, A., Blakemore, S.-J., Rogers, P., Goswami, U., Butterworth, B., . . . Kaufmann, L. (2007). Neuroscience and education, issues and opportunities: A TLRP commentary. http://www.tlrp.org/pub/documents/Neuroscience Commentary FINAL.pdf

Jonassen, D. H. (2001). Handbook of research for educational communications and technology (3rd ed.). Mahwah, NJ: Erlbaum.

Kilpatrick, J., Swafford, J., & Findell, B. (Eds.). (2000). *Adding it up. Helping children learn mathematics.* Washington, DC: National Academy Press.

Lee, P. J. (2005). Putting principles into practice: Understanding history. In M. S. Donovan & J. Bransford (Eds.), *How students learn: History, mathematics, and science in the classroom.* Washington, DC: National Academies Press.

Marzano, R. J. (1998). A theory-based meta-analysis of research on instruction. Aurora, CO: Mid-continent Research for Education and Learning (ERIC Document Reproduction Service No. ED 427087).

Marzano, R. J. (2003). *Classroom instruction that works.* Alexandria, VA: ASCD.

Marzano, R. J. (Producer). (2009, March 11, 2013). Researched strategies. Marzano Research Laboratory. Retrieved from http://www.marzanoresearch.com/research/researched_strategies.aspx

Mason, J., Burton, L., & Stacey, K. (1985). *Thinking mathematically.* Essex, England: Pearson.

Menon, V. (2014). Arithmetic in the child and adult brain. In R. C. Kadosh & A. Dowker (Eds.), *The Oxford handbook of numerical cognition.* Oxford, England: Oxford University Press.

Mercier, H., & Sperber, D. (2011). Why do humans reason? Arguments for an argumentative theory. *Behavioral and Brain Sciences, 34*(2), 57–74.

Moursund, D. (2012). Cognitive neuroscience, computers, and math education. *Information Age Education Newsletter* (91). http://i-a-e.org/newsletters/IAE-Newsletter-2012-91.html

Myers, C. A., Vandermosten, M., Farris, E. A., Hancock, R., Gimenez, P., Black, J. M., . . . Hoeft, F. (2014). White matter morphometric changes uniquely predict children's reading acquisition. *Psychological Science, 10*, 1870–1883.

National Council of Teachers of Mathematics. (2007). *The learning of mathematics: 69th NCTM yearbook.* Reston, VA: National Council of Teachers of Mathematics.

National Research Council. (2000). *How people learn: Brain, mind, experience, and school: Expanded edition*. Washington, DC: National Academies Press.

National Research Council. (2013). *Next generation science standards: For states, by states*. Washington, DC: National Academies Press.

OECD. (2007). Understanding the brain: The birth of a learning acience. doi: 10.1787/9789264029132-en: OECD Publishing.

Peterson, M. (Producer). (2012, February 2, 2014). The neural foundation for learning math. Retrieved from http://daleadershipinstitute.com/content/neural-foundation-learning-math-0

Posner, M. I., & Rothbart, M. K. (2007). Numeracy. *Educating the human brain* (pp. 173–187). Washington, DC: American Psychological Association.

Price, G. R., Holloway, I., Vesterinen, M., Rasanen, P., & Ansari, D. (2007). Impaired parietal magnitude processing in developmental dyscalculia. *Current Biology, 17*(24).

Rabinowitz, M. (Ed.). (1993). *Cognitive science foundations of instruction*. Hillsdale, NJ: Erlbaum.

Restak, R., & Kim, S. (2010). Long-term memory: Imagining the future by remembering the past. *The playful brain: The surprising science of how puzzles improve the mind* (pp. 57–86). New York: Riverhead Books.

Sakai, K. L. (2005). Language acquisition and brain development. *Science, New Series, 310*(5749), 815–819.

Schunk, D. H. (2012). Cognition and instruction. *Learning theories: An educational perspective* (pp. 278–323). Boston: Pearson.

Shaywitz, B. A., Shaywitz, S., Blachman, B., Pugh, K., Fulbright, R., Skudlarski, P., … Gore, J. C. (2004). Development of left occipito-temporal systems for skilled reading in children after a phonologically-based intervention. *Biological Psychiatry*, 926–933.

Shaywitz, S. (2003). *Overcoming dyslexia: A new and complete science-based program for reading problems at any level*. New York: Knopf.

Smith, P., & Ragan, T. (1999). *Instructional design* (2nd ed.). New York: Wiley & Sons.

Society for Neuroscience. (2013). Brain facts. http://www.brainfacts.org/about-neuroscience/brain-facts-book/

Weinstein, C. E., & Mayer, R. E. (1986). The teaching of learning strategies. In M. C. Wittrock (Ed.), *Handbook of research on teaching*. New York: Macmillan.

Wilson, B., & Cole, P. (1996). Cognitive teaching models. In D. H. Jonassen (Ed.), *Handbook of research for educational communications and technology* (pp. 601–621). New York: Macmillan.

실행 계획

이 마지막 장에서는 교육자들을 위한 학습과학의 미래와 CORE 지도원리에 포함되어 있는 뇌기반 개념들의 미래를 내다본다. 이 중요한 영역에 대하여 더 많은 대화가 이루어지기를 기대하면서 학교에서 실행할 수 있는 절차와 교사를 위한 권고 사항을 다룰 것이다.

들어가기

교사들과 교육자들이 뇌가 어떻게 작용하는가 — 연결을 하면 신경 경로가 어떻게 강화되는가, 정보가 제시되는 방식이 왜 기억의 보존에 직접적으로 영향을 미치는가, 그리고 왜 피드백이 그렇게 중요한가 — 를 알게 되면 뇌과학과 학습을 연결하는 것은 흥미로울 뿐만 아니라 당연하게 보인다. 짧게 말해서, 생각할 필요도 없는 당연지사다. 그러나 아직까지는 교육 개선을 위해 깊이 생각하는 사람들조차 뇌과학과 학습의 관계를 그렇게 받아들이지 않고 있다.

이 예를 생각해보자. 2013년 2월 연두교서에서 오바마 대통령은 교육개선을 위한 방안을 계속해서 발표했다. 그는 양질의 유치원 교육을 강조하고 고등학교를 위한 더 좋은 교육 과정과 더 높은 수준의 기준을 요구하는 '정상 질주(Race to the Top)' 프로그램을 다시 강화했다. 2개월 후에 그는 인간의 뇌에 대한 이해에 혁신을 일으키는 주요한 새 연구 프로그램을 발표했다. 첫해에 1억 달러를 지원한 브레인 이니셔티브(Brain Initiative)는 "과학자들에게 활동하고 있는 뇌의 역동적인 그림을 얻기 위해 그리고 우리가 어떻게 생각하고 어떻게 배우고 어떻게 기억하는지를 더 잘 이해하기 위해 필요한 도구를 제공할 것"이라고 그는 말했다(The U.S. White House, 2013).

오바마 대통령은 이것은 뇌장애를 치료하거나 예방도 할 수 있고, 새 과학자 세대를 훈련시키고, 우리가 아직 생각할 수 없는 하이테크 산업과 일자리를 창조할 수 있을 것이라고 말했다. 그러나 어디에서도 그는 브레인 이니셔티브와 그의 교육 아이디어를 연결시키지 않았다.

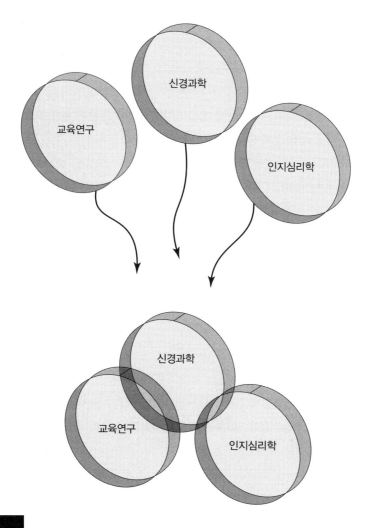

그림 12.1

강력한 3조

　우리는 백악관을 너무 비난할 수 없다. 그것은 늘 일어나는 일이다. 그리고 그것이 바로 이 장의 요점이다. 교육자들 — 정책입안자, 행정가, 혹은 교사 — 은 교육 개선에 관한 이야기를 나눌 필요가 있다. 이런 상황에서 신경과학, 인지심리학, 교육연구 — 우리가 말하는 세 가지 힘 — 가 함께 힘을 합하여 뇌과학이 교육 실천에 어떻게 정보를 제공할 수 있는지 보여준다 (그림 12.1 참조). 학습과학을 어떤 방식으로 정의하든 그들이 말하는 학습의 최첨단에 우리가 서 있다.

과학자의 관점

아이디어에 자극을 받고 발견이 가져다줄 수 있는 가능성에 흥분하는 과학자들은 전반적으로 신중한 집단이다. 따라서, 과학자들은 발전을 지지하면서도 새로운 발견을 평가하고 의심한다. 이 접근은 교육자들에게도 마찬가지여서 그들은 출현하고 있는 학습과학 분야의 가치와 한계를 평가한다.

신경과학 분야에서 가장 존경받는 비평가 중 한 사람이 노벨상 수상자인 Eric Kandel이다. 그는 2000년에 뉴런의 기억 저장에 대한 생리학적 기초 연구로 노벨 생리의학상을 받았다. Kandel은 뇌를 더 잘 이해하고 최첨단 지식을 발전시키기 위해 여러 관점을 모으는 것으로 유명하다. 그는 이 영역에 대한 정책을 지지하고, 오바마 대통령의 브레인 이니셔티브 발표에 따른 여러 분야를 이해하는 틀을 짜는 것을 도왔다. Kandel은 실제로 모든 학문의 통합을 목적으로 만들어진 컬럼비아대학교의 야심 찬 마음뇌행동연구소(Mortimer B. Zukerman Mind Brain Behavior Institute)에서 활발하게 활동하고 있다 (Http://zukermaninstitute.columbia.edu).

"신경과학은 인지심리학과 뇌과학을 융합하려는 노력이다"라고 Kandel은 컬럼비아대학교 의과대학에 관련한 한 인터뷰에서 이야기했다. 그는 신경과학의 미래는 인지심리학과 신경과학 분야에만 국한된 것이 아니라 지식의 모든 영역에 미치는 영향을 탐색하는 것이라고 말했다. 미술, 음악, 혹은 경제학 할 것 없이 모든 영역에 뇌와 마음이 관련된다고 Kandel은 말했다.

그의 여러 업적 중에서 Kandel은 미국에서 가장 큰 공립학교 시스템인 뉴욕시 교육부의 총수로 일한 교육개혁가 Joe Klein과 함께 한 신경과학 프로그램을 지원했다. Kandel은 뇌과학과 많은 새로운 연구 결과들이 교사와 학생들을 포함한 많은 사람들을 열광시키고 있다는 생각에 고개를 끄덕인다.

오랜 기간 대학 교수로 일하면서 Kandel은 가르치는 것을 즐기고 이해한다. 그러나 과학자로서 그는 과학적 탐구에 의해 증명되지 않은 비약적인 발언을 하는 것을 조심스러워한다. 뇌과학이 교사들을 어떻게 도울 수 있는가 하는 질문을 받고서 그는 그것은 중요하지만 아직까지 답이 없다고 말했다. "사실, 우리는 아주 최근에 이 논의를 시작했을 뿐이다"라고 그는 말했다. "우리는 매우 큰 산을 향해 가고 있는 중이며 아직 갈 길이 멀다. … 우리는 조현병과 우울증을 이해하지 못하며, 아이들을 어떻게 가르칠 것인가에 대해서는 그보다 훨씬 덜 이해하고 있다."

물론 뇌가 어떻게 작용하는가에 대한 기본적인 이해가 교육자들에게 도움이 된다는 데는 아무도 반대하지 않지만, 교사들이 해야 하는 다른 일들이 너무나 많다. 그래서 한 유치원 교사가 미국 국립연구위원회의 '마음과 뇌(Mind and Brain)' 보고서를 보고 흥분했다는 이야기를 듣고 나서, Kandel은 "그러나 그것이 그녀를 더 좋은 교사로 만들어주는 데 도움이 될까?"라고 조용히 말했다.

교사의 관점

같은 Kandel의 질문을 받으면 교사들은 종종 열광적으로 '예'라고 반응한다. 교사들의 긍정적인 반응에서 보면 교사들은 자료에 기초한 판단을 하는 과학자들과는 다른 관점에서 본다는 것을 알 수 있다. 교사들이 말하고자 하는 것은 뇌가 어떻게 기능하는지를 이해하고 학습에 관련한 뇌의 역할에 대해 아는 것이 중요하다고 본다는 것이다. 이것을 이해하면 더 좋은 교사가 되는 데 도움이 된다고 그들은 말한다.

"저와 같은 젊은 초등학교 교사가 뇌를 공부하는 것은 절대적으로 중요하다고 생각합니다. 그리고 저는 그 유치원 교사(1장에 등장)가 그랬듯이 이것이 중요하다는 계시를 받았다고 생각합니다"라고 한 교사가 말했다.

교사들이 말하는 특히 강력한 한 가지 기본적인 뇌 개념이면서 이 책에서 소개하는 일곱 가지 CORE 지도원리 중 첫 번째는 뇌가 얼마나 고도로 역동적인가 하는 것이다. 교사들은 뇌가 특히 아동기와 10대 때에 경험에 의해서 물리적으로 그리고 영속적으로 변하는 것에 깊은 인상을 받는다. 뇌는 뇌가 학습하는 것에 의해 조성된다.

"우리 교사들이 학생들의 뇌가 발달하고 정보를 흡수하는 방식에 영향을 미친다는 사실을 생각 못했어요"라고 또 다른 교사가 말했다. '우리는 우리가 삶을 어떻게 조성하는가에 대해 이야기한다—그러나 우리는 **실제로 우리 마음을 조성한다**'라는 것이 그녀에게 새로운 개념이라고 말했다. "나는 이렇게 배우지 않았어요. 우리가 배웠던 방식과 달라요. 그렇지만 매우 중요하고 흥미롭습니다"라고 그녀는 말했다.

물론 교사들은 이미 다음 세대를 어떻게 효과적으로 가르칠 것인가에 대해 많이 알고 있다. 그들에게 인지과학, 교육연구, 그리고 신경과학에서 나온 몇 가지 새로운 아이디어를 노출한다고 해서 교육혁명이 일어나지는 않을 것이다. 한 예로 교사를 양성하는 기관들은 최소한 몇 년 동안 학술대회도 하고 교사 준비 프로그램에 신경과학을 포함시켰으며, 인지심리학과 교육연구는 처음부터 함께 연구가 되었다.

교사를 가르치는 한 교육자가 말하듯이, 학습과학의 연구와 이론을 교사들의 활동을 위한 이해로 통합하는 것은 강력한 내러티브다—그리고 한동안 그렇게 해 왔다. 교사들은 가르치기 위해 효과가 있는 도구가 무엇인지 찾으려 하고 또한 왜 그것이 효과가 있는지 알고 싶어 하기 때문에 다중 목적을 가지고 있는 실용주의자라고 그 교육자는 말했다. 오늘날 교사들은 힘든 도전에 직면해 있다—학습과학은 지금과 마찬가지로 앞으로도 계속해서 막강한 잠재력을 가지고 있고 그 효과도 더 커질 것이다. 그 교육자가 말하는 핵심은 다음과 같다. 교사들은 심리학에서 신경과학까지 초기의 학습과학들이 설명하는 학습에 대한 아이디어 그리고 학습이 뇌를 물리적으로 변화시키고 조성한다는 지식을 갖추어야 한다는 것이다. 이것보다 더 중요한 것이 무엇이겠는가?

교사들이 교실에서 하는 역할은 매우 중요하다. 효과적인 교사의 역할은 연구에 기반을 두어야 하며, 학습과학들이 학습에 대해 앞으로 계속해서 수행할 연구에 교사들이 참여하는 것도 중요하다.

예를 들어 한 중학교 교사는 CORE에서 제시하는 정보가 교실 안에서와 마찬가지로 교실 밖에서도 유용하다고 했다. 그녀는 그런 정보를 가지고 있으면 부모들과의 만남에서 그녀가 공유하고 싶은 생각을 더 잘 전달할 수 있는 방법을 찾는 데 도움이 된다고 했다. 학생들에 대한 정보를 부모들에게 제공할 때 그녀는 부모들을 또한 학습자들로 생각할 수 있었다. 그리고 자신의 마인드세트도 생각할 수 있었다.

한 고등학교 교사도 동의했다. "교사로서 우리가 학생들의 뇌발달에 극적인 영향을 미친다고 하는 '지도원리 1'부터 놀라운 것이었다"고 그녀는 말했다. "그러나 그 후에 정서에 대해 그리고 정서가 어떻게 방해를 할 수 있는지에 대해 공부하면서, 나는 내가 집중력을 잃는 때가 있다는 것을 알게 되었다. 이것은 학습의 자연스럽고 정상적인 부분이라는 것을 알고 나는 더 열정을 갖게 되었다. 모든 행동 뒤에는 이유가 있다."

뇌에 대한 담론은 교육자들에게 어떻게 가르칠 것인가에 대해서뿐만 아니라 자신들이 어떻게 배울 것인가에 대한 생각에도 충격을 주며, 새롭고 때로는 어려운 내용도 배울 수 있다는 격려를 해준다. 기술적인 정보를 이해하는 것은 특히 과학에 대한 배경 지식이 없는 사람들에게 어려울 수 있지만 가능한 일이다. 한 예비 영어 교사는 처음에 뇌과학의 기초를 배울 때는 과학에 대한 내용이 많아서 도저히 이해하기 힘들었다고 했다. 그러나 CORE 원리를 배우게 되면서 '전문적으로 나를 이끌어주고 나의 질문에 답해주는 강사와 함께 논의를 하면서' 자신감을 갖고 내용을 숙달할 수 있었다고 했다.

한 노련한 상담교사는 교육자들이 학습과학을 두 방향에서 접근할 필요가 있다고 했다. 하나는 학습을 최대화하기 위해 뇌가 작동하는 방식을 사용하는 것이고 다른 하나는 실제로 뇌가 성장할 수 있도록 가르치는 것이다. 상담교사로서 그녀는 이 이슈가 학생들을 위해 중요하고 결정적인 것이라고 항상 생각했다. '지도원리 1'은 그녀에게 학생의 발달 단계와 능력에 대한 이해의 중요성을 다시 한 번 상기시켰다. 그녀는 그녀의 학교에 있는 교사들은 이미 학생들이 새로운 경로와 연결할 수 있는 사고를 개발하도록 다양한 경험을 충분히 제공하고 있다고 했다.

그래서 이 책에서 설명하듯이, 과학자, 심리학자, 교육자의 세 가지 관점 모두가 유용하다. 인간의 뇌가 어떻게 학습하는가에 대해 설명해줄 수 있는 신경과학의 발달이 아직 초기 단계에 있기 때문에, 신경과학이 교수법에 대하여 정확하게 어떤 정보를 어느 정도로 줄 수 있는지는 아직 알 수 없다. 그러나 뇌기능과 교육연구를 연결할 수 있는 지식기반을 획득함으로써, 교사들과 교육자들은 우리가 어떻게 배우는가 그리고 어떻게 잘 가르칠 수 있는가 하는 문제에 대한 중요한 통찰을 얻을 수 있다. 연구에 기초를 두고 있는 CORE를 구성하는 근본적인 내용을 여기에서 다시 정리하면 바로 다음 일곱 가지 지도원리로 요약할 수 있다.

- **지도원리 1** : 교사는 학령기 동안 신경 가소성의 생물학적 특성을 통하여 실제로 뇌를 조성하는 학교 경험에서 큰 역할을 한다.
- **지도원리 2** : 학습과학을 숙달하면 교사들은 전문직업인으로서 자신의 삶과 학생들의 성공에 영향을 미치는 의사결정을 확인하고, 주장하고, 지지하는 힘을 가질 수 있다.
- **지도원리 3** : 어떻게 배우는가 하는 것은 어떤 지식을 실제로 사용할 수 있는가에 커다란 영향을 미친다. 점화, 정교화, 확장, 지식 통합과 같은 교수 접근은 학습 결과의 열쇠다. 교사 언어로 말하면, 그것은 교수 설계의 변화에 대한 문제다.
- **지도원리 4** : 학습하는 것은 정보와 경험의 회상을 강화하는 연습의 영향을 크게 받는 기억 때문에 보존된다.
- **지도원리 5** : 언제 효과적으로 학습하는가 하는 문제는 정서를 포함한 뇌 관련 요인들의 영향을 받는다. 우리가 걸러서 버리는 것은 처리하는 것만큼 중요하다.
- **지도원리 6** : 우리가 가장 잘 학습할 수 있는 신체적 조건에는 수면, 운동, 영양섭취가 포함되며, 민감기 혹은 어떤 유형의 기술과 능력을 특히 잘 학습할 수 있는 뇌발달 시기가 포함될 수 있다.
- **지도원리 7** : 뇌는 피드백을 통해 학습 과정을 조정하는 놀라운 패턴 포착 기제다. 이런 피드백에는 교사가 학습자로 하여금 메타인지(자신의 학습을 조절하거나 조성하는 학습자의 능력)를 효과적으로 활용할 수 있도록 지원해주는 다양한 방식이 포함된다.

그것은 한 마을을 필요로 한다 : 학교와 교육자들이 할 수 있는 활동

지도원리들의 기본을 이해한다고 자신하는 한 교사는 "나는 이해가 잘 돼"라고 말한 후에 "하지만 내가 그것을 적용할 수 있을까?"라고 중요한 질문을 덧붙였다.

이것은 몇 가지 관점에서 문제를 제기하는 질문이다. 하나는 교사들은 알아야 할 것이 많다는 것이다. 이것들은 많은 사람들에게 영향을 미치는 중요한 기초지만, 교사가 되기 위해 준비해야 하는 포트폴리오의 한 영역일 뿐이다. 다른 하나는 이것은 빠른 속도로 출현하는 분야이고 최신 정보를 계속 받아들이는 것이 매우 중요하다는 것이다. 따라서 배운 것을 어떻게 적용할 것인가에 대해 교사들이 스스로 결정할 필요도 있지만, 진짜 중요한 것은 뇌 관련 아이디어들을 학교와 지역 문화가 지지하는 것이다.

그 교사의 질문에 대한 한 가지 대답은 바로 '함께 하라'이다. 크든 작든 사회적으로 증폭된 인지의 힘을 기억하는 것이 도움이 된다. 교사들은 전문적인 학습 공동체, 교사 동아리, 혹은 협력 단체를 통해서 동료들과 힘을 합쳐서 활동하는 것을 좋아한다. 이런 활동은 학교 내에서도 응집성을 지원하고 교사들 간에 서로를 위한 중요한 자원이 되어 줄 수 있다.

두 번째 전략은 교사들이 뇌에 대한 이해에 비추어서 교수전략을 사용하는 것이다. 그 접근들은 어떻게 인간 인지를 지원하는가? 어떤 작은 변화가 학습 결과에 큰 차이를 만들어낼 수 있는가? 학교 전체적으로 그리고 각 교실에서 믿음을 가지고 기술을 확장하기 위해서, 학교 지도자들과 교수들이 다음과 같은 핵심적인 질문을 하는 것이 도움이 될 수 있다.

- 일곱 가지 지도원리 중에서 한 가지 이상 내가 이미 효과적으로 적용하고 있는 것은 무엇인가?
- 내가 더 첨가할 것은 무엇인가?
- 내가 하지 말아야 할 것이 있는가?

이런 방식으로 교사들은 자신이 선호하는 접근을 사용할 수 있다. 예를 들어 어떤 교사는 유도적인 질문을 하고 반성적인 논의를 하는 것을 좋아하고, 어떤 교사는 소크라테스식 대화법과 사례 연구를 사용하는 것을 좋아하고, 또 어떤 교사는 테크놀로지를 사용하는 모의실험과 사회적 미디어를 활용한 협업을 좋아한다.

중요한 것은 교사들이 교수 설계에서 인지적 원리를 더 크고 알차게 활용하는 것이다. 그 접근은 의도적이어야 하고 뇌가 뇌의 결정을 업데이트하고 효과적으로 전진하기 위해 필요한 피드백과 증거를 제공하기 위해 평가를 해야 한다. 가장 효과적인 교사란 새로운 모든 것을 최대한 많이 채택하는 사람이 아니라 **전략적인**(strategic) 채택을 하는 사람이다.

더 크게 생각해볼 때, 학습과학의 원칙에 입각한 문화를 장려하기 위해서는 연구를 통한 타당화가 필요하다. 학교를 휩쓰는 최신 유행을 받아들이는 것을 좋아하는 사람들도 있겠지만, 그것은 교사들을 지치게 만들고 변화시켜보려고 하는 의지를 방해하는 결과를 초래할 수 있다. 학교가 특히 중요한 사전지식과 연결을 시키고 새로운 정보를 받아들이는 방향으로 이끌어 가면서 관련성이 있는 중요한 원리를 보여줄 때 교사들의 태도는 완전히 달라질 수 있다.

이 관점은 학교에서 제안되고 채택되는 시스템 뒤에 있는 학습원리들을 검토하는 것을 강조한다. 개혁이 어떻게 작용하고 왜 교사들이 그 상황에서 성공적일 것으로 기대되는가에 대한 행위이론(theory of action)이 필요하다. 결정을 고려할 때는, 교사들은 CORE와 같은 검증된 아이디어들을 채택할 수 있는 기회로 잡아야 한다.

마지막으로, 교수 프로그램에서 인지과학 접근을 장려하거나 채택하는 방향으로 움직일 때, 학교는 동시에 너무 많은 변화를 시도하려는 과정에서 힘들어한다. 한꺼번에 많은 것을 시도하기보다는 조금씩 지속적으로 지원하는 것이 더 효과적이다. 학교는 그런 변화를 다양한 방식으로 단계적으로 실시할 수 있을 것이다. 예를 들어 핵심 아이디어의 한 작은 부분을 채택하여 일정한 기간 적용해볼 수 있다. 그 후에 학교 교사들과 행정가

준비하면 그만큼 돌아온다

더 잘 준비하는 학생들은 과제도 더 잘 수행하고 점수도 더 잘 받는다. 이것은 '에코' 효과라고 부르는 것의 한 예다. 저학년에서 교사가 잘 준비시킨 학생들은 고학년에 올라가면서 더 많이 성공할 확률이 높다(McCaffrey, Lockwood, Koretz, & Hamilton, 2003). 다시 말해서, 성공이 성공을 만든다.

변화하는 뇌의 특성에 대한 기초적인 지식을 교사들이 이해하는 것을 준비할 수 있도록 학교가 더 지원해줌으로써 준비의 중요성을 보여줄 수 있다.

일반적으로, 학교에서의 준비와 성공의 관계는 학생들이 무엇을 배워서 알고 훗날 무엇을 할 수 있는지의 관계와 연결된다. 그러므로 학생이 더 잘할 수 있도록 교사가 일찍 그리고 자주 도와주는 것이 중요하다. 학생들이 배운 것에 따른 이득을 얻게 되는 실제 성취의 효과는 즉각적으로 나타나기도 하지만 종종 오랜 기간이 지난 후에 나타난다.

들은 그 교수 설계 접근이 얼마나 그 원리의 기준을 만족시켰는지, 그리고 어디에 틈이 있는지 조사할 수 있다. 분명한 교육 목적과 목표를 가지고 실시할 때, 그 변화는 더 큰 관련성과 유의미성을 가질 수 있다.

21세기를 앞서 나가기

역사적으로 인간의 뇌에 대해 언급한 가장 오래된 기록은 거의 4,000년 전 파피루스 종이에 쓰여진 것이다. 회갈색 배경에 예술적인 빨간색과 검은색 글자들은 뇌수술에 대한 놀라운 고대의 논문을 포함하고 있다. 그것은 매우 아름답기는 하지만 그 당시에는 뇌에 대해 알려진 것이 거의 없다는 것을 보여준다. 오늘날에는 과학적 발견들이 매일 출현한다. 인간 사회는 뇌에 대한 이 새로운 정보에 대해 어떻게 반응할 것인가?

오랫동안 일반적으로 인간 뇌를 기술하는 방식은 컴퓨터와 비교하는 것이었다. 만일 새로운 하드 드라이브를 우리 머릿속에 넣을 수만 있다면 공부는 식은 죽 먹기일 것이라고 사람들은 상상했다. 그러나 21세기로 이동하면서 그 형세가 역전되었다. 가장 최근의 컴퓨터 조작법은 컴퓨터를 우리 뇌와 같이 작동하도록 하는 것이고 인공지능 개발의 견인차는 인간의 신경계에 기초를 두고 있다. 대학의 연구자들과 상업적인 테크놀로지 회사들은 정보를 해석하기 위해 뉴런이 자극에 반응하고 다른 뉴런과 연결하는 방법을 모방하기 위한 과정을 연구하고 있다.

생물학에 기반을 둔 이 새로운 컴퓨팅 관점에서는 전기적 성분들이 시냅스 작용과 같은 방식으로 연결될 수 있다. 학습했던 것을 기초로 해서 전기 신호가 강화되고 변할 수 있다. 새로운 컴퓨터 칩은 프로그램되어서 나오지 않고, 대신에 경험하는 것 혹은 '학습'할 필요가 있는 것에 기반을 두고 변할 수 있는 높은 수준의 네트워크 연결이 되어 있을 것이다. 컴퓨터 과학자들은 신호를 만드는 스파이크가 다른 성분들로 이동하고 그것이 무엇으로 구성되어 있건 관계없이 신경 네트워크 전체를 계속해서 변화시킬 것이라고 말한다.

익숙하게 들리는가? 개발자들은 이런 발전을 지연시키는 부분적인 이유는 뇌가 어떻게 기능하는가를 이해하기 위해서는 과학자들이 가야 할 길이 아직 멀기 때문이라고 말한다. 하지만 2013년 가을 학기 스탠퍼드대학교의 가장 인기 있는 강의는 통계학과 생물학을 모두 다루는 대학원 수준의 기계학습(machine-learning)으로, 760명의 학생이 수강 신청을 했다는 사실은 이 분야의 밝은 전망을 말해준다.

인간의 뇌만큼 빠르고 유연하며, 예측하고, 기억하고, 이해하고, 개념화하고, 다음에 무엇을 할 것인지를 계획할 수 있는 기계를 만드는 것이 가능할까? 다시 말해서, 뇌의 학습하는 메커니즘을 복제할 수 있을까? 앞으로의 과제에 대한 이해를 돕기 위해 한 아이디어를 제시하기로 한다. *New York Times*는 2013년에 약 100억 개의 뉴런(인간 뇌에는 약 1,000억 개의 뉴런이 있다)에 해당하는 IBM 슈퍼컴퓨터로 시뮬레이션을 했는데, 실제 뇌보다 약 1,500배 더 느렸고, 약 20와트를 사용하는 뇌에 비해서 컴퓨터는 몇 메가와트의 힘을 필요로 했다(Markoff, 2013). 따라서 앞으로 가야 할 길이 멀다. 그러나 인지적인 모든 측면을 고려할 때 우리는 재미있는 시대에 살고 있다.

결론

미국 국립연구위원회(NRC), 국제경제협력개발기구, 그 외 주요 기구들이 교육자들에게 신경과학 연구가 교수법에 어떻게 중요한가에 대해 비판적으로 생각할 필요가 있다고 말하는 것은 교사들이 뇌과학자가 되어야 한다는 뜻이 아니다(Howard-Jones et al., 2007; National Research Council, 2000; OECD, 2007; Society for Neuroscience, 2013). 그들이 말하고 있는 것은 교육자, 인지심리학자, 과학자들 간의 활발하고 지속적인 대화가 인간이 어떻게, 그리고 언제 배우는지를 이해하는 데 도움이 될 수 있다는 것이다. 이미 교사들은 이에 동의한다. 어떤 주어진 상황에서 어떤 교수법이 효과가 있고 어떤 교수법은 효과가 덜한가에 대해서 과학적인 지식 기반을 가지고 있는 교사들은 알 수 있다.

뇌과학은 교사들이 무엇을 혹은 어떻게 가르쳐야 하는지 처방할 수는 없다. 그러나 뇌가 어떻게 배우는지 그리고 뇌기능과 인지에 대한 새로운 연구 결과를 알면 교사들은 교실에서 더 효과적으로 가르칠 수 있고 교육연구에 기반 한 학습에 대한 통찰을 얻을 수 있다.

교사들은 뇌과학에서 밝혀지고 있는 최신 정보를 어떻게 적용할 것인지 호기심도 있고 미래가 가져다줄 것을 이해할 수 있을지 다소 불안하기도 하다. 동시에 그들은 열정과 기쁨을 모두 느낄 수 있는 이유를 가지고 있다. 컴퓨터 엔지니어와 달리, 교사들은 이미 그것을 가지고 있다. 과학과 테크놀로지에서는 가장 똑똑한 마음, 즉 학습 기계를 부러워하지만 교사들이 가르치는 교실에는 그것을 장착하고 있는 학생들이 있다. 그것은 바로 인간의 뇌다.

참고문헌

Howard-Jones, P., Pollard, A., Blakemore, S.-J., Rogers, P., Goswami, U., Butterworth, B., ... Kaufmann, L. (2007). Neuroscience and education, issues and opportunities: A TLRP commentary. http://www.tlrp.org/pub/documents/Neuroscience Commentary FINAL.pdf

McCaffrey, D. F., Lockwood, J. R., Koretz, D. M., & Hamilton, L. S. (2003). *Evaluating value-added models for teacher accountability.* Santa Monica, CA: RAND Education for the Carnegie Corporation.

National Research Council. (2000). *How people learn: Brain, mind, experience, and school: Expanded edition.* Washington, DC: National Academies Press.

OECD. (2007). Understanding the brain: The birth of a learning science. doi: 10.1787/9789264029132-en: OECD Publishing.

Society for Neuroscience. (2013). Brain facts. http://www.brainfacts.org/about-neuroscience/brain-facts-book/

The U.S. White House. (2013). Remarks by the President on the BRAIN initiative and American innovation. http://www.whitehouse.gov/the-press-office/2013/04/02/remarks-president-brain-initiative-and-american-innovation

저자 소개

김정희(journey@hongik.ac.kr)

이화여자대학교 영어영문학 학사
이화여자대학교 교육학 석사(교육심리학 전공)
미국 서던캘리포니아대학교 철학 박사(교육심리학 전공)
현재 홍익대학교 교육대학원 교수

연구 및 관심 분야
창의성, 지능, 천재, 동기, 학습, 리더십, 학습과 신경과학